中国社会科学院创新工程学术出版资助项目

民族共治

——民族政治学的新命题

CO-GOVERNANCE AMONG THE ETHNIC-NATIONAL COMMUNITIES
—— A New Proposition on the Ethnic-National Politics

朱 伦 ● 著

中国社会科学出版社

图书在版编目(CIP)数据

民族共治：民族政治学的新命题/朱伦著 . —北京：中国社会科学
出版社，2012.10
ISBN 978 - 7 - 5161 - 1570 - 1

Ⅰ. ①民…　Ⅱ. ①朱…　Ⅲ. ①民族主义—理论研究②民族政策—
理论研究　Ⅳ. ①D091.5②D06

中国版本图书馆 CIP 数据核字(2012)第 239075 号

出 版 人	赵剑英	
策划编辑	郭沂纹	
责任编辑	段启增	
责任校对	石春梅	
责任印制	张汉林	

出　　版	中国社会科学出版社	
社　　址	北京鼓楼西大街甲 158 号（邮编 100720）	
网　　址	http://www.csspw.cn	
	中文域名：中国社科网　　010 - 64070619	
发 行 部	010 - 84083685	
门 市 部	010 - 84029450	
经　　销	新华书店及其他书店	

印　　刷	北京市大兴区新魏印刷厂	
装　　订	廊坊市广阳区广增装订厂	
版　　次	2012 年 10 月第 1 版	
印　　次	2012 年 10 月第 1 次印刷	

开　　本	710×1000　1/16	
印　　张	21.5	
插　　页	2	
字　　数	385 千字	
定　　价	62.00 元	

人类总得不断地总结经验，有所发明，有所发现，有所创造，有所前进；停止的论点，悲观的论点，无所作为和骄傲自满的论点，都是错误的。

——毛泽东

（中共中央文献研究室编：《学习马克思主义的认识论和辩证法》，《毛泽东文集》第 8 卷，人民出版社 1999 年出版，第 325 页）

前　言

——民族政治理论的反思与创新

一

本文集是笔者主持的中国社会科学院重大课题《民族主义基本理论与实践问题研究》的结项成果之一。该课题设计的研究内容包括四部分：一是研究国际学术界形成的有关民族主义问题的各种基本概念，以及我们应该如何解释与应用；二是研究民族主义思想史，梳理各种理论流派；三是研究在民族主义运动的作用下，世界民族格局的演变、存在状况与相互关系；四是研究当代民族政治问题，着重探讨多民族国家内部民族关系的善治之道。第二和第三部分内容，由课题组集体承担，先后完成了九部专著的翻译、两本译文集的选编和九卷集《世界民族》的编写；而第一和第四部分内容，则由笔者承担，先后撰写了一些相关论文，并结成此专题文集。

本文集包括 20 篇文章，笔者将其分为"基本概念辨析"、"传统论说反思"和"共治命题阐释"三编。笔者曾想对这些文章进行去粗取精的加工，将其整合为一部系统的专著。但最后考虑还是原文结集出版为好，这可使读者了解到笔者在理论上有什么一贯坚持的观点，又有什么不断深化的认识。当然，这有点违背歌德老人的治学告诫。

歌德说："高明人不会临时应差写出肤浅的东西，他们的本性要求对他们要写的题目安安静静地进行深入的研究。这种人往往使我们感到不耐烦，我们不能从他们手里得到马上要用的东西。但是，只有这条路才能导致登峰造极。"民族政治问题和民族关系治理，是一个众说纷纭的认知领域，要想有所见解，的确需要"安安静静地进行深入的研究"。但在现代科研体制下，结项的催促声往往使你难以做到"安安静静"，有时不得不匆忙拿出结项成果来"应差"，本文集的产生多少是如此，不足乃至"肤浅"之处在所难免；对此，敬请学界同仁批评指正。

二

本文集上编由 6 篇文章组成，是对有关民族和民族主义问题研究的一些基本概念的辨析，旨在促进我们正确理解和使用国际学术界的基本概念和术语，为民族政治理论研究和民族政治学学科建设确立必要的学术话语体系，以利于中外学术交流，以利于深入研究和认识民族政治问题。

不管是自然科学还是人文社会科学，普遍是以对研究对象的抽象概念为各个学科命名的，如数学中的"数"。不论是正数、负数还是整数与分数等等，都是"数"。民族政治理论研究或民族政治学中的"民族"一词，是否已被抽象为像数学中的"数"一样的概念了？道理应该是这样，但实际还不尽然。我国学界对一些不同类型的人文共同体都叫"民族"，但又未对其分别命名，这就使"民族"一词不是一个定义严格的学术术语，不是一个用来概括不同类型的人文共同体的抽象概念。现代汉语中的"民族"一词，起初是与西方民族主义（Nationalism）学说的基本概念——nation 对应的；接着，它又被用来指称西方族类学（Ethnology，通常称民族学）的基本概念——ethnos。民族主义学说所讲的 nation，是近代欧洲领土政治的产物，原本是指建立独立国家（state）的语言文化同一的 people；但是，并非每个 people 都能建立独立国家，对这样的 people，民族主义学说称其为 nationality。族类学的研究对象 ethnos，是欧洲基督教世界对宗教、文化和种族上的异己者的界定，并由此派生出了 ethnic group 这个概念，其意是指 ethnos 的碎片化存在形式；最近，西方学术界又创造出了 national group 这个概念，它指的是当地原有的人文群体碎片，是与国际移民群体相比较而言的。上述所有这些人文共同体，在汉语中通常都被译释为"民族"；由此带来的问题是，民族政治学的研究对象如何界定，我国学者的意见各不相同。

从学科来源上说，我们现在所谈的民族政治学，是从国外引进的，叫"Ethnic Politics"，它最初主要是欧美学界对外来国际移民问题研究的产物。但在目前的西方学术界，"民族政治学"的研究对象有泛指现代国家中的各类少数人文群体的趋向，并将其分为"ethnic group"和"national group"两大类。这与我国的"民族研究"主要是研究少数民族基本一致。由此，国内一些民族政治学论著，现普遍是把研究对象确定为少数民族，研究内容则是围绕少数民族的差异政治问题而展开。但笔者认为，民族政治学的研究对象和内容应当更宽一些，像民族主义（nationalism）与民族——国家（nation-state）问题、"跨界人民"（people across the boundaries）与泛民族主义（pan-nationalism）问题、并未碎片化的"地区民族"（regional nationality）与族裔地区主义（ethnic regionalism）问题，以及种族（race）与种族主义（racism）问题等，都应纳入民族政治学的研究视野。不研究这些问题，也就不能全面理解和认识我们所说的少数民族问题，不管是"ethnic group"问题还是"national group"问题。

如果我们把"民族政治学"的研究对象扩大到包括 nation 等在内的所有人文共同体间的认同与差异政治现象的话，那么，我们就须将"民族"一词抽象化，用来统称民族政治学所要研究的各种人文共同体。如此，"民族"一词也就有了新意，就像数学中的"数"一样，是民族政治学的一个基本概念和术语。但是，对前述各类形态不同的、国际学术界有概念共识的人文共同体，则须赋予另外的汉语名称，以免引起歧义。剩下的问题是，我们将各类人文共同体以"民族"称之，但国际学术界则没有这样的抽象概念，我们如何以国际学术界可以理解的意思来传播经过抽象的汉语"民族"一词呢？笔者建议将"民族"翻译为"ethnic-national community"，这一译名只要稍加说明和阐释，完全可以体现汉语"民族"的笼统含义，国际学术界也不难理解。学界有把"民族"译为"ethno-national community"的，这个译法源于 ethno-nationalism，它与 civic-nationalism 是相对的概念，是 nationalism 研究中的定性分析术语：前者指一些 nation 的形成基础及其观念是族裔的，后者则指一些 nation 的形成及其观念是公民的。为避免这种定性分析带来的误解，我们分别取 ethno 和 nation 的形容词形式并加上连词符，这种模糊处理可以少一些争议。由此，"民族政治学"这一学名，我们可对外翻译为"Ethnic-National Politics"。

对汉语"民族"作抽象化处理，同时对它所包括的各类人文共同体作具体名称界定，并非是没有意义的事情。首先，学术研究，概念的清晰与固定是基础。否则，就难以形成科学的认知和系统的理论，甚至连合乎逻辑的叙说都做不到。这一点是尽人皆知的道理，无须多说；而就现实生活来说，概念问题也不是无足轻重的小事情。1930 年代我国知识界发生的有关"中华民族是一个"与"中华民族是多个"的争论，不单是对

"民族"理解不同的学术问题，也关涉到现代中国的建构前途，以及如何看待民族关系、如何对待少数民族的实际问题。而这些问题，至今仍存在不同的叙说。

1930年代的那场争论，费孝通先生是持"中华民族是多个"一方的主将，但他在晚年似乎转变为协调者了，于1980年代末提出了"中华民族多元一体"之说。这句话的英语表述是"Diversity in Unity of the Chinese Nation"。这个表述适用于当今世界几乎所有以主权国家为单位的nations。问题在于，费老所说的"多元"（差异）是什么，人们则有不同的理解和阐释。费老对中国历史上的"多元"的叙述，有时用"族"，有时用"民族"，当理解为英语中的"people"。但对现实中的56个"民族"，费老没有从理论上进行阐释，也就是没有回答"元"是什么性质。由此，有人说，一体的"中华民族"是政治共同体，叫"nation"；多元的"56个民族"是文化共同体，应叫"ethnic groups"。但我们知道，我国1950年代进行的民族识别，费老是主要的专家之一，对56个"民族"是用nationality这个概念来界定的。1990年代初，我国个别官方机构和一些文献的外译对"少数民族"开始使用ethnic-group一词，并且时不时地与nationality一词混用，但这两个概念绝不是一回事。问题还不止于此。我国学界目前对"多元"之争，除了nationality派和ethnic group派以外，还有nation派；该派将斯大林的"民族"（nation）定义运用于中国各族人民，说中国只有"56个"多元的"民族"，没有"中华"这个一体的"民族"，"中华"只是国家概念。我国还有一些族类学研究者，也在努力给"民族"（ethnos）下定义；但产生于欧洲语言的ethnos，最初只是欧洲人对欧洲以外的人们形成的差别观念，历来没有定义，也无法定义；族类学所能定义的，仅是诸如群伙、氏族、胞族、部落、部落联盟等共同体，或延伸到现代社会中的异文化社区。而且，族类学在中国的意义，只在于它的认识差异文化的功能和方法，而不能用其立场和观念来看待我国的少数民族。我国的少数民族，除极个别的以外，其他的都是土生土长的，与汉族的形成与存在一样久远，而且相互间密不可分。欧洲人可以把境内的吉普赛人、犹太人、阿拉伯人等视为ethnos，中国各族人民之间则不可以这样相互看待。

有读者可能认为，我国从官方到民间，已习惯于使用"民族"一词了，"中华民族"、"少数民族"、"阿拉伯民族"、"国际移民群体"等等，管他们之间有怎样的不同，都可叫"民族"。笔者赞同这样抽象汉语"民族"一词，但必须同时对不同类型的人们共同体按照国际学术界的共识赋予不同的汉语表达。中华民族之"民族",国际学术界叫"nation";中国的56个民族之"民族",一般是用"nationality"或"national group"来界定的;阿拉伯民族之"民族",则叫"people";而国际移民群体,如美国的华裔等,则叫"ethnic group"。对这些概念如不作汉语区别,产生语意理解困难不说,恐怕还会产生政治歧义问题。因此,本文集上编的几篇文章,都是围绕这些概念及其内涵,以及怎样进行汉语表达规范和为何要规范而展开的。

这里需要交代的是,本编几篇文章发表于不同年份和刊物,对上述几个学术术语的译名不尽一致。作为单篇论文,没有什么歧义;但放在一起发表,就容易产生疑问。主要涉及nation和nationality这两个概念的译名。关于nation,我在不同文章中有时译为"国民",有时译为"国族";为求统一,笔者现倾向于取后一个译名。关于nationality,笔者一直以"民族"一词与之对应;但鉴于国内学术界现倾向于将"民族"一词译为"ethnic-national community",笔者亦主张把"民族"一词作为民族政治学的抽象概念使用,指称一切人文共同体,对"nationality"这个概念,则可另译为"族体"。当然,学术术语规范不等于一定要改变社会用语习惯,"中华民族"与"少数民族",继续说下去也无什么大碍,至多关涉到语义理解问题罢了。

三

本文集中编包括7篇文章,是对国际社会有关民族政治问题的一些传统论说进行的反思。一是对民族主义古典理论家提出的同质化"国族—国家"(nation-state)观念之谬,结合历史与现实进行分析,指出其浪漫主义和唯心主义想象与当今世界各个国族—国家的实际相去甚远,因此,我们不能以绝对同质化观念来建设国族—国家;与此同时,我们也不能以这样那样的差异性为由来随意分裂国族—国家,这种思想同样是浪漫主义和唯心主义的。二是对传统自由主义理论以公民个人权利取消民族集体权利的社会治理实践进行了研究,认为它是不成功的,须结合当代多民族国家民族问题的实际加以发展和改造。三是对"民族自治"这个百年话题进行历史分析与理论思考,指出它本是民族主义独立诉求与帝国主义统治之间相互妥协的产物,其走向是分离多于统一;在现代主权国家和公民权利社会条件下,民族自治是非现实的,也是非理性的,不是当代多民族国家内部民族差异政治的合适方式和必须选择。本编几篇文章的主旨，在于通过剖析一些传统的民族政治论说的非现实性，为我们探讨合乎时代发展要求的民族政治新理念扫清道路。

所谓古典民族主义理论，指的是 18 世纪后期到 19 世纪后期西欧一些思想家就民族与国家关系的一般论说，其基本主张被后人概括为"one people, one nation, one state"（一个人民，一个国族，一个国家）。这种主张的思想本质是反对封建主义、教会专制主义、帝国主义和殖民主义，并导致了当代近 200 个主权国家格局的形成，这应予肯定。但古典民族主义理论家们的思想是有缺陷的。反对上述那些阻碍时代潮流和社会发展的各种主义，各族人民共同建立统一国家也可完成，而现代 nation-state（国族—国家）的形成过程和存在实际，亦是普遍包括了不同人民。由于古典民族主义理论家们没有充分考虑这一点，就使其论说常被当代一些民族分离主义者所利用和滥用。而国内学界对民族主义的研究，也缺乏深度，通常以不适合中国民族关系的实情作为了结；但如我们的认识到此为止，只是遵循"政治正确"而已。这种解释，言下之意等于承认古典民族主义理论家的"一族一国"主张有道理，只不过不能在中国运用罢了。但实际上，它也不能在全世界运用；包括在西欧，也没有按照古典民族主义理论家的设想去做，也是普遍形成了多民族国家。因此，深入解读古典民族主义理论，反思其思想缺陷，是正确对待和处理民族政治问题的前提，具有重要的现实意义。因为，在我国个别少数民族中间，一直存在按照古典民族主义理论进行分离活动的势力；而在台湾，也有人在塑造"台湾民族"，利用民族主义为"台独"张目。我们反对民族分离主义，维护多民族国家统一，须有正确的民族政治理论支撑；而要做到这一点，首先就要对民族主义古典理论进行研究，结合实践找出其错误认识所在，促使人们摆脱其影响。

古典民族主义理论家提出"一个人民，一个国族，一个国家"之设想，认为同质的人民（people）是现代国族（nation）和现代国家（state）的形成和建立基础，这与同时代产生的自由主义思想密切相关。自由主义以建立个人权利平等的公民社会为理想，但什么人才能成为权利平等的公民？答案是同一种族、同一语言、同一文化的人，这三个因素是最显著、最普通的标识，因而也最能为人们所普遍接受。由此，在西方世界，民族主义思想与自由主义思想就产生了契合，并进而形成了 people（人民）、nation（国族）、citizenship（公民社会）和 state（国家）四位一体的观念。这种观念一经产生，影响广泛而深远。它不仅导致近现代一些国家对差异性少数民族的歧视、隔离、驱逐、屠杀和人口交换，也是至今有些国家和学者主张对少数民族实行同化政策的思想根源，而同化政策往往是加剧民族矛盾乃至引发民族冲突的主要原因。因此，当代多民族国家要想使民族关系和睦，不仅要反思古典民族主义理论，也要反思传统的自由主义理论。实际上，在自由主义内部，历来不乏承认和保障少数民族集体权利包括政治权利的声音，并最终产生了多元文化主义理论。而联合国通过的《消除一切种族歧视国际公约》，以及《在民族或种族、宗教和语言上属于少数群体的人的权利宣言》等，则体现了国际社会对少数民族权利保障的共识。

　　但少数民族的权利特别是集体政治权利如何承认，如何保障？这又是一个复杂的课题。其中，产生于19世纪下半叶奥匈帝国的"民族自治"方案，以及19世纪末奥地利社会民主党的民族自治论说，为世人广为知晓。民族自治的核心思想，是宣示"自主管理本民族的内部事务"。但在现代国家主权统一的条件下，在公民社会首先保障个人权利的前提下，如何实现这个或那个少数民族的自治则成了问题。纯粹为本民族的内部事务是什么，这些内部事务由谁来界定，自主管理的组织方式是什么，自主管理的权威性存在吗，民族成员是否必须接受这种管理等等问题，没有人说的清，事实上也说不清。因此，所谓民族自治，实际上是做不到的。然而，自民族自治这个命题产生近150年来，少有人进行理论反思，更无人结合实际公开否定它的非现实性，至多对其进行模糊化处理，如我国学界将"民族区域自治"解释为是"民族自治与区域自治的结合"。

　　回顾历史，我们可以看到，"民族自治"这个命题，产生于帝国主义时代，是民族主义与帝国主义对决妥协的产物。但在现代公民国家与公民社会里，民族关系与帝国主义时代不可同日而语，这就从根本上推翻了民族自治赖以成立的理由；而且，在社会发展现代化和人的自由流动的时代潮流面前，各民族间的地理界限和封闭状态已不复存在，也使民族自治失去了物理基础。而从实践上看，由于民族自治的走向是不确定的，由自治而独立的案例屡见不鲜，这就使任何维护主权统一的国家都不可能放手让这个或那个民族实行自治。目前，世界上也没有实行所谓真正的民族自治的例证可举。若实行各民族自顾自的自治，那国家就是一盘散沙，就是个空架子，不仅不能保证社会公平和正义，难以实现民族平等和团结，而且早晚要走向分崩离析。再从理论上说，民族自治观念说到底是古典民族主义理论的修改版。古典民族主义理论诉说着民族地域与国家版图的一致性，而民族自治观念则要求民族分布与地方行政划分的一致性；古典民族主义理论强调国家内部事务管理主权,而民族自治观念则要求本民族内部事务管理自主。然而,这种理性思考不足的简单推论,缺乏最起码的场域意识。国家关系和国际政治,与民族关系和族际政治完全是两个不同的问题,有着不同的生存法则和行为规范。国家关系和国际政治凭借的是实力,这不能搬用到多民族国家内部的族际关系和族际政治生活中;国际社会是一个没有权威和缺乏有效管理的社会,而现代国家则有统一的责任政府;国际社会奉行的是各自独立发展,至多讲点人道主义援助,而现代国家则对各民族间的利益负有调节和平衡的功能,如此等等。因此,基于古典民族主义理论的影响而求民族自治,无疑是一种非理性和非现实的想法。

但是,民族自治尽管存在这样那样的问题而不可行,关于民族自治的论说却不绝于缕。在我国,达赖集团的"大藏区高度自治"主张自不必说,学界也深受民族自治论说的影响。我国的民族区域自治不是民族自治,而是在国家统一前提下保障各民族共同当家作主的制度设计,但有些学者却硬把它往民族自治上解释,并依据列宁、斯大林的论说和苏联的试验将其与马克思主义联系起来。而事实是什么呢?民族自治是奥匈帝国的无奈之举,苏联只是步其后尘而已,而且仅是形式上的模仿。但这到了我国一些学者眼里,民族自治就变成是马克思主义的"民族理论"了。我国的民族区域自治制度,形式上可能受苏联影响,但理念上并不是一回事。苏联是联邦制,允许联盟成员自由退出联盟;我国是统一制,民族区域自治地方只是中央政府领导下的行政单位。当然,在我国的民族政治生活中,也有一些模糊说法,容易引起误读误解。

例如,在2001年《民族区域自治法》修订草案中,就有"运用马克思主义民族理论"解决中国民族问题的说法;在讨论这个草案时,笔者曾为一位全国人大常委会副委员长提供书面咨询,建议要删去"民族理论"四个字。马克思、恩格斯所谈的"民族问题",是帝国主义时代的nation问题,并且以进化主义观点主张一些"小族体"(little nationalities)应被"大国族"(great nations)同化,其言其说,被事实证明不可行,中国也没有这样做。而列宁和斯大林对民族问题的论述,其田野是沙俄帝国,不适用于中国的民族关系。中华人民共和国的民族区域自治与苏联的民族—国家联盟,从形式到理念都不是一回事;而且,当代一些自由主义国家,也有实行民族区域自治制度的。笔者的建议最后得到了认可,"民族理论"四个字在《自治法》正式发布时被删去了。笔者同时还建议删去《自治法》中"自主管理本民族内部事务"的说法,但这条建议未被接受。笔者的理由是，这个说法是 19 世纪末期奥地利社会民主党为维护奥匈帝国能够存续下去而提出来的，不适用于处理现代主权国家内部的民族关系；而且，如果有人较起真来，要"自主管理本民族内部事务"，国家还真的没有可能答应。这一担心，在 2008 年得到了验证：达赖集团提出的"大藏区高度自治"主张，就是利用了这一说。我们可以达赖集团有背后目的而不予理睬，但免不了遭受"以彼之矛，攻彼之盾"的理论尴尬。多民族国家内部的民族差异权利，虽是一个存在诸多争议、没有完全认识清楚的问题，但人们对"民族自治"的认识基本上是清楚的，既不可行，也不可能。国家对民族差异权利的保障，是以可行性和可能性为前提的，不可行和不可能的权利不可立为法。

总而言之，民族政治理论研究要实事求是。我们在探索当代多民族国家民族关系的治理之道时，应以时代潮流和现实情况为出发点。对于一些传统论说，不管曾经有多大市场，都不能视为圭臬。浪漫主义和唯心主义时代产生的民族主义理论和民族自治论说，不能也不可能成为永恒不变的价值。欧洲人从痴迷地歌颂"民族—国家"转向理性地建立"欧洲联盟"，也足以启示我们：对当代多民族国家内部的民族关系治理，我们不能让传统理论束缚住我们的头脑，而要面对现实进行思考，提出新的理论。

四

本文集下编的 7 篇文章，是笔者对当代多民族国家民族政治生活的理论思考，提出了"民族共治"这一新概念和新命题，并从不同角度对其进行了论证。

当今世界的国家，90% 以上是多民族国家；如何对待少数民族，简单而粗暴的同化政策一度在许多国家盛行。但同化政策不仅不能解决民族问题，反而激起更强烈的族际矛盾和冲突。因此，如何认识和处理民族问题，是 20 世纪所有多民族国家都在探索的课题，其中一个重要的理论共识是对民族认同和差异政治的承认；但在如何落实这一共识的问题上，世界各国的做法则不尽相同。民族联邦制、民族地方自治、民族文化自治、民族保留地自治、民族一体化、多元文化主义、民族政党、民族社团、民族议会等，都是对民族差异和认同政治的承认与保障方式。这些方式，有的是政治制度安排，有的是社会管理规范，有的是思想理论主张，但都存在争议和问题。争议的焦点是什么，问题又发生在哪里？答案是：民族认同和差异政治的度数怎么掌握，它与国家主权统一和公民权利平等的基本理念如何协调；而这，又归结到一点：民族政治生活的主导思想应该是什么？对这个问题，我们需要进行理论创新研究。

民族政治理论的创新研究，就是要根据民族政治的现实和时代发展，提出合情合理的新认知，使之逐渐成为人们的自觉理念和行动指南。上述那些处理民族问题的制度安排、管理规范和理论主张，虽然有这样那样的争议和问题，但是否也存在道义和价值观上的共性呢？我们能否从中总结出一种为人们所普遍认可的核心思想并以这种思想来指导和完善实践呢？为此，笔者从现代国家的共和制度和社会管理的民主思想出发，将其运用于民族政治关系领域，提出了"民族共治"之命题，认为这是一种理性观念，可同时顾及到各民族对自身利益的诉求、对他民族利益的关注和对共同利益的维护，既有助于协调国家统一建设与民族差异政治的矛盾，又有助于协调公民个人一般权益平等和民族集体特别权益保障的矛盾。

任何社会科学研究的目的，都在于为社会问题治理总结一些基本理念作为社会共识，这些理念通常又被浓缩为某个简单明了的核心概念。例如国际政治的一些基本理念，都被浓缩在了"主权"二字之中。作为研究多民族国家民族政治生活的民族政治学，现在有类似的核心概念吗？没有！民族"自治权"，似乎一度被人们认为是这样的概念，但实际不是；因为"民族自治"论说的产生并非是针对所有民族和民族政治关系而言的，只是针对特定少数民族的一种设想，而且内涵也不明确，更无法操作。笔者认为，在多民族国家的民族政治生活中，共治权才是核心问题，其他都是以纲带目的派生问题。确立"共治权"这个核心概念，民族政治理论研究才会有丰富的内涵与广泛的外延，可为我们深入认识民族政治问题打开新的思路。一旦我们从思想理念上承认民族"共治权"，剩下的问题，就只是对民族共治的形式、方式、程序和制度设计等细节及其成效进行研究与评估而已！其实，民族"共治权"的问题很简单。如果我们承认民族差异是一个长久的现象，并且各有自身的权益需要维护；同时，如果我们承认多民族国家的统一是现实的要求，并且不可分裂，那么，各民族在共同建设和共同维护这个国家时实行政治上或行政管理上的共治就是合情合理的。中国各族人民之间的关系史历来以"争治天下"而非"分裂天下"为主线，这应使我们不难接受各民族共同治理国家的理念；我们的政治文化精华，也是主张"天下一家"、"和合而治"。

新旧观念的碰撞，是人类社会历史进程中常有的现象。在民族政治问题上，人们的思想状态也不例外，也不可避免地存在新认知与旧论说之间的争论。笔者是在 2001 年提出"民族共治"这个命题的，至今整整十年。十年来，国内学术界赞同者有之，质疑者亦有之。学术观点的争论，是一件很正常的事情；而民族政治理论，也历来容易引起争论。就笔者见到的质疑文章看，有的学者认为我国的"民族区域自治"是保障少数民族"自治权"的，因而不能讲"民族共治"，并说这会削弱少数民族当家作主的"自治权"。这些学者是把某个民族聚居的"地方"看成是某个民族专有的"领土"了，但这种观念如不是封建王国思想的遗留，至少没有直面各民族杂居的事实，说严重点，则是缺乏现代国家意识和公民社会观念的表现。以民族自治观念来解释民族区域自治制度，或者说试图把民族区域自治导向民族自治，不赞同民族共治这个命题也就可以理解了。说到底，这不是对民族区域自治制度本质的认识争论，而是对民族政治生活的理念对立。

马克思主义经典作家说，"理论在一个国家的实现程度，总是决定于理论满足这个国家的需要的程度"（《马克思恩格斯选集》第 1 卷第 11 页）。"民族自治"这种论说，虽然我国官方过去没有明确否定，但从实践中则认识到了它不适合我国民族关系的实情。因此，我国实行的是"民族区域自治"而非"民族自治"。但在国内学术界，却有相当多的学者，一直把"民族区域自治"解释为"民族自治"。所以，当笔者否定民族自治而提出"民族共治"，难免有学者本能地表示异议。我国"民族区域自治制度"的实践是什么，它的思想精髓是什么，是要让各民族分别自治，还是旨在保证各民族团结共治，是要首先弄清楚的问题。我们可以列举许多事实，说出许多道理，证明它是后者而非前者。此外，我们从我国政府现在对达赖集团提出的"大藏区高度自治"的态度中，也可得出明确的答案。达赖集团的"大藏区高度自治"主张，撇开其幕后目的不谈，就其理论来源说，是典型的民族自治观念；对此，不仅我国政府坚决予以否定，学术界也不乏批驳其谬误的文章。

国内也有学者认为，在国家管理层面讲民族共治是可以的，我国也是这样做的；但在民族区域自治地方管理中讲民族共治就不合适了，因为我国的民族区域自治地方大多仍是少数民族居于少数，民族共治会使他们的声音被淹没。这种担心并非没有道理，但这种担心属于实际操作问题，不涉及理论正确与否。既然我们承认多民族国家的管理要讲各民族团结共治，多民族地方的管理同样要如此，这样才符合道理。至于民族人口的少数与多数的问题，完全可以通过一定的制度安排和协商机制，保证少数不被多数忽视或压制。作为学术研究,我们首先要关注基本理论的正确,其次才是根据实践的复杂性调整理论的细节问题,以利于实际操作。

总之,从实际问题出发,是民族政治理论创新研究的前提。既然我们认识到古典民族主义理论存在思想误区,传统民族自治观念也不合时宜,那我们就要探索民族关系的新的治理之道。这个新的治理之道,就是走各民族平等的民主共治之路,舍此别无它途。可以说,民族共治是多民族国家内部民族政治生活的必然,它是多民族国家合法存在之基,是民族关系善治之法,是各民族和睦相处之道;它既可有效疏解民族差异政治与国家主权统一建设之间的张力,也可有效协调公民个人权利保障和民族集体权益保护之间的矛盾。

当然,一种新的观念,即使是合乎时代潮流的,也并非即刻能为人们所接受。"国族—国家"的局限性,欧洲人几百年才醒悟过来;而真正开始走向联合,也不过是最近几十年的事情,并且仍然存在反对声音。因此,对民族共治这个命题,人们也需要有理解和接受的过程,因为"民族自治"的话语毕竟说得太久了,要摆脱它的影响并不容易。但我们看到,学界的主流趋向是可喜的。自笔者第一篇论民族共治的论文发表后,境内外学界时有评论和引用,并有深入论证的佳作发表。2002 年,外国学者也有文章明确讲到民族共治的问题。民族问题的普遍性,使一切多民族国家的学者和政治家都在探索其治理之道,如何实现善治是其共同追求的目标。"民族共治"的观点能否立得住,是否是善治之道,还需要多久才能成为民族政治学界普遍接受和认同的核心概念和基本理念,让我们拭目以待。

目　　录

中编 传统论说反思

下编　共治命题阐释

Contents

First Unit: Analysis of the Basic Concepts

Second Unit: Reflection on Some Traditional Ideas

Third Unit: Explication on the Co-governance among the Ethnic-National Communities

上编　基本概念辨析

简要题介： 本编由 6 篇文章组成。第一篇从学理和实证的结合上讨论了西方社会有关人们共同体的几个基本概念的内涵，包括 nation、nationality、people、ethnos 和 ethnic group（国族、民族、人民、族类和族群）等，并对如何运用这些概念发表了个人看法；在接下来的 3 篇文章中，对基于上述概念而产生的诸如 nation-state（国族—国家）与 multinational state（多民族国家）、people across the boundary（跨界人民）与 pan-nationalism（泛民族主义）、ethnocentrism（族类中心主义）与 ethnic regionalism（地区族类主义）等观念进行了论述。第五篇和第六篇文章是案例介绍和对话记录，可帮助我们进一步了解西方社会有关人们共同体的不同概念及其内涵。

国内民族问题研究界现在建立民族政治学的倡议和热情很高，能不能形成科学的理论体系，能不能使我们的研究成果可与国际学术界进行有效交流和对话，在一定程度上取决于我们对民族政治研究的一些核心概念的设定与应用是否严谨和规范，包括准确掌握国际学术界的话语体系并正确运用其基本概念。若人家说的是国际社会中的 nation 理论，我们将其运用于国内社会中的 nationality；若人家讲的是族类学的 ethnicity 理论，我们又将其运用于政治学的 nationality，并据此进行这样那样的观点评论，发表这样那样的理论看法，其言其说，既难与国际学术界进行有效对话，也无助于理论创新研究。而这，恰是国内民族理论研究界常见的现象。因此，我们要建立民族政治学，必须从规范学科概念开始，为学术观点争论和理论创新预期奠定共同的话语体系基础。

第一篇　西方的"族体"*概念系统
——从"族群"概念在中国的应用错位说起

提要　在西方学术界和社会公共用语中，"nation"（国族）及其派生概念"nationality"（民族）是政治科学的分析单位，而"ethnos"（族种）及其派生概念"ethnic group"（族群）则是族类学（民族学）的专业术语，这两组四个概念各有具体含义和抽象定性，不可相互混淆或替换。我国社会媒体、学术界乃至官方机构对这些概念的应用常有错位，特别是以"族群"取代"民族"来界定我国55个少数民族，既不符合各民族的形成历史和现实形态，也不符合我们所倡导的各民族平等的马克思主义立场。

一　引言:"族群"概念在我国的应用错位

大约从 1980 年代初，西方"族类学"（ethnology）术语"ethnic group"（族群）一词开始传入我国大陆学界并有不同译名，如"民族集

---

*　本文讨论的西方"族体"（ethnic-national community）概念，主要包括 nation、nationality、ethnos 和 ethnic group，也涉及 people。对这 5 个概念，本文分别采用国族、民族、族种、族群和人民的译名行文，并在除引言部分以外的行文中不再附注外文。可能有学者不赞同这些对应的译名，因为除 ethnic group 以外的 4 个概念，其汉语译名经常是不分和混乱的，一般都叫"民族"，包括把 ethnology 翻译为"民族学"。但在专门讨论西方的族体概念时，则首先需要对它们作出中文表达形式的区分，然后才可能讨论它们之间的含义区别，进而才可以正确使用它们。国内通常将 nation 译为"民族"，这也是可以的，但前提是必须赋予 nationality 另外的译名。本文把 nationality 译为"民族"，对 nation 就只好译为"国族"了。至于"族体"这个复合词或术语，在本文中是对上述 5 种人们共同体的概括语。

团"、"种族集团"等，到 1990 年代初基本约定为"族群"①。这个概念本是欧美学者主要针对欧美国家族体结构中的某些特定成分作出的界定，在实际使用中也还有争议；但在传入我国的过程中，有些论者开始部分错误地对这个概念加以抽象化、中性化、理想化和普遍化的解释，不分国情地将其套用到我国少数民族的头上，并最终影响到"国家民族事务委员会"中"民族"一词英文译名的改变，把原来的 nationalities 改成了现在的 ethnic②。

笔者曾撰文对这两个概念进行过辨析，主张对我国各民族应坚持以"nationalities"而不应以"ethnic groups"来界定③。1998 年，中国世界民族学会也曾与有关学术单位联合组织过一次专题讨论会④，试图促进我国学术界在对西方的族体概念的理解和运用上取得共识，但未能如愿。有的学者认为"ethnic groups"就是汉语"少数民族"的意思⑤，甚至有人认为也可以包括汉族⑥；有的学者还使用它指称具有区域文化特点的汉族地方群体如闽南人、客家人等⑦，或某个少数民族内部的支系⑧；还有人把"族群"与马克思主义联系起来，形成所谓"马克思主义族群理论"的说法⑨。而所有这些观点，大都倾向弃用"nationality"（民族），其主要理由是认为这个概念的政治含义太强，不利于国家统一。这些认识一方面反映了我国学术界对西方的各种族体概念缺乏系统的基础理论研究和学术术语规范，另一方面则反映了一些学者在使用这些概念时缺乏国情意识，在一定意义上说还有悖马克思主义所持的国家不分大小、民族不分大小，一律平等的政治立场和信念。2002 年，郝时远研究员围绕

---

① 1979 年创办的《民族译丛》（1995 年停办）是主要的传播渠道，该刊对"ethnic group"的译名最终统一为"族群"也发挥了规范作用。

② 汉语中的"民族"虽具有泛化应用的情况并可翻译为不同的英语形式，但我国法定的 55 个少数民族则是具有政治意义的族体，因此，"国家民族事务委员会"中的"民族"一词原译为政治学意义上的"nationalities"是适当的，而现在改译为族类学意义上的"ethnic"则有不妥。

③ 朱伦：《论"民族—国家"与"多民族国家"》，《世界民族》1997 年第 2 期；《"跨界民族"辨析与现代"泛民族主义"问题》，《世界民族》1999 年第 1 期。

④ 周旭芳：《"1998 年'民族'概念暨相关理论问题专题讨论会"综述》，《世界民族》1999 年第 1 期。

⑤ 阮西湖：《"民族"一词在英语中如何表述》，《世界民族》2001 年第 6 期；马戎：《评安东尼·史密斯关于"nation"的论述》，《中国社会科学》2001 年第 1 期。

⑥ 徐杰舜：《论族群与民族》，《民族研究》2002 年第 1 期。

⑦ 石奕龙、郭志超：《文化理论与族群研究》，黄山书社 2004 年版。

⑧ 周大鸣：《族群与族群关系》，《广西民族学院学报》2001 年第 2 期。

⑨ 纳日碧力戈：《现代背景下的族群构建》，云南教育出版社 2000 年版。

"族群"概念连续发表了数篇论文①，对这个概念的本义及国内对它的泛化应用问题进行了比较全面的分析和检讨，读后甚有同感，并时有续貂之念。这里，笔者想从区分西方的族体概念系统入手，采用实证研究和学理分析相结合的方法，就"族群"与"民族"的概念区别，主要围绕各自的母体概念"族种"（ethnos）和"国族"（nation）所赋予它们的本质内涵略作比较阐释，以助于我国学术界和公共社会正确理解和运用这些概念，并对它们的汉语表达形式逐步形成共识和进行规范。

二 "族群"与"民族"：欧美国家的使用情况与异议

在欧美国家的学术界和社会公共用语中，"族群"和"民族"虽然都可以用来指称一个国家中的通常居于少数地位的异质族体，但二者是两个内涵完全不同的概念："族群"主要是指散居在主体社会中的外来群体，而"民族"则是指聚居在传统地域上的当地人民。从学术理论上说，这种区分在一定程度上反映了欧美国家的族体结构的不同情况，但在实际应用中也常因为所指对象错位而有争议，如美洲国家的土著人民就不接受对他们所作的"族群"界定，而是要求承认其为"民族"或其他同类概念的族体。

欧洲的情况 欧洲国家对"族群"和"民族"这两个概念的使用比较明确。以西班牙为例，"族群"只能用来界定那些脱离母体的非世居的外来移民群体如阿拉伯人、华人和黑人等，以及如吉卜赛人和犹太人等早先流散在西班牙的东方异类；而对世居的当地人民如加泰罗尼亚人、巴斯克人和加利西亚人，无论他称还是自称，无论官方文件还是学术著作②，都不叫"族群"而是叫"民族"。笔者在与西班牙学者进行学术交流时，曾故意使用"族群"一词指称加泰罗尼亚人、巴斯克人和加利西亚人，

---

① 郝时远：《Ethnos（民族）和 Ethnic group（族群）的早期含义与应用》，《民族研究》2002 年第 4 期；《美国等西方国家社会裂变中的"认同群体"与 ethnic group》，《世界民族》2002 年第 4 期；《对西方学界有关族群（ethnic group）释义的辨析》，《广西民族学院学报》（哲学社会科学版）2002 年第 4 期；《美国等西方国家应用 ethnic group 的实证分析》，《中南民族大学学报》（人文社会科学版）2002 年第 4 期；《中文语境中的"族群"及其应用泛化的检讨》，《思想战线》2002 年第 5 期。

② 参见西班牙公共管理部法规汇编 *El Estado Autonómico*，Inprenta Nacional del Boletín Oficial del Estado，1993；Juan Pablo Fusi，*España：Autonomías*，Espasa Calpe，S. A. 1989；Jordi Solé Tura，*Nacionalidades y Nacionalismos en España*，Alianza Editorial，1985。

以验证西班牙学术界对这两个概念的实际使用是否如此严格；对方反馈说：这些人民既不是不同于其他西班牙人的"族种"（etnias），也不是散在的社团性"群体"（grupos），而是拥有传统居住地区和集体政治诉求的"历史性民族"（nacionalidades históricas），因此不可称他们为"族群"①。

加泰罗尼亚人、巴斯克人和加利西亚人分别是西班牙东北部、北部和西北部的世居人民（people），并曾建立过独立王国；从 11 世纪末开始，随着基督教西班牙人反对伊斯兰教摩尔人的"光复运动"逐步发展，他们逐渐与其他人民发生整合，于 15 世纪末共同建立了初步统一的西班牙王国，历史地成为西班牙现代"国族"的一部分。但在其后西班牙国族的进一步整合过程中，这三支人民一直保持着或多或少的民族特点和集体差别意识，并在经济和政治上不断提出自己的权利诉求。时至第二共和国时期（1931—1936 年），他们一度获得自治地位，但在佛朗哥统治期间（1939—1975 年）又被取消②。1978 年西班牙通过新宪法，在界定他们是西班牙"国族"的组成部分的同时，重新承认他们是不同的"民族"，并以他们为主体建立"自治共同体"，赋予比其他自治共同体更多的权利，如发展民族语言文化的权利等③。

了解了加泰罗尼亚人、巴斯克人和加利西亚人为什么被界定为"民族"，也就明白了吉卜赛人、犹太人、阿拉伯人、亚裔人包括华人等为什么被界定为"族群"而不能界定为"民族"。这些族体与上述三个世居人民有什么不同？首先，他们是外来者、异文化者、异宗教者和无领土根基者，即他们只是西班牙社会中的一道道人文景观和油彩，而不是其稳定的组织结构和本质。其次，基于这些原因，尽管他们在人格上和公民权利上现在可以不受歧视，可以建立自己的社团组织，可以获得西班牙公民身份，但他们不可能建立以传统居住地域为依托的行政管理单位。对西班牙内部的跨地区移民，如移居到其他地区的上述三个民族的散居者，或移居到加利西亚、巴斯克和加泰罗尼亚的其他西班牙人，西班牙是否使用"族群"来界定他们呢？对这个问题，西班牙的普通民众、官方和学者的

---

① 2001 年 6 月间，与巴塞罗那自治大学国际文化研究中心研究人员的座谈。2004 年 9 月，笔者与中国社会科学院民族学与人类学研究所一行数人到加利西亚、巴斯克和加泰罗尼亚三个自治共同体进行学术考察，再次验证了这一点。

② 参见萨尔瓦多·德·马达里亚加《西班牙现代史论》，朱伦译，中国社会科学出版社1998 年版。

③ 参见《1978 年西班牙宪法》，以及加泰罗尼亚、巴斯克和加利西亚《自治共同体条例》。

回答都是否定的①。

西班牙对"民族"和"族群"概念的使用区分，现在也是欧洲其他国家的通例。从西欧到东欧，从南欧到北欧，在日耳曼语族、拉丁语族和斯拉夫语族的一些大语种如英语、德语、法语和俄语中，"族群"这个概念一般都是指那些脱离母体的非本土族体，并且主要是指机体。例如，南斯拉夫的阿尔巴尼亚人在科索沃实行自治，按照欧洲人的政治共同体理念应被称为"民族"，自称和他称也是如此。但1999年前后的欧洲媒体和官方在说到科索沃的阿尔巴尼亚人境遇时，则以"族群清洗"而不是"民族清洗"的罪名来指责米洛舍维奇。笔者当时（1999年1—6月）在西班牙做访问研究，在笔者问到欧洲人为什么对科索沃的阿尔巴尼亚人使用"族群"概念时，得到的回答是：首先，科索沃的阿尔巴尼亚人在南斯拉夫被视为一个异质的"族群"；其次，"族群"主要是指活生生的人，而"民族"则是一个基于世居地域和传统社会而形成的政治共同体概念，清洗当然只能是对阿尔巴尼亚人这个族群进行清洗，而不可能把科索沃这个地方和社会抹掉。

至于"民族"这个概念，欧洲人的理解也是一致的，只不过应用有别、或用或不用罢了。苏联对建立自治共和国的人民称为"民族"，同时使用"国族"这个概念指称建立加盟共和国的人民。目前，俄罗斯联邦宪法对境内的各个人们共同体则统称为"人民"。在英国，习惯上使用"国族"指称境内各族人民如苏格兰人、威尔士人和英格兰人等。但在英国环境中的"国族"，其实质内容是"民族"，即"cultural nation"之意②。法国是"公民国族"（civic nation）和"国族—国家"（nation-state）理论的发源地，对境内不同的世居人们共同体如阿尔萨斯人、布列塔尼人、巴斯克人和加泰罗尼亚人等，一般使用历史学的传统概念"人

① 2001年访问巴塞罗那时，笔者的房东祖籍外地，但自称是加泰罗尼亚人。在2004年访问巴斯克自治共同体时，巴斯克政府官员就民族身份问题也回答我们说：所有居住在巴斯克的公民都是巴斯克人，他们没有身份区别，也没有公共政策上的不同对待；巴斯克的居民要说有不同，只是他们个人在对巴斯克语言和西班牙语言的双语掌握程度上有别。至于西班牙族学和人类学界的情况，学者们主要关注各种外来移民的群体性存在，对本国内部各民族的跨地区移民这种纯属个人迁徙自由的问题甚至没有研究兴趣，更谈不上对他们形成和使用"族群"概念。

② 在欧洲学术界，"cultural nation"是一个与"political nation"相对的概念。但随着德语"民族"（nationalität）一词的普及并被引入其他欧洲语言中，这两个概念渐趋废弃，分别以"民族"和"国族"代之（参见 Andrés de Blas Guerrero, *Nacionalismo*, *Enciclopedia del Nacionalismo*, ob. cit.，págs. 337 - 339，341 - 342）。英国现在继续使用"国族"界定各族人民，这只是一种习惯，并不说明英国人对"国族"和"民族"没有概念区别。早在1862年，英国人阿克顿勋爵就以"nationality"为题论述了现代国家的多民族、多文化构成问题（参见上引书，第18页）。

民"来界定。德国、意大利、瑞士和其他欧洲国家也是如此，因为这些国家持有与法国一样的理念，在国家政治结构中不作族际政治的设计，特别是不以民族为界划分行政单位，不符合公民社会建设和政党政治原则。但这不等于这些国家否认不同的世居人们共同体的存在及其权利保障，只不过这种存在和权利保障现在主要是以地区主义和地方政治的方式体现的①。因此，一些欧洲国家的官方现在不使用"民族"这个术语，既不表明他们否定这个术语的内涵，也不表明被称为"人民"的人们共同体没有了"民族"诉求。至于欧洲学术界，从来也不否定"民族"现象，而是一直在认真地研究它②。

美洲的情况　"族群"和"民族"这两个概念在美洲的使用情况，既有与欧洲相同的地方，也有不同的地方。如果说这两个概念在欧洲的使用有严格的界限，在美洲的使用则存在严重的争议。

"族群"在美洲也常被用来指称不同于主体居民的人们，但又不像欧洲那样仅指异族移民，同时还指土著印第安人。美洲国家的主体居民有三种情况：一是加拿大和美国，主体居民为英国殖民者的后裔；二是拉丁美洲大陆部分，主体居民为西班牙或葡萄牙殖民者的后裔以及他们与土著印第安人的混血；三是加勒比海岛地区，主体居民多是黑人。美洲现代"国族"的形成核心，主要就是这些主体居民。由此，这些主体居民在独立建国后也就以主人自居，把原来的印第安人和后来的其他移民统统称为异己的"族群"。美洲是一块殖民大陆，各国独立后普遍吸收了来自世界各地的现代移民。在加拿大、美国、墨西哥、巴西、阿根廷等主要国家，这类后至的现代移民"族群"皆多达100多种，他们都是离开原祖国的人们或后代，寄人篱下，没有话语权，也只好任由"主人"怎样呼唤他们。但是，当把土著印第安人也称为"族群"时，争议就来了。加拿大土著人称自己是"第一国族"（the first nation），因为他们有资格说自己是加拿大本来的主人，欧洲殖民者才是异族入侵者和占领者。这种情况也普遍发生在美洲其他近20个存在印第安人的国家中。

1990年，在欧美官方大张旗鼓地准备庆祝"美洲发现——两个世界

---

①　欧盟在其内部框架中就设有地区委员会，其中第一级"在册领土统计单位"（NUTS）有71个，叫"欧洲共同体的地区"；第二级有176个，叫"基本行政单位"；第三级有829个，叫"次级基本行政单位"。在前二级地区中，有些地区，例如第一级地区中的德国朗德人地区，以及第二级地区中的西班牙巴斯克人地区，便具有明显的文化或民族性差别（参见 Andrés de Blas Guerrero，前引书，第456页）。

②　Gregorio de la Fuente, *Nacionalidad*, *Enciclopedia del Nacionalismo*, ob. cit., págs. 341–342.

相遇500周年"的时候，美洲主要的土著人民的代表则聚集到厄瓜多尔首都基多，通过了《第一次全大陆印第安人会议决议》（又称《基多宣言》）①，对欧洲人在美洲的500年殖民活动提出了他们的看法，在表达自己的权利诉求的同时，还对主体社会对他们的不当界定表示公开的异议。《决议》说："我们印第安人具有作为民族、人民或国族的特有性质"；"这些称谓与学者们对我们使用的术语（族群）意义不同，各国印第安人民都有权利按照自己的政治目标采用适合于自己的政治斗争的称谓"；"我们的政治目标是自决和自治（北美印第安人要求主权），当前的任务是推动对自决和自治的思考和讨论，明确找出自决和自治的具体形式"。

上述来自土著印第安人民的声音，是对"族群"概念的最好注解和回答。"族群"并不如国内一些学者所解释的那样是一个"中性"词汇，除了有"异类"之意外，还意味着其政治权利和地位与"民族"不同，体现了以主体社会的观念对弱势族体作出"非政治化"主观认定的愿望。面对主体社会包括一些人类学家的"族群"界定，印第安人也曾长期失语，任由他人怎么说。但在与欧洲政治文化的长期接触中，印第安人最终明白了什么是"族群"、什么是"民族"，并正式要求给自己"正名"②。1994年元旦，墨西哥恰帕斯州土著人的起义武装"萨帕塔民族解放军"（EZLN）中的"民族"一词，使用的就是"national"而不是"ethnic"③。拉美其他国家中以土著人为基本成分的合法或非法组织，也都普遍以"民族"或"人民"而不是"族群"为自己命名。"名不正则言不顺"的道理，普天下都一样。因此，"族群"概念在族类学家的词典中不论多么有理，但由官方把它应用到现实的政治生活中就不一定有理了。鉴于土著人对"族群"称谓的反感，自1990年代初起，在墨西哥包括其他美洲国

---

①　西班牙文单行本，厄瓜多尔，基多，1990年。这次会议有17个美洲国家的200多位印第安人正式代表参加，代表了120个人口较多的印第安人单位。全美洲大约有500个印第安人单位，这120个印第安人民的人口占全美洲印第安人总人口（4000多万）的90%左右。

②　美洲土著人对"族群"称谓的反感在1970年代就产生了，美洲国家官方在1980年代已开始改用"人民"一词，到1990年代初已成定规。但我国在引入"族群"概念时，却全然不知这些争议和变化，并在1990年代初开始将其作为官方用语指称少数民族。

③　起义者使用"民族"一词，其政治目标并不是要求自决独立（他们的公开声明表示维护墨西哥国家的统一和主权），而是要求自治和参与国家管理。自治，意味着领土权利。这正是起义者与墨西哥政府之间的谈判至今久拖不决的症结所在。满足土著人基于土地权利的自治要求，意味着墨西哥要彻底改变族际政治观念，并要对国家制度和行政领土管理进行立法上的改革，这首先要涉及一场艰难的思想革命。

家的社会公共用语中，已经普遍弃用了这个术语，转而使用"人民"一词指称各族土著人①，从而把"族群"这个概念又还给了创造它的族类学界专用。

　　然而，我国一些学者却不顾"族群"概念在欧美国家的实际使用情况特别是反对声音，仅从欧美族类学的文本概念出发，就不论国情地把它推荐给我国官方使用并被正式采纳，这未免过于草率了。一个在我国一些学者看来是时髦的概念，在美洲的使用何至于遭到土著人的反对并被官方弃用了？对此，我们需要从学理上加以解释，即"族群"和"民族"这两个概念在西方产生于不同的学科，具有不同的含义和指向。

三　"族群"与"民族"：不同的内涵与学理

　　在欧洲语言中，"族群"和"民族"都是派生概念，其母体分别是"族种"和"国族"。众所周知，"族种"和"国族"的词源和语义均不相同："族种"是古希腊人对周围"异己者"的称呼，系人类社会基于人文差异主观产生的亘古感性观念；而"国族"一词则来源于拉丁语"本地人"，是欧洲各族人民基于工业社会形成和领土政治观念相互作出的现代理性认定。由此，由二者派生出来的"族群"和"民族"，也就分别体现着二者的基因，存在着明确的观念向度差别："族群"也是对异己群体的界定，包含着一种"非我族类"的区分观念；而"民族"则是对本地人民的界定，包含着对区域政治的承认。近代以来，欧洲人围绕对"族种"和"国族"的认识形成了不同的学科——族类学和国族主义政治学，与"族种"和"国族"密切关联的"族群"和"民族"，也分别是这两个不同学科的传统术语、基本概念和研究对象。欧洲国家对上述两组四个概念的应用不可相互替换，美洲国家对这些概念的应用存在争议，其观念原因和学理基础就在这里。

---

　　① 参见 INI（墨西哥"国家印第安研究所"），*Perspectivas para el Desarrollo de los Pueblos Indígenas de México*，México，D. F.，1992；Servicio Central de Publicaciones de Gobierno Vasco，*Derecho de los Pueblos Indígenas de América*，Vitoria-Gasteiz，1998；Eliane Karp de Toledo（人类学家，秘鲁第一夫人）：*Paradoja de los Pueblos Indígenas del Perú*，2003 年 10 月在中国社会科学院的演讲。

西方"国族主义"①政治学说及其"国族"和"民族"概念　在欧美国家中，使用"族群"这个族类学概念来界定异族移民和印第安人，从思想根源上说，是由他们的国族主义政治学说决定的。因此，只有首先了解西方的国族主义理论及其"国族"和"民族"概念，才能真正理解"族群"的含义，并决定怎样使用它。

10世纪以前的欧洲人口稀少，广大的生存空间为各族人民的自由迁徙和扩张提供了可能，人们对生存领地的争夺尚不十分突出。但自11世纪起，随着欧洲人口增长对土地资源需求的压力，欧洲各族人民的"本地人"（native）与"外地人"（foreign）观念及其利益冲突和"地盘"（region）意识日趋增强。正是从中世纪后期开始，不彻底的罗马化所形成的地方语言文化资源，成了欧洲各地人民构筑以"本地人"为核心的政治共同体的基础，这种共同体就是后来的所谓国族"（nation）②。无怪乎欧洲学术界认为，"地区主义是国族主义的前身，是一种微弱的或萌芽的国族主义"③。从语义学角度说，所谓"国族"，只不过是一个与"外地人"相对的概念，它源于拉丁语"natio"，其本义也就是以现代国家形式组织起来的"本地人集体"而已，其他的所谓特征都不过是为了保证这种集体的生存、延续与发展而产生和创造出来的外在形、衍生物和可变量。人们在研究"国族"时所列的各种构成要素，如共同地域、共同语言、共同经济生活和共同文化及其心理素质等④，都不是与生俱来的东西，都经历了一定的扩张、规范、形成和培育的过程。

人们在研究近代世界的国族和国族主义现象时，一般都从法国大革命

---

　①　Nationalism，国内一般叫"民族主义"。为了避免术语交叉带来误解，本文暂且使用"国族主义"。

　②　这是就"国族"的外部关系而说的。如就其内部实质看问题，则是另外一种解释。例如，本文将多次引用的参考书《民族主义百科词典》（Andrés de Blas Guerrero, *Enciclopedia del Nacionalismo*, Tecnos, Madrid, 1997, pág. 184）就解释说："'国族'这个术语是随着法国君主制思想和制度的发展而出现的。在14—16世纪期间，它指的是王国内部各种群体和各种领土单位的联合组织。作为'组织化的国族'，它的神圣职能是平衡王权和制约君主制。从16世纪起，这种职能消失。君主专制主义通过维护国家理性传统和消除封建领地、省区、公社和行会之间的关系，在很大程度上铸成了后来的法兰西国族主义，即把个人变成国族共同体内的唯一单位。国家对国族的遮蔽，逐步导致对国族利益与国王个人利益完全视同了。""1789年法国大革命打碎了国族与国王的一致关系，把国族变成了政治主权的基本主体，从而形成了基于公民权利完全平等的国族概念。"

　③　José Antonio Olmeda., *Regionalismo y Autonomía*, *Enciclopedia del Nacionalismo*, ob. cit., pág. 452.

　④　斯大林：《马克思主义和民族问题》，《斯大林论民族问题》，民族出版社1987年版。

谈起。这是因为，欧洲的国族过程和现象虽然早在中世纪后期就开始了，但对这个过程和现象的理论总结则是在法国大革命前后，并由此形成了以"国族"和"国族主权"（国内通常叫"国家主权"）为核心论点的国族主义政治学说①。从此，在法国和欧洲的政治生活中，"国族主权"之说与卢梭的"人民主权"之说同时成为一种时代理念②，并被普及到全世界。所谓国族主义，尽管人们现在对其概念和类型有诸多争论③，但其原始思想则十分简单，它说的是文化同质的"人民"为何和如何建立现代主权国家的问题，认为当今世界的突出现象是"人民"的共同体意识及其政治权利意识的出现，人民是自然的，国家是人工的，二者不统一是当今政治问题的关键所在，只有将二者统一起来，才能避免不同人民间的激烈的暴力冲突。后人把这种思想称为国族主义经典或古典理论，并提纲挈领地将其概括为"一个人民，一个国族，一个国家"（one people, one nation, one state）的简明公式④。受这种思想理论的支配，西欧大部分人民纷纷走上独立建国的道路，"国族"随之成为他们之间相互认定的政治实体，传统居住地域成了国家版图划分的依据。由此，在近现代西欧人的观念中，所谓"国族"，也就是一个以主权国家形式实现政治统一的"人民"⑤。在欧洲语言中，"人民"有时通"国族"，就在于国族主义古典理论家们由对人民的文化同质性设定推导出了国族的文化同质性。卢梭对"人民"概念的设定是同质的，赫尔德对"国族"概念的设定也是同质的。西哀士等古典理论家，也大都以理想化的同质性"人民"或"国族"的集体统一意志为现代国家合法性的来源。

但是，西欧现代国家建立的真实，并不像国族主义古典理论家们设计的那样简单，而是普遍地以某个强大人民为核心，加上若干弱小人民或其一部分形成了多元人民的国家。但在当时，西欧思想和政治界少有人承认这个事实；相反，西欧各族人民为实践自己的国族主义理想而经常陷入领土争夺、驱逐异己、交换人口和强制同化的梦魇中。但无论如何，他们还

---

① Pedro Carlos González Cuevas, *Francia*, *Enciclopedia del Nacionalismo*, ob. cit., págs. 184 - 188.

② Gregorio de la Fuente: *Soberanía nacional*, *Enciclopedia del Nacionalismo*, ob. cit., págs. 483 - 485. 与人民主权强调公民的个体性与选民代表的有限性不同，在国族主权观念下，一个代表不是代表他的选民，而是所有代表共同代表人民整体；由此，西方国家的国会有了众议院和参议院之分。

③ Andrés de Blas Guerrero, *Nacionalismo*, *Enciclopedia del Nacionalismo*, ob. cit., págs. 342 - 346.

④ Andrés de Blas Guerrero, *Nación*, *Enciclopedia del Nacionalismo*, ob. cit., pág. 339.

⑤ 各种主要的欧洲语言词典对"国族"的解释大同小异，在此不一一引证。

是无法实现族际界限与国家边界的完全一致①，也不可能保证所有语言文化不同的人民都有建立独立国家的权利与可能。对这些没有独立国家的人民，应该怎样界定，又如何规定其权利？对此，中东欧思想界作出了新回答，其具体成果就是产生了"民族"这个新概念，以及基于这个概念提出了"民族自治"理论，包括社团化文化自治和地域性领土自治两种设想。

作为与西欧毗邻的中东欧地区，自19世纪初也开始进入了国族主义激情燃烧的岁月。但中东欧各族人民之间的历史关系和政治进程与西欧大不相同，他们当时都处在沙皇帝国和哈布斯堡王朝帝国的统治或影响之下，很难独立建国。鉴于产生于西欧的"国族"概念是与独立国家相连的，这两个帝国便创造了"民族"一词指称境内各族人民。有材料说，"'民族'（nationalität）一词为哈布斯堡王朝所创，旨在用它取代'国族'指称奥匈帝国不同的文化群体"；也有材料说，"'民族'一词的首次正式出现，见于1832年沙皇教育部长奥凡罗夫所作的有关教育三原则（专制、民族和东正教）的演讲"②。这里，"民族"一词的发明权无关紧要，重要的是它的实际应用、含义界定和概念普及③。

对"民族"概念的实际应用，最早和最有影响的案例是1867年哈布斯堡王朝与匈牙利王国签订的《和约》（Ausgleich），以及1868年匈牙利议会通过的《民族法》（Law of the nationalities）④。这两个法律文件，规定了一些属于王朝的权利和权限，并赋予德意志人、奥地利人、匈牙利人、捷克人、波兰人、斯洛伐克人、小俄罗斯人、罗马尼亚人、塞尔维亚人、克罗地亚人、斯洛文尼亚人等"民族"以传统领土为单位实行自治。由此而论，"民族"一词在奥匈帝国时代产生时就是一种明确的政治实体而非文化群体概念，它指的是没有建立独立国家的人民，意为"准国族"

---

①　围绕德意志人居住的阿尔萨斯和洛林地区的归属问题而爆发的普法战争是典型案例，但这两个地区在第一次世界大战后又被并入了法国版图。包括德、法、意三种主要居民成分的瑞士联邦的建立，在一定意义上说也是对国族主义古典理论或理念的否定。

②　Carmen González Enríquez, *Imperio Austrohúngaro*, *Imperio Ruso*, *Enciclopedia del Nacionalismo*, ob. cit.，págs. 232, 238.

③　关于"nationality"的含义，国际上现使用它表示"国籍"，但这不影响它继续作为一个人们共同体概念而存在与使用。当代学者塞特·沃森在其《国族与国家》一书第一章中，特别说明了这一点；Seton-Watson, *Nation and State*, Londres, Methuen, 1977, pág. 4. 安德列斯·德·布拉斯·格雷罗主编的《民族主义百科词典》，也是如此解释这个概念的；Andrés de Blas Guerrero, *Enciclopedia del Nacionalismo*, ob. cit.，págs. 341 – 342.

④　Carmen González Enríquez, *Imperio Austrohúngaro*, *Enciclopedia del Nacionalismo*, ob. cit.，págs. 232 – 233.

(sub-nation)。在欧洲语言中,"人民"一词有时不但与"国族"相通、也与"民族"相通的道理即在于此。基于"民族"概念的形成,从 19 世纪下半叶起,主要在中东欧的政治思想界,"民族"就与"国族"一道成为一个被人们热烈讨论的话题,因为这种讨论涉及奥匈和沙俄两大帝国的命运和各族人民的前途①。在从 19 世纪末期到第一次世界大战前的期间里,这种讨论形成了一个理论高峰,由此产生的两种基本观点影响到 20 世纪的整个世界:一种是奥地利社会民主党和奥地利马克思主义学派的观点,一种是俄国共产党和俄国马克思主义者的观点。

鉴于奥匈帝国日益紧张的民族关系,以民族居住区为界线的领土自治很难保证将奥匈帝国建成统一的多民族和民主的联邦国家,奥地利社会民主党在 1899 年提出了以"自主管理本民族的内部事务"为核心思想的社团化"民族文化自治"方案;为此,该党两位民族问题理论家卡尔·伦南和鄂图·鲍威尔还把"民族"与领土或居住地域剥离开来,对"民族"作出了是"语言文化共同体"的界定,类似于教会②。俄国马克思主义者也遇到了与奥匈帝国同样的民族问题,也需要对沙皇帝国境内各族人民进行概念界定。受列宁的委托,斯大林到当时处在民族政治理论研究前沿的维也纳进行学术考察,并在 1913 年发表了《马克思主义和民族问题》一文,其中关于"民族"的定义在国际学术界至今都被视为不能不提到的一家之言③。

如何解读斯大林的"民族"定义,人们可以见仁见智。但有 3 点是明确的:第一,从政治学角度看待"民族"(共同的经济与地域基础);第二,也视"民族"是同质的人们共同体(共同的语言与文化特征);第三,把法国学术传统的"国族"概念与奥地利传统的"民族"概念糅合到了一起。这第三点往往是国内学者不太注意的。斯大林所言的"民族"虽然使用的是法国传统的"nation"(国族)一词,但对该词的定义实际上倾向于奥地利传统的"nationality"(民族)概念(不与独立国家相

---

① 这种讨论也波及西欧,如前文提到的英国人阿克顿勋爵在 1862 年发表的《民族》一文,就指出了"国族"构成的多"民族"事实。阿克顿勋爵被西方认为是国族构成多元论的先驱。但阿克顿勋爵笔下的"民族",是文化共同体概念。目前,国内学界有人把费孝通先生的"中华民族多元一体"论解释为"政治一体、文化多元",这与阿克顿勋爵的观点颇为相似。笔者认为,"中华民族多元一体"不能简单地解释为"政治一体,文化多元"(实无太大意义),而应解释为"国族一体,民族多元"。这种解释具有丰富深刻的内涵,是以毛泽东为代表的中国共产党人的基本理念(参见后文的论述)。

② María Josefa Rubio Lara, *Ausromarxismo*, *Enciclopedia del Nacionalismo*, ob. cit., págs. 42 – 45.

③ Gregorio de la Fuente, *Stalin*, *Enciclopedia del Nacionalismo*, ob. cit., págs. 490 – 491.

连）。正因为这一点，人们在将斯大林的民族定义运用于像中国的"56个民族"时争议不大，但在运用于像"中华民族"这样的人们共同体时就解释不通了。斯大林为什么没有对"国族"和"民族"进行概念区分呢？为什么又倾向于奥地利传统的"民族"概念呢？前者恐怕与他试图改变当时人们对"国族"和"民族"形成的等级歧视有关，后者则与布尔什维克试图把沙俄帝国完整地改造成统一的现代主权国家有关。

在欧洲学术传统中，"民族"和"国族"是两个对立的概念，具有地位差别之意和人格歧视之嫌：建立国家的人民是国族，依附在这个国族内的人民是民族；"我的共同体是国族，你的共同体是民族"①。这种观念，显然不利于无产阶级国际主义（族际主义）原则下的民族团结，不利于把沙俄帝国改造成民族平等的国家。斯大林的民族定义得到包括列宁在内的布尔什维克的赞赏，主要不在于定义本身的科学意义，而在于它可以服务于苏联建立的政治作用。但理论与事实则是两回事。苏联建立的实践表明，"国族"和"民族"二者又是有区分的：有的人民被界定为"国族"，可以建立加盟共和国并有分离权（倾向于法国传统的"国族"观），有的人民则被界定为"民族"，只能建立自治共和国或自治区且没有分离权（倾向于奥地利传统的"民族"观）。这种族体等级划分显然没有摆脱欧洲的传统观念，它是造成民族不和乃至分离的重要诱因之一：被界定为"民族"者难免不试图通过建立以自己为主体的国家成为"国族"，以实现民族人格的最高化。1990年代苏联和南斯拉夫的解体，以及目前俄罗斯联邦的车臣分离主义问题，都是证明。

奥地利马克思主义学派和苏联马克思主义者对"民族"概念的理论探索，不因奥匈帝国和苏联的解体而无意义。当今世界各国解决国内民族问题的政策（实行同化政策者例外），都可从二者中寻找到理论源泉：视"民族"为语言文化群体而对他们实行社团化管理的国家，受前者的影响较多；视"民族"为地域政治实体而赋予他们某种自治形式的国家，显然受到后者的影响。但相比较而言，苏联马克思主义者的观点更现实与合理一些。正是把"民族"视为政治实体的观念的形成与普及，美国总统威尔逊才可能在1918年的《十四点建议》中，对第一次世界大战后中欧的领土政治安排提出"民族原则"②。也正是基于对"民族"的政治含义的认识，第二次世界大战后中东欧一些国家才可能承认不同"民族"在国家政治结构中的

① Hugh Seton-Watson, *Nation and State*, Londres, Methuen, 1977, pág. 4.

② Sira García Casado, *Minorías Nacionales*, *Enciclopedia del Nacionalismo*, ob. cit., pág. 326.

地位。这种认识也影响到传统的西欧国家，如西班牙、英国、比利时等，现在也承认国内不同的"民族"政治实体的存在及其区域自治地位。第二次世界大战后非殖民化运动建立的一些非洲国家，有的也基于各种"族体"的存在实行地方自治；但对非洲国家中的族体，人们按习惯称为"部族"。包括美国在内的美洲国家，大多数现在也承认土著人民有一定的自治权（保留地）。至于亚洲，实行不同形式的少数民族地区自治的国家就更多了。

因此，尽管现代国家以公民个人权利平等为基本理念，但在大多数国家中，历史形成的一些相对弱势的族体的存在，同样也是不争的事实，他们表现出来的集体权利诉求也是不可回避的。在这些族体中，有一类族体是基于社会延续性、地域固定性、文化共同性、心理认同性和政治集体性等综合因素而形成的。这类族体即是"民族"。"民族"没有独立国家，但有世居区域；没有主权，但可以有一种含糊的或理解不一的自治权或自主权。这种观念，现在似已为大多数特别是传统的多民族国家所认可。要说人们对"民族"的认识还存有什么思想问题的话，主要就是在不正确的"国族"和"国族—国家"观念下，一些国家对"国族"和"民族"的理解尚未摆脱前文说到的等级划分和歧视，对二者的关系尚未形成普遍自觉的理论共识。

但是，人们的认识也在不断深化，现在的主流理论趋向是：其一，现代主权国家的构建实际上普遍是以各族人民共同进行和参与的，不可片面地以主体人民为根据界定现代国家是语言文化同一的人民建立的国族—国家。其二，国家层面的人们共同体被界定为"国族"，并且不再强调其语言文化的同质性，而主要是从政治和法律上来规定它[1]；与此同时，承认"国族"之下的具有各种同质性的次级人们共同体的存在，并视他们为"国族"的有机组成部分。人们的分歧在于怎样界定这些次级人们共同体并规定其权利。关于这个问题，离不开具体的国情和政治理念。例如像中国和西班牙这样的传统的多民族国家，与美洲和大洋洲新兴移民国家自然会有不同，需要具体情况具体分析，而不能以谁为标准模式。目前，我国有些学者恰恰在这个问题上失去了自我，把西方特别是美国的"族群"概念和理论奉为普遍真理，并以此解释中国的民族情况和民族问题。但是，西方的"族群"概念到底是怎么回事呢？对此，我们也需要从学理上加以解释和认识。

---

[1]　Miquel Caminal, *Nacionalismo y Federalismo*, *Ideologías y Movimientos Políticos Contemporáneos*, Editorial Tecnos, S. A., Madrid, 1998, págs. 92 – 97.

族类学及其"族种"和"族群"概念　　族类学，西方有的国家叫文化人类学，它是欧洲人以海外殖民地的社会和人民为研究对象而产生的一门学问。对这些社会和人民，欧洲人借用了古希腊人的观念和语言，称他们为"族种"，对他们的研究也就称为"族种学"（或叫"族类学"，国内现在流行的译名是"民族学"）①。古希腊人的"族种"概念，其基本语义是野蛮落后的异种人、异族人和异教徒②。近代欧洲人恰是在这个意义上借用"族种"一词的，用以指称欧洲基督教世界以外的人类群体，而欧洲人特别是西欧人之间则不相互使用这个概念。亘古以来，基于感性认识的族类差别观念，在一切地方和社会中都存在，并普遍地以我为中心对"非我族类"者加以蔑视性的界定，如我国古代中原人就称周围人民为"蛮子"、"侉子"、"夷人"、"狄人"等，而近代中国人则称西方人等为"洋人"和"倭寇"。对异己者的好奇，是人类的本能之一，这常导致人们以我为中心来描写异类。欧洲族类学的产生，最初的起因也就是人类的这种本能。但是，由这种本能发展出一门学问，则是随着16世纪起欧洲人开始大规模海外扩张逐步实现的。为了统治殖民地人民，就要了解他们，由此，一种为殖民统治需要服务的学问——族类学，就在欧洲知识界的不知不觉中萌芽了，并在19世纪下半叶发展成为一门借以间接认识人类古代社会和文化的科学③。

因此，欧洲族类学的研究对象和内容从一开始就与国族主义政治学不同：后者关注的是中世纪形成的欧洲各族"人民"的现代国族—国家构建、特征和相互关系，而前者则研究欧洲以外的不同"族种"的社会组织、体质特征、文化面貌和语言系属等。直到进入20世纪乃至上半叶结束，这种情况在欧洲都没有多少变化。1960年代以前的一些著名的族类学著作，都是在欧洲以外搜集的材料；一些有影响的理论学派，都是通过对这些研究对象的不同情况作出新解释而产生的④。但情况也在悄悄地发

---

① 杨堃：《民族学概论》，中国社会科学出版社1984年版，第1章。

② 希腊语是 ethnikós，英语是 ethnos，法语是 ethnies，西班牙语是 etnias（也作 etnos）。关于"族种"概念及其使用情况，郝时远研究员在《Ethnos（民族）和 Ethnic group（族群）的早期含义与应用》（前引）一文中有比较全面的梳理，此不赘述。

③ 族类学真正作为一门科学，是随着美国人摩尔根发表《古代社会》（1877年）一书而确立起来的，虽然人们也把英国人梅因及其《古代法》（1861年）作为族类学的奠基人和代表成果，但族类学之学科命名（Etnología），据说直到进入20世纪后才首先在德文中出现。

④ 参见 Jacques Lombard, *Introducción a la Etnología*, Alianza Universidad, Madrid, 1997年西班牙文版，1994年法文版；Ted C. Lewellen, *Introducción a la Antropología Política*, Edicions Bellaterra, Barcelona, 1994年西班牙文版，1983年英文版。

生变化，这种变化就是自 20 世纪初起，首先从最早摆脱殖民统治的拉美国家开始，族类学发生了本土化现象。所谓族类学的本土化，主要是研究主体、对象和目的之非殖民化，具体说就是：第一，本土族类学家的产生；第二，对本土研究对象的确定；第三，以服务于国族—国家建设为主要目的。这就是说，族类学非但没有随着殖民时代的结束而走向没落，相反却因它的应用性包括对差异文化的认识功能，使它在本土化过程中得到了延续和发展。特别是前殖民地丰富多彩的文化资源优势，以及本土族类学家对本土社会人文的熟悉优势，为这些地区的族类学发展提供了优越条件。但是，族类学的本土化，在研究方法和理论上并无多大不同和创新，普遍还是沿袭欧洲的学术传统；包括族类学家，也同样多是以居高临下的异样目光和观念观察自己的对象，并把他们界定为异己的或异质的群体。以拉美国家为例，本土化的族类学家或人类学家，就继续以欧洲人的观念来界定他们的研究对象——土著印第安人，只不过创造了一些诸如"社区"、"群体"等新术语来代替已不足以反映现实的"氏族"、"部落"等旧概念而已，其中包括由"族种"这一旧概念引申出了"族群"这个新术语。

国内一般认为，"族群"一词产生于 1950 年代的美国。这是英语霸权和我们多以英语文本为资料来源而产生的说法。其实，继承英国传统的美国社会习惯上是用"种族群体"（racial group）这个概念来界定不同肤色的美国人，可能是受拉美人类学和西班牙语的影响才改用"族群"的。美国也是 1940 年在墨西哥建立的"全美洲土著人研究所"（Instituto Indigenista Interamericano）的 18 个成员国之一。在拉美，无论是在殖民地时代还是在独立后，种族歧视和差别观念都比美国淡薄。拉美国家的西班牙裔居民与土著人混血相当普遍，有的国家高达 90% 以上，最低也在 50% 左右。在此情况下，拉美国家对体质特征黑白分明和人格歧视色彩浓厚的"种族"（raza）一词不大使用，而是多用"族种"（etnia）这一侧重宗教文化差异的概念。拉美各国的土著人在体质特征上是相同的，都属蒙古人种，但在语言文化和社会组织上并不是统一的整体（现有 500 多个），故而不能视为同一"族种"[①]；同时，拉美国家的各类混血种人也不能归并到黑、白、黄三大种族中的任何一种中去[②]。于是，如同以欧洲为代表的

[①] 〔法〕保罗·里维特：《美洲人类的起源》，朱伦译，中国社会科学出版社 1989 年版。

[②] 拉美的混血种人基本分为三类：黑人与白人的混血者称"穆拉托"（mulatos），白人与印第安人的混血者称"梅斯蒂索"（mestizos），印第安人与黑人的混血者称"桑博"（zambos）。

国族主义政治学对地域政治共同体的研究结果由"国族"概念派生出的"民族"概念一样，拉美人类学对其研究对象的界定也由"族种"概念派生出了"族群"概念。根据笔者见到的材料，"族群"这个概念大约产生在1920年代的墨西哥。

19世纪初墨西哥独立后，也长期信奉欧洲国族主义古典理论对"国族"所作的语言文化等同质性界定，并由此对土著人采取各种同化政策。但土著人非但未被同化，而且不断发展，包括人口增长和文化复兴。进入20世纪后，墨西哥人类学家对这种差异现象有了新的认识，认为"国族"不一定在各方面都是同质的，土著人可以作为语言文化不同的"族群"存在，他们与主体社会之间只是如何实现"一体化"和"国族认同"的问题。当时，墨西哥发生了资产阶级革命（1917年），这场革命的任务包括对墨西哥国族的打造和为资本主义向农村发展开辟道路。如何看待土著人的存在，以及他们的传统社会组织和土地资源，是一个不可回避的问题。在此情况下，被誉为墨西哥人类学之父的曼努埃尔·加米奥，在《迈向一个新的墨西哥》等一系列著作中提出了"国族一体化"的理论，这一理论的学术基础就是"多族群国族"观。由于这种理论和观点解除了土著人作为社会政治共同体存在的可能性及其土地集体占有权利，这正合资本主义向农村发展所要求的人口流动和土地集中的需要，因而大受墨西哥主体社会的欢迎。在官方支持下，墨西哥人类学家对土著人开展了大规模的调查研究，主要根据语言不同，在1940年代初将土著人识别为56个"族群"，并经联邦政府批准得到正式确认（21世纪初，人口估计在1200万—1500万）[①]。与此同时，拉美存在土著人的十几个主要国家，也普遍接受国族一体化理论和对土著人的"族群"界定，并曾长期据此制订土著印第安人政策[②]。

与欧洲传统的族类学服务于殖民统治和解释海外落后社会的工具意义不同，本土化的拉美人类学或族类学则以认识自身和服务于国

---

①　参见朱伦《论墨西哥的一体化印第安政策》，载《当代世界民族问题与民族政策》（郝时远、阮西湖主编），四川民族出版社1994年版。

②　1940年，16个拉美国家联合美国成立了"全美洲土著人研究所"（Instituto Indigenista Interamericano，简称 III，加拿大和西班牙后来成为观察员国），该所设在墨西哥城，出版有季刊《土著美洲》（América Indígena）和《土著学年鉴》（Anuario Indigenista）。这两种刊物是"国族一体化"理论及其"多族群国族"观在拉美和世界传播的主要载体。

族—国家建设为首要使命①。在履行这个使命的过程中，拉美人类学界对本土社会的人文差别的认识是正确的，在解释这些差别群体与"国族"之间的关系时也比欧洲国族主义古典理论前进了一步；但是，他们视土著人为"族群"的文化人类学观点，解除不了土著人的社会政治观念：各族土著人的政治共同体特征及其集体政治权利诉求，并不因哪个或哪些人类学家的漠视、否定或淡化就不再存在、不再表现了。在这个问题上，本土化的拉美现代人类学家，与欧洲国族主义古典理论家一样犯有脱离现实的理想主义毛病：后者以个人政治权利平等的"公民国族"理念否定少数民族的集体存在和政治诉求，而前者则试图以承认语言文化差别的"多族群国族"观点来避开这个问题，可谓殊途同归。因此，"族群"之说后来遭到土著人反对也就不奇怪了。

　　但是，"族群"之说在当代欧美国家的流行和世界性传播，在更大程度上要归因于自1970年代以来，西方国族主义理论研究者借助族类学成果和视野，对"国族"和国族主义现象所进行的重新认识。

　　从世界范围看，国族主义理论研究大致经历了三次学术高峰或三个活跃的阶段：第一个阶段开始于18世纪下半叶，可以卢梭1762年发表《社会契约论》提出"人民主权"为标志，到法国大革命形成高潮，以1814年法兰西第一帝国失败基本告一段落，历经半个多世纪。这一阶段的主流理论成果是"国族"和"国族—国家"概念在西欧的形成与普及，并由此导致西欧现代国家格局的基本形成。后人称这一阶段的国族主义主要研究者为古典理论家。第二个阶段开始于19世纪下半叶，可以1868年奥匈帝国正式通过《民族法》为标志，到斯大林1913年发表《马克思主义与民族问题》告一段落，也历经近半个世纪。这一阶段的主流理论成果则是"民族"、"民族自治"和"多民族联邦国家"等概念和理论的提出，而在实践上则有苏联的建立。西方对这一时期的代表人物如鲍威尔、伦南和斯大林等，一般都以马克思主义民族理论家来概括。第三个阶段大约开始于1970年代，情况比较复杂。

　　与前两个阶段分别以西欧和东欧的情况为研究对象不同，第三个阶段的国族主义理论研究更多地以广大亚洲和非洲的新独立国家为案例。这些

---

　　①　参见 Lourdes Arizpe y Carlos Serrano, *Balance de la Antropología en América Latina y el Caribe*, Universidad Nacional Autónoma de México, México, D. F. , 1993。

国家内部的"族体"多样性和文化差异性比欧洲国家复杂得多，如何解释它们的合法性基础——"国族"的形成，在欧美学术界产生了各种不同的观点，其中主要是现代主义（modernism）与原生主义（primordialism）之争。在这一争论过程中，现代主义论者比较强调国族的现代建构性特点，而原生主义论者则强调国族的前身或先期存在形式①。但国族以什么为基础进行建构，它的前身是什么，二者不约而同地采纳了族类学的成果，这就是对"族种"概念的青睐。原生主义论者如安东尼·D. 史密斯等人自不待言，他们十分强调国族的"族种"基础并由此提出了"族种—象征主义"（ethno-symbolism）之观点②；而现代主义论者如埃里克·霍布斯鲍姆和厄尼斯特·格尔纳等人，对国族和国族主义的研究也不能不涉及"族源"（ethnic origin）问题③。由此，"族种"（ethnos）、"族性"（ethnicity）和"族性主义"（ethnicism）等术语，开始充斥于 1970 年代以来西方的国族主义研究著作之中。而在此之前的国族主义研究，无论是自由主义者还是马克思主义者，对国族的基础和前身都是以"人民"这个概念来界定的。

　　但是我们不应忘记，当代西方学者在研究国族的"族源"因素时，只是把"族种"和"族性"作为与语言、文化等因素视为同一范畴的东西，并没有以此否定"民族"这种人们共同体概念。

　　研究国族的族种基础或起源，也必然会发现"非我族类"者的存在。这些异类或是在具体的国族—国家建立之前就有的，或是在建立之后移入

---

　　①　José Alvarez Junco, *Estudio sobre el Nacionalismo*, *Enciclopedia del Nacionalismo*, ob. cit. , págs. 139 – 141）. 关于现代主义和原生主义观点的中文介绍和评论，可参见叶江教授的《当代西方的两种民族理论》一文（《中国社会科学》2002 年第 1 期）。

　　②　自 1973 年至今，安东尼·D. 史密斯（Anthony D. Smith）发表了一系列有关著作，如 *The Ethnic Origins of Nations*, Oxford, Blackwell, 1986。关于史密斯的著作目录，可参见其《民族主义与现代性》一书（1998 年英文版或 2000 年西班牙文版）。安东尼·D. 史密斯的"族种—象征主义"，在西方学术界是被纳入原生主义之下的。如何评价"族种—象征主义"，它的社会效应如何，它与近年来在欧洲重新抬头的"种族主义"（racism）、"族种中心主义"（ethnocentrism）和"族种差别主义"（ethnodiferencialism）等极右思潮能否脱离干系，倒是值得认真研究的。在原生主义论者队伍中，其他重要学者还有 Fredrik Barth、Isaiah Berlin、Miloslav Hroch 等人（参见 *Enciclopedia del Nacionalismo*, ob. cit. , pág. 141）。

　　③　Eric Hobsbawm, *Ethnicity and Nationalism in Europe today*, en Gopal Balakrishuan（ed）, *Mapping the Nation*, Londres and Nueva York, Verso, 1996, pp. 255 – 266；Ernest Gellner, *Nationes y Nationalismo*, Madrid, Alianza Editorial, 1988. 格尔纳认为当今世界存在约8000个语言共同体，其中约 200 个变成了"国族"并有自己的国家，还有约 600 多个在争取建立自己的国家，其他7000多个则无这样的意识。格尔纳利用这个材料，旨在反对原生主义者的"国族"形成观。格尔纳所说的"语言共同体"，在安东尼·D. 史密斯等人看来就是"族群"。

的。无论是前者还是后者，大都不是完整存在的"族种"，而是散于主体社会中的群体。他们没有传统的社会政治结构和独立发展的历史，故而不能以"部落"、"民族"或"人民"等既有概念来界定。于是，"族群"这个笼统概念便被逐步使用开来。由此而论，"族群"不单是一个人文差别概念，而且还是一种非传统的社会组织形式概念，它是当代西方族类学、文化人类学和社会人类学在研究国族—国家内部的族类异质性及这些族类的存在方式时所使用的术语，其使用价值仅在于它所指的特定对象，不可随意将其泛化。

本节小结　西方对人类社会的"族体"研究，在最近二百多年形成了两个学科——国族主义政治学和族类学。二者开始时是界限分明的，包括各自的研究对象、方法和概念系统都不一样，并产生了各自的学术代表人物和经典著作。但自 1970 年代以来，这两个学科互相渗透，包括互相借鉴对方的视野、方法和概念，为各自的研究目的服务。这一方面扩大了各自的研究对象、内容和课题；另一方面则使二者的某些边界趋向模糊，其中最明显的就是对"民族"和"族群"这两个概念的混淆或进行糅合。国族主义理论研究在两个方面运用了族类学的族体概念：一是试图以"族群"取代"民族"；二是从"族性"的角度解释"国族"。而族类学则从文化差别的角度解构"国族"：一方面试图把"民族"解释为"族群"，另一方面则为"族群"向"民族"转化提供了可能的理论支持。族类学和国族主义政治学互相作用，形成了一种合力，最终把"族种"、"族群"、"族性"和"族性主义"等术语或概念推广到了世界各地，以至于让外界误以为欧美学术界现在不再谈"民族"了。但是，无论这两个学科怎样相互交叉和渗透，二者对不同"族体"的认识区别则是清晰可辨的。

根据以上所谈的内容，我们可以下列表格（见下页）的形式，对本文涉及的几个"族体"概念从 15 个方面进行比较，以便对它们形成一个基本印象。前 8 项内容的横栏提示，可比较每个概念的含义区别；竖栏提示，则是对每个概念本身的简约归纳。后 7 项内容不属于概念范畴，但可以帮助我们理解概念。需要说明，表格中的释义，只是一些概括语，不能作为定义看待。此外，表格中也有一些话题是文中所没有提到的，还有一些是无法详释的。最后，作为不同学科的代表作，限于表格形式也没有举例。

西方族体概念的多维比较

	政治学的概念 国族 （nation）	政治学的概念 民族 （nationality）	族类学的概念 族种 （ethnos）	族类学的概念 族群 （ethnic group）
词源	拉丁语 natio	由 nation 派生	古希腊语 ethnikós	由 ethnos 派生
语义	本地人共同体	本地人共同体	异教徒、异族人	脱离母体族种的群体
原指	西欧对有独立国家的人民的界定	中东欧对传统帝国内各族人民的界定	古希腊人对非我族类者的界定	墨西哥等拉美国家对各族土著人的界定
演义	以主权国家为界限的人们共同体	国族之下的有地域依托的次级人们共同体	殖民时代欧洲人对其他人民的笼统称谓	欧美国家中的外来移民群体
特征	国家外壳，政府权威、世界政治的单位	延续的社会历史，共同的地域、语言和文化	人文、社会和体质等面貌大致或部分相同	双重文化，散居，社团化组织
成因	西欧及世界各地人民构建现代国家时的相互性认定	现代国族—国家背景下地区性人民的集体认同及其政治诉求	古代不同人民相互接触时产生的感性区别观念	欧美国家中同源移民的群体认同
实例	所有联合国成员	中国的藏族、壮族，西班牙的巴斯克人、加泰罗尼亚人	欧洲人眼中的阿拉伯人、犹太人、美洲印第安人、澳大利亚土著人	欧美国家中的亚洲人、黑人和阿拉伯人等移民群体
异议	在一些地区，争取独立的人民自称为"国族"；北美土著人也以"国族"自称	有些以公民个人权利为一切的国家，不承认国内存在不同的"民族"	他称而非自称，称他而不称己	有传统居住地域的人民，如美洲土著人，普遍不接受这种界定，并以"民族"等自称
学科归属	国际政治和现代史的分析单位	国内政治和宪政学的分析单位	族类学或文化人类学的研究对象	同前
研究要点	历史形成、基本特征、世界秩序、相互关系、政府间组织	历史形成、权利诉求、国家政策、族内组织、族际关系、民族与国族双重认同	起源、社会组织、体质特征、文化面貌、语言系属	来源、组织或存在方式、文化双重性、与主体社会的关系、生存与发展趋势
基本话题	领土主权、公民权利、公共权力、政府合法性、国民教育、国民生产、社会发展	民族集体权益、族际政治制度、地区主义、分离主义、自治与自决	氏族、部落、部落联盟、亲属制度、文化符号、社会变迁、种族与种族主义	排外主义、歧视、同化、涵化、文化适应、文化多样性
重要方法	抽象定义，理想化整体，共时分析，纵向比较，从一般到具体	基本同前	实地调查，个案描写，历时分析，横向比较，从具体到一般	基本同前

续表

	政治学的概念	政治学的概念	族类学的概念	族类学的概念
	国族 （nation）	民族 （nationality）	族种 （ethnos）	族群 （ethnic group）
理论流派	古典主义、现代主义、原生主义、建构主义，等等	文化自治、地区自治、联邦主义	进化论、传播论、功能主义、历史主义、结构主义、新马克思主义、社会动力论，等等	同化论、整合论（一体化），文化多元主义
学术人物	赫尔德、西哀士、雷纳、安德森、格尔纳、塞顿-沃森、韦伯、霍布斯鲍姆、伯林、史密斯，等等	阿克顿、伦南、鲍威尔、斯大林，等等	摩尔根、保爱士、克娄伯、马林诺斯基、迪尔克姆、毛瑟、布朗、斯特劳斯、巴兰迪尔，等等	加米奥、凯伦、泰勒，等等
介入学科	族类学，主要研究国族的族性、先期文化基础、内部差异与聚合过程	族类学和历史学，主要研究民族的文化、社会历史和族性特征，以及存在状况和发展	政治学，以不同形态的社会为对象，研究人类政治制度发展，由此形成政治人类学	政治学与社会学，主要研究族群的权利

主要参考书目：Andrés de Blas Guerrero, *Enciclopedia del Nacionalismo*, Tecnos, Madrid, 1997；Jacques Lombard, *Introducción a la Etnología*, Alianza Universidad, Madrid, 1997；Ted C. Lewellen, *Introducción a la Antropología Política*, Edicions Bellaterra, Barcelona, 1994；Lourdes Arizpe//Carlos Serrano, *Balance de la Antropología en América Latina y el Caribe*, Universidad Nacional Autónoma de México, México D. F., 1993.

四　结语："族群"与"民族"概念的应用

　　西方的各种族体概念是西方国家的人文构成情况、社会政治理念和学术文化传统的产物，对此可以见仁见智地进行讨论；但在把这些概念运用于我国时，则必须考虑我国的国情，特别是我国的民族理论取向和民族政治实践。

　　"族群"概念不适用于中国的国情　中国是一个传统的多民族国家，虽然也存在各种各样的民族问题，但唯独没有（至少至今没有）像欧美国家那样因大量国际移民进入而产生的外来移民问题，也没有像美洲和大洋洲国家那样因殖民历史而形成的土著人问题。我国的少数民族大多同汉族一样世居中国并有"民族区域"的依托，个别不是世居的民族，也因长期居住在中国的传统农业社会里而走向了区域化和聚居化。因此，我国的55个少数民族，应当视如西班牙的巴斯克人、加泰罗尼亚人和加利西亚人而不是如各种外来移民的情况，更不是美洲、大洋洲国家的土著人的情况，因而不能以"族群"加以界定①。

毋庸讳言，当代西方族类学的族群理论，一方面旨在否定一些世居人民以传统地域为依托的集体政治存在，另一方面则在客观上具有夸大和强化文化差异、进而涣散和解构基于公民权利平等原则的国族—国家认同的作用。由此造成的族类差别观念对社会的撕裂程度之大，以至于连像亨廷顿这样的国际问题研究者，最近也对族群化的美国社会提出了"我们是谁"的认同危机问题②。因此，面对目前我国族类学乃至社会学界受欧美后现代学术影响而产生的以文化差异观念着意寻找、论证和建构所谓不同"族群"的学术志趣，作为执政党、政府和主流舆论，则应坚持正确的民族理论，从社会政治角度考虑问题，防止以概念化的"族群"划分来撕裂社会的台湾现象在大陆发生③。无论是对汉族还是对少数民族，都不宜称其为"族群"，更不宜对其内部再进行所谓的"族群"划分。即使是对移居城市中的散居少数民族群体，也不能因他们脱离母体就称他们为"族群"。

我国的少数民族并不是西方族类学意义上的"族群"。1950年代我国确定55个少数民族单位的决定性因素，不是族类—文化原则而是社会—政治原则，主要目的不在强调文化差异而是为了政治治理，其社会预期不仅是要加强"中华民族"的团结，也包括促进各个少数民族内部的整合。如果以"族群"观念看问题，势必产生对现有55个少数民族单位的怀疑，不知会制造出多少新的少数"民族"来。出现这种情况，就不是学术讨论所能解决而是需要作出政治回答的问题了。

中国共产党的民族理论和民族政治实践　据说，把我国的55个少数民族的英语译名由"民族"改称为"族群"，是因为"民族"意味着有自决和独立的权利，而"族群"是一个文化概念，不涉及政治权利，这

---

① 国内现在有的论者主张把"中华国族"下的56个民族界定为"族群"，这与六十多年前墨西哥学术界的观念颇为类似。区别只是墨西哥也不曾把主体混血居民称为"族群"，而我国有些论者则把汉族也称为"族群"。这些论者对"族群"概念的发展也过于宽泛了。

② Samuel P. Huntington, *Who Are We? The Challenges to America's National Identity*, New York, 2004.

③ 参见郝时远《台湾的"族群"与"族群政治"析论》，《中国社会科学》2004年第2期。

样改有利于维护国家的统一①。这种思想未免过于简单了。真正可以保证我国统一和民族团结的思想政治基础，是中国共产党基于马克思主义政治立场所形成和持有的民族理论②，以及基于这种理论而确立的民族政治制度——民族区域自治，而不是所谓的"族群"概念。

中国共产党的民族理论，若用一句话来概括，就是坚持"统一的多民族国家"理念。这种理念是中国共产党以马克思主义政治立场吸收近现代人类社会民族政治发展的积极成果，结合我国的具体国情而提出来的先进理念，它得到了我国各族人民的赞成，并被写入了中华人民共和国宪法。这种理念的核心思想，可概括为"多民族国族"观。这种观念虽然可以追溯到孙中山先生提出的"五族共和"之民族主义思想，但其最终成就者则是中国共产党。

所谓"多民族国族"观，一方面是以"国族"概念来界定整个"中华民族"共同体，同时以"民族"概念来界定国内各族人民。关于这一点的理论论述，我们可以引用毛泽东在1939年12月发表的《中国革命和中国共产党》一文中的观点来证明，文中说："中国是一个由多数民族结合而成的……国家"，但同时"是一个伟大的民族国家"；文中还明确地使用了"中华民族的各族人民"这种复合概念。《毛泽东选集》英文版把"多数民族"翻译为"many nationalities"，把"中华民族"和"民族国家"之"民族"翻译为nation，把"少数民族"翻译为"minority nationalities"，把"汉人"和"藏人"、"维吾尔人"、"苗人"等同样翻译为"nationality"③，在概念运用上是对毛泽东有关"民族"与"国族"观念的正确理解。这就是说，中国共产党人很早就在政治思想上形成了"多民族国族"的理念。应当说，这是中国共产党人的一个划时代的理论创新，这种创新不仅使中华帝国被成功地改造成了统一的现代主权国家，是

---

① 这种认识既缺乏对"国族主义"理论的深入研究，也缺乏对国外现实的了解。nationality的政治含义，它在19世纪中叶的欧洲产生的时候，恰是针对分离主义而形成的概念，在西方一直是与自治权而不是与自决权联系在一起的。虽然在第一次世界大战后有了民族"自决权"的说法，但这也不等于承认分离主义是普遍真理。从现实角度看，西班牙宪法以nationalities界定国内不同的人民，英国的几个人民甚至叫nations，美国各族印第安人也叫nations，没听说这几个国家承认分离主义合法。秘鲁、玻利维亚和厄瓜多尔的克丘亚族印第安人被称为ethnic group，但他们中间照样存在试图重建"印加国"的"泛民族主义"势力。

② 马克思主义经典理论家都是以社会—政治观点而不是以族种—文化观点认识民族问题的。参见《马克思恩格斯论民族问题》、《列宁论民族问题》、《斯大林论民族问题》，民族出版社1987年版。

③ 《毛泽东选集》（合订本），人民出版社1967年版，第585—586页；《毛泽东选集》英文版第2卷，人民出版社1965年版，第306页。

我国各族人民抵制国内外分裂中国的图谋的理论武器，而且也是我国坚持实行"民族区域自治"制度，保证我国各民族"平等、团结、互助、和谐"关系的实现、"不断巩固和发展我国各民族团结奋进、共谋发展的良好政治局面"[①] 的政治思想基础。

现代主权国家的合法性来源是"国族"，这是国际社会的政治理论共识。但如何界定"国族"则存在认识分歧。西欧的国族主义古典理论家从语言文化等表象特征上把"国族"视为同质的人们共同体，并由此推定出了他们具有独立建国的政治认同意志和权利。但现实的国家构建并不与这种认识一致。于是，奥地利社会民主党便否定国家与"国族"的联系，提出"多民族联邦"的主张，并把"民族"视为与教会类似的组织，从而使国家失去了"国族"这一合法性基础，结果也就难将奥匈帝国改造成统一的主权国家。苏联共产党把各族人民分别界定为具有集体政治权利的"国族"和"民族"，但却没有为苏联确定"国族"这一合法性基础[②]，结果是在共同的意识形态失去后走向了分崩离析。这就是说，奥地利马克思主义学派和俄国马克思主义者，都没有对"国族"和"民族"的关系作出科学合理的解释。因此，奥地利社会民主党的建国方案是"多民族联邦"，而苏联共产党的实践则是"民族共和国联盟"。与此同时，二者又没有解释联邦和联盟层面的"人们共同体"性质是什么，或者有可能发展成什么。

中国共产党的民族理论与民族政治实践与上述三种论说都不同：在理论上，一方面接受现代主权国家的建立与"国族"形成有关的国际通行理论，另一方面则对"国族"的形成作出了与古典理论家不同的合乎实际的多样性解释，并把各族人民界定为中华"国族"的组成部分；而在民族政治实践上，一方面赋予各族人民集体政治地位，承认他们是政治实体意义上的"民族"，另一方面又规定各族人民的"国族"统一性，这与奥地利社会民主党和苏联共产党的理论也不相同。我国把国家政治统一与民族区域自治相结合起来的民族政治制度设计，《中华人民共和国民族区域自治法》对民族区域自治地方的权力机关作出既是"自治机关"、又是"国家一级政权机关"的规定，充分体现了中国共产党在民族观、民族政

---

① 参见胡锦涛在中共中央政治局第十六次集体学习时的讲话，《做好新形势下的民族工作，促进各民族共同繁荣进步》，《人民日报》2004 年 10 月 23 日第 1 版。

② 为弥补这种理论上的缺陷，1960 年代以后的苏联学术界提出了"新的历史性人们共同体——苏联人民"的概念，但为时已晚，已不足以克服基于"自由退出"联盟的政治理论所培育出的民族分离主义观念了。

治理论及民族政治制度上的创新思想。这种创新思想是对近代以来人类社会民族政治关系实际的正确认识，它不仅为中国的民族政治经验所证明，也为当代许多同类国家的民族政治生活的基本取向所证明，并且已成为国际学术界予以肯定的理论认识①。

但是，现在有两种理论化比较强的学术观点，影响着我们对"民族"的认识，此处需要作一简单评说。一是有国内学者从中国传统文化的"华夷"观出发，主张对我国少数民族作出"文化化"的处理②；一是有国外学者从西方族类学观念出发，对我国少数民族也持有等级分类观，认为藏族、维吾尔族、蒙古族、壮族、回族等可称为"民族"，而其他一些较小的民族应界定为"族群"③。这两种观点，只要以社会人类学的文化变迁与适应理论加以分析，都可以证明不能成立。

人类社会的现代化和现代国家的建立，打破了农业社会各族人民相对孤立和自在的状态，使他们都卷入了一种不以自己意志为转移的互动关系之中，并使他们的利益共同体意识不断强化。民族互动关系的本质，说到底是利益分配问题，而利益分配就产生和需要政治。追求合理乃至最大的利益份额，是导致各民族集体政治意识形成和强化的客观原因，促使各民族不得不登上政治舞台，步入政治化的轨道。因此，对少数民族问题采取"去政治化"的"文化化"观点，只是一相情愿。美国的"族群"只是文化群体而无政治追求？美国犹太人对美国政治的影响举世皆知。即使在中国的历史环境中，中原王朝以语言文化的观点看待四方之"民"（族体），但也从政治上承认周边人民的社会"自治"状态。而在现代多民族主权国家条件下，能否处理好少数民族问题不在于采取"去政治化"的"文化化"态度，而在于政治化的"度"和"制"。这个问题已经超出了本文的范围，此不详述。至于对我国少数民族的等级分类观，在方法上是一种不考虑历史背景、不受时间约束的结构主义历时研究（estudio diacrónico），而这不适用于处在变化中的"民族"这种活的对象。我国一些在历史上集体政治意识不强的小民族，现在已经不是原来的状态了，对此需要进行"与时俱进"的共时研究（estudio sincrónico）。如果考虑到我

---

① 参见 Andrés de Blas Guerrero, *Enciclopedia del Nacionalismo*, ob. cit. , pág. 341。

② 北京大学社会学与人类学研究所马戎教授是代表学者之一。他的观点集中体现在《族群问题的"政治化"与"文化化"》一文中（《民族工作研究》2004年第5期，国家民委民族问题研究中心）。

③ 中国民族学界所熟悉的美国人郝瑞，即持此种观点。参见郝瑞《论一些人类学专门术语的历史和翻译》，《世界民族》2001年第4期。

国形成和持有的"民族不分大小一律平等"的社会价值观和民族政治原则，就更加不能接受对我国各民族进行等级分类。

总而言之，中国共产党人基于马克思主义立场从政治学角度平等看待"少数民族"，并以"民族"来界定包括汉族在内的各族人民没有什么不妥。把我国少数民族由"民族"改称"族群"，不单是术语转换的问题，更重要的是立场和理论取向的问题，即对少数民族采取什么样的"民族"观的问题。无论古希腊人的"族种"观，还是现代欧美社会的"族群"观，至少都体现了一种主体对非主体的居高临下姿态，这在任何时候和任何地方都不利于构建和谐的民族关系。此外，我们也不能因为苏联等国家的解体，以及国内存在民族分裂主义势力，就认为西方的"族群"观对国家统一和反分裂就多么有效，进而怀疑自己在原则上是正确的民族理论。

最后，有必要说明，笔者不否认中西之间存在着"族体"观念差别和符号转换问题，比如汉语"民族"一词可以有广义的理解和使用。按照符号学的观点，在跨语言文化传播中，"二度符号化"转换难免造成一种语言文化符号在另一种语言文化中发生意义畸变，人们难以完全理解异己语言文化的符号意义。在我国族类学和民族主义研究中，对西方的族体概念甚至没有做到翻译符号的统一，更不要说阅读这些符号时的理解歧义了。本文对西方的一些族体符号包括对其内涵与外延进行的理解，不求完全正确，但求基本接近。如是，我们在与国际学术界交流和接轨时，特别是在官方话语中，就应当坚持对我国56个"民族"以"nationalities"而不是以"ethnic groups"来界定。

（原载《中国社会科学》2005 年第 4 期）

第二篇　论"民族—国家"与
"多民族国家"

　　提要　用"民族"一词通译或混译欧洲语言（以英语为例）中的 nation、nationality、people、ethnic group 不只是学术术语混乱的问题，而且隐含着政治问题。不宜用 ethnic group 来指称我国的"民族"。同质化"民族—国家"（nation-state）理论在历史上起过进步作用，但它不是普遍真理，在当代已成为引发民族冲突、民族分裂的思想根源，危害着多民族国家的巩固和统一。20 世纪初在美洲产生并对许多国家有影响的"多族群国族—国家"（nation-state of multiple ethnic groups）的构想，是对传统的"国族—国家"理论的修正，但它不符合那些具有传统居住地区的少数民族（nationality）的现时愿望。基于这种构想制定的民族政策在实践中普遍归于失败。"多民族的国族—国家"（nation-state of multiple nationalities）理论具有强大的生命力和重要的现实意义。

　　"民族—国家"① 与"多民族国家"是人们从民族结构上分析现代国家类型时常用的一对概念。所谓"民族—国家"，原本是指由"单一民族组成的国家"②，或者说是"以一个民族为基础组成的国家"③。反之，由两个或两个以上民族共同组成的国家则称之为"多民族国家"。一般认为，"民族—国家"的民族分布地域与国家版图是一致的；而"多民族国家"则是不同民族相互交往，导致政治上联合的产物。问题似乎已很清楚，没有什么可讨论的。但是，由于民族过程与国家过程的复杂性及其互

---

　　①　本文开篇仍按习惯使用"民族—国家"这一术语，但考虑到"民族"一词在我国常用于指称"少数民族"，在下面的论述中将改用"国族—国家"。

　　②　陈永龄主编：《民族辞典》，上海人民出版社 1987 年版，第 351 页。

　　③　〔英〕克雷伊奇、韦利姆斯库：《欧洲的民族和政治国家》，伦敦，1981 年，第 25 页。

动关系的存在，由于人们所奉行的民族理论与政治哲学不同，在有关"民族—国家"与"多民族国家"的本质规定、现时状况及发展趋向等问题上，仍然存在着不同的见解。如北京大学宁骚教授认为，"当今国际社会普遍承认的国家，大都属于民族国家"，并指出"我国学术界的许多人只是大谈特谈中国是个多民族国家，而似乎忘却了中国'是一个伟大的民族国家'的论断"①。而台湾学者余英时先生则认为，"在民族—国家的认同方面，中国人自清末到今天，始终没有取得共识。无论是从地理、政治、文化或种族的观点去试图对'中国'这一概念加以清楚的界说，马上便会引出无穷的争辩"②。

由此看来，无论是从学术的角度，还是从现实的角度，开展一下对"民族—国家"与"多民族国家"的讨论，是非常必要和有意义的。

一 关于"民族"、"民族—国家"、"多民族国家"的基本概念和理论

汉语"民族"一词在实际运用中是个含义广泛的概念，它常被用来指称欧洲语言中4种不同的人们共同体，以英语为例，即是 nation、nationality、people 和 ethnic group。在西方学术界和社会—政治生活中，这4个术语的内涵有着不同的质的规定，汉译时理应将它们区别开来，而不能通译或混译之。笔者倾向于把它们分别译为"国族"、"民族"、"人民"和"族群"。由此，"民族—国家"（nation-state）也应相应地译为"国族—国家"。

西班牙语权威词典③对"国族"（西班牙文是 nación）的释义有二："第一，领土同一、起源与历史同一、文化同一、习惯或语言同一的具有共同生活和共同命运意识的人们的自然社会；第二，由同一政府统治的一个国家的全体居民。"对"民族"（西班牙文是 nacionalidad）的释义有三："第一，国族特点；第二，组成一个国族的种族的、政治的和制度的一致性；第三，出生或加入一个国家后人的身份。"对"人民"（西班牙文是 pueblo）的释义之一是："一个地方、一个地区或一个国家的全体人

① 宁骚：《民族与国家——民族关系与民族政策的国际比较》，北京大学出版社1995年版，第269—270页。

② 《文汇报》1996年10月16日。

③ 《VOX·西班牙语插图大词典》，巴塞罗那，1953年。

们。""族群"是个复合词，其核心词是 ethnic，源于希腊文 ethnikós，西班牙文对其含义的解释是："第一，异教的；第二，种族的；第三，名词化后同'人民'。"

在西方社会—政治生活中，"人民"一词的使用范围较广，不论对何种人们共同体，都可以称之为"人民"，而其余 3 个术语则不可混用。"国族"是指建有独立国家的人民，如法兰西人、德意志人、意大利人等；"民族"是指没有建立单独国家的人民，如西班牙的巴斯克人、加泰罗尼亚人、加利西亚人等①。但是，对没有建立单独国家的人民，又不是一概地称之为"民族"，如美洲国家对印第安人，欧洲、美洲和大洋洲国家对世界各地的移民集团，则称之为"族群"而不称之为"民族"。其原因是，在西方社会—政治生活中，"民族"一词主要用来指称那些在中世纪曾有过独立王国，后来则被其他强势人民吸纳或分割，没有机会和可能建立现代独立国家的人民。

至于"族群"的实际应用，不管古希腊人的观念如何，在西方近代民族学研究中是有歧视性含义的，主要用来称呼那些落后的异教、异种人民。欧洲人一般不称自己为"族群"。这种歧视的痕迹在当代欧美国家中依然可以感觉到：欧洲人相互之间不称"族群"，只称其他来源国的移民为族群。当然，随着人们观念的进步，"族群"的文化与种族歧视含义在当代已逐渐被淘汰，以至于一些人类学家把它界定为一个中性术语，其含义同"人民"。但是，"族群"在政治学上的歧视性含义仍然保留着："族群"没有建立单独国家或其他政治实体如民族自治地方的权利，这是"族群"有别于"民族"的本质规定。来自被界定为"族群"的人民的声音，从反面证明了这一点。例如由 17 个美洲国家的 120 个印第安民族单位的 200 多位正式代表共同签署的《基多宣言》写道："我们印第安各族人民具有作为民族、人民或国族（nacionalidades，pueblos o naciones）的特有特征"；"这些称谓与学者们使用的术语（族群——笔者注）意义不同，各国印第安人民都有权利按照自己的政治目标采用适合于自己的政治斗争的称谓"；"我们的政治目标是自决和自治（北美印第安人要求主权），当前的任务是推动对自决和自治的反思与讨论，明确找出自决和自治的具体形式"②。由此可以看出，现代化过程加强了"族群"的内部聚

---

① 〔西〕Jordi Solé Tura, Nacionalidades y Nacionalismos en España, Madrid, Alianza Editorial, 1985. 另见 1978 年《西班牙宪法》第 2 条。

② 《第一次全大陆印第安人会议决议》，西班牙文单行本，厄瓜多尔，基多，1990 年。

合力，导致了一些被界定为"族群"的人民的民族意识和民族政治观念的产生。对此，人们不能视若不见。

但是，我们看到，在国外受到抵制和反对的"族群"论，近年来在我国却被一些人接受和使用。如《中国日报》在对外报道我国的少数民族时，便使用了"族群"，弃用了"民族"。这种做法是不恰当的，它有悖于我国的民族政策，也不符合我国各民族形成与存在的实际。

"国族"、"民族"、"族群"三者的含义有区别，这是人们普遍接受的事实，问题在于如何应用；如果对它们应用不当，特别是在涉及现代国家建设和民族政治问题时，争论和分歧便不可避免：

一种观点认为，"国族"是一种理想的形态和发展趋势。从这种观点出发，一些人认为，应将一国所有的"民族"或"族群"尽快同化为同质性的国族，建立真正的"国族—国家"。这种观点常为许多国家的官方所欢迎和接受。但这种观点因违背现时代民族发展的实际情形而逐渐被人们所否定，尽管它还时隐时现地反映在一些国家的民族关系和民族政策中。

另一种观点认为，任何一个民族都有权利发展成为国族。随着苏联和东欧一些民族的分离，这种观点似乎找到了市场。国际上甚至有人预言，下个世纪将出现更大的"国族运动"浪潮，现有国家的数目将成倍地增加。

还有一种观点虽承认不同民族的存在，但同时又认为各民族业已组成同一国族，或处在同一国族的形成过程之中。这种认识通常是以主体民族的优越感对待少数民族，以前者同化后者。如果说这种认识有什么积极意义的话，那就是它在政治上起到了缓和民族矛盾的作用。但是，由于这种认识没有从科学上解释"国族"与"民族"的不同，没有指出"国族"与"民族"概念的产生原因，因而在实践中争议很大。

最后，还有一种观点不承认不同"民族"的存在，只承认不同"族群"的存在（非洲一些国家的"部族"论也属此列），并认为这些"族群"是同一"国族"的组成部分，不具备"民族"的特征。这种认识似乎忘记了"族群"这一文化人类学上的概念在政治学上是不适用的。

所有这些观点，都是对当代国家民族结构的模糊认识，没有将"国族—国家"与"多民族国家"从理论上区别开来。

从政治角度说，"国族—国家"的原本设想一方面是对多民族帝国的背离，另一方面则是对多王国的民族的整合；只有同时完成了这两个过程或实现了这两个目标，才可以说建成了"国族—国家"。从民族学或文化人类学的角度说，"国族—国家"的主观要求则是国家的单一民族性和文化同质性。在欧洲人的语言和观念中，"国族"与"民族"有时通用，原因就在于"民族"与"国家"实现一致后，"民族"变成了"国族"。而对于"多民族国家"来说，"国族"与"民族"是不能通用的。如西班牙的加泰罗尼亚人等，只能称其为"民族"，不能称其为"国族"。

"国族—国家"既是帝国和王国的对立物，又是"多民族国家"的比照物。考察"国族—国家"的特征，既要从政治学上考虑它与帝国和王国的不同，也要从民族学上考虑它与"多民族国家"的区别。所谓"国族—国家"，西方经典理论认为就是由一个民族建立的独立、统一的现代国家。"独立"标明着它与帝国或他民族的分离；"统一"标明着它对自身政治上的集权。作为同一个民族的政治实体，"国族—国家"自然表现出语言同一、文化同一、自我认同等特征。

至于"族群"这个概念，首先，"族群"原本不是政治学研究的对象，而是民族学（ethnology，实应译为"族种学"或"族类学"）研究的对象；其次，"族群"不是静止不变的，它在现代国家环境中向"民族"演进的可能性也是存在的，特别是要求作为一种政治实体而存在，这在许多国家都有具体案例。因此，把"族群"视为必定要被同化的对象，不承认其作为政治性群体存在的权利，是不符合实际的。例如，如同前文所言，拉美十几个国家中的印第安人就不认为自己是族群。因此，对于存在像土著人这样的世居民族的国家来说，以所谓"多族群国族—国家"来界定是站不住脚的。"多民族国家"的观点更加科学，更适用于对这类国家的民族结构的分析。

所谓"多民族国家"，就是由两个或两个以上的民族共同组成的国家。"多民族国家"的产生有其历史必然性，它是各民族发展不平衡、民族过程与国家过程不同步、大民族在当代国家格局形成中起决定作用的结果。

"国族—国家"与"多民族国家"本来就有着明确的界限，且"多民族国家"是当今世界国家结构的主流。但是，在现实中总有人（包括政治家和学者）混淆两者的界限，并视单一成分的"国族—国家"为理想的国家形式，以"国族—国家"的标准去要求"多民族国家"。前面提到的余英时先生对"中华民族"概念的质疑，便是一个例子。

但是"国族—国家"的历史与现实到底是怎么一回事？"国族—国家"的理论与实际有没有距离？它的积极意义是什么？其消极影响又是什么？应该怎样看待历史上和现实中的"国族—国家"现象？

二　"国族—国家"的理想与现实

众所周知，同质化"国族—国家"的理想产生于中世纪末期的西欧，是那种试图将民族分布与国家疆界"统一"起来的民族主义理论的核心观念，这种观念视"国族—国家"是最好的国家形式，是政治实体的最高形式，是民族精神的政治外壳，是民族意志和命运的物质体现①。

"国族—国家"的理想在近五百年特别是最近两个世纪里，对人类社会的民族聚合与国家建立过程的确发挥了巨大的推动作用。在世界五大洲的历次民族独立和国家建立的浪潮中，"国族—国家"的理想都曾是一种强大的思想动员力量。它无疑也是当今世界政治格局多极化的主要成因。然而，在肯定"国族—国家"理想在历史上的进步作用的同时，也不能忘记它的局限性和体现在如下两个方面的消极作用：一是大民族借助国家的力量对小民族进行强制同化；二是小民族也借助"国族—国家"的理想试图从原来统一的国家中分离出来。这是导致当今世界各地还存在许多民族分离主义活动的思想根源。

"国族—国家"理论的局限性反映在理想与现实的距离上。"国族—国家"的理想曾为当今世界上许多国家所追求，但现实中的国家却并不都是按照"国族—国家"的理想塑造和发展的。"国族—国家"的基本要求是将同一个民族以国家的形式统一起来并与他民族完全分离。但是，由于民族的交错分布和彼此之间难以割断的经济与文化联系，这种要求是很难实现的。事实是，"国族—国家"运动的结果，不是普遍地形成了单一民族的"国族—国家"，而是普遍地形成了"多民族国家"。由单一民族的"国族—国家"理想开始，以"多民族国家"的现实告终，这是近代以来世界各地历次"国族—国家"运动和国家建立过程的普遍现象。真正的"国族—国家"只是极少数，这与它们的特殊地理环境有关。即使是葡萄牙、日本、北非的一些阿拉伯国家、加勒比的一些岛国等看上去像是单一民族的国家，实际上也存在不同的民族成分，只不过其分量不大、不为人们所注意罢了。从民族结构上看，当今绝大多数国家都不是单一民族成分的"国族—国家"。甚至一些常被引证为"国族—国家"的典型例证的国家，实际上也是另外一回事。

---

① 宁骚，前揭书，第265页。

　　西班牙即是一例。西班牙常被人们从"国族—国家"形成史的角度引证为"第一个国族—国家"。但西班牙在 1492 年"光复战争"胜利后所实现的王权统一，其实际情形是怎样的呢？西班牙人自己是怎样看待的呢？15 世纪末，西班牙虽然先后将犹太人和摩尔人逐出伊比利亚半岛，并在长达七个多世纪（公元 711—1492 年）的反对伊斯兰教徒的"光复战争"中实现了各个基督徒王国的联合，但当时的西班牙既不是单一民族的，也不是国家统一的。除主要民族卡斯蒂利亚人以外，还有加利西亚人、巴斯克人、加泰罗尼亚人等少数民族，而葡萄牙人也长期与西班牙处于时离时合的状态中。当时，西班牙国家的统一只是名义上的，因为虽然南方几个摩尔人王国被消灭了，但北方的几个基督徒王国仍保持着独立地位，它们只是从精神领袖的角度承认"天主徒国王"夫妇费尔南多和伊萨贝尔所建立的卡斯蒂利亚－阿拉贡联合王室的象征性领导地位。当代西班牙著名史学家胡安·巴勃罗·福西在其主编的《西班牙自治》一书的序言中说："西班牙的统一直到进入 19 世纪仍是人为的统一……在奥地利几代王朝下的西班牙君主制的统一，受到了不同的王国及其各自的司法条例的挑战，此外，君主制下也没有西班牙民族（nacionalidad española）之观念"；"……在整个 18 和 19 世纪的大部分年代里，西班牙的社会和经济裂痕仍然是很大的"[①]。1833 年的布尔戈斯政治改革使西班牙确立了省制与中央集权，但也不能因此而认为西班牙从此变成了单一民族的"国族—国家"，因为众所周知，巴斯克人、加泰罗尼亚人和加利西亚人等少数民族一直保持自己的认同，并要求拥有集体政治地位，以致到了 1930 年代西班牙第二共和国时期，共和国政府不得不同意上述 3 个民族地区实行自治。在经过佛朗哥不承认少数民族政治地位与权利的近四十年独裁统治之后，到了 1978 年，西班牙又从宪法上承认自己是一个多民族的（nacionalidades）国家，并在民族政治实践中重新确认了少数民族地区的自治地位。被一些论者断定为五百年前就已是、且是"第一个"国族—国家的西班牙，现在自己却扔掉了这顶桂冠。

　　其他被引证为较早形成"国族—国家"的英国、法国、意大利、德国、荷兰、瑞典等西欧国家的情形又如何呢？只要看一看这些国家的民族志，就不难发现，它们各自都具有不同的民族成分，其中英国的民族差别和民族矛盾不亚于西班牙，苏格兰人目前就在为争取自治而努力，更不用说长期困扰英国的北爱尔兰问题了。由此可见，"国族—国家"从在西欧

---

　　① Juan Pablo Fusi Aispúrua, *España：Autonomias*, Madrid, Espasa—Calpe, 1990, pág. 14.

诞生时起，就基本不符合"国族—国家"的本义，实际上多是以某个强大民族为核心而形成的"多民族国家"。

以某个大民族为核心，裹带着一些小民族共同组成"多民族国家"，这也是世界其他地区国家结构的主流。美洲大陆国家普遍存在着印第安人；大洋洲几个主要国家存在着土著人，而不同来源的移民更是其突出的特点；非洲各国普遍存在着不同的民族或曰"部族"；至于东欧和亚洲各国，其民族成分就更加复杂[①]。

同质化"国族—国家"的理想与现实之间存在着距离，这是人类社会民族交往、民族发展不平衡以及大民族对当代国家格局的形成具有决定性作用的必然结果。法兰西人和卡斯蒂利亚人的强大与发展，分别影响到巴斯克人和加泰罗尼亚人难以统一独立，而是被一分为二，一部分入法国，一部分归西班牙，由此，也就使法国和西班牙成了"多民族国家"。厄瓜多尔、秘鲁和玻利维亚对克丘亚人的分割，非洲为数众多的跨界民族的存在，所遵循的也是同样的规律。而民族发展不平衡（这里主要是指社会、政治、经济与文化方面的不平衡），更是"多民族国家"普遍存在的根本原因。汉族在几千年前就已建立起一统帝国，而在汉族周围生活的一些小民族，直到进入本世纪尚有不知国家为何物的；当美洲、大洋洲一些以欧洲移民为主形成的新兴民族为摆脱宗主国统治而发动独立战争的时候，许多土著民族却孤立、分散地避居在深山密林之中，对自己村落以外的世界不甚了解；当非洲一些大民族在殖民体系崩溃后忙于建国划界的时候，一些落后的小民族却任由别人把自己划到哪个国家中去。因此，当今世界国家格局的形成，从根本上说，是一些相对强大与发达的民族对各自势力范围进行划分的结果，而相对弱小与欠发达民族对此通常是自觉或不自觉地接受。"国族—国家"运动实际上是大民族主导的运动，首先体现的是大民族的意志。因此，"国族—国家"的理想与现实之间存在距离是必然的。

这种距离的产生或"国族—国家"的自我否定，其根源在于民族过程与国家过程的统一性与矛盾性，在于大民族的发展与扩张。

民族过程与国家过程的统一性表现为同一民族要求建立同一的国家。中国历史上的"三国归晋"及现代中国人对台湾与大陆不可分离的坚定信念，中世纪以后西班牙几个卡斯蒂利亚人王国的渐趋统一，最近的两德合并，以及韩国、朝鲜对统一的希望，其动力都来自于对民族同一性的

---

① 参见李毅夫等《各国民族概览》，世界知识出版社 1986 年版。

共识。

　　民族过程与国家过程的矛盾性表现为民族分布与国家版图往往难以一致。一方面，由于民族交往而形成民族杂居，当今许多国家和民族结构普遍是"你中有我、我中有你"；另一方面，民族交往又不时地突破国家界线，形成许多跨界民族（people）。

　　在民族过程与国家过程的统一性和矛盾性运动过程中，大民族的主导作用和支配地位是不言而喻的。没有汉族，就不可能有中国几千年的统一；没有俄罗斯人，就不可能有如此庞大的俄国版图；没有英裔移民的核心作用，就不可能有今日的美国；没有卡斯蒂利亚人，就不可能有今日西班牙的统一；没有西班牙移民与各族印第安人形成的混血墨西哥人，就不可能使原本存在阿兹特克和玛雅两大古印第安文明的墨西哥统一为一个国家。

　　大民族的主导作用和支配地位归根到底是由它们的经济发展状况决定的。在资本主义生产方式确立以前的古代社会，反映大民族意志的、将民族与国家统一起来的愿望缺乏必要的物质基础，这便是古代王国林立、诸侯割据与争霸不止的缘由所在。资本主义生产方式所创造的巨大的物质财富，以及不断扩大的对原材料、劳动力和商品市场的需求，使大民族萌发了统一和扩张的愿望并使这种愿望有了实现的可能，于是，"国族—国家"的理想和理论便应运而生。因此，从本质上说，单一成分的"国族—国家"构想是资产阶级倡导的民族观与国家观，是资产阶级民族主义思想的集中反映。马克思主义承认"国族—国家"有它产生的历史必然性和一定的进步性，但与此同时，也指出它有很大的局限性。近代以来的世界历史表明，单靠"国族—国家"的理想和理论无法协调和解决复杂多样的民族与国家的关系问题。尤其是在当今世界国家格局在大民族的作用下已基本定型、小民族已失去独立建国的条件和机会的情况下，单一民族的"国族—国家"理想和理论日益显示出它的消极性一面，成为引发民族冲突、造成民族分裂与对抗的思想渊源。

三　关于"国族—国家"的修正理论

　　以源于西欧的同质化"国族—国家"理想和理论为立国宗旨的民族民主运动，在民族成分复杂多样、民族社会形态参差不齐的亚、非、拉等地普遍难以实现，这使人们感到"国族—国家"近似一种梦想。于是，在世界的一些地区，最早是在拉美，便产生了如何把"国族—国家"理想与本国的实际相结合的问题。人们在实践中提出了各种各样的新构想，如"一个国族几个兄弟"、"一个国族多种语言或文化"等，其中，源于拉美的"多族群的国族—国家"构想最具典型意义。

拉美地区受"国族—国家"的理想和理论的影响最早也最深，这使南美"解放者"玻利瓦尔在前西班牙殖民地基础上建立"大哥伦比亚"共和国的设想成为泡影，导致南美西班牙殖民地裂变为数个国家；中美洲西班牙殖民地独立后，也未能在原来的"都督辖区"基础上建立统一的国家，而是分裂出了中美洲数国[①]。但是，这种以殖民地新兴民族（以西班牙裔及其与印第安人混血为主形成）为基础的国家的建立，并不合乎"国族—国家"的理想，各国普遍存在着人口和民族单位众多的印第安人，他们具有另一种语言、另一种文化，构成了另一个世界。对此，拉美各国当时（19世纪）的做法是对印第安人进行强制同化，试图以此完成"国族—国家"的建设。但结果是，印第安人非但未被同化，反而在不断发展与增多。19世纪初，拉美印第安人大约有800多万，到20世纪初，增加到了1000多万。[②] 同化的失败引起了当地人类学家的思考：如何解释"国族—国家"的理想与现实的矛盾？怎样把理想与现实结合起来？在这个问题上，墨西哥人类学家的努力值得一提。

被称为墨西哥人类学之父的曼努埃尔·加米奥，为配合实现1910年墨西哥革命所提出的将全国融为一体的目标，在1920年代接连发表了一系列重要著作，如《建设祖国》、《迈向一个新的墨西哥》、《关于印第安问题的几点看法》等，试图对民族、语言、文化多样的墨西哥怎样进行"国族—国家"建设作出回答。他的著作影响巨大，并由此形成了在拉美许多国家都具有很大影响的"国族一体化"理论（integración nacional）。一体化理论对传统的"国族—国家"定义的重大修正，是它对国族同一性与统一性的解释。它认为：墨西哥存在着不同的族群（grupos étnicos），它们可以被整合为整个墨西哥国族（nación）的组成部分，但同时可以保持自己的差异性；"国族—国家"所要求的语言同一性，在墨西哥可以通过对印第安人进行西班牙语的普及教育来实现，并不一定要让他们完全放弃使用自己的语言；文化同一性问题可以通过将印第安人文化变为全民共享的财富加以解决。一体化理论的这些观念，由于部分合乎墨西哥及广大

---

① 参见李春辉《拉丁美洲史稿》，商务印书馆1983年版。
② 参见朱伦、马莉《印第安世界》，广西人民出版社1992年版。

拉美国家的国情，特别是合乎国家统治者的愿望，在 1940 年代中期以后，在由十几个国家联合建立的"美洲国家印第安研究所"的推动下，遂被广泛地传播开来，并在长时间内成为一些拉美国家官方制定印第安人政策的依据①。

但是，由于一体化理论的出发点与归宿仍是基于对"国族—国家"理想的向往，尽管它较之强制民族同化人道了许多，但它在实践中还是遭到了印第安人的抵制。特别是它的全部思想的基础——"多族群国族—国家"论，几乎被 1960 年代以来拉美印第安人运动的发展完全打破了。印第安人对"多族群国族—国家"论的反感与反对，充分体现在本文第一节提到的《基多宣言》中。如果有人认为那只不过是印第安人单方面的一纸宣言，那么，1994 年元旦墨西哥恰帕斯州印第安人起义的枪声，以及现政府初步同意印第安人的集体政治权利，则在实际中宣告了"多族群国族—国家"论的最终失败，因为民族地方的自治决不会在单一民族的"国族—国家"中出现，承认印第安人的自治，就意味着放弃对印第安人所作的"族群"界定而承认其为"民族"。

"多族群国族—国家"论遭到土著人反对的原因，归咎于它与现时代还是一个民族发展的时代不相合。民族发展，首要的是民族集体政治意识的发展。在美洲和大洋洲曾被普遍称为"族群"的各族土著人民，如果说以前他们任由别人怎样界定他们都行的话，现在却因民族政治意识的形成和内部的聚合，已不再接受人们称他们为"族群"，而是要求具有"民族"的地位及相应的政治权利。

但值得我们注意的是，这种因在实践中碰壁而逐渐被外国所抛弃的"多族群国族—国家"论，现在却被我国的一些学者自觉不自觉地接受了。宁骚先生在其《民族与国家》一书第五章——《民族—国家辨析》中，在认定多民族国家也是"国族—国家"时，其立论基础就是这种"多族群国族—国家"论。这里，我们不妨引述他的论述为证："所谓民族国家，就是建立起统一的中央集权制政府的、具有统一的民族阶级利益以及同质的国族文化的、由本国的统治阶级治理并在法律上代表全体国族的主权国家。""从国家的统一性和国族文化的同质性的结合上去界定民族国家，民族国家的现实性和普遍性的问题也就迎刃而解了。虽然就民族结构来说，现代国家有单一民族的国家和多民族的国家等等的区别，但是

———————————

① 参见朱伦：《论墨西哥的一体化印第安政策》，载郝时远、阮西湖主编《当代世界民族问题与民族政策》，四川民族出版社 1994 年版。

民族结构并不是民族国家的本质内容。构成民族国家的本质内容的，是国家的统一性和国族文化的同质性，是国族对主权国家的文化上、政治上的普遍认同。凡是已经具有或者正在具有这一本质内容的现代国家，不管其民族结构如何——相对单一的民族结构自不待言，比较复杂的和十分复杂的民族结构也是一样，都属于民族国家。""我国学术界的许多人，正是由于普遍地坚持从民族结构上界定民族国家，所以只是大谈特谈中国是个多民族国家，而似乎忘却了中国'是一个伟大的民族国家'的论断。这不只是一个学术问题，因为现代国际关系理论和国际法认为民族国家是国家权力的合法性的一个重要来源。"① 按照上述论述，连世界上最典型的"多民族国家"也应被视为"国族—国家"。当然，宁骚先生也列举了一些他认为不是"国族—国家"的国家：国族文化不具有同质性的殖民帝国，政治上分裂的民族所建立的国家，实行种族隔离制的南非，实行联邦制的各个"民族—国家"的集合体或联盟等②。如此说来，废除了种族隔离制的南非几乎是在一夜之间就变成了"国族—国家"；"国族—国家"的两大本质内容之一——国族文化的同质性，也可以在一夜之间随着政治的变化而具备。宁骚先生将他所言的"民族—国家"与上述各种政治实体相比较，而不是与"多民族国家"相比较，只注意从政治学角度研究国家的形态和形式，而没有从民族学角度探讨国家的类型与结构。

从政治学角度研究当代国家的共同特征，与从民族学角度研究当代国家的不同类型，是两个不同的问题。我们不能因"多民族国家"与"国族—国家"在民族结构上的不同而否认两者在政治特征上的共同性；也不能因政治上的共同性而否定两者在民族结构上的差异性。这就是说，研究作为阶级统治工具的"国家"及其特征，与研究作为民族政治实体的"国家"及其结构，应遵循两种不同的方法，而不能一揽子解决，否则会引起更多的歧义。从当代国家的政治特征上来研究"多民族国家"与"国族—国家"的共性本是一件具有积极意义的事情，这样做可以解释多民族国家中民族分裂主义活动的非理性一面。但是，若因两者在政治特征上的共性而忽视两者在民族结构上的差别及由此产生的多民族国家的民族

---

① 宁骚：《民族与国家——民族关系与民族政策的国际比较》，前揭书，第 269—270 页。应当指出，宁骚先生对西方国家有关 nationality 和 ethnic group 的含义区别没有给予充分注意，其行文中的汉语"民族"既可理解为 nationality，也可理解为 ethnic group，有时也可理解为 nation，尽管对这后一个词在需要时又译为"国族"。而在有关"民族"概念的章节中，宁骚先生是倾向于把汉语"民族"一词与 ethnic group 对应起来的。

② 宁骚：《民族与国家——民族关系与民族政策的国际比较》，前揭书，第 269—270 页。

政治关系，非但没有积极意义，反而会引起小民族的反感。

宁骚先生对"民族—国家"也持"文化的同质性"观点，这与现时人们在文化方面的价值取向相悖。少数民族历来反对那种为实现"国族—国家"的理想而实行的文化同化政策，大多数国家现在都从宪法上承认民族文化的多样性，而不是强调它的同质性或同一性。这一点在国际上已被提高到是否尊重人权的高度。宁骚先生也承认多民族结构的存在。既是多民族，那就一定伴随着多文化，也就难以做到文化同质。语言算是一种文化，但不同的语言只有并存和相互承认的关系，绝无同质和认同可言。中国的一些有自己的语言的少数民族，现时会将汉语认同为自己的民族语言吗？以建设"新墨西哥"为目标的"国族一体化"理论与政策，也只是把学会使用西班牙语作为"新墨西哥"国族的语言条件，却不敢要求印第安人放弃自己的语言与文化，对西班牙语和墨西哥主体文化"普遍认同"。

以"族群"概念来代替"民族"概念，以"多族群国族—国家"论来解释"多民族国家"，并按照传统意义上的由单一民族构成的"国族—国家"的"准标准"（如墨西哥）来建设"多民族国家"，这在国际上已被普遍认为是一种不成功的理论和一条走不通的道路。"多族群国族—国家"论是那种以建立单一民族的"国族—国家"为目标、视民族"是政治主权的自然界线"的旧民族主义[①]理论遇到现实障碍而产生的一种新民族主义理论。但是，如同旧民族主义理论不能解决当今世界的民族关系与民族矛盾一样，这种新民族主义理论也同样无济于事。这种新民族主义理论自 20 世纪初产生时起，就是旨在否定小民族的政治权利。它非但没有克服旧民族主义理论的局限性与非现实性，相反，却激起了少数民族更强烈的反抗，甚至以分离主义来对抗对他们的集体政治权利的否定。

四　坚持"多民族国家"理论的现实意义

西欧式"国族—国家"的理想和理论的局限性与非现实性，促使人们对民族与国家的关系问题进行新的探索。自 19 世纪末特别是 20 世纪初开始，人们对这一问题的探索过程给我们留下了两个清楚的线索：一是前

---

① C. M. Woodhouse, El Nuevo Concierto de Naciones（第 2 章 "旧民族主义"）, México, F. Trillas, 1965.

文提到的对传统的"国族—国家"的理想与定义所进行的改造和修正，提出了以"多族群国族—国家"为代表的各种新构想；二是马克思主义经典作家在承认"国族—国家"的同时，提出了"多民族国家"的理论，斯大林的《马克思主义和民族问题》不失为这方面的代表作。

"多族群国族—国家"论与"多民族国家"论，几乎同时在 1920 年代形成自己的理论体系，也几乎同时从 20 世纪中期开始在世界范围内传播开来。"多族群国族—国家"论主要在发展中的资本主义国家流行；而"多民族国家"论则在新生的社会主义国家传播。经过半个多世纪的实践证明，"多民族国家"的理论较之"多族群国族—国家"的构想优越得多，它是有关民族与国家关系的科学理论。从 1970 年代开始，许多原以"国族—国家"或"多族群国族—国家"为理念的国家渐渐放弃一些旨在加速民族同化或国族一体化的民族政策，转而承认少数民族的生存权与发展权。美洲、大洋洲各国对土著人政策的变化自不待言，就连日本现在也承认了阿伊努人的权利。这充分证明了"多民族国家"的理论具有十分重要和普遍的实践意义。下面，让我们以墨西哥和中国这两个具有代表性的国家为例，分析一下上述两种理论对两国的民族关系与民族问题所产生的不同效果。

当中国基于"多民族国家"理论开始在少数民族聚居区实行民族区域自治的时候，也正是墨西哥基于"多族群国族—国家"的构想对土著印第安人进行国族一体化试验的时候①。经过大约半个世纪，两种理论的实践结果是：中国由于承认少数民族的政治地位，实行民族区域自治，使各族人民共同维护平等、团结、互助的民族关系的意识不断增强；而墨西哥则受到印第安人起义的困扰，不得不回过头来检讨自己的印第安人政策，放弃国族一体化的目标，开始承认印第安人的民族地位，与印第安人谈判自治问题。"多族群国族—国家"的构想所造成的"墨西哥现象"并不是个别的，它普遍地发生在近二十个存在印第安人的美洲国家里。大洋洲国家亦是如此。

"多民族国家"理论的首要意义，是它对于不可能和没有条件建立独立国家的少数民族的集体政治权利的承认与尊重。不论是中国的各级民族区域自治地方，还是西班牙的民族地方自治共同体，都体现了这种权利。这些民族区域自治地方虽然不像"国族—国家"或苏联的"加盟共和国"那样具有名义上的独立性，但它却是切实保障多民族国家少数民族政治权

---

① INI, *INI* 40 *Años*, Mèxico, Fondo Econòmico y Cultural, 1988.

利的有效形式，也是少数民族的现实追求。而"多族群国族—国家"的构想则根本不承认少数民族有这样的权利。

"多民族国家"的理论，是建立在"现时代还是一个民族发展而不是民族走向消亡的时代"这一正确认识基础之上的，因而它能够经得起时间和实践的检验。世界各地的少数民族问题，一个共同的特征是对民族政治权利的要求，也只有在满足这种要求的基础上才能走向和解。墨西哥政府与印第安人起义军的谈判结果，以及菲律宾政府与棉兰老岛摩洛民族解放阵线达成的自治协议，就是这方面的有力证明。相反，不承认少数民族的政治权利，民族矛盾和冲突就长期不止，拉美一些国家令政府十分头疼的土著人"游击队"现象，就是证明。

与"多民族国家"的理论不同，"多族群国族—国家"的构想否认小民族在现代国家条件下的发展，认为可以依靠现代国家的外壳将不同的民族很快地整合为同一的民族，这显然是违背民族自身的发展规律的，自然要遭到小民族的反对。尽管有些持"多族群国族—国家"构想的国家投入了很大的人力、物力帮助小民族发展，如墨西哥政府在推动印第安人的社会发展与文化教育以及改善印第安人的生存条件方面取得了世所公认的成绩，但是，由于忽视小民族的现实存在及其集体政治权利保障，最终还是难以避免民族冲突的发生。

因此，当我们在对"多民族国家"的理论与"多族群国族—国家"的构想进行比较的时候，注重点应放在何种理论更符合现时小民族的发展趋势上；放在何种理论能更好地解决"国族—国家"的理想所不能解决的诸多民族问题、特别是多民族国家的民族关系问题上。否则，比较的意义就不大，就难以理解为什么一些国家为加速小民族的同化进行了巨大的物质投资，却得不到所期望的结果。

"多民族国家"的理论与"多族群国族—国家"的构想的根本分歧，不在于对现代国家的政治特征如领土完整、主权独立和权力集中等有什么不同的看法，而在于怎样看待现代国家条件下的民族与民族过程以及主张采取什么样的民族政策。"多民族国家"观不否认当今世界日益加快的现代化过程促使各民族之间联系加强和共性增多，但也不认为民族界限会就此很快消失。相反，随着现代化过程的发展，各民族对自身利益的关注会使民族差别意识比以往更加强烈。"多民族国家"必须充分理解和尊重这种意识，采取适当的政策来调节各民族的利益，以保证各民族的共同繁荣和保持良好的民族关系。

"多民族国家"观不仅是马克思主义有关民族与国家关系的基本立

场，而且现也成为许多自由主义国家的态度，如西班牙。在当代世界国家格局已基本定型的条件下，在传统的"国族—国家"理论不再具有更多的实践意义的时候，在"多族群国族—国家"的构想不符合小民族发展愿望而渐被抛弃的时候，"多民族国家"观越发显示出它的生命力和现实意义。当然，坚持"多民族国家"的理论不见得一切民族问题都能迎刃而解。比如多民族国家的巩固和统一问题，取决于它们各自的形成历史、民族结构的稳定性程度，以及民族政治机制是否合理、有效等。但这些属于另外课题的研究范围，本文不作探讨。

总而言之，虽然现代国际政治是以"国族—国家"（nation-state）为单位的，但如何解释"国族—国家"内部的差异性问题，值得我们进行深入研究。同质化的"国族—国家"观和"多族群的国族—国家"观因忽视少数民族的集体认同和集体政治诉求而普遍受到质疑，与此同时，"多民族国家"观则由于承认各民族政治地位平等而具有更积极的意义。当然，当我们说"多民族国家"时，从现代国际政治的角度看，它也是"国族—国家"，"联合国"就是 nations 的联合。但国际政治的宏大叙事，不能代替民族政治的微观研究。一个由多民族共同建立的国家，能否凝聚成牢固的"国族—国家"，需要时间，需要条件，需要建设。认识到这一点极为重要。我们不能因为宣示中国是一个伟大的"民族—国家"（nation-state）而高枕无忧，忽视民族差异被国内外分裂中国的势力利用所产生的挑战。苏联宣布一劳永逸地解决了民族问题，结果是分崩离析。与此同时，我们也不能因为民族差异的存在而迷失现代"国族—国家"建设的正确方向，要在不断培育各民族（nationalities）对"中华民族"（nation）的共同认同的基础上尊重各民族的合理性差异诉求。

（原载《世界民族》1997 年第 3 期）

第三篇 "跨界民族"辨析与"现代泛民族主义"问题

提要 汉语"民族"一词具有英语 nation 或 nationality 的含义，集体政治意识是这两种人们共同体的基本特征之一，因而"跨界民族"之说是不能成立的。将"民族"与英语中的 ethnic group 或 people 概念联系起来，是产生"跨界民族"说的语境原因。Ethnic group 是文化人类学概念，people 则是历史学概念，这两个概念不可等同于 nation 和 nationality，因而不可译为"民族"，可考虑分别译为"族群"和"人民"；由此，"跨界民族"亦应改称为"跨界族群"和"跨界人民"。"跨界人民"是一种业已分化的"历史民族"，不再具有政治认同的现实条件。现代泛民族主义者试图重建"跨界人民"的统一是不现实的和反历史的，成功的可能性极小。

在我国民族研究界及公共话语中，"跨界民族"似乎已成为一个约定俗成的术语，没有人对它产生疑问。但只要深入研究一下我们就会发现，"跨界民族"说是不能成立的。在理论上，"跨界民族"说有概念不清的错误；在现实生活中，它经不起民族现实状况的检验。尤其值得注意的是，它易于被现代泛民族主义者所利用，不利于现代主权国家的巩固和地区安全。在现代泛民族主义者试图重建"历史民族"的政治统一与独立建国的活动中，"跨界民族"说是其重要的理论基础。因此，否定"跨界民族"说，代之以正确的概念——"跨界人民"，不仅具有学术理论意义，而且具有现实政治意义。

一 "民族"与"跨界民族"

国内学界现广为使用的"跨界民族"概念，并不是一个严格的学术概念，无论在理论上还是在现实中，都经不起推敲。为了说明这一点，我们需要从汉语"民族"一词的概念及使用情况谈起。

据专家考证，汉语"民族"一词是近代从日语中引进的[①]，并且与西方语言如英语 nation 的概念是一致的。在实际使用中，远的不说，从1905 年孙中山先生提出"三民主义"起，国人皆知的"民族主义"之"民族"就是 nation 之义，此义一直沿用至今。台湾海峡两岸的中国人除极少数"台独分子"外，皆知"中华民族"之所指，对它的概念与内涵确认无疑。因此，汉语"民族"一词具有英语 nation 的含义，当无争议。那么，在西方人的语言和概念中，nation 是什么意思呢？

《牛津辞典》（1976 年第 6 版）的解释是："居住在有固定边界约束的一块领土上，在一个政府之下形成一个社会，具有共同血统、语言、历史等主要特征的人口众多的人民（people）。"

《麦克米伦当代辞典》（1979 年纽约—伦敦版）的解释是："占有一块固定领土，在一种政治制度下团结起来的具有共同的族源（ethnic origin）和历史与文化传统的人民。"

《插图本西班牙语大辞典 Vox》的解释是："领土、起源、历史、文化、习惯或语言同一的具有共同生活与共同命运意识的人们的自然社会。"

斯大林的著名定义是："民族是人们在历史上形成的一个有共同语言、共同地域、共同经济生活以及表现在共同文化上的共同心理素质的稳定的共同体。"

比较一下上述定义，虽然措辞各有不同，但有一点是共同的，这就是都强调了"nation"的政治统一性与地域一体性。也就是说，"人民"需要经过政治纽带的凝聚和现代国家的建立，才是 nation。有鉴于此，把英语中的 nation 译为"国族"是适当的，而译为"民族"则不甚达意。

确定了汉语"民族"有 nation 的含义，"跨界民族"说也就不能成立

---

① 参见韩锦春、李毅夫《汉文"民族"一词考源资料》，中国社会科学院民族研究所，1985 年。

了。"跨界民族"，有的学者亦称"跨境民族"①，"界"和"境"是指"国界"和"国境"，二者是有区别的，但都与国家领土相联系。外国语言中也有"跨界"的概念，如英语 transnational 就是"超越国界"（即"跨界"）的意思。根据汉语"民族"有 nation 之义，若把"跨界民族"译为 transnational nation，这就令人费解了，因为 nation 意义上的"民族"不可能、也不允许是"跨界的"。也许有的论者会说，"跨界民族"之"民族"不是英语 nation 的概念，而是其他人们共同体概念。但这种争辩是无力的。汉语"民族"一词最早产生的时候，完全是与 nation 一致的，而且至今仍保留这种一致，并经常被运用。既如此，"跨界民族"就是一个有问题、有争议的术语，至少是一个容易产生问题和引起争议的术语。

证明了"民族"的 nation 之义而否定"跨界民族"说之后，我们还面临着另一个概念的困扰，这就是"民族"还具有英语中的 nationality 之义。什么是 nationality 呢？

在欧洲人的语言中，nationality 与 nation 都是一个常用的人们共同体概念。早在 19 世纪，欧洲人就对这两个概念作了区分，如"我的共同体是一个 nation，你的共同体是一个 nationality"之论②。二者的层次差别在哪里呢？西欧的"国族—国家"过程表明，nation 指的是有自己统一国家的人民，而 nationality 则是指没有建立或失去独立国家形式的人民。众所周知，马克思主义经典作家也承认这两类人们共同体的区别。

关于 nationality 的政治前途，早期的资产阶级自由主义者或民族主义者认为，它有独立建国的权利和可能性；共和主义者或联邦主义者则认为，它可以与其他 nation 一起建立共同的国家，而非一定走向独立③。实践表明，后一种认识是正确的，近代以来人类社会历史发展的主流是建立多民族的主权国家，证明了它的正确性。并且，随着多民族国家中民族政治关系的发展和民族政治文明的进步，关于 nation 和 nationality 的层次，目前已抛弃了传统的解释。在以主权国家为单位的内部关系中，不再分谁是 nation，谁是 nationality，而是说大家都是 nationality，大家共同构成一个 nation。例如 1978 年西班牙宪法就认为，西班牙这个 nation 是由不同的 nationalities 组成的，各个 nationality 实行地方自治，都有义务维护国家的统一。我国的民族区域自治制度也是建立在对不同的 nationalities 的承认

①　赵廷光、刘达成：《云南跨境民族研究》，云南人民出版社 1998 年版。
②　Hugh Seton—Watson, *Nations and States*, Wanshington Cambridge, 1972, p. 4.
③　参见 Jordi Solé Tura, *Nacionalidades y Nacionalismos en España*: *Autonomìas, Federalismo y Autodeterminación*, capìtulo 1, Madrid, Editonal Alianza。

基础之上的，也认为"中华民族"（Chinese nation）是由 56 个民族（na-
tionalities）包括汉族组成的。应当说，这是人类社会在民族关系与民族政
治理论上取得的一大突破性成果，它否定了传统的"国族—国家"理论
是唯一真理的教条，这一教条认为，凡是不同的人民，都有权利在政治上
发展成为国族，进而建立自己的独立国家。

当然，世界上现有许多国家不承认国内有不同的 nationalities，但这并
不能否定事实上存在 nationalities。所谓 nationality，它与 nation 一样，也
是一种具有集体政治认同的人们共同体，只不过这种认同不是以国家形
式，而是以地区自治的形式来体现的。当然，由于在同一主权国家内存在
民族杂居的情况，nationality 的集体政治认同不像 nation 那样强调政治统
一性与地域一体性，而是存在着部分成员和部分地区的分化。但是，这种
部分分化与"跨界"毫无关系，在同一国家内是可以被接受的。因此，
作为一种存在于现代主权国家内部的政治认同共同体，nationality 同样具
有不可跨界性。法国和西班牙两边的巴斯克人，不可能再被视为一个整
体。有此想法的只是一些泛巴斯克主义者，他们认为，法、西两国的巴斯
克人仍是同一个民族，并在政治上主张建立一个独立国家；如果不能达此
目的，也应组成一个联盟①。

但目前的问题是，我国有的论者认为，把"民族"一词与 nation 或
nationality 对应起来是不对的。他们说，前者是指国家，后者是指国籍，
并建议把"民族"与西方流行的术语 ethnic group 对应起来②。这里，有
几个问题值得商讨：

第一，在西方世界，nation 不仅是"国家"的概念，也是而且主要是
"人们共同体"的概念。当指人们共同体时，应有相应的汉语来表述，不
可一概理解为"国家"。如英国学者休·希顿－沃森（Hugh Seton-Wat-
son）的著作 *Nations and States*，若译为《国家与国家》，就很难理解了。
西班牙学术界对 nation 一词的使用也可证明，它不只是"国家"的概念。
如萨尔瓦多·德·马达里亚加先生认为："1930 年的情况如同现在一样，
不仅要解决西班牙人组织成一个君主制或共和制国家（estado，同英语
state）的能力问题，而且要解决西班牙人组织成为国族（nación）的能力
问题。"③ 在指称人们共同体时，国内现通常将 nation 译为"民族"。有的

---

① 参见 Juan Pablo Fusi, El País Vasco, *Pluralismo y Nacionalidad*, Madrid, Editorial Alianza, 1990。
② 参见阮西湖《关于术语"族群"》，载《世界民族》1998 年第 2 期。
③ 萨尔瓦多·德·马达里亚加：《西班牙现代史论》，朱伦译，中国社会科学出版社 1998 年
版，第 3 页。

学者主张将其译为"国族"①，以示它的本质特征。笔者倾向于将其译为"国族"②，译为"国民"也是可以的，如我们常说"国民生产"、"国民收入"等。一个"国"字，恰如其分地界定了 nation 这种人们共同体有别于其他类型的人们共同体的政治本质规定。

　　第二，nationality 也不只是"国籍"的概念，也是"人们共同体"的概念。关于这个问题，休·希顿－沃森讲得非常明白。他在自己的著作中特意指出，citizenship 指"国籍"，以此提醒读者，在他的著作中出现的 nationality 应作"人们共同体"来理解，或作 nation 属性来认识。在现实生活中，欧洲人至今仍使用 nationality 的概念指称国内的少数"民族"，如西班牙人便是如此。美洲国家的各族土著印第安人也使用 nationality 来自称，并要求主体社会及国家承认这一点。因此，我国长期用"民族"与 nationality 对应，并无什么不妥，因为这是合乎这类人们共同体的实际存在状态和民族政治要求的。西方一些国家借用文化人类学概念 ethnic group 来界定国内本应是 nationalities 的人们共同体，目的恰恰在于从政治上否定这类共同体的政治诉求。有些群体可以用 ethnic group 来界定；有些群体则不能。如西班牙的各类外来移民可以接受 ethnic group 的界定；而加泰罗尼亚人、巴斯克人、加利西亚人等就不接受这样的界定。

　　第三，主张"民族"与 ethnic group 概念相对应，实际上是混淆了两种学科的界限。"民族"是政治学上的"人们共同体"，而 ethnic group 是文化人类学上的"人们群体"，二者是有区别的。从孙中山到中国共产党，都是从政治意义上使用"民族"一词，并把它与西方的 nation 或 nationality 概念联系起来。混乱来自另一学科——"族类学"（ethnology）在我国的传播。我国最早引入这一学科时，将其译为"人种学"或"民种学"。自蔡元培先生将其译为"民族学"并沿用下来后③，汉语"民族"一词在其使用过程中就开始发生了不应有的混乱，造成了"一女二嫁"的局面。作为 ethnology 研究对象的 ethnic group，本可以用不同的汉语词汇来表述，不一定非使用"民族"一词不可。现常见的译名有"族群"、"族体"、"族团"、"族类"等。如果我们承认西方语言 nation、nationality 和 ethnic group 在指称人们共同体时的含义差别（也的确存在一些

---

① 参见宁骚：《民族与国家——民族关系与民族政策的国际比较》，前揭书。
② 参见朱伦：《论"民族—国家"与"多民族国家"》，《世界民族》1997 年第 3 期。
③ 参见杨堃：《民族学概论》，中国社会科学出版社 1984 年版，第 3 页。

差别），我们就不应仅以"民族"一词笼统称之。

综上所述，笔者认为，把汉语中的"民族"与英语中的 ethnic group 对应起来是不恰当的。我们可以按自己的观点把西方一些国家中的某些 ethnic group 看成是"民族"，但就 ethnic group 的词义来说，它不是汉语"民族"的意思。国外使用 ethnic group 这个词，正是为了从形式上到内容上与 nationality 相区别。退一步说，即使我们从文化人类学或族类学的角度看问题，像 transnational ethnic group（译为"跨界族群"比较恰当）这样的概念也没有什么太大的意义。Ethnic group 本身就是一个非常模糊的概念，其所指范围可大可小。汉族可以被研究者分为不同的 ethnic groups，如移居海外之后；拉美各国的移民在美国可以统称为一个 ethnic group；拉美各国内部的居民亦可分为几十种、上百种 ethnic groups，这完全取决于研究者以什么标准来划分。对于没有政治含义的 ethnic group 这一概念，加上一个具有政治含义的"跨界"来修饰，这未免有点不伦不类。也许有人认为，当代国家中的 ethnic groups 亦有政治追求，国外现也承认了 ethnic groups 的政治行为的合法性。但我们应该看到，ethnic group 的政治行为与 nationality 的政治行为在内容上是有区别的，前者不可能涉及领土自治的问题。美洲土著人不接受 ethnic groups 界定，而力争 nationalities 的称谓，原因就在于此。

实际上，当人们用"跨界"这一概念来修饰某种人们共同体时，目的在于指出这个共同体有怎样的历史和文化联系，而在现实中又有怎样的政治和领土分野。国际上习惯用"跨界人民"（people across the boundaries 或 transnational people）来界定这类共同体。"人民"（people）是一个中性概念，是历史学术语。它可以用来指称一些不宜用 ethnic group 或 nation 和 nationality 来指称的文化与地域群体，如"阿拉伯人民"、"伊比利亚人民"、"蒙古人民"、"犹太人民"等。为了说明这个问题，此处不妨以西班牙历史学家萨尔瓦多·德·马达里亚加先生的一段论述和他的基本观点为证："西班牙作为人民（pueblo）的分量无论是现在还是将来都要重于它作为国族（nación）的分量，而作为国族的分量又重于它作为国家（estado）的分量。"① 作者对西班牙"人民"的分析是从种族、语言和文化上进行的；而对西班牙"国族"的分析则主要是从国家、领土和政治的角度进行的。无论是作为"人民"还是作为"国族"，都包括不同的民

① 萨尔瓦多·德·马达里亚加：《西班牙现代史论》，前揭书，第362页。

族（nacionalidades）①。"人民"与"国族"或"民族"的区别在于，前者不一定具有后者必备的政治统一性与地域一体性。由此，"跨界人民"也就有了具体的学术含义和实际意义。"人民"者，可以是也可以不是同一个 ethnic group；可以是也可以不是同一个 nation 或 nationality。但是，由于汉语中存在着"民族"与 people 对应的用法，于是就有了"跨界民族"的说法，实际上应把它作"跨界人民"来理解。

汉语是一种词汇极其丰富的语言。前述 nation、nationality、ethnic group 和 people 四种不同的人们共同体，完全可以有相应的汉语词汇与之对应。这四种人们共同体具有不同的特征，按照学术用语一词一义的要求，我们应赋予它们不同的符号，不能都以"民族"冠之。笔者在本文中分别以"国族"、"民族"、"族群"和"人民"与之对应，并对它们的本质特征作出初步界定，旨在论述汉语"跨界民族"这一概念的不确切性，以及可能由此而产生的歧义与危害。至于这种对应是否规范和贴切，当然是可以讨论的。但无论如何，汉语"民族"概念的混乱这个在 20 世纪初产生的问题，到 20 世纪末应该加以解决，以便与国际学术界的用法相统一，以利于国际交流。

二 "跨界人民"、"历史民族"与"现代泛民族主义"

"国族"或"民族"是具有各种共同性的人民（people）实现集体政治认同后的利益单位。但在人类历史上和现实生活中，并非所有的"人民"都能成为"国族"或"民族"的。在相邻的人民实现政治统一的过程中，一些弱小的"人民"不可避免地或被肢解，或被分化，由此形成了"跨界人民"。"跨界人民"在现实政治上已不是同一个民族，但从文化和历史方面看，"跨界人民"又似是一个民族。对于这样一种人们共同体，国外有人用"历史民族"（historical nationality）称之②；也有人用"文化民族"（cultural nation）称之③。笔者倾向于用"历史民族"来界定。所谓"历史民族"，是指在历史上具有政治统一性，但在现实中又被分成了不同民族（nationalities）的"跨界人民"。如自中世纪后期一度很

---

① 萨尔瓦多·德·马达里亚加：《西班牙现代史论》，前揭书，第 14—17 章。
② 西班牙从官方到学界的普遍用语。
③ 参见 Hugh Seton-Watson，Nations and States，p. 4。

强盛的加泰罗尼亚人，最终未能像同时代的其他人民如葡萄牙人那样建立起自己的"国族—国家"，而是被分解了，成为西班牙和法国的少数民族，现在以"跨界人民"的形式存在着。由此我们可以看出，"跨界人民"与"历史民族"有一种内在的联系，这就是："历史民族"是"跨界人民"的过去形式，而"跨界人民"则是"历史民族"的现时状态。从"历史民族"到"跨界人民"，其间有一个分化过程，各部分之间发生了质的变化。

"历史民族"的分化归因于民族发展不平衡，归因于强势人民的"国族—国家"运动。所谓"国族—国家"运动，从政治上看就是已凝聚为国族（nation）的人民（people）独立建国的运动。每个人民都想建立自己的独立国家，但并非每一个人民都能实现这种愿望，只有少数强势人民能够如愿以偿，而弱小人民则无机会建立自己的国家；他们或被包裹在某一强势人民的国家之中，或被相邻的某个或几个强势人民分化成两个或两个以上的不同部分。"历史民族"的分化方式概括说有以下几种：

（1）分割或肢解。即由两个或两个以上的人民对某个人民进行分化。如法兰西人和西班牙人（更准确地说，是西班牙的主体民族卡斯蒂利亚人）南、北对进，分别进入巴斯克人地区，致使巴斯克人一分为二，一部分归入法国，一部分归入西班牙。

（2）切割。即由某一人民对另一人民进行部分分化。例如，英格兰人的势力侵入爱尔兰人的地域，结果把北爱尔兰地区从爱尔兰切割出来，使之成为英国的领土。

（3）进占或迁移。即由于某一人民的部分成员迁居他处而发生的自行分化。如南斯拉夫科索沃地区的阿尔巴尼亚人是从阿尔巴尼亚迁移过去的，而不是由于塞尔维亚人切割了阿尔巴尼亚人。尽管不是塞尔维亚人主动去分化阿尔巴尼亚人，但这部分自行分化出来的阿尔巴尼亚人还是被塞尔维亚人包裹在自己的国家中了。

（4）殖民混血。这在拉丁美洲比较普遍。其特征是欧洲殖民者与当地土著人混血后形成一批新兴的民族，并建立不同的国家，导致一些未被混血的土著人民发生分化。例如，在南美洲安第斯山区中部，西班牙移民的后裔与部分克丘亚人混血，形成厄瓜多尔人、秘鲁人和玻利维亚人等新兴民族，并建立了三个国家，那些未被混血的克丘亚人便自然分属这三个国家。

（5）殖民瓜分。这在非洲特别突出。欧洲人对非洲的殖民统治，制造了许多与原来的民族分布不一致的人为的政治疆界。这些疆界后来又成了非洲各独立国的国界，由此造成了许多非洲民族和人民的分化。非洲跨界人民的产生表面上看是外力作用的结果，实际上还是当地强势人民的核心作用造成的。无论是历史上作为欧洲人的殖民地，还是后来作为独立的国家，既然是一个政治单位，就总该有一个或几个较为强大的人民做基础。当代非洲国家的民族结构充分证明了这一点，无核心民族的国家只是少数①。

从道义上说，除个别情形外，"历史民族"的分化是不公正的，但这种不公正已是无法挽回的历史。随着时间的推移，"历史民族"之间的分野愈来愈大。考察一下由"历史民族"演化而来的当今世界的"跨界人民"，我们不难发现，他们之间的差异性很大。其主要表现是各自不断接受了所在国家的主体民族的影响，而自身之间的同一性不断减少，共同的民族意识逐渐淡化。他们已经或正在向着不同民族的方向演化。基于共同的社会经济生活而存在的集体政治形式，在"跨界人民"之间是不存在的。不仅如此，"跨界人民"在历史上长期形成的某些共性特征如共同的语言、文化等，也随着各自不同的政治、经济生活情境而发生质变。西班牙和法国的巴斯克人，其语言、文化已大不相同：西班牙的巴斯克人更多地接受了卡斯蒂利亚语言、文化的影响；而法国的巴斯克人则不可避免地受到了法兰西语言、文化的熏陶。这种影响或熏陶甚至导致了人们的性格的变化。西班牙人的性格是"火多于水"，在行动上常受理想主义支配，时常勉为其难地为所不能为②。在西班牙人的影响下，西班牙的巴斯克人不能不表现出西班牙人的性格。1950年代末，在西班牙的巴斯克人中产生了恐怖主义组织"埃斯卡迪与自由"（ETA）。该组织起初试图以暴力手段使法、西两国的巴斯克人建立统一的独立国家，受挫后又转入地下搞暗杀等恐怖主义活动，坚持不放弃极端主义的态度和行为③。然而，受法兰西社会、文化影响的法国巴斯克人已变得现实主义多而理想主义少。他们不仅本身缺乏西班牙巴斯克人的那种政治激情，而且对来自另一国度的"同胞"的鼓动亦很少响应，至多在对方遭到缉捕时给予一点亲戚般的同情和庇护。法国的巴斯克人不为西班牙巴斯克人中的极端民族主义所动，原因何在呢？答案只能是：法、西两国的巴斯克人已不再是同一个民族，

---

　　① 参见李毅夫等著：《各国民族概览》，世界知识出版社1986年版。

　　② 参见萨尔瓦多·德·马达里亚加：《西班牙现代史论》，前揭书，上卷第2、14章；下卷第3—6章。

　　③ 参见 Salvador Giner España, Sociedad y Polìtica, capìtulo 12, Madrid, Espasa Calpe, 1990。

他们已经分化为两个民族了，产生了性格、诉求和认同差异。

民族分化在历史上是屡见不鲜的，但人们对待民族分化的态度却不一样。有一种态度是不承认或不甘心接受民族分化现象，并从思想上和行动上力图再造"跨界人民"的统一。对这种思想、态度和行动，可称之为"现代泛民族主义"。所谓"现代泛民族主义"，就是一种以"跨界人民"为基础、以建立新的"国族—国家"为目标的非现实的和反历史的政治民族主义。

"现代泛民族主义"与历史上的泛民族主义有所不同。历史上的泛民族主义首推19世纪初产生于奥地利、并在该世纪60年代末形成于俄国的泛斯拉夫主义。其具体内容是"梦想建立一个从易北河到中国，从亚得里亚海到北冰洋的大斯拉夫帝国"①。此外，还有19世纪中叶以后产生的泛伊斯兰主义，它"主张所有信奉伊斯兰教的国家和民族联合成为一个单一的国家"②。再后来，到20世纪初，面对巴尔干各族人民的独立运动，"青年土耳其党"提出了泛突厥主义，试图"建立一个在奥斯曼帝国苏丹统治之下的、包括从博斯普鲁斯到阿尔泰全部突厥语系各民族在内的大帝国"③。实际上，这种旧泛民族主义还可追溯到更早，至少可追溯到16世纪初欧洲人向海外殖民的时代。无论是英吉利人还是西班牙人，都曾把美洲殖民地人民视为自己的臣民，以致后来竭尽全力地阻止美国和拉美西班牙语各国各民族的独立。

关于历史上的泛民族主义的本质，恩格斯曾一针见血地指出："泛斯拉夫主义是在并不存在的斯拉夫民族这一假面具下的骗人计划，它是我们和俄国人的最凶恶的敌人。"④ 历史上的泛民族主义都以失败而告终，因为它没有"民族"的基础，它所维护的是"帝国"这种过时的民族政治形式。泛斯拉夫主义者所说的"斯拉夫人"并非某个民族实体，而是包括十几个民族在内，其语言、文化同源，体质特征相近，但这并不表明他们是可以走向政治统一的同一个民族。在民族解放与独立运动的历史潮流推动下，他们纷纷走上了独立建国的道路。泛伊斯兰主义以宗教文化和历史渊源相同为旗帜，但最终未能阻止阿拉伯世界建立二十多个国家。泛突厥主义也未能挽救奥斯曼帝国的崩溃，阻止巴尔干各族人民的独立。

---

① 《中国大百科全书·民族》，中国大百科全书出版社1986年版，第118页。
② 同上。
③ 同上。
④ 《马克思恩格斯全集》第35卷，人民出版社1971年版，第263页。

　　与历史上的泛民族主义不同，现代泛民族主义有"历史民族"做基础。目前，这种泛民族主义十分活跃，泛民族主义问题在各种民族问题中显得特别突出，已成为一个世界性问题。前文提到的西班牙恐怖主义组织"埃斯卡迪与自由"一直坚持泛巴斯克主义，主张法、西两国的巴斯克人统一，建立埃斯卡迪国①。在南美洲古代印加帝国的后裔——克丘亚人中间，存在着以印加国为旗号，试图统一厄瓜多尔、秘鲁和玻利维亚三国的克丘亚人重建印加国的泛民族主义活动②。目前成为世界热点问题的北爱尔兰问题、南斯拉夫科索沃问题，也都因为带有泛民族主义的性质而变得十分棘手。在中亚、南亚以及非洲，也存在着泛民族主义的组织与活动。所有这些泛民族主义的组织与活动都有一个共同的特征，就是借用现代国际政治所承认的"民族自决权"原则，追求"跨界人民"的政治统一与地域一体。然而，现代国际政治秩序同样承认现代国家主权原则。现代国际秩序的建立是以现有主权国家为基础的，这就决定了以破坏现有主权国家的界线为代价的现代泛民族主义不仅要遭到有关主权国家的反对，而且必然遭到国际社会的谴责。当今世界的民族与国家格局使现代泛民族主义者几乎没有空间来施展自己的"抱负"，犹太人的复国运动只能被看成是复杂的国际背景下的一个例外。

　　现代泛民族主义产生的政治、历史背景，是自 19 世纪初以来席卷世界五大洲的"国族—国家"运动。因此，怎样正确地看待"国族—国家"运动，便成了我们如何看待现代泛民族主义的关键问题。归根到底，"国族—国家"运动是强势人民主导的运动，或者说是以强大民族为核心的现代主权国家运动，而不是单纯以民族为界限的国家的建立过程。由于大民族的发展使小民族发生了不可逆转的分化，致使现代主权国家大多是多民族结构的国家。被分化的"历史民族"或曰"跨界人民"如想再造统一，势必要对导致自己分化的强势民族进行分化，而这一点是任何强势民族绝对不能接受的。"国族—国家"运动已经走到了历史的尽头。现在的时代已不是大量产生新国家的时代，而是以现有国家为基础，各民族走向共同建国和治国的时代；现在的时代当然也是一个民族繁荣和民族差别继续存在的时代，但这并不意味着必然伴随着政治分离。现代泛民族主义者逆历史潮流而动，在追求"跨界人民"的政治统一的同时，试图对现代主权国家进行政治分离，难免不归于失败。

---

① 参见 Juan Pablo Fusi, El País Vasco: Pluralismo y Nacionalidad, Alianza Editorial, Madrid, 1990。
② 参见朱伦、马莉《印第安世界》，广西人民出版社 1992 年版。

从"跨界人民"的内部来看，现代泛民族主义亦无多大市场，因为"跨界人民"业已分化，他们不再是一个整体。

如果从理论上寻找现代泛民族主义失败的原因，我们不能不指出，它在有关民族和民族权利这一基本问题的认识上存在偏差。它像游侠骑士堂吉诃德那样把自己的瘦马当成"冲锋陷阵"的坐骑，把客栈当成敌堡，焉能不失败、不碰壁？"跨界人民"的分化，已很难使其成为一个具有统一意志的民族；现代主权国家一般奉行尊重民族差异的价值观，这使其不同于实行民族压迫的帝国。游侠骑士最终被关进了铁笼子。但关住现代泛民族主义者的铁笼子是什么呢？理论问题还要靠理论来解决。现代泛民族主义赖以产生的土壤是人们对"跨界人民"的错误认识。因此，准确界定"跨界人民"这一概念，指出对于"跨界人民"的认识误区，有助于提高人们对现代泛民族主义的虚幻性和危害性的认识，从而使现代泛民族主义失去市场。当然，如同殖民主义和帝国主义时代的泛民族主义经历了漫长的岁月才渐趋消失一样，现代泛民族主义思想也不是一朝一夕就可以从人们的观念中消除的。目前，影响人们清醒认识现代泛民族主义之虚幻性的思想根源之一，是对什么是"民族"的认识落后于民族分化的现实。因此，从理论上界定"跨界人民"已不再是同一个民族，具有十分重要的意义，它可以促使人们自觉地克服现代泛民族主义思想，使泛民族主义活动失去群众基础和理论依据。

（原载《世界民族》1999 年第 1 期）

第四篇 "人们共同体"的多样性及其认识论

提要 国族（nation）、民族（nationality）和跨界人民（people across the boundaries）是不同形态的"人们共同体"，其根本区别在于政治特征和组织形式不同。汉语以广义的"民族"概念指称三者甚至一切"人们共同体"甚为不妥。造成这种状况的原因除了不同学科在使用"民族"一词时缺乏规范和协调外，还受斯大林"nation"定义的影响。斯大林的定义名指nation而实指nationality，具有服务于建立苏联和支持被压迫人民独立斗争的目的，但其否认"nation"的国家（state）特征是不合实际的。从政治特征上认识"国族"及各种"人们共同体"的本质，是反对民族分离主义、反对分化多民族（多族体）国家的新干涉主义、争取确立良好的国内民族关系和合理的国际政治秩序的重要理论基础之一。

《世界民族》1999 年第 3 期发表内蒙古自治区党校民族理论研究所额·乌力更先生的商榷文章——《"民族"、"人民"、"国族"之我见》，该文对笔者在同刊 1999 年第 1 期发表的《"跨界民族"辨析与"现代泛民族主义"问题》一文中的有关观点，特别是关于不能把"跨界人民"视为同一民族的观点提出质疑，并希望笔者作答。以文会友，乐意而为。

读完乌力更先生的文章，笔者觉得我们之间的观点分歧从根本上讲是属于认识论问题。笔者的文章从政治人类学的角度考察"人们共同体"的不同性质及其成因，探讨它们的政治体现形式，并从"人们共同体"的形态和形式的多样性出发，主张只用"民族"一词界定一种"人们共同体"；而乌力更先生的文章则从文化人类学或族类学（ethnology）的角度观察问题，不赞成对"人们共同体"进行形态和形式分析，坚持用"民族"一词指称多种"人们共同体"。下面，笔者再略抒己见，以就教于乌力更先生和对此问题感兴趣的读者。

一　关于"人们共同体"的多样性

"物以类聚，人以群分。"人类社会发展到今天，形成了一幅多姿多彩的"人们共同体"镶嵌图。"横看成岭侧成峰，远近高低各不同。""人们共同体"也像自然界的山峦一样，有岭有峰，千姿百态，并且因观察者的角度不同而呈现出不同的面貌。"国族"、"民族"和"跨界人民"就是三种各不相同的"人们共同体"① 或族类共同体。

关于"国族" 所谓国族，就是由具有共同命运意识的人们形成的、以现代主权国家为依托的利益共同体。这种共同体现在全世界有近 200个，其中 188 个为联合国成员。在当今世界的"人们共同体"格局中，"国族"是一种最基本的"人们共同体"形式，其他形式的"人们共同体"的存在及其相互关系都受它左右。K. Meinecke 虽曾提出过"政治国族"（political nation，指拥有独立国家的人民）和"文化国族"（cultural nation，指没有独立国家的人民）之分②，但这种划分并不准确，因为 nation 概念本身就包括政治、文化、经济、领土等多种综合性因素在内。因此，国际学术界现在基本上不再使用这对概念，而是倾向于把 political nation 直接称作 nation，把 cultural nation 称作 nationality③。但汉语在翻译 nation 和 nationality 这两个概念时，从一开始就没有注意二者的区别，将二者都译作"民族"，从而造成了不必要的概念混乱。我国学术界对这两个概念也缺乏定性分析，我国的民族理论教科书在讲到人类社会的族类过程时，只是单线式地列出"氏族—部落—部落联盟—民族"就止步了④。

---

① 本文所言的"人们共同体"（human community）是指诸如部落、民族、国族、跨界人民、移民群体等"族类共同体"（ethno-national community），而不是指"社会学共同体"（sociological community），后者在汉语中习惯称之为"社区"。

② 参见 Andrés de Blas Geurrero, *Enciclopedia del Nacionalismo*, Madrid, Editorial Tecnos, S. A., 1997, pág. 337。

③ 参见 Feliks Gross, *The Civil and the Tribal State: the state, ethnicity and the multiethnic state*, Greenwood Press, 1998, págs. 6 - 7。

④ 依笔者之见，"部落联盟"之后应是"人民"（people）、"民族"（nationality）、"国族"（nation）。此外，还应谈到"国族"之后的"超国族联盟"（super-national union），这是从纵向看的；从横向看，还应谈到"移民群体"（immigrant group）、"跨界人民"（people across the boundaries）和"历史—文化共同体"（historical-cultural community）等，以使人们对世界"族类共同体"有一种全面和宏观的了解。

实际上，从现实世界"人们共同体"的聚合情况看，把 nation 与 nationality 区别开来是合乎事实的：一方面，nation 是 nationality 的进一步发展（参见下文），尽管 nationality 能否发展成为 nation 受历史条件和周围环境的左右；另一方面，nation 又可包括不同的 nationalities，尽管有些 nationalities 具有分离主义的诉求。再进一步说，nation 之后仍有发展，如欧盟就是由不同的 nation 组成的"人们共同体"。因此，政治人类学理论须根据人类社会共同体的发展而发展，不能停留在传统框架内。然而，我国的"民族理论"现在却根本不谈 nation 之后的"人们共同体"形态，完全被前述公式套住了。"国际政治"研究也缺乏对人类社会"国族后"或"国家后"（post-national）可能的共同体形态的理论探讨。关于这两点，此处不多论述，还是回到我们的主题上来。

"国族"是近代欧洲人的创造。欧洲人追求 nation 的目的在于为实现自我认同和进行自我统治奠定基础。中世纪欧洲各族人民的政治归属是以封建领主的传承关系为转移的，人民从属于领主而不是国家。例如，若葡萄牙国王死后无子，西班牙或其他王国的亲属可以继承和占有葡萄牙王位，葡萄牙人民的政治归属也因此而发生转移①。但这种政治传统自 15 世纪起遇到了越来越大的阻力，地域政治原则开始压倒领主政治原则。西班牙的王位继承战争可以看成是欧洲不分族际界限的王位继承传统的最后一幕。这种地域政治意识既是国族形成的基础，也是国族形成后的必然反映：政治上不愿再受治于人，而是要建立自己统治的国家。

Nation 一词源于拉丁语 natio，意为"土生者、当地人"，是与"外国人、异族人"相对的概念。虽然后来的研究者把欧洲的国族现象至少上溯到 15 世纪末西班牙统一之时，有的甚至将其上溯到 12 世纪左右②，但从理论上总结国族的特征则是 18 世纪中叶至 18 世纪末法国革命的时候③。随着 19 世纪国族现象的世界化及各地（包括欧洲内部）情况的不同，人们对国族的含义与理解也出现了差别④。但不管有多少差别，独立统一的现代国家而不是帝国或封建王国，权力自主的中央政府而不是受制于人，是国族的基本特征之一（其他特征此处不作探讨，因为有些特征也是其他形式的"人们共同体"所具有的）。因此，自"国族"概念产生

---

① 参见 *Diccionario de los Reyes de España*，Alderaban Ediciones，S. L.，1995。

② 参见 Santiago Gahona Fraga，*Los Espaíoles en Europa hacia el Siglo XXI*，Oikos-Tau，Barcelona，1998，cáp. Ⅳ，págs. 114 – 121。

③ 参见 Andrés de Blas Gerrero，ob. cit，pág. 184。

④ 参见 Ernest Gellner：*nacionalismo*，Ediciones Destino，S. A. 1998，cáp. Ⅺ。

后，它便与"国家"结下了不解之缘。"国族—国家"（nation-state）的概念迅速传遍世界，使人类社会进入了一个全新的时代①：一方面是如火如荼的反帝、反殖和独立斗争；另一方面是不同的"人们共同体"的急剧整合与历史上曾经是同一"人们共同体"的分化。

但是，人们又往往片面地理解"国族—国家"的概念，认为它指的是"单一民族国家"（national state）。实际上，国族—国家主要是强调当地人民当家做主，而不是强调民族或族类成分单一。无论是西班牙还是法兰西，都不曾把文化不同的巴斯克人或加泰罗尼亚人连同他们的领土放弃掉，以实现国族构成的同质性。德意志和英国等也是如此。有鉴于此，国内外民族政治研究学术界不仅早已有"多民族国家"（multinational state）的概念和"单一民族国家"（national state）的概念之分，而且还从政治特征上把多民族国家也视为"国族—国家"，把"国族"（nation）解释为"多民族国族"（nation of nationalities）或"多族群国族"（multiethnic nation）②。这就是说，有关"国族—国家"的古典解释或理论，即"一个人民，一个国族，一个国家"（one people，one nation，one state）的提法，已经过时了。

从"国族—国家"思想在欧洲以外的实践情况来看，把"国族—国家"理解为单一民族国家也是不合实际的。由于错误地理解"国族—国家"的概念，一些国家特别是拉丁美洲国家在 19 世纪初独立后，曾对印第安人实行强制同化政策，以求实现国族的同质性。但是，这种同化政策是失败的，自 20 世纪中叶以后逐渐被放弃。目前，拉丁美洲国家无论是学术界还是官方，都接受了国族内部民族文化的多样性，至少承认了"多族群国族"（multiethnic nation）的概念。在非洲特别是黑非洲国家，由于历史原因，部落界限几乎完整无损，这使那里必然地形成了多部落的国族。在亚洲、东欧、北非和大洋洲的大多数国家里，也存在不同形式的"人们共同体"，这同样不影响它们在更高的层面上形成国族和国族—国家。

关于"民族" 这里，笔者想再次强调，笔者所说的"民族"，指的是基于人文特征同一性、历史文化连续性、居住地域世袭性、社会经济共

---

① 世界各地全面进入"国族—国家"时代，在西欧是以西班牙欧洲帝国的垮台为始；在美洲是北美和拉美独立战争以后；在东欧是奥匈帝国和沙俄帝国覆灭之后；在非洲是第二次世界大战以后；在亚洲是鸦片战争以后。世界各地"国族—国家"格局形成的持续时间长短不一，形成方式、条件和过程也各不相同。

② 参见 Andrés de Blas Gerrero，*Enciclopedia del Nacionalismo*，ob. cit，págs. 341 – 342。

同性和政治意识集体性而存在于现代主权国家内的一种自觉的"人们共
同体"利益单位，它包含在一定的"国族"之中，是其有机的组成部分。
为进一步说明 nationality 的概念和定义，此处不妨引述当代欧洲人的一段
论述。由六十多位欧洲政治学者编写的、于 1997 年出版的《民族主义百
科词典》对 nationality 的第一个含义解释如下：

"在政治科学中，nationality 的含义与对 nation 概念的理解方式有关。
nationality 这一术语只是在 20 世纪才得到广泛传播的，在此之前，作为一
种社会和政治现象的 nationality，是用'cultural nation'的概念来表示的，
在这个概念中，nation 和 state 是断然分开的。因此，nationality 指的是没
有一种国家政治组织、与其他 nation 共存于一个国家组织内的可以享有一
定的政治自治独立的 cultural nation。由此看来，nationality 只能以社会学
而不是宪政学面貌存在于多民族国家（multinational state，大约90%的国
家包括几乎所有的欧洲国家都是多民族国家）中，而不能存在于国族—
国家中（在国族—国家中，nationality 和 nation 重合一致）。应当注意的
是，人们现在习惯于错误地把多民族国家而不是国族—国家（这才是正
确的）说成是单一民族的国家（national state）。另一方面，根据把国族与
国家相提并论的概念，按照基于'政治国族'而不是'文化国族'观念
而形成的法兰西革命传统，人们理应严格地以'各民族的国族'（nation
of nationalities）来描述一个'多民族国家'（multinational state），而简单
地以'国族'指称'国族—国家'……因此，民族（nationality，或称无
国家的国族——nation without state）是一种由现代政治文化和其法律表述
总结出来的思想建筑物。这种建筑物的代理人首先是民族主义者，在民族
主义者达到自己的这一目标后，接下来就是要求建立自己的国家。前述那
些民族因素（指前一句省略号处所谈的共同语言、文化、认同意识等
等——译者注），既可以被社会研究者和民族主义思想家拿来解释民族事
实的由来，又可以被他们拿来确定民族事实。应当强调指出的是，根据理
论家和政治家追求的目的是什么，他们在自己的论述和概念中对那些因素
有时只强调其一而忽略其余，有时则仅仅择其所需的几条，这样，那些因
素在不同的论者那里便有了轻重之别。"①

马克思主义经典作家对 nationality 的概念也有论述。我国民族理论界
在"民族"概念上也曾基本沿袭欧洲人和马克思主义经典作家的理论，
用nationality 界定我国的 56 个民族。但我国民族理论界也有自己的突出特

---

① 参见 Andrés de Blas Gerrero, *Enciclopedia del Nacionalismo*, *ob. cit*, págs. 341 – 342。

点:一方面摒弃了欧洲人对一国内的不同"人们共同体"所作的 nation 和nationality之划分,不是把汉族称为 nation,把少数民族称为 nationality,而是把汉族和少数民族都称为 nationality;另一方面,也超越了斯大林的 nation 定义。中华国族(nation)有数十种语言,我们不能用欧洲标准中的"共同语言"来界定中华国族;中国各民族(nationalities)都有自己的历史文化和社会传统,中华国族的文化同一性或"共同心理素质"也不能绝对化。此外,我国不仅承认"民族"的社会学面貌,而且还承认其宪政学或政治学面貌,即赋予少数民族地方以区域自治。这是我国民族理论和民族政策的核心内容,我们在进行中外"民族"概念比较时必须时刻铭记这一点。

从国内外的民族政治实践看,nationality 理论是能够成立的。中国和西班牙的比较完善的民族地方自治制度,智利、巴拿马和哥伦比亚等国家的印第安人自治制度,苏联、原东欧一些国家的民族联邦制度或民族共和国制度,甚至连美国和巴西的印第安人保留地制度,都是建立在承认国内有关的"人们共同体"作为政治利益单位而存在的基础之上的。拥有一定的区域自治权的"人们共同体"——民族,是一种社会—政治单位,而不仅是文化人类学意义上的"人们共同体",即国外学术界常用的"族群"(ethnic group),尽管它们也具有文化人类学的特点。因此,nationality(民族)理论是经得起实践检验的,它反映了当今世界"人们共同体"的多样性和不同的政治面貌,有助于人们正确理解现时代的不同族类共同体之间的关系。"多民族的国族—国家"理论的客观性、合理性和先进性,正日益为更多的国家和人们所认识、所接受,尽管这一理论还有待发展和完善①。我国是较早认识、实践和发展这一理论的国家之一。遗憾的是,在当前国外类似于我国少数民族的"人们共同体"正在为不满意 ethnic group 等称谓并为争取 nationality 地位而进行斗争的时候,国内有些学

---

① "多民族国族—国家"政治理念的确立与普及,最根本的问题是从人类社会的族体与国家发展史的角度证明"多民族国族—国家"现象的历史必然性,从政治哲学的角度证明"多民族国族—国家"理论的现实合理性。要想完成这一基本理论的建设工程,首先需要克服两大障碍:一是流行几百年的、被片面理解的、"貌似公理"(潘志平先生语)的单一民族的"国族—国家"(我国学者一般称"民族—国家")理念;一是自 20 世纪初出现的同样存在缺陷的"多族群国族—国家"理论。前者是民族分离主义的大旗;后者是自由主义政治理论的防线。但两者都不能解决民族问题:单一民族的"国族—国家"理念将使民族分离主义永无穷期;"多族群国族—国家"理论则否定合理的民族政治权利,结果都是导致民族冲突和对抗。近年来,我国学者对单一民族的"国族—国家"理念发起了挑战,但分析尚不深入,而且又有人滑向了"多族群国族—国家"理论,这都不利于"多民族国族—国家"理论的建构。

者和翻译工作者却主张抛弃原来的对 nationality 的正确认识，转而接受不合我国国情的 ethnic group 之说；抛弃"多民族国族"的理论而接受"多族群国族"（nation of ethnic groups）的理论。

行文至此，不知乌力更先生是否承认"国族"和"民族"这两种"人们共同体"（汉语怎样表示另当别论）的客观存在及其差别，如果承认，我们就好继续进行探讨了。

关于"跨界人民" 以国家为单位的"人们共同体"nation，笔者以"国族"界定之；构成国族组成单位的、具有世居地域和集体政治意识等共同性的"人们共同体"——nationality，笔者以"民族"界定之。但是，当今世界上的"人们共同体"形式不只是这两种，还有一种基于共同的历史渊源、亲缘关系、语言文化共性等因素而存在着、但却被国界分开的"人们共同体"。这类共同体的存在形式不尽相同：有的其主体部分建立了独立国家，其非主体部分存在于其他国家中；有的恰恰相反；有的根本就没有单独的国家，全部分散在相邻的国家中。对这类"人们共同体"应怎样认识和界定呢？通过考察国外学术界对这类"人们共同体"的研究，笔者所见到的以及笔者的同事为笔者提供的材料多用 people across the boundaries 来界定，少数也有以 ethnic group 替代 people 的。名称的不同反映了所指事实的不同。因此，笔者把这个术语释译为"跨界人民"。

所谓"跨界人民"，就是历史文化同源和世居地域联片的跨国界而居的"人们共同体"。这种"人们共同体"既不能被界定为同一个"民族"（nationality），更不能被界定为同一个"国族"（nation）。尽管它们各部分之间的某些共同性可能比它们与所在国家的其他"人们共同体"之间的共同性更加明显、更加具体和更加引人注目，但在政治特征上则与"国族"和"民族"截然不同。这里，不妨以乌力更先生所说的蒙古人为例来说明这个问题：国外蒙古人有个蒙古国，并且自成为一个"国族"（nation）；我国的蒙古人建有自治区，是同一个"民族"（nationality），并且是"中华国族"的组成部分。我们既不能说中、外蒙古人是同一个nation，也不能说是同一个 nationality，只能说是跨界的 people。这样的例子不胜枚举，如分布在土耳其、伊朗、伊拉克和叙利亚的库尔德人，以及分布在法国和西班牙的巴斯克人和加泰罗尼亚人等。

从词源的角度看，people 和 nation 及 nationality 的区别也是十分清楚的。如前文所述，后两个概念都比较晚近，而 people 则是一个古老的概念，在古罗马时代就开始被使用了。从古罗马时代开始，历经中世纪，直到 18 世纪，欧洲人普遍用这个词指称当时的一切"人们共同体"，如罗马人民、拉丁人民、西哥特人民、卡斯蒂利亚人民、摩尔人民等。这个概念相当于古汉语中的"族类"、"民种"、"民"、"部"等。现在，国人虽然习惯于不加区别地以"民族"一词指称各种"人们共同体"，但作为学术研究，则不可以习惯为是，而应当引导人们改变这种习惯，力求表述严谨。

"跨界人民"是一种历史现象，是近代以来以强势人民为核心的"国族—国家"过程对弱势人民产生必然分化的结果。自16世纪初到1960年代的大约450年间，世界各地的强势人民在相继挣脱帝国主义和殖民主义统治后，纷纷勘土划界，上演了一幕幕激动人心的"国族—国家"独立的连续剧。在这一强势人民以自己的触角所及为原则划分领土的历史条件下，弱势人民被分割、被肢解也就成了必然，不管他们的意愿如何，都难以避免被一分为几而成为跨界的人们。由此，现代世界的主权国家格局逐渐形成，并以其相对稳定的结构性力量制约着各种族类共同体的发展方向，其中包括对跨界"人们共同体"造成的现实定位。这种定位不但使他们难以复归统一，而且还促使他们朝着分为不同的"民族"这一方向演化。

然而，现代泛民族主义者不愿承认这一事实，他们试图扭转乾坤，重建跨界"人们共同体"的政治与地域统一。为了实现这一愿望，他们需要一面旗帜，这面旗帜是双色的：一半描绘着"一个人民，一个国族，一个国家"的蓝图；另一半描绘着"跨界'人们共同体'仍是同一民族"的构想。如果我们不能从理论上否定这面旗帜，树立我们自己的理论旗帜，那就无以反对泛民族主义。我们的理论旗帜也是双色的：一半是"多民族国家"；另一半是"'人们共同体'的多样性"。前者要求我们承认多民族国家是主流，并且能够合理解决历史造成的民族问题①；后者要求我们承认跨界"人们共同体"的历史性分化，其复归统一的可能性很小②。关于后一点，为了从概念上澄清我们在民族理论上的模糊认识，笔者在引起乌力更先生产生商榷兴趣的那篇文章中建议以"跨界人民"取代"跨界民族"。但是，乌力更先生不赞同这样做，他坚持认为跨界人民也是同一民族，并对笔者所论述的"国族"、"民族"和"人民"三个不同概念的内涵作出了他的不甚恰当的解释。我们之间产生观点分歧的根本

① 关于笔者对多民族国家理论的观点，此处不详述，有兴趣的读者可参阅《世界民族》1997年第3期发表的笔者的文章。
② 参见《世界民族》1999年第1期发表的笔者的文章。

原因何在呢？笔者认为这涉及认识论问题。

二 关于"人们共同体"的认识论

笔者认为，乌力更先生的"民族"概念深受我国教科书或"民族学"著作的影响，即认为"广义的民族"包括从古代氏族、部落到近、现代的民族、国族等一切"人们共同体"①。近年来，我国学者日益感到这种认识弊端不少，并试图加以改变。尽管大家意见不一，但都认为这是一个值得讨论的问题②。

汉语中的"民族"概念经历了复杂的演绎过程，含义很不确定，几乎失去了作为一个学术概念使用的价值。究其原因，是由于我国政治学、历史学、族类学（ethnology）等不同学科分别译介西方有关"人们共同体"的不同术语但又缺乏协调所致：政治学把 nation 译介为"民族"，同时把 nationality 也译介为"民族"；历史学把 people 译介为"民族"；族类学则把 ethnic group 译介为"民族"。这种因学科之间缺乏沟通而形成的多词一译的语境，是我国教科书、工具书及一些专著对"民族"作出广义解释的原因，也是我国学术界对"民族"概念长期争论不休，以及对"民族"一词的翻译存在歧见的原因。从学科的传统来看，ethnic group、nation、nationality 和 people 是不同学科的概念，这一点是国内外学界的共识：政治学专业辞书只收录 nation、nationality 等词汇，不收录 ethnic group 或 people③，而人类学辞书则相反，只收录 ethnic group 而不收录其他三个④；历史学辞书的收词范围较广，但又不收录 ethnic group 一词。

汉语中"民族"这一术语的不确定性和难以规范的现实原因，与我国民族研究学科的设置不无关系。我国民族研究学科的体系虽然有待进行系统的理论阐释，但从实践来看，它主要是集合有关学科中的子学科而成的。各个子学科对自己的研究对象一方面有自己的认识和理解，例如民族语言、民族历史、民族理论和民族学所言的"民族"，其内涵和外延都是不同的；另一方面在"民族研究"这一大框架之下，又都以"民族"界

---

① 参见杨堃：《民族学概念》，中国社会科学出版社 1984 年版，第 3 页。

② 参见周旭芳：《"1998 年'民族'概念暨相关理论问题专题讨论会"综述》，《世界民族》1999 年第 1 期。

③ 参见 Andrés de Blas Guerrero: *Enciclopedia del Nacionalismo*, op. cit。

④ 参见吴泽霖：《人类学词典》，上海辞书出版社 1991 年版。

定自己的研究对象。这种学科设置所形成的语境，是一些学者在研究"民族"概念时难以摆脱的羁绊，并使他们下意识地产生了"跨界民族"的观念。假如我们用不同的汉语词汇表述上述4种"人们共同体"概念，这个问题也许就不会产生。

当然，也有一些学者和翻译工作者注意到了上述4个概念的差别，但他们的解决办法却是主张把"民族"与 ethnic group 概念等同起来，这显然是受美国等西方国家的观念影响所致。但是，把我国各民族译称为 ethnic groups［参见1999年9月27日国务院新闻办发表的关于我国的民族政策与实践的白皮书的英文译文——载于《中国日报》(China Daily)，1999年9月28—30日］，这既不符合该术语的内涵和国外的习惯用法，也不符合我国各民族自古以来共建中华的历史事实。西方人的 ethnic group 概念是撇开地域政治特征的，以前是指不同于己的域外"异族人"，现在则指混杂于主体社会中的外来移民群体，或指美洲、大洋洲的土著人民（这引起了土著人的反对）。而在我国，不仅汉族，少数民族也大都是世居的、具有固定地域和传统社会结构甚至有过地方政权的"人们共同体"，现在则建有以他们为主体的自治地方，故不宜以 ethnic group 来界定。当然，我国也有个别民族虽不是世居的，但也得到了与其他少数民族同样的地位，这是中国传统社会的包容性和中国民族政策的灵活性所使然。此外，移入我国的个别非世居民族，在我国的农业社会传统中也形成了固定的居住地域，这与西方工业社会的移民分布大不相同。现在的中国社会已不大可能使今后的外来移民再形成有固定居住地域的社会，在这种情况下，引入 ethnic group 的概念来指称今后移入和定居我国的、达到一定规模的外来移民群体，倒是比较合适的。

是的，不同学者有从不同角度和不同学科研究"人们共同体"的自由以及如何对他们进行界定的自由。但是，从政治上界定"人们共同体"，则需要遵守政治人类学术语的规范。我国的55个少数民族，尽管是采用文化人类学方法进行识别的，但识别的目的在于承认其为具有政治地位的利益共同体。对这种"人们共同体"，西方政治人类学正是以 nationality 来界定的。例如西班牙对本土的加泰罗尼亚人、巴斯克人、加利西亚人等民族就是称为 nationalities，而对摩洛哥人、华人、黑人等移民群体则称为 ethnic groups。政治人类学在依据人文差别对自己的研究对象进行分类的时候，其目的在于揭示研究对象的政治本质及其相互关系，探索其和睦相处的准则等，而不是在于人文差别本身。

至于有的论者以称少数民族为 nationality 会授予分裂主义者以口实为

由，主张放弃这一称谓，这也是站不住脚的。欧、亚许多古代帝国以及近代殖民帝国的崩溃，能归咎于"人们共同体"的称谓问题吗？而在现实世界中，不称内部的"人们共同体"为 nationality 的国家，照样存在分裂主义势力。我国称少数民族为 nationality 已有四十多年，并未妨碍维护和巩固我国的统一。欧盟各成员都是 nation，这也不妨碍欧盟的一体化方向。

根据以上分析，关于"民族"一词的使用问题，笔者认为首先要把"人们共同体"的不同状态及不同研究学科的有关术语的旨意弄清楚，然后才谈得上怎样进行规范。此外，还要关注"民族"在历史与现实中的使用领域和频率问题，看它与何种"人们共同体"挂钩更为恰当。若按一些学者的主张，把"民族"与 ethnic group 等同起来，那么，"民族主义"（nationalism）、"民族运动"（national movement）、"民族独立"（national independence）等词汇恐怕要从汉语中抹掉才行。

也许有些学者会说，我们的"民族"概念源于斯大林的 nation 定义，斯大林并没有把政治特征作为界定 nation 的标准。斯大林的定义的确如此，但这正是其缺陷所在。

形成于法兰西革命的 nation 概念，本义是与国家相连的，指的是以主权国家为依托的"人们共同体"。斯大林的定义含有向西方传统的 nation 定义挑战的味道，尽管讲的是 nation，而实际内容则是 nationality 或 cultural nation。斯大林的定义产生于反帝、反殖时代，民族解放运动、被压迫人民如火如荼的独立斗争、民族自决等等，是当时与无产阶级革命并存的历史潮流。把民族问题当做无产阶级革命总问题一部分的俄国社会主义革命，一方面要反对帝国主义、支持民族解放运动；另一方面又要坚持全世界无产者联合起来和反对民族主义。在这种情况下，斯大林的 nation 定义就不能不与产生于法国革命时期的 nation 观念有所不同：（1）它坚持 nation 这个称谓也适用于曾被帝国征服而失去独立国家地位或不曾有过国家的人民；（2）它以"稳定的共同体"代替 nation 所具有的国家外壳；（3）它强调"四个共同"，以证明有无国家的"人们共同体"并无本质区别。

抽去国家特征的斯大林的 nation 定义，其缺陷显而易见。没有国家特征及其体现者——中央政府，nation 也就不成其为 nation。对于这种情况下的"人们共同体"只能以"民族"或"人民"界定之。这两个词并无贬义，只是与 nation 的政治含义不同。

我们还应当看到，斯大林的定义最初是在 1913 年发表的《马克思主义和民族问题》一文中提出来的。他当时设想以"区域自治"的形式来解决民族问题，这就使他不可能把 nation 的特征与国家联系起来。而到 1929 年他发表《民族问题和列宁主义》一文时，虽然继续坚持 1913 年的定义，但其目的则是为被压迫人民的民族解放运动提供理论支持。这一目的同样使斯大林不能把国家特征作为 nation 的特征提出来，否则会不利于殖民地人民的民族解放斗争。但是，殖民地人民有权建立国家并不等于已经建立了国家，因为事物与事物的过程是两回事。"联合国"的成员资格是以拥有独立国家的人民为原则的。任何人民只有在独立建国后，才可能被国际社会承认为"国族"。因此，斯大林否定 nation 的国家特征是不合乎实际的。斯大林的 nation 定义，其政治考虑多于科学精神。

斯大林的定义对苏联自身的建设也产生了不可低估的消极影响：在把"民族"与"国族"的概念混合起来之后，便无法回避民族对国族权利的诉求，从而束缚了把苏联建设成为统一的多民族国家的手脚。因此，苏联只能组成各个加盟共和国和自治共和国的"联盟"并承认各加盟共和国有退出苏联的自由，而且还让有关加盟共和国在联合国里占有席位（这些又都与否定 nation 的国家特征相矛盾）。苏联的解体固然有经济的和意识形态方面的原因，但是，在最基本的民族与国家的理论和实践上犯有自相矛盾的错误，不能不说是一个重要原因。它不是按照符合时代潮流的统一的多民族的国族—国家理念来建设苏联，而是以多国族的联邦国家构想来塑造苏联。如果不是受斯大林 nation 理论的影响，而是按照"多民族的国族"理论建设苏联和处理各民族之间的关系，情况可能会是另外的样子。这不是毫无意义的假设，而是有实例证明的推论。西班牙的巴斯克人和加泰罗尼亚人历史上争取 nation 权利和地位的斗争比苏联的一些人民更执著，但西班牙始终坚持统一的 nation 观念，对巴斯克人和加泰罗尼亚人只以 people 或 nationality 加以界定[①]，从而为有效地维护统一、反对分离提供了强有力的理论支持。拉美国家独立后坚持"多族群国族"的理论，非洲国家独立后奉行"多部落国族"的理论，都有效地整合了国内不同的"人们共同体"（当然，一些国家对少数民族的集体政治权利的忽视和否定另当别论），维护了国家的统一。如果效仿苏联，情况恐怕也会是另外的样子。值得注意的是，面对北高加索地区的民族分离主义，目前俄罗斯已不再奉行原苏联的 nation 理论及其自决和自由退出的原则，而是坚决维护国家的统一。

斯大林的定义不谈 nation 的国家特征，而又把各种族类共同体都具有

---

① 参见现行的《西班牙 1978 年宪法》。

的共同地域、共同经济生活、共同语言和共同文化作为 nation 的特征，这对我国一些学者的民族观的形成影响极大，以致产生两种模糊认识：一是因为"四个共同"有缺，有人就认为美利坚和澳大利亚等都不成其为 nation，甚至连中国都不是；二是由于斯大林的定义不讲国家特征，又认为凡有"四个共同"的"人们共同体"都是 nation。这种受斯大林定义影响的反推理法，是一些论者将汉语"民族"概念弄得无所指又无所不指的认识论根源。跨界的"人们共同体"不仅具有现实的共同性，甚至在未来相当长的时间里，这些共同性也不会消失，他们各部分之间的共同性在某些方面甚至大于他们与所在国家其他人民之间的共同性。如果采用斯大林的定义来套，人们很容易视跨界的"人们共同体"仍是同一个"民族"（nation）。然而，即使我们套用斯大林的定义，它也不适用于跨界的"人们共同体"。试问没有政治统一的"共同地域"是什么样的共同地域？没有政治统一的"共同经济生活"又是什么样的共同经济生活？这样的"人们共同体"又怎么能"稳定"？

　　不仅斯大林，列宁也说过"殖民地人民也是民族"[①]。如果以此为据，不再探讨"人们共同体"的多样性及其差别，科学也就停步了。列宁、斯大林所处的时代是反帝、反殖的时代，殖民地人民的解放和建立"国族—国家"的斗争是当时的潮流，而世界殖民帝国体系则试图阻挡这一潮流。帝国主义者所持的理由之一，就是把殖民地人民继续看成是自己的臣民。列宁、斯大林在这种情况下就"民族"（nation）概念发表的观点，既是政治斗争的需要，也反映了时代的追求，具有一定的合理性和正义性。

　　然而，现在的时代与以往不同。现在是多民族主权国家的时代，世界民族问题的主要内容发生了重大变化，其主要的政治表现是：（1）世界各族人民从过去反帝、反殖、争取独立的斗争，转向现在的为维护国家主权、反对新的国际霸权进行斗争，寻求以主权国家为单位的人们共同体——国族之间的相互承认、尊重与和睦。（2）多民族主权国家内部的民族问题凸显，这要求有关国家一方面需要尊重少数民族的文化、社会传统、政治权利和经济权益；另一方面又需要加强内部的整合，反对分裂，反对肢解国家。（3）跨界"人们共同体"的认同、复归现象在泛民族主义者的鼓动下有蔓延之势，严重地危害着国族—国家的现存格局，这需要人们对跨界"人们共同体"的现实状况和未来发展方向有清醒的认识，

　　① 《列宁全集》第 23 卷，人民出版社 1963 年版，第 58 页。

处理好将会长期存在的"归属"与"跨界"的双重关系。在当今世界"人们共同体"的整体结构或体系中,国族、民族和跨界人民是三个不同的但又相互关联和相互影响的层面。处理好三者的关系,确认"国族"的核心地位,是正确对待目前复杂的国际和国内民族问题的前提。而要做到这一点,首先需要从政治上认清三者的本质和发展趋势,否则,维护世界和平和保持国际、国内政治秩序的稳定就没有基础。在这一认知过程中,我们需要进行深入实际的思考,而不能停留在马克思主义经典作家的某些论断上。在有关"人们共同体"的理论问题上,国际上的认识也是不同的,这以国情为转移,例如,在非洲特别是在黑非洲,习惯以"tribe"(部族)指称国内不同的"人们共同体"。tribe 一词,汉语原来译介为"部落"。但鉴于非洲国家的部落人口众多、层次重叠和不断发展、变化,我国的非洲学者现采用"部族"一词而不用"部落",以示其与传统概念中的"部落"有别,这未尝不可。

在欧洲,人们习惯以 people 或 nationality 来界定国内世居的不同的"人们共同体"。与此同时,还使用 ethnic group 一词来指称外来移民。

美洲、大洋洲的情况又有不同。那里的国家主要是由各种移民组成的。除来自原宗主国的移民外,后至移民大多没有连片的世居领土,也没有基于这种领土的政治生活与社会结构,故不宜以 nationality 称之。美洲和大洋洲的主体民族是来自欧洲的移民的后裔,他们对欧洲人有关"人们共同体"的概念和文化传统非常熟悉,因此,他们用 ethnic group 这一概念指称他人。但是,当这一概念被用于欧洲殖民者到达之前早就在那里生活了数千年的土著人时,却遭到了土著人的一致强烈反对。美洲土著人自称 nation、people 或 nationality,并要求得到正式承认。目前,拉美印第安人问题集中表现在要求承认与反对承认印第安人的 nationality 地位及其政治权利上。承认土著人为 nationality,就意味着承认这种称谓所蕴涵的政治权利、改变国家的政治结构、修正仅以公民个人权利为基础的自由主义政治理论。

上述情况表明,"人们共同体"的不同称谓问题,既与"人们共同体"的不同状态有关,又与各国的政治制度怎样对待"人们共同体"的政治权利有关。但是,在对跨界"人们共同体"的认识问题上,国际上有共识,这就是:跨界"人们共同体"既不属于同一个 nation,也不属于同一个 nationality,但可将它视为同一个 people。因为,people 是一个历史文化概念,没有或不一定要有前述两个概念的政治内涵。如果我们承认 people 和 nationality 或 nation 在指称"人们共同体"时含义有别,并且承认汉语"民族"在其使用过程中形成了后两个词的含义,那么,否定"跨界民族"之说而代之以"跨界人民"的观点不仅可以成立,而且大有益处,这有助于我们正确认识跨界"人们共同体"的政治分化,从而为正确看待跨界"人们共同体"各部分之间的关系奠定理论基础。

不能再把跨界人民视为同一民族,这当然首先是从政治上看问题的。但是,跨界人民各部分之间的文化分野或质变①,也是应当考虑的因素之一。乌力更先生从事民族理论研究,对屡见不鲜的跨界人民的分化和各部分之间的文化分野或质变现象,怎么能"不敢苟同"呢?当然,跨界人民各部分之间的文化质变是一个过程,不能理解为顷刻间变得没有任何共性了。

行文至此,本该搁笔了,但对乌力更先生的如下问题笔者不能避而不答。乌力更先生问:"中国和新加坡的汉民族;南、北朝鲜的朝鲜族;蒙古国和我国内蒙古的蒙古族;哈萨克斯坦和中国新疆的哈萨克族;俄罗斯和中国的俄罗斯族等,难道他们不是同一个民族吗?"对此,我的回答是:撇开南、北朝鲜这一特例不谈②(可能还有以前的东、西德,南、北也门,南、北越南),如果将上述那些"人们共同体"都视为"同一民族"(nation 或 nationality),那么,这同历史上的泛斯拉夫主义等泛民族主义的民族观又有什么两样呢?

任何理论和观点都要接受实践的检验。笔者认为不能或不宜将跨界"人们共同体"视为同一民族,而乌力更先生则认为可以,这只好留待今后的实践去检验了。

余　论

我们从政治特征上研究当今世界各种"人们共同体"的形态差别,旨在正确认识他们在当今"世界民族体系"中的地位、权利与未来的前途。在当今的世界民族体系中,"国族"或"国族—国家"是核心单位,其他"人们共同体"的存在都是"国族—国家"过程中的产物,因而他们的行为也必然受"国族—国家"的左右。但是,以"国族—国家"为

---

①　乌力更先生把笔者在这个问题上的观点总结为"民族文化发生质的变化",显然不合笔者的原意。

②　如果把我国的朝鲜族算上,则中、朝、韩的朝鲜人也是跨界人民。

核心的世界民族体系、世界政治格局或说世界政治秩序现受到两股背反力量的威胁,这就是民族分离主义和新干涉主义。民族分离主义(连带着泛民族主义)不顾世界的"国族—国家"过程已经基本结束这一历史事实,以自决权为由继续要求建立自己的"国族—国家";新干涉主义(连带着霸权主义)不顾现代国家的主权原则,以"人权高于主权"甚至以国族—国家的古典理论①为工具,为了建立自己的霸权而不惜分化多民族国家。这两股力量为了各自的目的有时竟会相互利用,搅得世界不得安宁,举世瞩目的科索沃危机便是一例。因此,反对以人权理论为旗号的新干涉主义和反对以民族自决权为旗号的民族分离主义,是当今多民族国家面临的两大课题。和平与发展的良好愿望,必须通过反对霸权和反对分离才能实现。

无论是反对霸权还是反对分离,其基点都在于对现存的"国族—国家"格局的认可,也就是承认以"国族"(包括单一民族的和多民族的)为核心的世界民族(族类)体系的结构性存在及其约束力,舍此便成无稽之谈。我们研究世界"人们共同体"形态的多样性,其目的和意义在于从理论上和思想上认清各种"人们共同体"的政治本质,自觉地同民族分离主义、泛民族主义和新干涉主义划清界限,维护多民族国家的团结和统一。怎样看"跨界人民"的共性、差异及政治前途,直接关系到"国族—国家"格局的稳定与否。如果继续把"跨界人民"视为同一"民族"(不论是 nation 还是 nationality),再加上一个"民族自决权"和"人权高于主权",势必造成天下大乱和世界永无宁日。

当然,以"国族—国家"为核心的世界民族体系也会发生变化,但不是在现在,而是在遥远的未来;变化的动力既不可能是民族分离主义,也不可能是泛民族主义,更不可能是霸权主义,而是"国族—国家"之间的自愿联合。

(原载《世界民族》2000 年第 1 期)

---

① 在欧美民族主义理论研究界,有关民族与国家关系的观点有古典派和现代派之分。简言之,古典派(18、19 世纪)坚持国家边界应与自然存在的民族边界一致,国家的合法性在于民族自决,每个语言、文化不同的人民都有独立建国的权利;现代派(主要在 1950 年代、特别是 1970 年代以后形成)认为民族并不完全是自然存在的,国家对民族亦有塑造作用,人类历史的大部分时间民族与国家的边界并不一致,当代"国族—国家"在民族结构上大多数并不具有同一性。

第五篇　"国族"与"民族"：由《加泰罗尼亚自治条例》修订草案引发的争论

提要　西班牙1978年宪法将全体西班牙人界定为nation（国族），同时阐释它是由不同的nationalities（民族）和regions（地区）组成的。"民族"指的是巴斯克人、加泰罗尼亚人和加利西亚人三个少数民族，而"地区"则无民族差别意识，只有历史王国留下的领土界线。自1979年开始，西班牙全国相继以民族和地区为基础建立了17个"自治共同体"（后建立两个自治市，位于非洲摩洛哥沿海），并通过了各自的自治条例。2005年9月底，加泰罗尼亚自治共同体修订自治条例，自称nation，由此在全国引起了一场激烈的争论。

加泰罗尼亚是西班牙的17个自治共同体之一，位于地中海西北角西班牙与法国交界处。中世纪后期，加泰罗尼亚曾是地中海沿岸一个强盛的王国，后在反对摩尔人的光复战争中，与西班牙其他王国联合，共同形成了现今的西班牙。但与其他王国逐渐走向同化不同，加泰罗尼亚较多地保留了自己的民族特点，并有自己的语言。加泰罗尼亚语与法语、西班牙语、意大利语、葡萄牙语、加利西亚语同属拉丁语族，其与法语的共同性还大于同西班牙语的共同性。1830年代，西班牙实行领土管理改革，加泰罗尼亚被划分为4个省，一直到1970年代末。1978年西班牙通过新宪法后，西班牙再次对领土管理实行改革，按照历史地区和民族地区实行自治，加泰罗尼亚四省遂共同组成了一个自治单位，叫"加泰罗尼亚自治共同体"。

加泰罗尼亚面积约32000平方公里，占西班牙国土的6.4%左右。人口600余万，占全国人口的15%左右；其中，操加泰罗尼亚和操西班牙语者的比例大约为3∶2。加泰罗尼亚是西班牙最富裕的地区，贡献的税收占全国总税收的20%强。由此，加泰罗尼亚人总认为自己吃亏，民族主义表现比较突出，其目前的主要特点是自治政府在政治宣示上保持与西班牙的形式统一，而在行政操作上则力求获得更大权力。因此，加泰罗尼亚对1979年通过的自治条例很不满意，不断提出扩大自治权的修改要求。1999年笔者在马德里自治大学访问时，曾经拜访过西班牙公共管理部法规司司长，了解到西班牙当时就存在着如何修改自治条例的问题。这位司长说，一些自治共同体提出的修正案都要求扩大自主权，许多要求不合理，因此，不可能进入司法程序，更不可能通过。自此以后，笔者不断通过西班牙朋友了解自治条例修改的进程，答案一直是没有付诸行动。

2005年9—12月，笔者在西班牙加利西亚国际资料分析研究所做访问研究，适逢西班牙在讨论修改自治共同体条例。这次到西班牙，笔者看到报纸上有关加泰罗尼亚要修改自治条例的报道，所以特别关注。9月30日，加泰罗尼亚地方议会对自治条例修订草案进行辩论和表决，并进行电视实况转播。辩论过程从早上到下午，近9个小时，笔者目睹了全过程。结果是，该自治条例以绝对多数票获得通过。结果一出来，赞成者个个笑逐颜开，相互庆贺。

加泰罗尼亚议会有135名议员，分属5个政党。其中，执政的加泰罗尼亚社会主义党（PSC）占42席；加泰罗尼亚团结联盟（CiU）占46席；加泰罗尼亚共和阵线（ERC）占23席，人民党（PP）占15席；绿色行动（ICV—EuiA）占9席。投票结果是：赞成修订草案的为120票，反对的为15票。这15张反对票，均来自人民党议员。

西班牙地方议会通过的自治条例修订草案，还需要在西班牙国会进行辩论通过后才能生效。笔者认为这个修订草案不可能得到西班牙国会的通过。于是，第二天，笔者见到加利西亚国际资料分析研究所所长徐里奥先生，围绕修订草案中的第一条，即把加泰罗尼亚由原来的"民族"（nationality）界定为"国族"（nation）的问题，讨论了几乎一上午，过程当然是各抒己见。最后，徐里奥所长说，西班牙这个nation，可以由许多nations组合而成，叫nation of nations；这就像体育运动中由多辆自行车接成一辆自行车一样，叫bicycle of bicycles。最后，笔者有点一语双关地说，这样的自行车还叫自行车吗？不好骑呀！他听后大笑。我们愉快地结束了讨论，相互说等着看吧。

在加泰罗尼亚议会表决前，修订草案的文本早就发布出来了。一些法学家、学者包括政治人物，都曾建议修订草案的起草人放弃把加泰罗尼亚界定为"国族"，因为这样的界定违反宪法。如西班牙内政部长阿隆索指出，西班牙现行宪法（第2条）规定"国族"仅指西班牙整体和主权国家，"各自治共同体只能叫民族（nationality）和地区"（9月20日《国家报》）；国防部长博诺在同日报纸上也说，"尽管国族可以有不同的含义，人们可以有不同的理解，但当把国族写入官方文件如自治条例中时，就意味着现在或将来要求建立国家"。但对这种告诫和警告，加泰罗尼亚地方政治人物置若罔闻，坚持己见，在修订草案文本的序言和总则中，仍在两处明确界定"加泰罗尼亚是一个国族"，并把这句话作为新修改的《加泰罗尼亚自治条例》的第1条。因此，修订草案一通过，西班牙各界舆论一片哗然，连日进行激烈的抨击。由此，在西班牙引发了一场关于"国族"与"民族"的概念及其实质之争。

　　人民党的反对最激烈。人民党在加泰罗尼亚居于少数地位，但在西班牙是全国性政党，曾连续两届执政。主要因为支持美国发动的伊拉克战争，招来死伤惨重的马德里地铁恐怖袭击案，人民党在2004年3月的全国选举中败给反对参加伊拉克战争的工社党，才失去了执政地位。但是，人民党的全国影响仍一如既往地强大，而且上下比较团结一致。人民党全国总部二号人物安赫尔·阿塞维斯认为，加泰罗尼亚的新自治条例是分裂西班牙的条例，"我们不赞成这样修改的条例。这是加泰罗尼亚宪法，是从加泰罗尼亚来改变所有西班牙人的宪法。如果萨帕特罗首相不像对巴斯克自治条例修订草案那样阻止加泰罗尼亚自治条例修订草案，人民党将号召立即进行全国选举"。他还援引宪法第168条的规定证明这种号召的合法性（10月1日《国家报》）。人民党此前曾指出修订草案有50多处违宪的地方要修改，但结果发现通过的修订草案照旧，这使人民党大为不满，指责加泰罗尼亚议会"搞骗局"，并说这是得到政府首相萨帕特罗唆使和工社党赞成的结果。

　　《加泰罗尼亚自治条例》修订草案，也遭到其他大多数自治共同体的反对。1978年以后，西班牙对全国的行政和领土进行改革，将50个省份（1830年布尔戈斯改革的划分）组建成17个"自治共同体"。省的建制虽然还保留，但地位已下降，自治共同体取代省成了中央之下的一级政权单位。西班牙的17个自治共同体，在身份上分为"民族"和"地区"；被认为是民族的共同体有3个——加泰罗尼亚、巴斯克和加利西亚，它们分别位于西班牙东北部、北部和西北部；其余14个被认为是地区。民族自治共同体和地区自治共同体在政治权力和法律地位上没有区别，只是前者有自己的民族语言和民族差别意识，而后者都说西班牙语，且没有民族差别意识了（这当然不全对，例如与巴斯克接壤的纳瓦拉自治共同体，北部说巴斯克语，南部说西班牙语，并且具有同巴斯克一样的经济财政自主权；而与加泰罗尼亚接壤的瓦伦西亚自治共同体，以及地中海中的巴里阿利群岛自治共同体，也有语言差别特点）。

面对加泰罗尼亚自治共同体条例修订草案遭到全国一片反对之声，只有巴斯克地区表示支持，因为巴斯克地区议会在2004年通过的自治条例修订草案，在今年2月被国会否决了。巴斯克自治政府发言人米勒·阿斯卡拉特要求国会应"原封不动地"尊重加泰罗尼亚自治条例修订草案，说这是加泰罗尼亚人社会意志的体现；此外，他还要求马德里尊重巴斯克议会将来采取的决定。但同是"民族"的加利西亚，则反对《加泰罗尼亚自治条例》修订草案。加利西亚自治政府主席说，《加泰罗尼亚自治条例》修订草案"没有维护普遍利益，在国家和自治共同体之间建立双边财政走不通，因为这破坏了基本的游戏规则，并表示本自治区条例的修改将本着现行的多边制度"。在卡斯蒂利亚－拉曼查共同体，社会党主席与人民党地区主席则对本地区共同体条例修改达成一致，表示：捍卫西班牙国族的统一，任何地方自治共同体议会都不能"自行其是"修改国族概念（10月7日《世界报》）。其他自治共同体，也都以不同方式表示反对。在军界，三军参谋长也在电视上发表讲话说："国族"仅指整个西班牙，宪法必须得到遵守。

知识界的反应也很强烈，矛头直指一些政治家的理论错误，他们的分析对西班牙社会舆论具有很大的影响力。10月1日《国家报》发表约瑟普·加利加的文章说：

　　加泰罗尼亚自治条例修改咨询委员会把"国族"和"民族"解释为"相同的和可以互相变换使用的"概念。法学家警告说，条例使用的术语不能涉及"主权内涵"的术语，因为宪法第2条规定"西班牙国族不可分割的统一性"。但咨询委员会没有分析自治条例使用的"国族"是法律概念还是文化概念；此外，该委员会还援引宪法第147条第2款规定"共同体的条例可以选择最能体现自己历史认同的名称"为自己辩护。但其他专家指出，宪法第2条只允许使用"民族"和"地区"两个名称界定西班牙"国族"所包括的各个共同体。此外，宪法法院的司法解释也明确限定了国族和民族及地区的法律含义。因此，把加泰罗尼亚界定为国族就会产生"明确的法律结果"，"引起混乱"，因为条例起草者没有具体说国族是何义，也没有考虑其法律后果。在中央政府内部和工社党内部，对加泰罗尼亚把自己界定为国族没有形成统一的认识标准。政府首相认为，原则没有问题。但大多数内行领导人认为，国族"在宪法中是一个与主权概念联系在一起的法律概念"，在自治条例中使用这个术语可能是为了在将来要求主权埋下伏笔。

10 月 7 日《世界报》发表的佛朗西斯科·乌布拉尔的文章，富有学理性，并且带有几分讥刺，我们可从中体会到西班牙学术界的反对情绪之激烈：

　　加泰罗尼亚人觉得自己在欧洲了不得了，现在想给自己加个"国族"头衔，好让人拿自己当回事。但他们的前辈们，在巴塞罗那或在马德里商讨加泰罗尼亚问题时，怎么就没有好好谈谈"国族"这个头衔呢？眼下这些当政者，不喜欢提起这段历史，不甘当一个行政区的小头头，更不想在西班牙社会里低人一等。于是，他们想到了"国族"这个东西。众所周知，"国族"（nación）一词源于"出生"（nacer）一词。由此，眼下这些加泰罗尼亚人，现在想起来要在地中海那块小地方"生"一个"国族"了。但这个"国族"难产，一直生不出来。现在，他们不得不一周跑三趟，到马德里来争取自己的出生证。这种不厌其烦的造访，让人看到了一种继巴斯克之后倒数第二的雄心：争取一个比"工业化加泰罗尼亚"更让人瞧得起的名字。但他们自知人微言轻，死乞白赖地请求萨帕特罗首相多给美言几句。
　　"国族"一词，前文说到的它是怎么来的，意思是什么了。在"国族"问题上，我们这些光荣和古老的腓尼基人，今日看到了实现自己雄心的机会。他们中的一支人，被漏掉了："如果我们混成国族，我们可就巍然屹立起来了！"这些混迹于政治浊浪中的职业者和救国救难者，现在竟也玩起了学术，挑起了名称之争。有那么一个人，竟认为"国族"只是一个政治术语而已，"国家"（país）一词也不过是个地理概念。依我看，叫"祖国"（patria）岂不更显赫！"祖国"一词可是来自"父亲"（padre）一词呀！叫"祖国"，这些地中海人就得到处寻找一个历史之父或政治之父！有这样的父亲做倚仗，岂不可使自己变得更加伟大？但他们接下来与西班牙、与萨帕特罗首相、与国会逐项讨论协议时，说到底还是经济利益、社会权力、掌钱的权力，以及由此而产生的一系列权力。不管他们喜欢不喜欢，西班牙这个老东西，当父亲已经 500 多年了。说到"国族"这种东西（我指的是加泰罗尼亚人自己曾经引以为豪的西班牙国族，他们在其他事情上大讲自己是这个国族的一部分），语言联系这根线可能太细，但我们可以拿加泰罗尼亚大工厂生产的那些线团来说明问题。没有西班牙其他地方的棉花和知识分子，能生产出那些线团吗？安东尼奥尼说，"任何一个百万富翁，都需要一位知识分子"。因此，加泰罗尼亚人曾持续地到马德里寻找知识分子。

萨帕特罗首相被他们视为可以让步的人，萨帕特罗对他们交底说，自治条例可望得到投票结果。萨帕特罗还出主意说，在条例中，最好不要只说一个加泰罗尼亚"国族"，应当说有三四个加泰罗尼亚"国族"构成一个祖国。如同我认为的那样，"国族"作为一个政治学概念，它本身不能让谁高到哪里去，尽管它曾是那个威尔士烟草新王子特别看重的东西，但威尔士人现在也不看重了。

国族主义的国族政客只追求发展自己的陈腐过时的国族主义，如以前的巴塞罗那，老是炫耀一个世纪前举行的世界博览会。如果马德里接受加泰罗尼亚是个"国族"，那将犯下严重的错误。加泰罗尼亚想成为一个国家（非地理意义的）、一个人民（非社会意义的）、特别是一个祖国（非家庭意义的），这是异想天开，不会有什么好结果。如果加泰罗尼亚那三位"孟加拉长矛兵"真懂得一点"国族"的来龙去脉，就不要沉湎于他们臆造出来的东西了。

面对全国一片反对之声，加泰罗尼亚自治政府主席马拉加尔承认，"我们有可能完全错了"，条例的修改把萨帕特罗首相"推到了困难和不妙的境地"，并表示将邀请各自治共同体主席到巴塞罗那加以解释（10月7日《世界报》）。这与他和其他加泰罗尼亚地方政党领导人在条例由巴塞罗那地方议会通过时的得意劲儿形成鲜明对照。

10月1日《国家报》载，投票支持条例修正案的四个政党领袖的言论如下：

加泰罗尼亚自治政府主席马拉加尔（社会党）表示，他相信草案会得到赞同，并说新条例不光是为加泰罗尼亚争取更大的自治和财政好处，而且有助于推动西班牙概念向联邦主义迈进"一点"。他说，加泰罗尼亚文化的特殊性可以界定为国族，其他共同体不是随便的。至于财政权问题，他说："加泰罗尼亚慷慨解囊到极限了，现在该让加泰罗尼亚这样一些受拖累的共同体自己飞了。"至于加泰罗尼亚与其他共同体的互助问题，他说："我们的互助观念与特权主义不同，我们主张一种公平协议，根据这种观念，你自助我助，你不自助我不助。"他还威胁说："巴斯克的和平与加泰罗尼亚的条例，对今日西班牙是烈火考验；我们会胜利的，我们的人民等着庆祝吧。我们不是前进说服西班牙，就是累死拉倒。"

团结联盟党领袖阿尔图尔·马斯说："加泰罗尼亚已经表明态度，现在应说到做到。"

共和阵线主席卡洛多·罗维拉说："对于一些人来说，获得条例通过是句号，但对我们来说是破折号，本党过去奉行、将来继续奉行独立主义。"

绿党主席胡安·索拉说："该条例是与国家的协议，我们在协议中说我们希望加泰罗尼亚得到国族承认，更合理地重新分配权力，实现公正的财政。"

然而，只经过短短一个星期的争论，气候就变了。萨帕特罗首相于6日首次承认，西班牙是"唯一国族"，《加泰罗尼亚自治条例》第1条要改变（10月7日《世界报》）。西班牙国会也建议，"中央政府要与人民党交换对条例修改的意见"。副首相费尔南德斯·德拉·维加"已邀请人民党主席马里亚诺·拉霍伊参加修改文本最有争议的地方"（10月8日《先锋报》）。

但是，人民党此次不会轻易放过此事，一定会对工社党大加批判。人民党在伊拉克战争上输给了工社党，这次在内政上肯定要争取得分。在对"自治"这个内政问题上，人民党要比工社党成熟，深知自治条例的修改必然涉及对宪法的冲击，因为在加泰罗尼亚和巴斯克这两个民族中，一直存在脱离西班牙的分离倾向。这种倾向不是像"埃塔"那样主张暴力的急独，而是主张通过民主方式实现渐独。在目前，他们主要通过不断扩大自治权，尽量摆脱中央政府在该地区的影响。因此，他们在政治上是合法存在的力量。修改自治条例的问题，早在1990年代中后期就提出来了，但人民党当政时一直拖着没办。如前所说，1999年笔者访问西班牙公共管理部时，该部负责自治条例修改议案的司长就向我介绍了这个工作的复杂性，包括一些中央政府不能接受的意见。

2004年的西班牙大选，推动自治条例修改和从伊拉克撤军，是工社党击败人民党的两个重要政策承诺。从伊拉克撤军，符合大多数西班牙人的愿望，很顺利地实现了。但踌躇满志的萨帕特罗首相，在兑现推动自治条例修改的承诺时，却低估了民主政治下的内政要比外交复杂得多。他不懂民族主义问题，又不听正确意见。工社党内有专家告诉他，加泰罗尼亚不可称为"国族"，他竟回答说这只是个名称问题，与"民族"没有什么区别。正是在他的支持下，《加泰罗尼亚自治条例》修订草案才得以出炉。正如加泰罗尼亚绿党主席胡安·索拉所说，"如果不是马德里有政治变化，就不会有此条例"。然而，待条例修订草案一出来，萨帕特罗首相和自己的工社党都傻眼了。加泰罗尼亚绝不只是争一个名分，而是要这个名分下的地位和权力：加泰罗尼亚要和整个西班牙平起平坐。

10月6日，《国家报》发表长篇分析文章，认为《加泰罗尼亚自治条例》修订草案有十大方面的问题：（1）草案前言：规定加泰罗尼亚公民"有权自由决定自己的未来"；（2）草案总则：说"加泰罗尼亚是一个国族"；（3）历史权利：要求承认自治政府在民法、语言、教育、文化和制度方面的"特殊地位"，要求中央政府同意条例"主张和列出"的历史权利；（4）权利和义务：把社会和经济权利称为第三代权利，主张自治政府拥有专门权限；（5）权限：扩大和保证自治政府的权限，将其分为专有权限、共使权限和执行权限；（6）司法权力：建立自治审判委员会，预定加泰罗尼亚高等法院为最终审判机关，最高法院的建立留待理论统一；（7）双边性：加泰罗尼亚与西班牙国家是双边关系，并且不妨害加泰罗尼亚参加多边机构；（8）财政：自治政府征收和支配一切税收，但拿出一部分给国家用于国家在加泰罗尼亚提供的服务，以及体现领土间的互助；（9）组织法：修改现行的11项国家法律，其中5项涉及组织法；（10）宪法第150条第2款：条例预定了10条原则上属于国家的权限转给自治政府，例如港口和机场的管理。

对于这些修改，人民党认为这不是地方政府的职权，也不是自治条例的内容，而是涉及对宪法的修改。如此，就必须进行西班牙全民投票，首先修改宪法，再谈自治条例。这一招，击中了萨帕特罗首相的软肋。工社党现在也明白了这个问题。可以说，萨帕特罗首相被自己的加泰罗尼亚同党利用了一下。加泰罗尼亚社会党绝不是西班牙工社党的一个支部，它有自己的加泰罗尼亚情结，它与各加泰罗尼亚地方政党的关系，比它与工社党的共同语言要多得多。现在，萨帕特罗首相及其工社党处在被攻击的位置，以至于有消息说工社党在发生内讧；人民党主席也说，工社党内有人表示要与人民党联手，共同埋葬《加泰罗尼亚自治条例》修订草案。这场危机，使工社党老资格的领袖、前首相费利佩·冈萨雷斯也坐不住了，站出来呼吁"寻找使条例改革可以获得通过的共识"（10月8日《先锋报》）。但是，人民党现在倒是不急，认为这个自治条例修订草案有50多处违宪，没有讨论的基础，而是提出并坚持先举行全民投票修改宪法的难题。

按照西班牙宪法的规定，各自治共同体的任何法律，需经西班牙国会批准后方能生效。《加泰罗尼亚自治条例》的修订草案，已经送交中央政府的手上。在提交给国会表决前，中央政府将首先进行审议。审议是一个漫长的过程，其间要听取各党派发表意见，进行充分协商，包括把各种意见转达给加泰罗尼亚自治政府对文本再进行修改。因为西班牙国会议员是由各党派代表组成的，事先不协商，不尽量消除分歧意见，对文本取得大致共识，很难在国会上进行表决通过。因此，西班牙全国上下，围绕加泰罗尼亚地方议会刚通过的自治条例修订草案，现正在进行激烈的争论。对于国族和民族名称之争，加泰罗尼亚方面现在表示愿意修改，但不是改正，而是进行模糊处理，把加泰罗尼亚自治共同体界定为 national reality（该如何翻译这个概念？"国族实体"还是"民族实体"?）。至于其他问题怎样修改，例如扩大自治权的要求等，只能拭目以待。

（2005 年 10 月于西班牙巴约纳市）

第六篇 "民族"概念与国际交流*
——在巴塞罗那自治大学的座谈

提要 在西班牙学术界和公共生活中，nationality 和 ethnic group 都是人们共同体概念，但两者含义有别，是不同范畴和不同学科的概念，不可相互替代。Nationality 是政治学概念，与我国的"56 个民族"中的"民族"含义一致；而 ethnic group 则是"族类学"（Ethnology，民族学）概念，指的是人们共同体的"机体"，与我国的"民族"概念是两回事，译为"族群"比较合适。当说到某个人们共同体或社会群体的特性时，ethnic 是与语言、文化、宗教等因素并列的；尽管 ethnic group 的外延更宽泛一些，但它的基本内涵与 linguistic group（语言群体）、cultural group（文化群体）、religious group（宗教群体）、immigrant group（移民群体）是同一范畴和相互交叉的概念。中文广义的"民族"，可以翻译为"ethnic-national communities"。

---

* 2001 年 6 月，笔者到西班牙巴塞罗那自治大学进行学术访问，与该校"欧洲研究中心"和"国际与跨文化研究中心"（Center of International and Intercultural Studies）进行了两次座谈，第一次座谈的主题是欧盟建设问题，第二次座谈的主题是中国和西班牙的民族问题。本文根据第二次座谈的部分内容整理而成。1999 年，笔者曾经访问过巴塞罗那自治大学，但只是顺道。笔者当时在马德里自治大学东亚研究中心访问，受几位在巴塞罗那自治大学进修的中国学友之邀，前往巴塞罗那聚会。在这次短暂的访问中，笔者认识了该校国际与跨文化研究中心教授华金·贝尔特兰先生，他是中国问题研究专家，对中国民族问题很感兴趣，我们交谈甚欢，相约有机会再次见面。这第二次访问，便是由他促成的。因为我们已经熟悉，交谈比较坦率。这里，笔者将这次座谈记录稍作整理发表，供有兴趣的读者参考。这次访谈，是促使笔者后来撰写《西方的"族体"概念系统》一文（载《中国社会科学》2004 年第 4 期）的直接因素。

笔者：华金（Joagín Beltrán）教授，感谢你前天送我你主编的《演进的中国》一书，也感谢你今天专门与我座谈。

华金：不客气。这本文集肯定有许多你认为不对的地方，多指教。（华金教授懂中文，阅读很好，但口语不够熟练。我们的访谈使用的是西班牙语。在涉及有关"民族"的术语时，笔者在本记录中将其转换成英语，以方便读者理解）。

笔者：指教不敢当。但我有兴趣拜读。西班牙文有关中国的书是不多的。

华金：是的。但随着西、中交流的增多，将来会改变的。

笔者：我相信。但我觉得，西方看中国有时不够客观。比如你主编的这本书，我仔细阅读了其中的一篇，写的是中国的少数民族与民族政策。我认为，作者在许多地方对中国的民族政策的理解和解释不太正确或者说不太准确。比如，作者把我国的民族政策归结为是出于国家边界安全的考虑，而对最根本的考虑，即为了保证少数民族政治权利、体现民族平等的国家政治制度没有突出出来。你作为主编，在中国研修过三年，又对中国少数民族特别有研究兴趣，怎么会同意这种看法？

华金：这本书是多名西班牙学者的论文集，包括你认识的马德里自治大学副校长兼东亚研究中心主任、西班牙最有名的中国研究专家塔西亚娜·费萨克教授（笔者1999年访问马德里自治大学，便是受她之邀；笔者翻译《西班牙王后索菲亚》一书时，译文即是原作者请她审核通过的；她也曾陪同西班牙王后或其他西班牙高官多次访问中国——笔者注）。我不一定都同意他们对中国的看法，但为了边界安全的确是中国民族政策的一个方面。中国有许多跨界人民（people），新中国建立后，从苏联接受民族自决原则，实行民族区域自治，就构筑了固定的边界以保证国家安全。

笔者：中国的边界不是实行民族区域自治而构筑的，而是历史形成的。根据作者的逻辑，就无以解释内地的少数民族聚居地区为什么也实行民族区域自治。西班牙也实行民族地方自治共同体制度，能说西班牙的固定边界是在1978年以后实现的吗？我觉得作者至少是把民族政策与民族工作混淆了。可以说我国的民族工作很重视边境社会稳定，但这与民族总政策是两个概念，与边界确定也是两个概念。

华金：用中国的话说，这叫见仁见智吧！

笔者：是的，观点可以有不同，重要的是交流和相互理解。关于中国的民族政策和民族区域自治制度，我相信今后有机会细谈。今天，我主要想和你讨论有关"民族"（笔者使用的是 ethnic-national communities 这个复数译名）的概念问题，因为我注意到你的书中在说到"民族"的地方使用的术语不一致，主要是 nationalities 和 ethnic groups 交叉使用，这两个词在西班牙学术界有什么不同的内涵？

华金：当然不同。简言之，nationality 意味着地方自治权利，而 ethnic group 则没有这样的权利。比如，加泰罗尼亚人、巴斯克人和加利西亚人，他们自认为和被认为是 nationalities，1978 年西班牙民主化之后，他们实行了区域自治。西班牙全国领土管理实行自治制度，建立了 17 个自治共同体，在很大程度上是由他们促成的。而吉卜赛人、阿拉伯人、黑人或华人，只能称为 ethnic groups，他们没有可能和条件实行区域自治。你们国家的俄罗斯人和朝鲜人，也不应该称 nationalities，而应该称 ethnic groups，因为他们是从其他国家移民到中国的。

笔者：中国的俄罗斯人和朝鲜人，应该不同于西班牙的吉卜赛人、阿拉伯人、黑人或华人。这不仅因为他们很早就移入中国了，而主要是形成了聚居的社会和居住地域。而且，中国还有一些境内迁徙的"民族"，他们脱离母体后，在另一个地方形成了新的共同体，中国也承认他们有像其他"民族"同样的权利，以他们为主建立自治地方。吉卜赛人虽然移居西班牙很久，但他们没有形成相对独立的社会和固定的居住地而是处在流动中，其他最近的移民则散居在城市中，已没有条件形成 nationality，所以，不可以拿他们与中国的俄罗斯人和朝鲜人相比。

华金：当然，任何类比都不完全恰当，但相似性是比较的基础。概念体现的是一种事物，人们为了区别不同的事物，需要不同的概念。例如，Nationality 和 ethnic group 就是两种不同的概念。有的共同体可以界定为 nationality，有的共同体则只能被界定为 ethnic group。

笔者：概念的适用性问题，历来有争论。我们难以不让人们自己去界定自己是什么，但能否得到他者的承认，则是另一个问题。目前，在中国学术界，争论不在于谁是 nationality、谁是 ethnic group，而是有人主张全部称为 ethnic groups，包括汉族也是 ethnic group。

华金：主张称为 ethnic groups 的人，理由是什么？

笔者：主要是政治考虑。有的学者认为，nationality 现在是国籍概念，而且意味着和"自决权"联系在一起，承认为 nationality，似乎就意味着承认有自决独立的权利。而称为 ethnic group，就可否定自决独立。你们西方学术界是这样看待这两个概念的吗？

华金：我认为，你们是受苏联解体的影响。你们现在想抛弃苏联的理论，接受美国的理论。但称呼什么，不是一个国家巩固不巩固的原因。Nationality 是国籍的意思，但它是多义词，可以用来称人们共同体。关于自决权，nationality 这个概念最早在奥匈帝国产生的时候，是与自治权而不是自决权联系在一起的。自决权是后来的事情，是与 people 联系在一起的。但 people 也不是都要自决独立的，也可以是自治的。建立国家的 people 称为 nation；实行地方自治的 people 称为 nationality。西方传统认识是这样的。至于 ethnic groups，这是一种事实，不具备自治的条件；但我们不能反过来运用这个概念，把本是 nationality 的共同体改称 ethnic groups，就可以改变它的实质了。

笔者：是这样。这就像英国的几个人民叫 nation 是一样的道理，但这得不到他者的承认。我读过一些西班牙学者的著作，西班牙也存在加泰罗尼亚人是不是 nation 的讨论，你如何看待 nation 和 nationality 的区别？

华金：那是在讨论历史，而不是讨论现实。现实称加泰罗尼亚人是 nationality，1978 年宪法使用的是 nationality 的概念。政治讲的是现实。中国曾经是个帝国，但你不能说它继续是个帝国，尽管它的版图和民族构成没有多大变化。实质才是最重要的。有些人民，历史上可能具有 nation 的样子，但当它与其他人民共同组成一个国家后，它就不是 nation 了，国际社会不承认。当然，也有相反的例子，比如南斯拉夫，现在分成几个国家了，由一个 nation 分裂成几个 nations 了。分裂的原因不在于他们叫什么，而在于南斯拉夫人的历史矛盾和南斯拉夫这个 nation 缺乏基础。

笔者：除了加泰罗尼亚人、巴斯克人和加利西亚人称为 nationalities，其他西班牙人怎么界定？其余的都叫"卡斯蒂利亚人"？

华金：巴伦西亚人也可以称为 nationality，其他的好像都不能如此界定。卡斯蒂利亚人是历史概念，不能用来界定所有其他西班牙人。西班牙不是像中国那样，有一个等同于汉族的概念；西班牙人就是通称，它也包括我们提到的几个 nationalities。其他西班牙人之间主要是地方意识的存在，如卡斯蒂利亚人、安达卢西亚人、穆尔西亚人、阿拉贡人等等，但他们相互间没有 nationality 的差别观念了，这些人的概念就像广东人、上海人、江苏人的概念一样。

笔者：如果说 nationality 是政治概念上的人们共同体，那么，ethnic group 是什么概念的人们共同体？怎样看待他们的政治权利？

华金：他们当然有他们的政治权利，但如说到政治权力，这不现实。权力与社会和领土有关，与社会的行政组织管理有关，ethnic group 哪有领土？哪有统一的社会？没有这两点，权力哪里来、在哪里行使？但这不否定他们作为社团可以具有的政治权利，如果他们愿意结成合法社团的话。

笔者：我们看到，在有些国家比如拉丁美洲国家，一些被称为 ethnic group 的土著印第安人，是有自治权力的，这可不可以认为称谓无关紧要？不同的称谓只是学术问题？

华金：nationality 与 ethnic group，是因为人们共同体之间存在不同特征而形成的概念，不能说称谓无关紧要。特别是从学术研究的角度说，这种区分反映了不同学科的研究对象。Nationality 是政治学、历史学研究的对象，而 ethnic group 则是社会人类学、文化人类学、族类学（ethnology）研究的对象。族类学以前的研究对象是氏族、部落、部落联盟这类原始落后的异己的小群体、小社会，这样的群体和社会现在基本不存在了。于是，族类学便寻找自己的新的研究对象。虽然现在找不到"原始落后"的群体和社会，但"异己的小群体"是存在的，他们就是外来移民和当代土著人。现在对这类群体用氏族、部落、部落联盟这些概念来界定是不合适的，他们已经没有这些概念下的社会结构和特征了，这可能是 ethnic group 的概念应运而生并得到广泛传播的原因。但这个概念没有一个被普遍接受的定义，也就是说没有准确的定义。

笔者：Ethnic groups 的存在方式五花八门，是不可能定义的。我最近一直在读哈克斯·伦巴德的《族类学导论》这本教科书，书中只说当代族类学主要研究文化、宗教、语言等等小群体，包括都市移民社区，但这只是指出了研究对象，而且是模糊不定的对象，并不是定义。因此，探讨 ethnic group 的定义也许是不明智的。尽管如此，我还是想继续提一个问题：对巴尔干的冲突，西方从媒体到政治家，从市民到知识分子，都说米洛舍维奇搞"ethnic 清洗"，而不是说"nationality 清洗"。按照西方的概念，南斯拉夫的阿尔巴尼亚人应该称为 nationality，因为他们有自治权力，为什么又称他们为 ethnic group 呢？

华金：ethnic group 主要是"人群"自身的概念，是指机体；而 nationality 除了机体以外，还有领土和社会组织的因素；因此，清洗的只能是人群，不可能是领土。

笔者：这就是说，nationality 和 ethnic group 是两个完全不同的概念了？但如何解释这两个概念在西方学术界的同时运用呢？

华金：是的。Ethnic 特性可以是 nationality 的一个重要的构成因素，也可以不是。有的 nationality 或 nation 是单一的 ethnic 成分，有的则是多元的 ethnic 成分；这就像有的是单一语言和文化，有的是多元文化和语言的情况一样。但 ethnic 特性有时是难以表述的。例如，加泰罗尼亚人与其他西班牙人的区别，你可以说存在不同语言，但不能说存在不同的 ethnic 特性。你看不出西班牙人之间的 ethnic 区别，但你一眼就可以看出华人与西班牙人的区别，所以华人是西班牙的不同的 ethnic group。

笔者：是的。前天，一位朋友从德国打电话给我，我在翻译他的一部欧盟著作，他要来西班牙见我。在电话交谈中，他断然地对我说，绝不能说加泰罗尼亚人是 ethnic group。但我对他说，你在你的著作中讲到巴尔干冲突时不是反复使用 ethnic group 的概念吗？为什么不能说加泰罗尼亚人是 ethnic group 了呢？他说，这个问题很复杂，等我们见面时细说，现在我比较清楚了。

华金：不仅不能说加泰罗尼亚人是 ethnic group，也不能像中国学者习惯的那样，说加泰罗尼亚人是"少数民族"（minority nationality）。听说布拉尼亚教授在联系你拜见自治政府官员的事，你要是去见，不要使用"少数民族"一词。

笔者：为什么不能说少数民族？那我怎么说？

华金：说少数民族会引起不高兴。加泰罗尼亚地方这么大，人口几百万，怎么会是少数民族？

笔者：少数是一个相对概念，在西班牙全国人口中，加泰罗尼亚人不是少数吗？

华金：那也不要说少数民族。

笔者：那好。但我怎么说？

华金：就直接说民族（nationality）。

笔者：如果我需要结合我国的情况，笼统地表达"少数民族"在当代统一国家中的发展问题时，怎么区别少数和多数的问题呢？

华金：西班牙称加泰罗尼亚人等为"历史民族"（historic nationalities）。

笔者：历史民族？现实不是了？

华金：哈哈，历史民族应该理解为历史性地成为了民族。

笔者：这"历史"从何时开始？从古罗马还是从基督诞生算起？"成为"又是何时成为的？我们是不是使用"地区民族或地方民族"（regional nationality or local nationality）更科学？它可以与"国家民族"（state-nation）相比较使用。

华金："地区民族"，很好。但在西班牙，这两个概念不是修饰关系，而是并列关系。巴斯克、加泰罗尼亚和加利西亚三个自治共同体称为民族，而其他十几个自治共同体则称为地区。不过，什么是民族，什么是地区，在西班牙学界也有争论。

笔者：是的，我看到过这方面的辩论文章。但辩论的焦点集中在对二者权利和权力差别的讨论上，并未涉及对这两个概念的争议。一个民族的居住地域可以组成一个自治地区，但一个自治地区的人们不一定是一个民族。

华金：地区也好，民族也罢，都是由人组成的，利益是关键。

笔者：确实，这就像 nationality 和 ethnic group 是不同的概念，但权益问题是它们的共同特征。最近，贵中心主任送我一本书，讲的是美洲土著人问题。我注意到，这本书对土著人既不称 ethnic group，也不称 nationality，而是称 people，这与西班牙目前的学术话语不一样，与拉美国家学术界也不一样，你有何解释？

华金：拉美学术界曾经普遍界定土著人为 ethnic group，但这遭到土著人的反对；土著人自称为 nations 或 nationalities，但这又不被拉美学者们所赞同，更不为官方所接受。在这种情况下，西班牙学者编写的这本书，只好采用 people 一词，联合国等国际组织的文件一般也使用这个词指称世界各地的土著人。

笔者：people 这个词，在中文中有时也被翻译为"民族"。

华金：是的，中文"民族"这个词的含义的确很宽泛。你可能已经注意到，我主编的那本书中多处使用汉语拼音"minzu"来注释我们西方的不同概念，这是没有办法的事情。因为，西方有不同概念指称不同的人们共同体，而中文都是"民族"一个词。你们使用斯大林的定义为"民族"注释，但实际上你们的"民族"含义不完全是斯大林的概念，中国有许多"民族"不是斯大林的概念。所以，我们翻译中文"民族"也没有办法，只能以译者的理解和习惯。如果把"民族"一词统统都翻译成"nation"，那就糟糕了，必须根据情况或翻译成 nation，或翻译成 nationality，或翻译成 ethnic group，或翻译成 people，这是译者的事。

笔者：我国的"民族研究"，其研究对象包括了你们西方人的上述几个概念所指，而这几个概念在你们西方源于不同学科，我们把它们结合到一起了。但这种结合也导致中西方学术术语的差异。比如，你们所言的 ethnohistory，是与 national history 不同的，前者研究的是"口头历史"。但在我国，"民族史"研究就不只限于"口头历史"了，也包括"文献历史"。还有，你们的 ethnolinguistic 研究，内容是"无文字语言"的研究，但我们的"民族语言"研究，则包括了有文字的少数民族的语言。所以，中西方在交流中存在一些概念歧义。为消除这种歧义，中国学术界最近也作出了努力，例如，我送给你的两种杂志，现在把"民族研究"翻译为 ethnic-national studies。对这个译名，你是怎样理解的？

华金：这个译名不难理解。我知道 *World Ethnic-national Studies* 是什么意思。你们的民族研究不是单纯的 ethnology，还有为政治和现实服务，是政治学、社会学、历史学等等的混合，是多学科的。不过，ethnic-national 这个概念，在西方学术界原本是与 civil-national 概念区别的，这一点想必你们是知道的。

笔者：西方在研究 nation 时，认为欧洲的 nation 是以市民或公民权利为纽带的，是市民的 nation；其他地方的 nation 是以血缘或亲缘为纽带的，是"族类"的 nation。我认为这种区分并不科学，不合乎实际。欧洲以外的 nations 没有市民或公民权利的纽带？不能这样说。我们把"民族研究"翻译为 ethnic-national studies，既包含对人们共同体的亲缘、文化、语言等传统因素的考虑，又包含对地缘、公民、政治、权利等现代因素的观照。

华金：这同样是一个含义宽泛的术语，但比"民族"的音译要好，容易被理解。

（2001 年 6 月于西班牙巴塞罗那自治大学国际与跨文化研究中心）

中编　传统论说反思

简要题介：本编包括7篇文章。首篇是对"一族一国"之古典民族主义理论的反思，指出这种理论是民族分离主义和民族同化主义的共同思想根源，既不利于多民族国家的统一建设，也不利于少数民族权利的保障；接下来的两篇文章，是对传统自由主义政治理论及其实践否定国内民族政治的反思，指出它需要发展以适应当代多民族国家民族政治生活实际的需要；再接下来的两篇文章，是对传统民族自治观念的反思，指出它在理论上既不是民族平等的体现，也不合乎现代主权国家和公民权利社会建设的时代潮流，而在实践中则没有可操作性；最后两篇文章，对我国民族问题研究界的一些模糊认识进行了分析与评论。

民族问题是近现代世界最突出的社会政治问题之一，如何治理，人们的论说不一，其中以单一民族—国家设想和民族自治设想影响最大。从形式上看，前者奉行的是同质化民族主义理论，后者奉行的是多元化联邦主义理论。但从实质上说，二者的思想根源都是基于浪漫主义和唯心主义哲学而形成的原始或经典自由主义学说，由个人自由自决而推及国族（nation）和民族（nationality）的自由自决：国族的自由自决以国家主权为体现，民族的自由自决则以领土自治为体现。但是，这两种设想都过于简单，并不能解决复杂的民族问题。谁是国族，谁是民族，其政治地位和权利由谁决定或可否自由决定，这本身就是一个存在争议的问题。因此，对古典民族主义理论和传统民族自治观念，结合原始或经典自由主义学说进行反思，分析其思想局限性和非现实性，是推动民族政治理论创新研究的前提。

第七篇　走出西方民族主义
古典理论的误区

提要　世界各地族际政治互动的历史经验不同，由此形成的族际政治理论或理念也不相同。西方民族主义古典理论所宣扬的"一个人民，一个国族，一个国家"之理念，是对西欧族际政治经验的片面总结，不合乎西欧族际政治的事实，更不合乎世界各地普遍是多族体国家的事实。民族主义古典理论并未如理想的那样解决了族际政治问题，相反则是引发族际冲突的思想诱因。今日各国处理族际关系的不同模式，是族际政治实践的当代发展，预示多民族国家理念必将成为族际政治思想的主流。21世纪的政治学需要对多民族国家框架下的族际政治实践继续进行理论创新研究。

一　族际政治经验与理念的比较

族际（或民族）政治，是族际互动关系中围绕族体利益而发生的集体自觉行为；而族际政治理论或理念，就是从族际互动关系经验中总结出来并用以指导族际政治行为的系统思想或哲学认识。世界各地族际政治互动关系的历史经验不同，因而族际政治理论或理念也各不相同。比较中国和西欧，我们可看到两者之间存在明显的差异。

自公元476年西罗马帝国崩溃后，西欧的族际政治历史大体可分为三个阶段：一是6—11世纪封建王国的割据时代；二是12—15世纪从封建王国向"国族—国家"（nation-state）① 演变的过渡时代；三是16—19世

---

① 　国内习惯称"民族—国家"，为与我们所说的"少数民族"概念区别，本文将 nation-state 这个概念译为"国族—国家"。

纪国族—国家建立、建设与争霸的时代①。

在罗马帝国时代，西欧各族人民的罗马化并不彻底，罗马人几百年军事征服的"刨子"，并未刨平各族人民之间的文化差别，因为罗马人未能在取得军事辉煌的同时造就足以凝聚和同化各族人民的物质文化与精神文化。这与中华大地上出现秦帝国时所具有的深厚的物质文化和精神文化背景不可同日而语。中国的社会发达程度使秦始皇有条件推行"书同文，车同轨，统一度量衡"，建立高度统一的中央集权制，但罗马帝国的经济、社会和文化土壤则令罗马皇帝中鲜有秦始皇那样的政治业绩。罗马贵族、军队和商人不仅无以同化当地人，反而被当地人同化。这也与汉族和汉文化滚雪球般越滚越大、越滚越厚形成鲜明对照。因此，由于帝国基础不牢固，在"蛮族"的几次冲击下，内部已经腐朽的罗马帝国顷刻间土崩瓦解也就不奇怪了。

罗马帝国崩溃后，西欧族际政治历史翻开了新的一页。首先，在6—11世纪期间，西欧进入了封建割据状态，入侵蛮族与没有被彻底罗马化的当地人民重新组合，在没有统一权力的空间里各自发展、各自为政，形成了无数的王国、公国和领地。仅是在现在的西班牙，11世纪时就有13—18个王国之多，其中大部分延续到欧洲近代史开始的时候②。政治上的封建割据，毁掉了西欧先前的不太深厚的罗马化文化成果，拉丁语言和文化被"败坏"为不同的方言和地方文化，这些方言和地方文化后来成为一些西欧人民（people）、民族（nactionality）或国族（nation）形成的凝聚因素之一。

自12世纪开始，西欧的生产力有了较大发展，贸易更加活跃，经济活动范围扩大。这促使各族人民开始加速内部统一过程，其政治表现就是文化相同或相近的人民发生了以前不曾有过的王国联合或兼并现象，西欧开始进入从封建割据的"臣民—王国"向统一的"国族—国家"演变的过渡阶段。在这一阶段，语言和文化相同或相近的人民的共同命运意识增强，并形成了以主要王国为凝聚核心的族际政治关系，如西班牙的卡斯蒂

---

① 西欧的国族—国家过程，史学界有不同看法，笔者以15、16世纪之交为界将其分为前后两个阶段，是基于对国族—国家现象内外两方面的表现的思考。前一阶段是过渡阶段，也可称为内聚阶段，其主要特点是各族人民开始产生了一些共识象征（如12世纪时"西班牙"之观念的形成与认同），并在这种象征下逐渐完成了初步的内部聚合过程；后一阶段是形成阶段，也可称为建立与建设的阶段，其特点是一方面各族人民继续进行内部统一建设，而另一方面则主要表现为对外自我肯定并获得外部承认。当然，每一个具体的国族—国家过程，其起始时间与延续时段不会与他者完全一致。

② Juan Pablo Fusi, *Españña：Autonomìas*, Madrid, Espasa-Calpe, S. A., 1989, pág. 22.

利亚王国就发挥了这样的作用。但是，各族人民内部的统一过程尚未最终完成，其政治表现就是统一的国家形式和法律体系并未真正建立起来（这是以后甚至晚至 18 世纪、19 世纪才完成的事情），而是靠权威君主来协调不同王国的关系。但在对外方面，此时的西欧已经产生了国族—国家的意识，具有共同命运意识的人民形成了一致对外或自我张扬的政治自觉，其具体表现如西班牙人反对摩尔人之"光复战争"，以及西欧各国以教会民族化为主要目标之一的宗教改革的出现或酝酿，如此等等。

　　自 16 世纪起，西欧开始全面进入国族—国家建设的时代。在这一时代里，在资产阶级及其知识精英的推动和鼓动下，国族—国家理念逐渐成为西欧族际政治思想的主流，国族—国家现象被理论化和神圣化。这充分体现在国内和国际两个方面。国内方面的表现是：第一，国族或国家意识被普及到广大民众之中，人们从忠诚于君主（可能是外族人）转向忠诚于自己所属的国族和国家；第二，各族人民纷纷致力于内部的政治和市场统一，封建割据状态逐渐被消除并被最终埋葬；第三，各族人民自觉地进行语言规范化和文化同一性建设；第四，国家公共权力机构和统一法律取代了君主和王室权力，代议制民主制度建设取得决定性胜利。国际方面的表现是：第一，按照国家疆界与族体地域一致的理想，西欧的政治版图不断调整，通过相互战争与妥协基本上奠定了西欧现代国族—国家格局（但遗留问题一直存在），各个国族—国家的地位和版图得到相互承认（或通过双边条约，或通过多边条约如 1648 年签订的《维斯特伐利亚合约》）；第二，霸权政治和帝国思想在西欧本土成为公敌，任何强国试图充当西欧霸主的图谋（西班牙、法国、英国和德国先后都有过这种图谋），都遇到了其他国家的联合反对，各国族—国家间阶段性地形成了一些平衡与牵制体系以及正常的国际关系，以保证各国的独立主权不受侵犯，内政不容干涉①。

　　与西欧的族际政治经验不同，中国自公元前 221 年秦帝国建立起，其历史进程的大趋势是以中原王朝和中原文化为凝聚核心、朝着结成大一统多族体国家的方向发展②。特别是自 13 世纪起，中国经历了与西欧完全

---

　　①　国内外学术界对"国族"现象的研究和定义，几乎无一例外地只考虑它的自身特征与过程，而没有考虑它借助国家形式所要求的对外自我肯定和外部承认。由此看来，国际承认也应是"国族"的基本特征之一（这也是国族与民族的区别之一）。这一点对于当代世界一些族体的民族分离主义政治要求是一道不可逾越的障碍。当代世界已不是国族—国家开始出现时的自然状态了，国族及国族—国家大量产生的历史条件已不复存在。

　　②　参见翁独健主编：《中国族族关系史纲要》，中国社会科学出版社 1987 年版。

不同的族际政治过程。中国历经元、明、清三代王朝，彻底巩固了中原一统天下，周边少数民族也以归属中原为主流，而不是像西欧那样开始走向建立国族—国家的道路。这三个朝代对中国各民族的牢固凝聚，是中国后来面对西方殖民列强侵略、瓜分、蚕食和分化，仍能保持原国土基本统一并重新崛起的深厚基础。

在对族体差别的认识上，中国人与西欧人也有不同。虽然中国古代也有"非我族类，其心必异"的偏颇之词，但也有"四海之内皆兄弟"的思想，并且这种思想居主导地位。在这种思想影响下，中国的族际互动关系并不以族类和文化差别为界，而是以超越族际界限的地域统一为特征。各族人民并未将族际界限视为不可逾越的鸿沟，都想逐鹿中原，以至于万里长城也挡不住。而每次大的族际战乱过后，接着便是更为广大的地域统一和更加深刻的族际融合。例如，蒙古族和满族建立的两个王朝，使中国版图都超过既往，并大大促进了族际融合。而在同一历史时期，西欧每发生一次族际战争，结果都是加深了族际差别和对抗意识。

再者，中国的族际互动关系也不像西欧那样过于民众化和全民化。例如，所谓"反清复明"，更多是权力争夺而不是族际对立。汉族如此，其他民族也是如此。清王朝在政权巩固之后，基本上或至少是表面上一视同仁地任用满、汉官员以求民族和睦，这与同时代西欧人热衷于建立国族—国家、试图彻底划清族际界限完全是两种理念。

中国族际关系的这些历史特点及其理念，在19—20世纪初西方国族—国家理念波及全球并传入中国时，也难改变。从孙中山先生的"五族共和"思想到中国共产党的"多民族国家与民族区域自治"理论，无不是反映和尊重了这些特点和理念。效仿西方资产阶级革命的孙中山，其民族主义思想并未尊崇西方单一族体的国族—国家观念，而是很快从"驱逐鞑虏"转变为"五族共和"；学习俄国十月革命经验的中国共产党人，也没有照搬苏联的民族联邦制度，而是在统一国家理念下实行行政级别不同的民族地方自治制度。

中国和西欧的族际政治经验不同，两者对族体与国家之间的关系，以及对族体利益的实现途径或保障方式的认识，也就有所不同。西欧人追求以独立的国家形式来保证族体利益，由此形成了国族—国家的理念，并在此基础上产生了被称为"民族主义"（国族主义）的学说；而中国各族人民则相反，形成了多民族国家的理念，较大的族体往往把自己的利益寄托在谁主中原沉浮的统治权力争夺之中，较小的族体则以承认中原王朝的权威来换得和平与安宁，并不视独立为唯一选择。

除上述理念不同外，中国人和西方人对族体（ethnic-national commu-nity）① 本身性质的认识也有不同。西方人有"部落"（tribe）、"人民"（people）、"民族"（nationality）、"国族"（nation）、"族群"（ethnic group）等族体概念划分②，但这些概念在中国人特别是民众中间则很模糊。我国古代没有对各种族体进行定性分析的习惯，只不过有"化内"与"化外"之分。19世纪和20世纪之交，上述概念传入中国后，知识界也是以"民族"一词概括之。即使在目前的学术界，中国和西方也没有完全沟通：西方学者不理解我国为什么使用相同的术语和概念来界定他们认为是特征完全不同的一些族体，如藏人、维吾尔人、蒙古人等为一类的族体和鄂伦春人、鄂温克人、俄罗斯人等为一类的族体；而中国有些学者，则不接受西方人的具有一定的现实政治意义和理论价值的族体类型划分③。这种族体观念差别，归因于双方的族际互动经验使双方养成了不同的视角。西方人有上述族体概念之分，主要是根据其社会—政治特征确定的，如建有现代主权国家的族体称为国族，没有建立国家的族体称为民族；国人没有或淡于对族体概念进行划分，是因为我们主要习惯于从语言—文化角度看问题，中国长期的大一统族际互动经验，使中国人不大重视从社会组织和政治特征上来区分与界定族体。

中国与西欧之间的族际政治经验与理念差别，具有十分重要的政治人类学意义，表明人类社会的族际政治互动并非遵循一个模式。然而，人们以往对此却没有给予足够的重视。一些西方学者虽然从理论上承认东、西方在族体与国家关系方面有类型学之别，但在实际中又常以自己的国族—国家观念来看待中国的民族关系，认为中国的这个民族或那个民族应该或可以独立。而在中国人中间，自进入20世纪之后，由于受西方民族主义古典理论的影响，既有以西方国族—国家理念进行分离主义活动的，也曾有视民族联邦制为解决民族政治关系的理想模式的④。

从学术界的情况看，我国学者对国族—国家现象的研究，也大多没有摆脱民族主义古典理论的思维框架的束缚，很少有人对民族主义古典理论的认识误区结合西欧国族—国家现象的实际情形提出质疑。我国学者一般

① 笔者在本文中使用的"族体"概念，涵盖不同的"人们共同体"形式，因此以"ethnic-national community"与之对译。

② 参见朱伦：《"人们共同体"的多样性及其认识论》，《世界民族》2000年第1期。

③ 参见朱伦：《"跨界民族"辨析与"现代泛民族主义问题"》，《世界民族》1999年第1期。

④ 这种思维方式有悖常理。联邦制是从分散走向联合时的选择，本是统一的中国为何要走这条路？

沿袭马克思主义经典作家的观点，并从东欧与西欧的不同中引申出中国与西欧不同、中国与东欧也不同。这一点当然是正确的，笔者也持此论。但是，我们不能仅停留在这个认识阶段上。这等于承认了民族主义古典理论的正确性，等于承认了它所宣扬的"一族一国"论（严格的说法是"一个人民，一个国族，一个国家"）是合乎西欧实际的。有鉴于此，我们有必要对西欧的国族—国家现象及民族主义古典理论进行再认识。

当然，我们本可以不理会西方民族主义古典理论怎么讲，我们有自己的经验和理念。但是，如同西方流行的民主、自由等理念在我国似是而非的传播情形一样，我们也无法回避西方民族主义古典理论的挑战，特别是它所宣扬的"一个人民，一个国族，一个国家"的同质化国族—国家理念，严重地影响着我国一些人的族际政治观念，不利于我国的民族团结和国家巩固。这就要求我们对西方民族主义古典理论进行深入思考，看它到底与西欧国族—国家现象的实际情形有无距离，是否可以到处搬用，搬用的结果又是什么。如果我们澄清了这些问题，指出民族主义古典理论的认识误区，就可以从理论上帮助人们提高在多民族国家框架下开展族际政治活动的自觉性，缩小民族分离主义言行的市场。

二　关于民族主义古典理论的思考

西欧的国族—国家现象虽然发生很早，但对国族—国家现象的理论总结，则是 18 世纪中叶以后的事情，其中以卢梭（Rousseau，1712—1778）和赫尔德（Herder，1744—1803）的影响最大。前者提出了国族—国家赖以成立的人民主权理论，后者对国族（nation）概念本身作出了浪漫主义的定义①。他们的思想经过 19 世纪欧美一些新国家建立的部分印证，遂变为一种理念并传遍了世界。进入 20 世纪以后至 1950 年代，民族主义思想史研究者［首推卡特·海因斯（Carton Hayes）和汉斯·科恩（Hans Kohn）］，把他们及其同代人和后继者的观点概括为民族主义古典理论，其核心思想就是前文已经提到的"一个人民，一个国族，一个国家"（one people，one nation，one state）②的理念。这种理念产生于下述认识：

---

① Andrés de Blas Guerrero, *Enciclopedia del Nacionalismo*, Madrid, Editorial Tecnos, S. A., 1997, pág. 139.

② Andrés de Blas Guerrero, op. cit., pág. 339.

族体意识及其政治权利意识的出现是当时突出的现象；族体是自然的，国家是人工的，两者不相符合是产生政治问题的关键所在，只有将两者统一起来，才能避免族际激烈的暴力冲突。由此种认识出发，结论自然便是：国家的边界应与族体的边界相一致；每个语言、文化不同的族体都有权利建立属于自己的国家；人民自决是国家合法性的源泉。于是，人民自决原则①便成为与个人自由原则并列的西方自由主义政治理论的两大基石之一，并被当成神圣化的法律—政治原则在世界范围流行至今。

民族主义古典理论所具有的历史积极意义，应当予以充分肯定。18世纪、19世纪一批美洲国家的独立，第一次世界大战后一批东欧国家的出现，第二次世界大战后亚洲、非洲、拉丁美洲和大洋洲民族解放运动的兴起，都直接受到这种理论所宣扬的国族—国家理念的鼓舞。国族—国家理念成了反帝、反殖的思想动力，成了欧洲列强殖民帝国的掘墓人。

但是，国族—国家理念在族际政治实践中也遇到了十分严重的问题：在世界各地包括欧洲本土，不仅导致了已经存在的国族—国家旨在使族体边界与国家边界一致的族际战争连绵不绝，而且导致了民族复国主义、民族收复失地主义、泛民族主义和民族分离主义的泛滥成灾。可以说，所有这些给人们带来许多灾难的"主义"，其思想动力也都是国族—国家理念。更有甚者，"国族—国家"理念还往往成为发动侵略战争的理由。希特勒借收复德意志人居住的苏台德地区为名，发动侵略捷克的战争，就是一个典型的例子。

因此，民族主义古典理论问世后虽曾几度辉煌，但它的消极影响也是不容置疑的，这种消极影响源于它自身所包含的认识误区或盲点。

民族主义古典理论的盲点之一，是它以静止的观点看待活跃的族体，试图以固定的国家边界确定模糊的族际边界。但这种办法又难免不违背国族—国家边界的"民族原则"，难免不在族体交叉杂居地区分割族体，甚至使国家边界从一户人家的房屋中穿堂而过。于是，确定国籍也成了问题：有的奉行出生地原则，有的奉行血统原则，由此，双重国籍的现象发

① 民族主义古典理论所言的"人民"（people）是族体概念。人民自决原则和人民主权，包含着对帝国统治和异族君主主权的反抗，我们往往只注意这个口号的资产阶级和反君主制性质，忽略了它的民族性和反异族统治特征。中世纪西欧的君主制，往往和异族国王的统治联系在一起，一个王国的王位继承权不由这个王国的人民意志决定，而是由王室血统决定，尽管继承人可能是外国人。因此，开始登上历史舞台的资产阶级打出人民自决权的旗帜，才会得到本国人民的普遍支持。而一旦实现了自主独立，君主制并不一定废除，资产阶级发现，保持君主制往往反而有利于增强民族凝聚力和社会的稳定。目前，西欧实行君主立宪制或立宪君主制的国家比例很高，有的一度推翻君主制后又恢复君主制象征（如西班牙）的原因，就在这里。

生了。双重国籍者又该忠诚于哪一个国族—国家呢？更为严重的问题是，随着帝国主义、殖民主义世界体系的瓦解和现代主权国家格局的形成，民族主义古典理论所持的单一成分的国族—国家观愈来愈显露出它的负面作用，成为引发各种族际冲突的诱因。凡是按照这一理论行事的地方，族际冲突就不可避免。

民族主义古典理论的盲点之二，是它只看到强势人民的政治互动，忽视弱势人民的存在，把主要是由多族体共同进行的国族—国家运动看成是单一族体的行为。当今国家 90% 以上是多族体而不是单一族体的国家。"由（单一族体的）国族—国家的理想开始，以多民族国家的现实告终，这是近代以来世界各地历次国族—国家运动和国家建立过程的普遍规律。"① 至于有些国家的族体成分相对单一的问题，应当视为特殊情况。当代国家与民族格局，虽然主要是强势人民间政治互动的结果，弱势人民在强势人民的政治互动中虽然只能自愿或不自愿地被结合进这个或那个国家中，但他们的存在和地位决不应被忽略不计。凡是不承认弱势人民的存在而进行民族同化的国家，无不是以族际冲突和民族牺牲为代价的。也许，民族主义古典理论真的认为"一个人民，一个国族，一个国家"最为理想，但事实与这种理想相去甚远。

民族主义古典理论的盲点之三，是没有看到国族过程的复杂性，语言—文化同质的人民并不一定能够整个地结合为政治上统一的国族。世界上那么多"跨界人民"的存在，说明了这一点。即使像德意志人、法兰西人和意大利人这样的强势人民，也各有一部分未与主体部分结合在一起，而是成了瑞士联邦的一部分。跨界人民若按照民族主义古典理论的主张去做，族际冲突同样不可避免。因为，跨界人民普遍是与其他人民或族体杂居的结果，一方的政治统一就意味着另一方的政治分离，无法两全。第二次世界大战结束后苏台德地区 30 多万德意志人被遣返德国，不能不说是奉行民族主义古典理论造成的悲剧。

民族主义古典理论的盲点之四，是没有看到语言、文化同一的人民也有可能分化为不同的民族或国族，进而建立不同的国家，换句话说，不同国家并不都是以不同人民为基础建立的。例如，西班牙语美洲独立之初，有"中美洲联邦"、"大哥伦比亚"等统一国家蓝图，但最后都未成功，而是分裂成数个国家。所有这些分裂后的国家，其主导族体都是西班牙裔及印欧混血人，他们的语言、文化同一性是不争的事实。阿拉伯世界分为

---

① 　参见朱伦《论"民族—国家"与"多民族国家"》，《世界民族》1997 年第 3 期。

二十多个国家，也是非常具有说服力的例证。

民族主义古典理论的盲点之五，是没有看到族体发展的不平衡性，有些族体永远没有发展成为国族进而建立国家的机会。在世界各地，这样的族体比比皆是。即使在西欧，现也有一些被称为"民族"（nationality）的族体与其他族体杂居在有关国家中。如果按照民族主义古典理论逻辑行事，这些族体都去建立国家，未来的人类社会何止会出现三百、五百个新国家？但是，国族—国家不是有限责任公司，只要想成立就可以成立。国族—国家是和领土联系在一起的，相互杂居甚至混居于高楼大厦之中的不同族体，怎么去划分各自的领土呢？

民族主义古典理论的盲点之六，是不顾族际政治体现形式的多样性事实，把国家视为族际政治的唯一体现形式。族际政治实体或单位，可以是多种多样的，国家只是其中的一种。中国的族际政治单位，有自治区、自治州、自治县等等；美洲、大洋洲有土著人保留地；西班牙有民族地方自治共同体；俄罗斯有自治共和国，如此等等。族际政治单位并非一定要是主权国家，这就从根本上否定了民族主义古典理论所主张的"一个人民，一个国族，一个国家"的绝对化理念。

民族主义古典理论的盲点之七，是没有看到主权政治单位的形式多样化。联邦、联盟等形式，也可以统一面貌出现在国际舞台上。这一点对于当代世界具有十分重要的意义，它为一些现存国家的自愿联合准备了国际空间，同时也为一些多民族国家为了满足不同民族的立"国"愿望而实行联邦化改革（如比利时）解除了后顾之忧。

民族主义古典理论的盲点之八（而且可能是一个最大的认识误区），是把国族—国家上升为一种价值观和目的来追求。这就如同西方人把本是工具的民主政治渲染成为目的和文化价值一样。实际上，国族—国家是一种工具而不是目的。民族利益的真正实现才是目的。波多黎各人是西班牙人后裔，波多黎各已被美国托管100年有余。围绕要不要建立自己的国族—国家，波多黎各人现分为两派，其中的多数派认为现在不独立有利，甚至有的认为干脆把波多黎各变为美国的一个州更好。欧洲联盟现在致力于一体化建设，从另一方面也说明国族—国家不是目的，不能作为永恒的价值来追求。历史上民族解放和独立运动的发生，是因为帝国主义、殖民主义统治剥夺和限制了被压迫民族生存与发展的基本权利。

民族主义古典理论的这些盲点（可能还有其他我们没有认识到的），构成了它作为应用性理论的致命缺陷。按照它的"是族体就有权利建立独立国家"的逻辑推理去做，许多民族分离主义和泛民族主义活动遭到

了失败；按照它的"是国族—国家就要实现语言—文化同一性"的要求
去做，许多国家的民族同化政策遇到了抵制。可以说，民族主义古典理论
对浪漫主义时代西欧的国族—国家现象的理论总结带有浓厚的理想主义色
彩，不可视为绝对真理，也不可视为随时随地可以付诸实践的公理，更不
可视为适用于一切族体的神圣教条。

即使在民族主义古典理论诞生的西欧和曾经长期推崇它的美洲，人们
也没有把它奉为金科玉律。欧美国家现在大多不承认不同族体的分离自
由，也不再进行民族强制同化。在理论上，自 1970 年代以后，西方民族
主义研究者（比较著名的有 Benedict Anderson、Ernest Gellner、Elie Kedou-
rie、Eric J. Hobsbawm、P. Alter、James Anderson、Hugh Seton-Watson、Karl
Deutsch、Wallerstein、Eugen Werber、George Mosse 等)[1]，则对民族主义古
典理论进行了毫不留情的反诘，形成了所谓的现代主义学派（有时也称
为工具主义学派或建构主义学派）。该学派对民族主义古典理论批判作出
的最大贡献，是指出了如下事实："人类历史的大部分时间，政治组织类
型各不相同，它们的边界并不与民族或族体单位一致"；国族只是西欧浪
漫主义时代的发明，而不是像 Walter Bagehot 的经典断言所说的那样，
"国族（nation）如同历史一样久远"。现代主义学派的第二个重要贡献，
是证明了国族同一性（national identity）的人工性或建设性，即不认为国
族与国家是绝对的因果关系，国家反过来也对国族产生塑造作用。其实，
早在 1870 年，意大利人 Massimo D'Azeglio 就有了这种认识，他的名言
"我们已经有了意大利，现在应该创造意大利人"[2]，在西方历史学界和政
治思想史学界广为人知。

最近二十多年，西方还出现了被称为原生主义者（primordialists）的
一批学者，其代表人物有 Isaiah Berlin、Miroslav Hroch 和 Anthony Smith 等
人。他们虽然认为，不同特征的族体的先期存在，对于理解近、现代以建
立独立国家为目标的民族主义现象十分重要，但同时也对民族主义古典理
论进行了某些修正，强调族体的政治权利要求只有在一定的历史条件下才
会产生[3]。需要补充的是，这样的历史条件并不是均等地出现和终究会出
现在每个族体或人民面前的。

---

[1]　Andrés de Blas Guerrero, ob. cit., págs. 139 - 141, 343 - 346.

[2]　Ibídem., pág. 140.

[3]　Ibídem.

中国学者对民族主义古典理论的反思，最近也有突出的成果问世①。但由于中西存在族体概念差别，有些反思忽视沟通这些差别，特别是没有说清西方人的族体概念系统和层次，有可能会影响一般读者的理解。为此，我们需要弄清西方人的族体概念和思维逻辑，其中最直接和最重要的是 people（人民）和 nation（国族）这两个术语的区别及其关系。在民族主义古典理论的词典中，people 主要是指语言—文化同质的族体，而 nation 则是指以独立国家形式实现政治统一的 people。西方人有时视 people 和 nation 为同义词，是就两者都是族体概念而言的，但对前者的文化特征和后者的政治特征的界定是很明确的。民族主义古典理论的思维逻辑是：语言—文化同质的人民（people）应该在政治上消除封建王国的割据状态而成为统一的国族（nation），作为统一的国族应该摆脱异族统治而建立自己的独立国家（state）。"一个人民，一个国族，一个国家"的三段论表述由此而来。然而，国内常见将"人民"和"国族"两个概念合二为一地称为"民族"，把这个三段论表述缩略为"一个民族，一个国家"的两段论，这不仅没有反映出民族主义古典理论的思维逻辑，而且还容易误导人们的思想，甚至会成为一些民族分离主义者加以利用的"理论根据"。因此，笔者在最近的几篇文章中，一直主张以"国族—国家"代替"民族—国家"来表达西方的"nation-state"之概念，这样可以使我们的"多民族国家"或"多民族的国族—国家"理论不至于因语言逻辑问题而产生无谓的歧见，因为我们对国内 56 个族体是称"民族"的。由此，当我们说到"民族主义"时，也应作"国族主义"来理解。

当代西方人对民族主义古典理论的反思，不仅涉及族体与国家的互动关系，而且涉及国族—国家本身的效力和价值判断。自 16 世纪以来，国族—国家这个工具为西欧资本主义和工业化的发展铺平了道路，为各个殖民帝国的建立奠定了实力基础。但是，伴随着欧洲人对外扩张而传遍世界各地的国族—国家理念，又被亚、非、拉各族人民拿来"以其人之道还治其人之身"，成为反对殖民主义、帝国主义的旗帜。但在非殖民化运动中，一些地区形成了一些地域辽阔和民族众多的现代主权国家，而没有完全模仿西欧分裂为小国寡民。这给欧洲列强上了一课。欧洲人猛然间发现，自己的殖民帝国土崩瓦解后，现在自己反倒个个变成了小国寡民，在

---

① 我国学者潘志平先生在其主编的《民族自决还是民族分裂》（新疆人民出版社 1999 年版）一书中，对民族主义古典理论所宣扬的国族—国家理念或理论的思考相当深入，认为不可将其视为公理。

他们信奉的竞争法则面前处于不利地位了。他们幡然醒悟，欧洲联合的思想开始产生。

早在第一次世界大战结束后，一些有远见的西欧人就指出了"国族—国家"的危机，并打出了旨在促使西欧一体化的欧洲主义之旗帜①。第二次世界大战之后，西欧人的反思从政治家到民众普遍成熟起来。他们看到了南北战争之后美利坚"合众国"的强盛与稳定；看到了十月革命后苏维埃社会主义共和国"联盟"的崛起与强大；看到了新生中华多民族"统一国家"的振兴与力量；看到了自己因相互争斗所遭受的苦难和衰落。于是，西欧人开始走上尝试建立"欧洲联盟"这种超国家共同体的漫漫道路，并初步实现了这一目标。欧洲联盟的建立，意味着国族—国家理念的变化：保护国族阵地的国家边界已不像过去那样难以逾越，过去视为国族—国家不可动摇的某些权力现在却被让渡出去了，如此等等。总之，国族—国家的面貌已不是原来的样子。西欧人在长期的血与火的教训下变得明智起来，懂得了怎样随着时代的发展去寻求实现民族或国族利益的新的政治组织形式，而不是恪守某种旧的观念，作茧自缚。前文说到，国族—国家是工具而不是目的，工具不能有效地为目的服务了，那就要对工具进行改造甚或重新制造。

然而，在世界其他一些地方，事情似乎在向相反的方向发展。特别是在20世纪最后十年，一些地方的民族分离主义闹得沸沸扬扬，大有造成国族—国家现象再次风起云涌之势，民族主义古典理论所宣扬的国族—国家理念似乎又要焕发青春了。但十年过后，人们再回头看这段历史，发现它大不合乎历史潮流。民族分离的结果，虽然满足了一种理想，但却成了大国争夺霸权的牺牲品。为了保证自己的安全和利益，这些新独立的国族—国家不是投向西方，就是回过头来重新结成联盟。无论前者还是后者，都需要放弃国族—国家的部分权力和权利。

发生民族分离主义的地方，大都是在近代反帝、反殖斗争中结成多民族国家的地方，这是一个发人深省的现象。过去，面对帝国主义和殖民主义的压迫，各族人民可以同仇敌忾、生死与共；现在，面对建设共同国家的时候，却要分道扬镳，为此甚至不惜兵戎相见。原因何在呢？利益分配不公，可能是一个重要的原因，但不是主导的原因；政治地位不平等，可能是一个很大的理由，但不是有力的理由。因为，这两点在多民族国家框

---

① 参见 Santiago Gahona Fraga, *Los Espaìoles en Europa hacia el Siglo XXI*, cáp.7, Barcelona Editorial Oikos-Tau, S. A. , 1998。

架下并不是绝对不可以解决的。由此说来，我们需从其他方面寻找原因：在民族分离主义者的观念中，对民族主义古典理论的迷信，对国族—国家的工具价值和功能的迷信，以及对现时代与当年西欧国族—国家兴起的时代差别认识不够，不能不说是问题的关键所在。

民族主义古典理论所言的国族—国家，是一种很诱惑人的理想，但其价值与功能，即国家这层外壳对保护族体利益所具有的效力，对于小国寡民来说则不一定理想。现实世界的事实是，不仅弱国无外交，小国的外交也没有多少。霸权大国可以随意占领小国（格林纳达），可以制裁小国（伊拉克），可以轰炸小国（南斯拉夫），可以把小国（巴拿马）总统逮来审判。如果这些小国寡民结成多民族大国或联盟，情况会如何呢？科索沃问题与车臣问题类似，但北约敢于轰炸南斯拉夫，却不敢轰炸俄罗斯。

也许有些分离主义者认为，像西欧那样先成立国族—国家，然后再自愿联合，为何不可以？但他们忘记了西欧人的国族—国家不是成立起来的，而是付出惨重代价厮杀出来的，西欧人对自己的这段历史不堪回首，并反思历次欧洲战争都是欧洲人的内战，绝不愿意重新体验。西班牙巴斯克人中的分离主义组织"埃塔"，无法动员更多的巴斯克人加入自己的行列[1]，说明当代人不愿为一种前途未卜但灾难可知的理想作无谓的牺牲。现时代与以前不同了，既不是当年西欧国族—国家的时代，知识精英可以动员广大民众热血沸腾地参与国族—国家的建立；也不是后来反对领土殖民帝国的时代，民众可以为"不独立，毋宁死"的口号而英勇献身。这是因为，当代国家的公民权利平等和政治民主，不仅大大缓和了阶级和社会矛盾，而且也把民族矛盾减小到了最低程度：把农民变成法兰西人、使德意志群众国族化、把二等土生白人和三等混血人培植为美洲人的土壤已不复存在。因此，无论知识精英怎样动员，都难像以往那样组织起浩浩荡荡的随时准备牺牲疆场的民族大军。当代人希望过和平、幸福生活的智慧和理性之光，照亮着人类前进的道路，使人类可以避免许多盲动和盲从。

人们对民族主义古典理论的反思，不仅产生于对奉行这一理论时引起的连绵不断的族际冲突和战争的思考，也产生于对摆脱这一理论后初见成效的族际政治实践的思考。

---

① 参见 Salvador Giner, España: Sociedad y Política, madrid, Espasa—Calpe, S. A., 1989, págs. 360 – 365。

三　族际政治实践的当代发展与多民族国家理论建设

当今世界的族际互动关系包括不同的层面，如以主权国家关系为体现的国际层面，以社会关系为体现的国内层面，以及文化集团间、地区联盟间、跨界人民间、母国—移民—移入国间以及残存的宗主国—殖民地间等等层面。不同层面的族际关系常常是相互影响甚至是相互交织在一起的，但在这里，让我们权且把国内层面的族际关系作为一个相对独立的系统来看，以此简化我们所探讨的问题。

首先，我们需明确对当代国家性质的认识，这是我们探讨多民族国家框架下的族际政治及其理论问题的前提条件。不管社会制度如何，也不管政治体制如何，当代国家普遍是公民权利国家，奉行公民权利平等（至少在法律上是如此）的原则，这与历史上的以民族压迫为特征的各式帝国大不相同。现代国家的公民权利平等，从根本上消除了帝国框架下"胜者为王败者为寇"的民族压迫制度，尽管当代国家的民族关系还有诸多不尽如人意之处。

时代不同了，族际政治问题的性质不同了，解决的办法也不会相同。人类之所以是人类，就在于它的创造性智慧。国族—国家方式及人民自决权原则，是反对殖民主义、帝国主义民族压迫的产物，因而不适用于解决当代多民族国家的族际政治问题①。随着帝国时代的结束，特别是随着20世纪大批新国家的出现，由于国情不同，人们创造了各种解决当代多民族国家族际政治问题的模式，如土著人保留地、国族一体化、民族联邦、文化多元主义、民族区域自治、地方联邦或地方自治、民族政党等等②。这些模式是族际政治实践的当代发展，表明多民族国家理念开始成为族际政治思想的主流。下面，让我们快速地浏览一下这些族际政治模式。

在19世纪，最先摆脱殖民统治的美洲国家，几乎毫无例外地奉行民族同化政策，有的国家同化土著人的态度非常坚决，手段也相当残忍。但

---

① 《公民权利和政治权利国际公约》第一条第一款中的"所有人民都有自决权"一语，已是陈年旧语，应予修改。目前，反殖、反帝的任务基本结束，国际公约应该保障国家主权和国际和平，而不应鼓动分离主义的"人民自决"。在这个前提下，再约定居于少数人地位的不同人民应有的权利和应尽的义务。

② 参见郝时远、阮西湖主编：《当代世界民族问题与民族政策》，四川民族出版社1994年版；李毅夫、赵锦元主编：《世界民族概论》，中央民族大学出版社1993年版。

是，土著人的顽强抗争，宣告了同化政策的失败。国家当局也发现，土著人的抗争只不过是争取生存权罢了，并无独立的要求。在此种情况下，承认族际差别、改善族际关系也就有了基础和可能。于是，一些国家开始从驱赶、屠杀和同化土著人，变为给土著人划定一些保留地。保留地制度，虽然记录着土著人遭受殖民征服的屈辱历史，但它也记录着土著人英勇抗争的不屈历史。目前，实行土著人保留地制度的有美国、加拿大、巴西、阿根廷，以及澳大利亚、新西兰等国家。

国族一体化模式，主要在拉美和非洲一些国家（如墨西哥、坦桑尼亚）实行。人们常把这一模式与民族同化联系在一起，不大合乎事实。国族一体化强调的是社会—经济整合，试图以此消除"中心—边缘"问题，而对语言—文化差别则持尊重和承认的态度。国族一体化理论和政策的提出（墨西哥），恰是对民族同化反思后的产物。不过，国族一体化政策试图把民族问题只作为一般社会问题来看待和处理，忽视民族问题的政治内容，受到一些非议是理所当然的。

民族联邦制是苏联和东欧一些国家解决民族政治关系的模式，随着20世纪最后十年苏联和南斯拉夫的解体，人们对这一模式非议颇多。但结合苏联和东欧的民族历史来看民族联邦制，这种选择又是不可避免的。问题不在于民族联邦制形式本身如何，而在于怎样建设联邦。我国不少学者认为，推行大俄罗斯主义和放纵地方民族主义，对苏联和南斯拉夫的解体起到了殊途同归的作用①。此外，我们还应考虑联邦建立的基础如何。我们不能因为苏联和南斯拉夫的解体就完全否定联邦制，结果论的观点不可取。目前的俄罗斯依然是联邦制，还有其他一些多民族国家也实行联邦制。

文化多元主义是许多移民国家采取的政策。文化多元主义正合乎移民群体散居于主体社会同时又对自身文化具有守恋情结的特点。但是，对于有地域依托的族体来说，仅是文化多元主义就不够了。这可从美洲、大洋洲有关国家土著人的自治要求中得到证明。

民族区域自治，这在有关国家有不同的形式和名称，但其本质是相同的，即承认以传统聚居地域为依托的不同族体的集体政治权利。目前，实行这种制度的有中国、西班牙、智利、巴拿马、尼加拉瓜、哥伦比亚、加拿大、澳大利亚、菲律宾等等，将来有可能实行这一制度的国家还会增

---

① 参见郝时远《帝国霸权与巴尔干"火药桶"》第8章，社会科学文献出版社1999年版；穆立立《欧洲民族概论》第3篇和第4篇，中国社会科学出版社1998年版。

加。需要指出的是，各国的具体做法不尽相同。

地方联邦或地方自治，从表面上看与族际政治关系不大，但从根本上看不是如此。例如瑞士联邦，就有德裔、法裔、意大利裔居民背景。印度一些邦的情况也类似。西班牙现也有向纯地方自治方向发展的趋势。西班牙本来设计了少数民族地方自治和一般地区自治两种形式，但经过二十多年的演变，两种形式现在趋同了。这是一个需要进一步研究和继续实践的问题。

民族政党制，即以政党政治代替民族政治，这在一些多党制和代议制国家是十分普遍的现象。在苏里南、圭亚那、玻利维亚、危地马拉等拉美国家，在几乎所有的黑非洲国家，以及在西亚和南亚一些国家，许多政党都有各自的族体做依托或以某个族体为主要成分。在西班牙，少数民族地方也有民族党，以此竞争地方执政权。应当指出，族际政治政党化，在有些国家往往是不承认族际政治合法性的产物。民族党对族际政治生活的正面或负面影响，各国情况不同。

20 世纪是在多民族国家框架下解决族际政治问题的试验时代，一个世纪的时间不算太长，但却创造了如此丰富多彩的模式。但是，对这些模式的理论总结则落后于实践，特别是作为现代多民族国家框架下族际政治理论基础的多民族国家理念，现在还难说是人们的普遍信念，否则无法解释民族分离主义的存在，也无法解释一些国家的民族同化政策。这或许因为民族主义古典理论的影响太深，但多民族国家理论建设不足则是根本原因。

族际政治问题，是贯穿人类数千年历史的基本问题之一，但每个时代族际政治问题的主要方面和表现各不相同。自 16 世纪起，人类社会民族问题主要是民族压迫与反压迫的问题，因此，以独立国家方式消除民族压迫便成了近几百年来族际政治生活的主旋律，由此形成了以"国族—国家"理念为核心的民族主义古典理论，这一理论基本上满足了这一时代族际政治生活的需要。

目前的时代，世界民族问题的主要方面除了国际层面的霸权与反霸权斗争外，另一个层面就是多民族主权国家内部的民族关系问题。如何合理解决这个问题，需要有新的时代理论产生。民族主义古典理论已经过时，它解决不了当代多民族国家内部的民族问题。因此，多民族国家观念甚或理念应运而生。但是，把多民族国家观念或理念上升为系统的理论，现在还不能说已经完成。反对民族分离主义的斗争，不仅需要行动和手段上的坚决与果断，而且需要强有力的理论——多民族国家及其族际政治理论新说的支持。

由于受族际政治环境和学术传统的影响，西方学者的兴趣大多为民族主义现象所吸引，不太注意多民族国家框架下的族际政治理论研究。目前，西方学者的视野仍集中在考察以下三个问题上：（1）当代国族同一性（national identity）与先期存在的集体同一性（collective identity）之间的关系；（2）最终凝聚为国族（nation）的社会碎片之国族化（nationalization）或族类化（ethnization）过程；（3）民族主义的功能或目的①。他们研究这三方面的问题，其思路不言而喻还是受国族—国家理念的束缚，尽管有些成果对民族主义古典理论的一些具体观点提出了质疑。

中国多民族国家的悠久历史和民族区域自治的丰富实践，为中国学者从理论上总结多民族国家现象、建立多民族国家理论及其族际政治新说提供了有利条件。而近代以来世界各地多民族国家的建立和巩固，各种族际政治试验，则为我们提供了丰富的实证材料。在整个 20 世纪，多民族国家发生分离的也就是十多例②，只占 19 世纪以来建立的多民族国家的 7% 左右。而且，分离后的国家仍是多民族的国家。如果考虑到这些分离案例有的是外力干涉起了关键作用，有的是因为民族政策失误造成的，我们就更有理由对多民族国家的前景充满信心。如果说 20 世纪是多民族国家族际政治的试验时代，那么，21 世纪将是对多民族国家现象及其族际政治实践作出理论新解释的时代。21 世纪的政治学必须也一定能够对此作出令人满意的回答。

多民族国家理论建设，在目前具有十分重要的现实意义。20 世纪末举世瞩目的科索沃问题和车臣问题向我们证明了这一点。目前，世人对科索沃冲突和车臣冲突的关注各有所思，但从族际政治的角度看，我们不能不把它们视为多民族国家理念与国族—国家理念之间的正面较量，不能不提高我们对多民族国家理论建设的重要性和紧迫性的认识。

多民族国家理论建设，必须首先从否定民族主义古典理论开始，这是本文试图达到的目的。但是，否定不能代替建设。我们不仅需要指出传统上认为是单一族体的国族—国家实际上是多族体的国族—国家或多民族国家，而且需要从理论上说明多民族国家的必然性和合理性，需要建立起多

---

① 参见 Andrés de Blas Guerrero, ob. cit. , pág. 141。

② 1903 年巴拿马与哥伦比亚的分离；1917 年芬兰独立；1918 年冰岛成为主权国家；1947 年根据蒙巴顿方案印、巴实行分治；1965 年新加坡与马来西亚的分离；1971 年孟加拉与巴基斯坦的分离；1993 年厄立特里亚与埃塞俄比亚的分离；以及 20 世纪最后十年苏联、南斯拉夫和捷克斯洛伐克的解体。

民族国家下的合乎理性的族际政治准则。只有做到了这些，才能从根本上引导人们走出西方民族主义古典理论的误区，才能彻底消除人们在片面理解的国族—国家理念支配下不是强调同化、就是主张分离的两种极端主义思想。

当代世界的国家普遍是多民族或多族体结构的国家，这已是不争的事实。但对多民族国家的必然性与合理性，人们的认识就有差距了。民族分离主义活动的世界性存在，说明了这一点。至于多民族国家结构下的族际政治准则，目前仍处于试验和摸索的阶段，没有一个多民族国家可以说已经一劳永逸地解决了族际政治问题。因此，对当代世界各国族际政治的实践进行理论总结，发展人类社会的族际政治思想，促进多民族国家族际政治关系的和谐，是摆在各国学者和政治家面前的艰巨而又伟大的事业，同时又是一项长期而复杂的任务。

（原载《世界民族》2000 年第 2 期，英文版《中国社会科学》

（英文版）2001 年第 4 期翻译转载本文时，笔者作了

较多修改，有兴趣的读者可参阅）

第八篇　浅议当代资本主义（自由主义）多民族国家的民族政治建设

提要　资本主义国家在政治上奉行自由主义。经典自由主义理论以同质化民族—国家为前提，视公民权利平等为一切，不承认少数民族的集体政治权利。自由主义理论的发展现在也开始考虑少数民族的集体差异性存在及其合理的政治诉求，但历史形成的代议制政党政治和地方政治结构，是一些国家在试图引入民族政治时不易克服的障碍。但少数民族政治意识的增强，要求资本主义和自由主义国家反思自己的社会治理理论，重视民族政治制度建设。

民族政治是多民族国家政治生活的重要组成部分，它和阶级政治、政党政治及社会政治一道，在风云变幻的政治舞台上举足轻重。在当代世界各多民族国家中，尤其如此。然而，也许由于多民族国家一般是以某一强大民族为基础形成的，而小民族则处于弱势地位，因此以往人们对民族政治似乎不像对社会政治、阶级政治和政党政治那样重视，致使民族政治建设和民族政治研究成了相对薄弱的一环。

所谓民族政治，从广义上说，是指统一的多民族国家内部民族关系的各种外在表现的总和。从狭义上说，则仅指民族关系中体现在权力和权利问题上的各种政策与活动。本文仅涉及当代资本主义多民族国家中后一种意义上的民族政治，其论述对象主要是指由世居民族组成的多民族国家和多民族国家中的世居民族。至于移民问题，则是另一类具有不同特点的民族问题，情况比较复杂，此文暂不论及。就当代一些资本主义多民族国家来说，民族政治建设存在着两个普遍性的障碍：一是对单一民族国家的构想；二是资产阶级代议制民主制度在民族政治建设上的传统缺陷。本文试对这两个问题作些粗浅分析。当然，为了有个参照系，我们还须首先从民族政治的历史与现实谈起，尽管这只能是蜻蜓点水式的。

一　民族政治的历史发展与当代资本主义国家的民族政治问题

　　民族政治不是现时才有的，而是古已有之。在国家形成的过程中，以及在国家形成后的政治发展中，民族因素与阶级因素一直是共同发挥作用的。如果说社会形态的转变与朝代更迭主要归因于阶级斗争的话，那么，国家的组合与分化则主要归因于民族界限和民族斗争。

　　在人类社会由部落时代向部落联盟和古代城邦演进的长期过程中，部落冲突与部落联盟显然比社会等级差别与等级矛盾发挥了更大的作用。无论是在旧大陆还是在新大陆，古代文明的发展都是从部落联盟与部落征战开始的。拉丁人、希腊人和中国人都留下了有关部落联盟与部落征战的传说；墨西哥阿兹特克人直到 15 世纪中叶还保持着特斯科科、特诺切蒂特兰和塔库巴三城联盟，并按照 2∶2∶1 的比例分配战利品①。如果说部落是民族的前身，那么部落联盟则反映了人类古代社会的一种非阶级的"民族"政治关系。部落联盟一方面是人类古代社会的政治联合体，另一方面还是协调部落关系与利益的政治工具。从这个意义上说，部落联盟政治可以视为民族政治的前身。

　　奴隶制时代的民族政治以民族征服为主要内容。威扬地中海四周的罗马帝国和雄踞中安第斯山区的印加帝国，都是依靠民族征服建立起来的。无论是罗马人还是印加人，在帝国建立以后的民族关系上所采用的统治手段也都是一样的，这就是继续进行另一种形式的民族征服，即强制被征服民族接受他们的语言、文化等。拉丁语言和拉丁文化对欧洲罗曼语族各民族产生了深刻的影响。印加人每征服一个地方，便把克丘亚语和太阳神崇拜推广到那里，致使这两种文化因素成为现今秘鲁、玻利维亚、厄瓜多尔乃至阿根廷西北部大多数印第安民族的共有遗产。

　　封建时代是民族林立和发展的时代，民族政治也转以承认民族地方割据政权的存在为主要特征。中世纪的西班牙形成了十几个独立王国和民族实体，相互之间结成了种种割不断、理还乱的关系，并最终以卡斯蒂利亚

―――――――――
　　① 〔美〕G.C. 瓦伦特:《阿兹特克文明》，墨西哥经济文化基金会，1973 年西班牙文修订本，第 181 页。

人、卡斯蒂利亚王国、卡斯蒂利亚语言和文化为核心形成了现今的西班牙①。资料最为丰富的中国历史向我们表明，在历代封建王朝里，为中原王朝所承认的周边民族地方政权是很多的，民族地方政权的政治自主程度之高，有时仅靠一纸册封或象征性的纳贡就能维系相互之间的政治关系。因此，封建帝国的民族政治虽然也常伴有民族征服和民族压迫，但正常的关系主要是靠核心民族的凝聚力来保证的。

　　资本主义生产方式对自由劳动力和统一市场的依赖，决定了资产阶级对民族界限的扫荡如同对待封建统治一样残酷无情。我们看到，作为资本主义发源地的西欧各国，目前都是民族成分较少的国家。而移植资本主义最早、最普遍的美洲各国，数以千计的印第安各部落比殖民征服时代更快地被同化了，现在只在词典里留有他们的族称，幸存者只有500多个。然而，把生存竞争法则推到极端的资本主义，又促使人们把民族意识提高到了历史上从未有过的自觉程度，迫使被统治和被压迫民族把建立自己的独立国家作为维护自身生存与发展的唯一出路。但是，人们不可能完全靠民族国家的形式来解决相互关系。"不独立毋宁死"的精神固然可贵，但有条件和有可能独立的民族毕竟只占世界民族之林中的少数。独立不了的民族怎么办呢？资本主义国家曾经作出的回答便是同化。

　　把民族政治关系从资本主义的死胡同里引出来，以多民族国家的理论取代单一民族国家的构想，将民族政治合法地引入多民族国家的政治生活，这是社会主义对民族政治的积极贡献。在解决民族政治问题的实践中，一些社会主义国家建立起了比较有效的机制，其中包括民族地方的自治。当然，在人类历史上，自治这种政治形式在社会主义之前就已存在，但那不是"多民族国家"内的民族政治，而是一种摆脱异国或异族统治的手段。而且，社会主义民族政治也不仅是自治，其核心内容是不同民族对共有国家的共管。如果说作为社会主义国家民族政治关系原则之一的民族或民族地方自治，与历史上的一些自治形式有什么联系的话，那就是社会主义利用自治这种形式，使少数民族可以与主体民族一道管理国家。社会主义民族政治制度的建立，为不同民族在同一国家中的和睦相处提供了有利的条件和可靠的保证。"不独立毋宁死"的问题，可以由此找到另一种解决办法。例如社会主义中国的民族区域自治制度，在保证国家主权和领土完整、法律和行政统一的前提下，依据各民族相互大杂居和自身小聚居的特点，

---

　　① 参见〔西〕乌维托等《西班牙通史》中世纪篇，巴塞罗那特伊德出版社1981年版，西班牙文第13版。

以及少数民族各自传统生活地域的大小和人口的多少，按国家行政划分建立相应的各级民族地方自治政府和其他权力机关，同时又在国家权力机关中确立民族代表的地位，并吸收少数民族代表共同参与国家管理，这就保证了少数民族的政治地位和政治权利，较好地解决了民族政治问题，从而为各民族的团结和国家的巩固奠定了坚实的基础。

然而，可能出于意识形态对抗和某种偏见，某些资本主义国家对社会主义中国的民族政治成就长期视而不见，有的国家至今还不时地借用"人权"及少数民族分裂主义分子来攻击中国的民族政策。现在的事实是资本主义世界的民族矛盾日益突出，少数民族的政治意识日益增强但却得不到尊重，而社会主义中国的民族关系却以其平等、团结、互助的基本特征健康发展，这也是越来越多的有识之士对中国的民族政策表示肯定和赞赏的原因。

民族政治建设对资本主义国家来说一直不是一个自觉的过程。我们看到，在当今资本主义世界的多民族国家中，真正依法建立起民族政治机制的只有为数不多的几个实例。而大多数国家则出于种种原因对民族政治制度建设表现出犹豫不决或予以阻碍，致使那里的民族问题日益尖锐。美洲大陆十几个国家的印第安人运动不断高涨；许多非洲国家的部族争端愈演愈烈；西亚和南亚的民族武装冲突如火如荼；西欧一些国家的少数民族并未因"民族国家"建构而停止要求民族权利的政治活动；在世界更多的国家里，那些表现于经济、文化和语言等方面的民族差别意识不断增强①。所有这些表明，民族政治建设是许多国家面临的一个有待解决的问题。但现时的情况是，许多国家连自己是多民族国家都不承认，更不要说着手进行民族政治建设了。

民族政治是伴随着多民族国家的存在而存在的问题。不承认它或者有意识地否认它，并不能改变它实际上发挥着的作用。西班牙巴斯克人的"埃斯卡迪与自由"、秘鲁印第安人的"光辉道路"、墨西哥恰帕斯州印第安人的"萨帕塔民族解放军"、斯里兰卡泰米尔人的"猛虎组织"、英国的"北爱尔兰共和军"等武装组织的存在与活动，单纯用阶级观点是无法解释的，必须从民族问题方面进行研究。

民族是人们基于不同的文化与语言、不同的历史与地域、不同的经济

---

① 郝时远、阮西湖主编：《当代世界民族问题与民族政策》，四川民族出版社 1994 年版；葛公尚主编：《当代政治与民族问题》，中央民族大学出版社 1995 年版；李毅夫、赵锦元主编：《世界民族概论》，中央民族学院出版社 1993 年版。

与社会联系而产生的一种自然组合共同体。在历史上，由于民族自身生存与发展的需要，便很自然地形成了一个个不同的国家。又由于民族地域的局限性和民族交往的自由性，大民族便不断扩大自己的影响范围，导致了民族地域的突破和不同民族的混合，人类社会便历史地形成了一个个多民族国家，而单一民族国家反倒成了极个别的现象。不同民族共同组成一个国家，这就产生了多民族国家内部的民族关系。民族政治所要研究和解决的，正是这种关系。

民族政治的核心内容是民族政治权利。所谓民族政治权利，一般认为一是民族集体应有一定的自治自主权，二是各民族对国家政治拥有参与权。多民族国家如果不解决这个问题，不管在经济、社会或文化政策上给予少数民族怎样的优惠与照顾，都不会使少数民族完全满意。没有民族政治权利，民族的生存与发展就缺乏可靠的保障。当今世界多民族国家的少数民族普遍表现出把争取民族政治权利放在头等重要的位置上，这充分说明那种认为依靠经济、文化、语言和社会政策的宽容便可解决民族问题的认识是片面的。美国的多元文化主义并不能阻止印第安人提出自治甚至主权要求；加泰罗尼亚人（亦译加泰隆人或卡塔卢尼亚人）和巴斯克人的经济发展高于西班牙全国平均水平，但他们比任何民族都更加强烈地追求民族政治权利；墨西哥上届政府对印第安人社区的社会发展计划投入了大量的人力、物力，并取得了世所公认的成就，也未能防止恰帕斯州印第安人在"印第安人革命"和"民族解放"的旗帜下打响1994年元旦的枪声。因此，在所有的民族问题中，民族政治问题是占第一位的问题。只有合理地解决了民族政治问题，才能更有效地解决其他方面的问题。

但是，当代许多多民族国家民族政治的主要问题，恰恰是对民族政治权利不予承认。在一些国家里，作为社会和国家发展计划的一部分，对落后的民族地区多投入一些人力和物力是没有什么疑问的，对不同的语言和文化也可承认其存在的合理性。但是，一旦提出民族政治权利问题，马上就会被视为对公民政治权利平等的否定，甚至是对国家统一和国家主权的背离。这种认识在理论上是站不住脚的，在实际中是行不通的。公民政治权利的行使是一种个人行为，而民族政治权利的行使则是一种集体行为，二者之间不存在矛盾。这与政党政治权利和个人政治权利之间的道理是一样的。当代多民族国家的功能是双重的，它不仅要调处阶级关系和阶级利益，而且要调处民族关系和民族利益。因此，多民族国家理想的政治生活，也应当是同时保障阶级的政治权利与民族的政治权利。但是，影响人们将民族政治引入国家政治生活中来的障碍还很大，很不容易冲破。对于许多国家来说，放弃单一民族国家的构想而承认多民族国家的事实，是首先需要解决的问题。其次，摆脱传统的代议制民主制度对民族政治的否定，也是题中应有之义。

二　单一民族国家、多民族国家与民族政治

民族政治是与多民族国家联系在一起的，对于单一民族国家来说，当然也就不存在民族政治问题。但是，纵观当今世界的国家结构，单一民族国家可以说是凤毛麟角，绝大多数国家都是多民族的。不过，有一个事实影响着人们对当今世界多民族国家结构的认识，这个事实就是在许多国家里不承认具有政治含义的不同"民族"（nationality）的存在，而只承认有不同的语言文化群体存在，并对他们以"族群"（ethnic group）加以界定。

这是一个十分复杂的民族理论问题，而不只是术语问题。国内外对此无一致的看法。受国外的影响，我国有些民族学者主张对多民族国家的少数民族也使用"族群"一词，放弃"民族"称谓。笔者在过去的一些论文或译文中，也曾将"ethnic group"有时译为"民族"，有时译为"族群"。这些混乱和歧义，给我们谈论"多民族国家"和"民族政治"带来了麻烦。在国外学者和官方的传统观念中，民族和族群的区别反映在两者的政治含义上，前者是与政治联系在一起的而后者则不是。因此，西方一些国家习惯于说自己是多族群国家，而很难接受多民族国家的说法。在国际学术交流和政治交往中，我们自然应当考虑这个问题，以免引起误解。但是，情况也在发生变化。如西班牙便正式承认自己是多民族国家。再如，由17个美洲国家的120个印第安民族的200多名正式代表共同签署的宣言①，明文声称："我们印第安各族人民具有作为民族、人民或国民（nacionaldades、pueblos o naciones）的专门特征"；"这些称谓与学者们使用的术语（族群或部落——笔者注）意义不同，各国印第安人民都有权利按照自己的政治目标采用适合于自己的政治斗争的称谓"；"我们的政治目标是自决和自治，北美印第安人民要求的是主权，当前的任务是推动对自决和自治的反思与讨论，明确找出自决和自治的具体形式"。

从上述引语中，我们似乎看到了目前使用极为广泛的"族群"一词，

---

① 《基多宣言》，第一次全大陆印第安人民会议的决议，西班牙文单行本，厄瓜多尔，基多，1990年4月17—21日。

与学者的责任密不可分。根据历史发展阶段和社会政治形态的不同,学者们使用不同的术语来指称不同的人们共同体,本来是无可非议的。但不曾想这些术语在被政府当局接受后,却给民族政治带来了消极影响,为少数民族所不赞同。ethnic group 一词,本来的确是民族学的术语,但其涵义被固定之后,却为这类人们共同体在当今国家的政治舞台上争取自己的一席之地制造了障碍,而对其发展、变化则未予考虑。这样一来,我们便看到如下一种不合情理的现象:对于西印度群岛和南太平洋上的一些人口只有几千人的岛民,因他们建有独立国家而称之为民族或国族,而对拥有几十万甚至几百万人口的一些印第安人民,却以族群称之。看来,学者们的观念应当适应变化了的情况,而不能囿于书本上的定义。我国用 nationality 来指称 56 个不同群体,用 nation 一词指称整个中华各族人民,是可以站得住脚的,不必采用 ethnic group 的概念。西班牙在这一点上与我国也一致。当今世界一些国家里的少数民族,也表现出要求承认其为 nationality 的趋势。有些国家的当局对此并不像以往那样反感,因为这个词的政治含义现在已经不完全是与国家独立联系在一起了,而是可以与地方自治结合到一块的。

由此看来,解决民族政治问题的第一步,必须从摆脱单一民族国家的观念、承认多民族国家开始。

众所周知,单一民族国家是西欧资产阶级登上历史舞台后对国家领土与民族地域一致性的理想追求。但是,西欧国家格局形成的最后结果,并不与这种追求完全一致,也无法做到完全一致。不要说四海为家的吉卜赛人或犹太人使西欧许多国家做不到民族单一,就连那些竭力追求民族国家理想的大民族,也无法使这种理想实现,他们在划分势力范围和国界时,把许多周边小民族划进了自己的"民族国家"之中。例如英国除英格兰人外,还有苏格兰人、爱尔兰人、威尔士人和盖尔人等;法国除法兰西人外,还有阿尔萨斯人、布列塔尼人、科西嘉人、巴斯克人和加泰罗尼亚人等;西班牙的核心民族是卡斯蒂利亚人,但还有巴斯克人、加泰罗尼亚人和加利西亚人等;甚至在德国,也还存在一定数量的丹麦人和荷兰人等。这些少数民族不是在上述民族国家形成后的移民,而是作为世居民族被大民族包括到同一国家之中的。因此,西欧虽然的确存在着像葡萄牙那样几个可视为单一民族的国家,但大多数西欧国家则是多民族的。

以某一大民族为形成核心,裹带一些小民族共同组成多民族国家,这也是世界其他地区国家结构的主流。美洲大陆国家普遍存在印第安人,只是在西印度群岛的一些小国中民族成分比较单一。大洋洲的几个主要国家存在着土著人，而移民间的差别则更突出。非洲各国普遍存在着不同的民族或曰"部族"。至于东欧和亚洲各国，更是民族成分复杂的世界，只在中国周边有几个民族成分比较单一的国家。据有关材料统计，世界上现有大大小小 2000 多个民族①，而国家只有不到 200 个。多民族国家是历史发展的产物，是人类社会国家结构的主流，这在未来也是无法改变的长久现象。即使像国际上有人预言的那样，21 世纪国家数目再翻一番，这与 2000 多个民族的数目相比还是少的。退一步说，如果人类真的疯狂到建立数以千计国家的地步，那也不可能做到国家民族成分的单一化。事实也证明了这一点，苏联、东欧地区新独立的 20 多个国家，毫无例外仍都是多民族国家。多民族国家是伴随着民族与国家的存在而存在的必然现象，人类过去做不到单一民族国家的普遍化，在未来很长时间里也做不到。由此，民族政治建设也就是多民族国家的一个长久问题。

然而，单一民族国家的理想又是那么迷人，以至于一些人绞尽脑汁地追求着，许多国家至今也不承认多民族的存在。广大亚、非、拉殖民地人民曾以民族国家为旗号从殖民统治下获得独立，但在国内政治中则又以族群之说否认小民族的政治权利。这样做的结果如何呢？答案只能是使民族冲突此起彼伏，乃至影响到国家政局和社会的稳定。面对众多"族群"的民族意识，除了少数国家外，普遍的做法仅是对民族国家的传统定义加以改造和发挥。例如，在拉美国家一度盛行的民族一体化理论②，便提出以文化的一致性与相对性作为建设民族国家的新方针，宁可认为民族国家与不同语言、文化和族群的存在不矛盾，也不承认多民族国家。1980 年代在北美和大洋洲兴起来的文化多元主义政策③，也不是对多民族国家和民族政治的承认，而是一种主要基于移民问题而提出的文化与社会政策，少数民族特别是土著民族并不满足于此。

摆脱单一民族国家的构想而接受多民族国家的现实，这并不是一件容易的事。影响人们实现这一转变的，是对那种追求独立的政治民族主义的担心。似乎承认多民族国家就意味着国家统一没有保证。但是，这种担心只看到了政治民族主义的一种表现，而没有充分注意到另一种更加普遍和更加现实的表现，即以统一国家为舞台的、仅以地方自治为目标的政治民族主义，这种政治民族主义在当今许多国家中，是政治民族主义的主流。

---

①　李毅夫等：《世界各国民族概览》绪论，世界知识出版社 1986 年版。
②　郝时远、阮西湖主编：《当代世界民族问题与民族政策》，四川民族出版社 1994 年版。
③　同上。

自北美独立到苏联解体的二百多年间，追求独立的政治民族主义浪潮接二连三地发生，从中诞生的国家占现今国家总数的80%以上。但是，这种政治民族主义已经没有多大的施展空间了，因为一些以强大民族为核心形成的多民族国家，就像一个个魔方一样把大大小小的民族牢固地组合在一起，民族分离主义已没有现实可能性。只要没有强大的外力打击，只要构成每个魔方的核心民族不分裂，国家统一也就不存在问题。没有哪个国家的少数民族比西班牙的巴斯克人和加泰罗尼亚人更能折腾的了，但西班牙的统一却从未发生过问题。因此，在对未来政治民族主义发展趋势进行估计的时候，不能把追求民族独立的倾向视为主流。墨西哥恰帕斯州印第安人起义并未提出分裂的问题，而是公开表明维护墨西哥的领土完整和国家主权。非洲国家中的部族纷争，在政治上也经常表现为对国家权力分享的争夺，而不是分裂国家。近期发生在苏联和东欧的民族独立现象，应当将其看成是那一地区国家形成过程的延续，至多是20世纪以来世界范围内民族独立浪潮的尾声。因此，未来世界版图虽然有可能增添为数不多的新国家，如美占波多黎各、法属圭亚那和英属、法属、荷属西印度群岛中的一些小岛等。不过，这对现今世界的国家格局不会产生多大影响，特别是不会影响现存多民族国家的巩固和统一。

如果说追求独立的政治民族主义目前已进入尾声的话，那么，追求地方自治的政治民族主义则可以说开始进入高潮，多民族国家都难以避免这一浪潮的考验。明智的选择是放弃过去那种靠单一民族国家的构想来消除民族差别和排斥民族政治的做法，转而承认多民族国家的现实，把民族政治合法地引入国家政治生活中来，从而把国家的统一建立在各民族政治权利平等的基础之上。

三 传统的代议制民主制度与民族政治

放弃单一民族国家的构想而承认多民族国家的现实，只是为引入民族政治创造了先决条件，不等于就此能够顺利搭起民族政治的舞台。对于许多国家来说，民族政治建设还面临着另一个十分巨大的障碍，这就是传统的代议制民主制度对民族政治的否定。

在当今世界为绝大多数国家实践着的自由主义代议制民主制度，虽然有联邦制和共和制之分，但其共同的特征之一是，二者都是建立在政党政治基础之上的，而对民族政治未予考虑。在当代联邦国家中也有个别的国家建有以某个民族地域为基础的州或郡，但这不等于引入了民族政治，还要看各种民族权利是否得到承认和保证。如果这类州或郡拥有民族政治所包含的民族权利，或许可以视为一种民族政治形式。

但从总的情况看，自由主义代议制民主制度的传统一般是不承认民族政治的，这成为一些国家引入民族政治的难解之结。

自由主义代议制民主制度忽视民族政治建设，这是由它所产生的历史条件和土壤决定的。众所周知，代议制民主是资产阶级为根除封建贵族统治的弊端而建立起来的国家统治制度。而资产阶级革命最早又是发生于"民族国家"基本形成的西欧，在这种情况下，代议制民主对民族政治的忽略也就难以避免了。此处笔者给"民族国家"加上引号，如前文所谈，西欧大多数主要国家并非是单一民族的，只不过民族问题当时不甚突出，少数民族的政治自觉意识还不成熟，由此给人造成了一种"民族国家"的假象罢了。

传统的代议制民主对民族政治因素的忽略，虽说对民族问题不突出的国家的政治发展没有多大影响，但在民族成分较为复杂和少数民族比重较大的国家，这种忽略便使代议制民主的建立和运行遇到了严峻的挑战。在西班牙第二共和国时期，巴斯克人中的大多数一开始就站在王室一边反对共和派，因为他们顾忌共和之风会将自己在王权时代享有的一些特权席卷而走；加泰罗尼亚人开始时支持共和派，但当他们看到共和国没有及时给予自己所渴望的更大和更多的自治权利时，便对共和派逐渐冷淡起来，并以自己不听召唤的不合作方式加速了共和派的失败[1]。

在民族林立的亚、非、拉国家，照搬传统的代议制民主制度，把国家政治生活完全建立在政党政治的基础之上，而不顾及民族政治因素，其结果是给一些国家的政治生活带来了更大、更多的麻烦。我们看到，有些国家的少数民族为获得参与国家政治生活的资格，出现以民族为基础组建政党的现象。在墨西哥、危地马拉、秘鲁和玻利维亚等印第安人口较多的拉美国家，都曾经存在或至今依然存在建立"印第安人党"的问题。在主要由印度裔和黑人组成的圭亚那与苏里南，党派的民族背景十分明显，并且是公开化的。在非洲一些国家里，政治生活与其说是以政党政治形式进行的，还不如说是以民族或部族政治为基础开展的。而在世界许多国家里，那种虽不以正式的政党面目出现，但却明显带有政治色彩的民族民间

---

① 〔西〕萨尔瓦多·德·马达里亚加：《西班牙现代史论》下篇第 4 章，马德里，埃斯帕萨·卡尔佩出版股份有限公司 1979 年版，西班牙文第 11 版。

组织，更是犹如春天里的花朵到处开放。

　　借助于政党外衣行民族政治之实，这是传统的代议制民主政治制度不讲民族政治的必然结果，是少数民族的被迫无奈之举。这种将民族政治与政党政治掺和到一起的做法虽说可以理解，但从政治学上说则是一种悖论。政党是阶级的政治组织，一定的政党是为一定的阶级利益服务的，而民族则是多阶级的人类集团，民族内部的阶级利益并不相同，民族的联系纽带与阶级组织没有必然联系。因此，政党的阶级性与民族的多阶级性特点，决定了政党政治与民族政治具有不同的目标和内容，是不能相互替代的。以政党这种阶级组织形式来争取民族权利和民族利益，其结果只能使民族政治走向复杂化，更难实现民族政治的本来目标，并且难以避免民族政治演变为政党斗争的工具，从而更不利于把民族政治与政党政治分别开来。

　　当然，世界上什么事情都会发生，不合"常理"的现象也的确能够存在。以民族背景和民族政治目标建立起来的一些组织和派别，有的后来的确发展成了合法的政党。比如西班牙的加泰罗尼亚人和巴斯克人中的一些党派，在1978年新宪法通过后都取得了合法政党的地位。这里提出了一个政党政治与民族政治的关系问题。前文已谈到，政党政治与民族政治具有不同的目标和内容，二者不能相互替代。这是就二者在国家政治生活中的地位与作用而言的。至于二者的关系，笔者在一篇有关墨西哥少数民族政治权利的论文[①]中认为，政党政治是占第一位的，而民族政治是占第二位的。这是因为，国家的一切政治生活都是由执政党通过组建内阁来操作的。但是，二者之间不是从属关系，而是国家政治舞台上的两个不同角色。政党政治要由国家宪法和国会予以保证和确认，而民族政治同样需要有这样的保证和确认。因此，民族政治并不一定因执政党的更迭而随之变化。西班牙民族地方自治共同体制度的建立，是宪法与国会确定的，而不是哪一个政党或民族主义组织所为。墨西哥政府与恰帕斯"民族解放军"谈判建立印第安人"自管市"（municipio de autogobierno），需要提交国会辩论。因此，在资产阶级代议制民主国家里，民族政治与政党的作用没有直接的因果关系。少数民族可以按民主程序组建政党，但这种政党的民族政治纲领或目标，不可能靠获得执政党地位来实现。西班牙巴斯克人和加泰罗尼亚人中的民族主义政党，随着西班牙自治共同体制度的建立，其目标主要是靠竞选获得地方执政权。

　　以党派面目开展民族政治，这给多民族国家带来的负面影响是很大

---

① 《论少数民族的政治权利》，载墨西哥国家生活报《至上报》1994年2月6—12日。

的。一方面，这种做法导致一个民族内部的不和，因为任何一个"民族党"都无法强迫全民族的人参加，更不可能阻止一个民族的人们参加其他党派；另一方面，这种做法又经常导致民族矛盾的激化，因为任何一个"民族党"都无法摆脱自身的少数地位，常常因此突破政党政治的规范走上极端道路。世界上许多地方的民族武装冲突或暴力行为，往往是由于通过正常的政党政治渠道不能实现民族政治目标而发动的。

借助政党外衣开展民族政治，这是以政党政治为唯一基础的传统的代议制民主给多民族国家的政治生活留下的一个死结。解决这个问题的唯一出路，只能是对传统的代议制民主加以改造和发展，将民族政治合法地引入国家政治生活中来，为民族政治开辟一条正常的渠道，使民族政治与政党政治并存，同时又将二者分别开来。这是合乎多民族国家政治生活要求的，并且是行之有效的。例如：西班牙是一个多民族国家，其中最为人们熟知的少数民族有加泰罗尼亚人、巴斯克人和加利西亚人，此外还有几个近乎同化但仍保留某些特点的人民。早在 1930 年代初第二共和国建立时，西班牙就曾试图引入民族政治，但因后来佛朗哥独裁政权的建立而被取消。1975 年佛朗哥时代结束后，西班牙确立了议会君主制政体，引入民族政治的问题再次提出。根据 1978 年的新宪法，西班牙对其领土和行政进行重新规划，以民族、历史地区、古代王国或公国和领地为基础，将全国 50 个省份组成了 17 个自治共同体（Comunidades Autònomas）[1]。

对于引入民族政治之后的西班牙政治体制，西班牙学者胡安·巴勃罗·福西（Juan Pablo Fusi）在他主编的《西班牙自治》一书的绪论中指出，它不同于联邦制，并将其总结为"自治制国家"。笔者 1992 年访问西班牙时，曾向他请教过西班牙自治制度，他反复强调民族政治体现在地方政治中，是西班牙自治制度的一个重要特征。西班牙引入民族政治自然是有过争论的，这首先表现在围绕承认还是不承认不同"民族"（nacionalidad）的存在，曾在政界、法学界和学术界开展过一场讨论，结果是在宪法中正式使用了民族一词。西班牙素以地方民族问题突出而闻名于世，但在目前民族主义浪潮在世界其他地方风起云涌的情况下，却显得比较平静，这不能不说是在 1978 年之后引入民族政治的积极结果[2]。

在多民族国家的政治生活中，民族问题处理得好坏，直接影响到国家

---

① 这是西班牙 1978 年新宪法规定的统一命名，各自治共同体政府也都在门牌上如此标示，但中文常将其译为"大区"，似不妥。

② 关于西班牙民族和地方自治共同体制度的进一步情况可参见李毅夫、赵锦元主编的《世界民族概论》第 5 编第 13 章中笔者的介绍，中央民族学院出版社 1993 年版。

与社会的稳定，西班牙人民对此可以说有正、反两方面的经验。在 1960
年代和 1970 年代，巴斯克人中的民族分裂主义组织"埃斯卡迪与自由"，
在巴斯克人中不乏支持和同情者；但是，自 1980 年代开始，据笔者在西
班牙民众中了解到的情况，巴斯克人对这个组织不怎么感兴趣了。以前，
巴斯克民众对这个组织不敢说半个"不"字，现在则敢于在公开场合对
其进行谴责而不怕打击报复，甚至敢于拒付"革命税"。

　　与西班牙成功地引入民族政治不同，墨西哥为我们提供了另一种情
况。墨西哥有 56 个印第安民族单位，其人口占全国总人口（约 900 万，
1994 年）的 12% 左右。墨西哥官方虽然很关注印第安人问题，花费很
多人力、物力帮助印第安人，但却没有很好地解决民族政治问题。墨西
哥一直以"族群"指称印第安人，而不承认其为民族。虽然印第安人
早就提出建立印第安人议会和政府，分别参加国会和联邦政府，但官方
对这种民族政治要求却置若罔闻。不管是否恰当，这毕竟是一种民族政
治要求。如不恰当，官方也可以提出另外一种民族政治形式以供讨论。
但是，墨西哥官方没有这样做，终于酿出 1994 年恰帕斯印第安人起义
的苦酒。

　　笔者 1993 年在墨西哥全国印第安研究所进修期间，曾撰文探讨墨西
哥印第安人政治问题，指出墨西哥认真解决印第安人的民族政治权利的时
候已经到了，否则将出现民族矛盾的激化局面。对于墨西哥国情可能允许
的民族政治形式，笔者也试提了设想①。恰帕斯 1994 年元旦的枪声，证
明了墨西哥民族问题的激化。但是，墨官方在很长一段时间里不承认这是
由民族问题引起的，而是将其说成是农民问题，并派兵镇压。3 月 3 日公
布的政府与起义军第一阶段谈判结果，即"34 点要求与 32 点回答"，使
人们看到了印第安人的政治权利是谈判的重要问题之一，并提出了与笔者
的设想相吻合的建立印第安人"自管市"这一具体要求。但是，事态的
发展不尽如人意：政府可以拿钱购买庄园主的土地分给印第安人和解决其
他社会问题，但无权决定引入民族政治。当把这个问题提交国会讨论时，
未能获得通过。这是恰帕斯问题久拖不决并发生反复的原因之一。1994
年年底，墨西哥全国印第安研究所所长在给笔者的个人通信中说，国会已
同意接纳 6 名印第安人议员，这可视为墨西哥引入民族政治的开始。但

---

　　①　见《应为印第安人参与国家管理打开更大的空间》，萨卡特卡斯州《太阳报》编辑部特
约合作文章，1994 年 1 月 21—26 日；《论少数民族的政治权利》，载墨西哥国家生活报《至上
报》1994 年 2 月 6—12 日。

是，对自治问题讨论到了何种程度，现还不得而知①。墨西哥官方长期无视或轻视印第安人的民族政治权利要求，为此付出的代价是惨重的。恰帕斯冲突一发生，外国投资与旅游骤减，金融危机接踵而至，比索与美元的比值从 1993 年年底的大约 3.2∶1，直线下跌到目前的大约 8.0∶1。墨西哥先前是一个被世界普遍看好的投资和贸易场所，经过短短两年的时间，虽说尚未令人望而却步，但也着实令人顾虑重重。

现实的例子告诉我们，因民族政治权利问题没有得到合理解决而造成的民族矛盾，在当代国家中甚至比阶级矛盾显得更加突出，更有可能给社会和国家带来动荡不安。代议制民主政治制度还不到为自己在政党政治方面的秩序化成就而沾沾自喜的时候，它在民族政治方面还没有建立起与现代多民族国家政治生活的实际需要相适应的民族政治机制。美国历来标榜自己的政治制度民主，但对印第安人提出的争取"主权"这种民族政治要求如何看待呢？是否可以认为，美国也存在着一个有关少数民族的政治民主问题有待解决呢？

民族政治问题是一切多民族国家都存在的问题，是不分什么社会制度的，并且是有一些共性特点的。在民族政治的某些方面，如在土地和其他自然资源的占有方式上，不同的社会制度当然具有不同的解决办法，但民族地方的"自治"与国家权力的"共管"原则，可能是具有普遍意义的，因为我们看到，现在世界上引入民族政治的国家，无论是社会主义国家还是非社会主义国家，普遍都在民族政治制度中包括了这两点内容。人类的政治文明成果属于全人类，富有远见与智慧的民族和政治家，是善于吸收人类的一切积极成果的。

（原载《世界民族》1996 年第 2 期）

---

① 墨西哥政府与萨帕塔起义军第一次谈判破裂后，曾经历将近一年的不战不和的局面。后来，和谈重新开始。在此文付梓之际，双方第二次长达 11 个月的谈判终于在 1996 年 2 月 14 日取得了一项积极成果：双方达成了拟定中的 6 个协议中的第一个协议——《土著人权利和文化协议》。按此项协议，土著人将有权利建立自治政府，实行自治。笔者尚未见到协议文本，不知中文报道中的这个"自治政府"的原文是什么。根据笔者在墨西哥了解到的情况，这里可能是"autogobierno"一词，应译为"自我当政"、"自我治理"或"自我管理"。它与自治（autonomia）有立法权力上的细微区别。墨西哥的民族政治刚刚开始，不知最后会形成什么样的机制，让我们拭目以待。笔者认为，土著人自治政府或自管政府的建立，最有可能的是以墨西哥行政区划中的最低一级"市"为基础，也有可能在市以下设更低一级的自治单位，或者建立直属州政府领导的其他类型的自治政府形式。而且，联邦政府在印第安人自治政府与州政府之间，可能还会保留一些制约与调节的权力。

第九篇　保障少数民族政治权利是民主政治制度建设的重要课题*

提要　以个人权利为核心的经典自由主义理论，不重视少数民族的集体权利包括政治权利，墨西哥社会也是如此。但墨西哥各族印第安人有集体自觉，也有集体政治诉求。自由主义的民主国家如何解决少数民族的集体政治诉求，是一个值得重视的问题。

一　关于墨西哥印第安主义理论及其片面性

墨西哥印第安人口约占全国总人口的 10% —12% 。这部分印第安人和混血人构成既有共性与个性、又有中心与边缘的相互关系。研究和处理这个关系一直是墨西哥社会和历史中的重要课题，由此产生了印第安研究学科——印第安主义。

印第安主义理论是不断发展的，从"并入化"理论到"一体化"理论，从"一体化"理论到目前的"文化多元主义"（cultural pluralism），表明墨西哥印第安主义的哲学思想是发展主义的而不是教条主义的。但是，不论是"并入化"还是"一体化"，抑或"文化多元主义"，都不是完整的哲学表述，都存在着片面性，因而在其实践中难免带有某些消极的或极端的东西。

经过 1970 年代以来的近二十年争论之后，墨西哥官方现在倾向于接受文化多元主义理论。多元主义的积极意义在于它强调了被一体化印第安

---

　　* 本文是笔者 1993 年在墨西哥全国印第安研究所研修时写的结业文章的摘要，原文是西班牙文，先后在萨卡特卡斯州州报《太阳报》和墨西哥国家报《至上报》连载，大约 12000 字。笔者将此文寄给时任中国社会科学院拉丁美洲研究所副所长徐世澄先生指教，承蒙他推荐给《拉丁美洲研究》节要发表。这次研修给笔者以国际比较的视野。笔者在这篇文章中的思考，现在看起来不乏幼稚之论，但它是笔者后来结合在西班牙的研修和考察，反思传统自由主义政治理论的民族问题观和民族主义经典理论的"民族—国家"观，提出"民族共治"这一命题的基础。

主义忽视的方面，但它不能代替也不能包容一体化理论，因此，应当把两者结合起来，构建一种更全面的理论。

民族一体化理论的不足之处，在于它没有充分认识到现时代是民族发展与繁荣的时代，它在设计建造一个包括所有族体在内的新墨西哥国族时忽视了印第安人的特殊性；而多元主义理论的一个潜在问题，是它对不同民族间存在的一体化事实与过程没有给予应有的重视。

笔者在五年前写的一篇文章中提出，多民族国家应以"多元一体化"的思想作为处理民族关系的原则。因为，从认识论上说，这一思想符合对立统一规律；从实际情况看，这一思想符合民族关系的实际，即民族关系中既有一体化的东西，也有多元化的东西，并且两者之间没有一条绝对不可逾越的界限。此外，多元一体化是不同民族共居的一个不可避免的过程和自然现象。

少数民族需要发展，这已是人们的共识。但是，少数民族怎样发展，中国学者的看法各有不同的侧重点。一些学者比较强调发展民族传统的东西，不太注意各民族间的相互吸收；另一些学者强调要按照现代社会发展的总趋势来谈论民族发展。实际上这里涉及的是如何理解一体化和多元主义、如何协调两者之间关系的问题。

1990 年，中国著名的社会学家费孝通教授出版了一部论述中国各民族关系的书《中华民族多元一体格局》，详细阐述了作者对中国民族关系的看法。有的学者由于更多地看到不同民族的语言、文化和习惯的多元性质，不大赞同多元一体的表述。其实，他们被一些民族差别限制住了，而对那些使不同民族形成一个统一国家的东西没有给予充分考虑。无论如何，我们不应把多元一体化理解为"一致化"或"同质化"。墨西哥一些印第安主义研究者也提出了民族发展理论，笔者是赞成的，但民族发展应以一体化与多元主义相结合为基础。

事实上，一体化与多元主义不是相互对立的，而是相互补充的。在讲一体化时，不能按照一个模式处理各民族之间的相互关系；在讲多元主义时，也不可能把民族关系的每一个方面都区别开来。其中最重要的原则是遵守民族关系发展的自然规律。如果从理论上肯定一体化与多元主义相结合的民族发展道路，我们就有了民族发展的共同基础和方向。

二　关于墨西哥印第安人的政治权利问题

墨西哥是一个非常重视解决民族问题并取得很多成就的国家。在墨西哥《全国协作纲要》中规定，政府投入大量资金帮助印第安地区的经济发展。相对而言，墨西哥潜在的民族问题，主要是印第安人不断增强的民族集体政治权利要求与现实的政治制度不能相容的矛盾。一方面，印第安各族人民的政治意识在增长，他们要求登上国家的政治舞台；而另一方面，这个政治舞台则是以政党来划分的，没有民族的一席之地。因此，当前的墨西哥社会，一个最重要和最紧迫的问题，是寻找一种适当的形式来满足印第安人民的政治权利要求。

回顾墨西哥独立后的历史，人们发现，差不多每隔半个世纪就发生一次大的社会政治变革运动，如1850年的改革、1910年的革命、1968年的学生运动。这些运动产生的原因，是社会政治发展进程中的改革要求没有得到及时解决。从正面意义上说，这些运动对墨西哥社会的发展与进步起了推进作用；从反面意义上说，所有这些运动都是以激烈方式发生的，引起多年的动荡和不安，使国家和人民蒙受损失。

这些运动之所以采取激烈方式，最根本的原因就在于政治当局面对变革要求表现出无动于衷、无所作为和抱残守缺。因此，为保持社会发展所需要的政治稳定，政治家对社会和政治问题就需要有超前意识。如果改革的步伐滞后或缺乏超前意识，那就很难避免产生不稳定局面。

墨西哥社会现处在一个快速发展的阶段，其中印第安人问题十分凸显。联邦政府采取了许多尊重印第安人特别权利的措施，如修改宪法第4条，建立"全国印第安人民公正委员会"，制定《印第安人民公正纲领》，实行《全国印第安人民发展计划》，等等。这些措施一方面证明了政府对印第安人权利的关注；另一方面也表明印第安人问题，包括印第安人的政治权利问题依然是现今墨西哥社会尚未解决的问题。与其他社会问题相比，印第安人的政治权利要求问题居于首要地位。因为在墨西哥，其他社会问题已经有了正常的讨论和解决的渠道，而解决印第安人政治权利问题的渠道则不那么畅通。

所谓印第安人的政治权利，不是指作为一般公民的印第安人的个人政治权利，而是指作为构成墨西哥国家和社会的一部分的各族印第安人的集体政治权利。民族政治权利要求作为不同的文化价值观的一部分，应当承认其合理性，应当按照民族关系的一体化与多元主义相结合的原则给予回应。因为国家是由社会集团和民族集体共同组成的，二者在国家的政治舞台上都应占有各自适当的地位。

墨西哥一直很重视解决印第安人的发展问题，这使其在印第安主义理论与实践方面走在拉美其他印第安人口较多的国家的前头。但是，随着现代社会政治改革的发展和民族政治要求的增强，墨西哥也需要在解决印第安人政治权利的道路上迈出新步伐。为此，如何认识民族政治在现代民主制度中的地位是非常重要的。

三　关于民族政治权利与民主政治

承认民族政治权利是现代民主区别于传统民主的一个显著特征。资产阶级初始民主的发展轨迹，由承认个人的政治权利，到承认社会集团和政党的政治权利，完成了建立在党派政治平等基础之上的代议制民主制的建设。这种代议制民主制主要是在西欧形成的，西欧国家的民族成分比较少，因此，在民主制的形成和建设过程中，少数民族的政治权利与政治地位被忽视了。

但是，对于亚、非、拉国家来说，这一制度就显得不够了。因为这些国家存在着许多具有很大政治影响的民族单位，以致在许多政党的背后都有它们的影子。例如，圭亚那的两大党分别拥有黑人和印度裔居民的支持；在多数伊比利亚美洲和亚洲国家，虽然已形成了居统治地位的这个或那个民族、这种或那种文化，但不同民族及其政治影响的存在仍是这些国家的基本现实。

这种新的民族政治现象，要求这些国家在实行民主政治时考虑政党的政治权利和民族的政治权利，把两者放到同等重要的地位，以便建立起一种新的民主与民族政治结构。

在当今世界里，随着社会生产力的提高和产品的丰富，社会阶级矛盾正在趋向缓和，而且通过政府的控制与调节，可以避免社会阶级的直接的和激烈的对抗。但是，民族矛盾却在呈激化趋势，有些国家被民族矛盾弄得解体了，有些国家被民族分离恐怖主义组织搅得不得安宁，而大多数民族国家则面临着少数民族政治权利要求不断增强的局面。墨西哥目前就属于后一类国家。

现在的问题是，以党派政治为基础的现实政治结构没有给民族政治要求留下应有的空间。因此，在一些拉美国家，印第安人提出要求建立"印第安人党"，以此获得参加国家政治生活的资格。但是，政党是以社会政治主张为基础建立的，与种族和民族的划分应该没有关系。民族单位与政党的性质是不同的，以民族为基础建党，不仅不利于一个民族内部的团结，更不利于各民族之间的整合。

　　解决这一问题的出路在于改革和发展现行的政治制度，使之能够容纳民族政治。仅仅从政治方面来讲，理想的民主社会与民主国家，应当是个人政治权利、党派政治权利和民族政治权利三者都得到承认和保障的社会与国家。当然，这种保障是指保障少数民族参与国家的管理，而不是保障这种或那种分离。有了这个前提，民族政治就可以健康发展。

　　恰帕斯冲突是墨西哥社会现代化过程中产生的民族地区发展不平衡的问题。它不单是经济问题，而是一个更加广泛的民族政治问题。墨西哥印第安人政治问题现在虽然局部激化了，但只要对问题的实质有一个清醒的认识，就不难找到正确的解决办法。

　　引起恰帕斯冲突的原因之一是印第安人感到自己被社会忽视了，他们试图通过暴力行动来表明自己的存在。这次冲突的组织者是"印第安人革命秘密委员会"，其军队称"萨帕塔民族解放军"。这两个名称表明了恰帕斯冲突的性质。不管有无外国人介入，冲突的发生无疑是恰帕斯印第安人自己的思考和选择。这场冲突最终会得到平息，问题是平息后的印第安政治问题将如何发展，印第安主义研究将怎样为解决印第安人政治问题提供可行性建议。

　　自1980年代开始，墨西哥官方印第安主义理论便陷入主体意识混乱之中。在民族一体化理论遭到批评后，印第安主义便失去了方向，接受了多元主义理论。但是，在接受多元主义理论的同时，它并没有认真系统地分析这种理论的缺陷。恰帕斯的枪声应该使印第安主义研究者清醒起来，根据墨西哥印第安人与整个社会所结成的历史和现实关系，重建指导和处理这种关系的新的理论。

　　试想，如果印第安人的政治权利得到解决，并感到满意，政府又大力支持他们的经济和文化的发展，使他们对自己的前途充满信心，那么，即使其经济和文化发展暂时还处于落后状态，也不至于采取激烈行动。如果印第安人在国家和本州的政治生活中有较广泛的参与机会，并且有一定的制度和机制保障，他们就可以通过正常的合法渠道表达自己的意愿，在和平和民主的基础上同国家与州政府商讨自己的问题，这样，也许可以避免出现目前这种冲突性局面。因此，这次恰帕斯冲突，至少可以向人们说明两点：一是墨西哥印第安人政治权利问题已经到了亟待解决的时候了，二是自由主义民主政治制度的发展应该考虑引入民族政治。

（原载《拉丁美洲研究》1994年第2期）

第十篇 关于民族自治的历史考察与理论思考

——为促进现代国家和公民社会条件下的民族政治理性化而作

提要　作为近现代产生的民族政治设想或设计，民族自治这一命题源于帝国统治与民族主义运动之间的矛盾，是双方相互妥协的产物，并非是民族平等观念的体现。从本质上说，民族自治设想就是"以族划界，各自为政"，它在实践上容易导致民族关系的疏远乃至民族分离主义的发展，不适合用以处理现代国家和公民社会条件下的民族关系。当代多民族国家民族政治生活的理性观念，应以保证国家主权统一建设和促进公民社会建设为前提，实行各民族团结共治而不是各民族分别自治；在中国，也应以此观念来认识和发展民族区域自治制度。

一　众说纷纭的"民族自治"

自从奥匈帝国设想通过"民族自治"来协调帝国民族关系和维护帝国存续以来的大约 150 年间，"民族自治"似乎成了人们在探讨少数民族集体政治权利保障问题时的主导思想，至今仍是国内外学术界热衷讨论的话题。究其原因，这主要是由于民族自治曾对消除民族压迫起到过一定的积极作用，并由此被赋予了民族平等的内涵。但实际上，民族自治并不是民族平等的体现，相反却是民族不平等的反映。虽然有关民族自治的一些当代论述与历史上的民族自治观念有所不同，但其以民族整体为单位"划族而治"的基本思想是一致的，而这不符合现代国家各民族混杂居住的现实，也有悖于现代国家管理和现代公民社会建设的基本要求，不适宜运用于当代多民族国家的民族政治生活。而从理论上说，人们对民族自治的内涵与外延历来没有一致的看法，这也决定了它缺乏可操作性。

加拿大当代著名政治学者威尔·金利卡把"自治权"与"多族类权"和"特别代表权"列为像加拿大土著人这样的少数民族群体（national groups）应该有的三方面权利之一，但他也没有说清楚自治权到底是什么、怎样自治和自治的现实性如何，而只是从多元文化主义差异政治的角度，以种种理由论证自治的必要性。但自治的目的是什么，他只是从自由主义政治的个人权利与集体归属之关系的角度，认为少数民族群体的自治是合理的，至于自治能给少数民族群体成员带来什么实际利益，不在他的讨论范围之内。而对于自治的结果，他不否认这有可能影响社会团结乃至造成社会分裂，也可能导致一些非自由主义的少数民族群体对本群体成员进行内部限制，从而违反自由主义所倡导的个人自由原则和价值观，但他对此却没有提出解决办法，而是采取了一种为了自治只好如此的态度①。

西班牙在 1978 年实行民主改革，确定国家领土管理采取自治制度，并在《宪法》序言中将全国分为"民族和地区"，但这立即在西班牙社会引起了谁是"民族"（nationalities）、谁是"地区"（regiones），以及什么是民族自治、什么是地区自治的激烈辩论。因为被称为"民族"的巴斯克、加泰罗尼亚和加利西亚三个地区，并非是纯巴斯克人、纯加利西亚人和纯加泰罗尼亚人，而其他被称为"地区"的地区，也不是单一民族的，并且在历史上与巴斯克、加泰罗尼亚和加利西亚一样大都也曾是独立王国。争论的结果是妥协方案产生，所有的自治单位都叫"自治共同体"（Comunidades Autònomas，起初分为 17 个自治共同体，位于非洲摩洛哥海岸的两块飞地后又单列为自治市），各个自治共同体都以历史沿袭下来的地名或王国名称命名而不带民族名称，各民族公民权利平等，并且在自治的实施过程中各个自治共同体的管理都走向了"制度均质化"②。

国外对民族自治的认识和实践是这样，我国又如何呢？众所周知，我国民族区域自治制度是在否定民族自治后形成的民族地方管理制度，但人们又对它作出了是"民族自治和区域自治相结合"的模糊解释。那么，二者是怎样结合的呢？民族自治的具体体现是什么呢？在我国民族问题研究界，通常是引述"自主管理本民族的内部事务"作为回答，而另一种

---

① 见威尔·金利卡：《多元文化的公民身份》，马莉、张昌耀译，中央民族大学出版社 2009 年版。

② Juan Pablo Fusi, *España*：*Autonomias*，*Editorial*，Espasa—Calpe，Madrid，1989，pág. 40.

带有虚幻主义色彩的普遍认识，则是把民族区域自治视为"民族自治"的一种体现。但对于在民族区域自治制度下民族政治关系的实质是什么，我国各少数民族是怎样"自主管理本民族内部事务"的，就没有人深究了，或者说再次采取了模糊的态度。如果人们都采取这种态度也就罢了，世上说不清的事多的是，模糊就模糊下去。但现在的问题是，恰恰有人不想模糊下去，要求弄清和实行"真正的民族自治"或"名副其实的民族自治"。达赖集团近年来高调宣扬"大藏区高度自治"主张，就是一个突出的例子。

什么是"大藏区高度自治"？根据达赖本人的说法，就是"除了外交和国防，其他所有事务都应由藏人负责并有全权"①。而 2008 年 10 月达赖集团在提交给中国有关部门的《为全体藏人获得真正自治的备忘录》中②，则对"大藏区高度自治"作出了进一步的阐释，即："对在中华人民共和国境内的西藏人要进行统一的管理"；"将目前分散在各种自治地区的所有藏人统一在一个自治体系下"；"藏人要有制订符合自己需求和特点的地方政府、政府组织，以及制度的权力。自治地方的人民代表大会对本地方所有问题有制定法规的权利，以及在自治政府各部门有实施权利和自由决定的权力，自治权利也包括在中央国家级的相关权利（应是"权力"之误——引者注）机关中安置代表并发挥实质作用"。仅此还不够，达赖集团还要求控制其他民族的人流入所谓的"大藏区"，甚至要把已经居住在"大藏区"内的其他民族的人统统赶走或挤走。达赖集团提出的"大藏区高度自治"主张，向我们提供了有关民族自治的另一个版本，它比我们周围一些专家学者对民族自治的论述清楚多了，是帮助我们了解什么是民族自治的绝好教材。

不过，达赖集团版的民族自治并非是新发明，而是早已有之，只不过它的一些主张更极端罢了。众所周知，作为处理民族政治问题的设想，"民族自治"产生于 19 世纪中叶的欧洲，它是帝国统治与民族主义运动相互妥协的结果，其实践过程往往导致民族关系的疏远和民族分离主义的发展，因而现代国家很少还接受它。现在，达赖集团为了实现其"藏独"

---

① 见达赖喇嘛1987年在美国国会人权小组会议上抛出的《西藏五点和平建议》。达赖所说外交和国防由中央政府负责，这也是假的；他在该《西藏五点和平建议》中要求"中国军队和警察撤出大藏区"，而在1988年的《斯特拉斯堡七点建议》中则又提出在外国"设立外交办事处"，"加入世界人权宣言"，这实际上是要使中央政府的外交和国防权也变得虚名化。

② 该"备忘录"叫《为全体藏人获得真正自治的备忘录》，《国际西藏邮报》在公开发表该《备忘录》时改为《全体西藏民族实现名副其实自治的建议》。

目的而捡起它，这没有什么可奇怪的，我们可以不予理睬。然而，在我国民族问题研究界，也有不少学者对民族自治存在着许多不实际的认识，甚至赋予它是少数民族的权利、是民族平等的体现等虚幻的内涵，这就值得我们对它进行再认识或再思考了。本文首先从考察民族自治设想产生的时代背景开始，接着回顾一下它的实践情况，并对它作些理论思考；之后，我们再看一看民族政治理论与实践的当代发展，说一说当代多民族国家民族政治的理性观念和现实选择应该是什么，以及我们应该如何认识和解读我国的民族区域自治制度。

二　民族自治设想产生的历史背景

何谓"民族自治"？就其原始意义来说，就是"一族一治"或曰"划族而治"。从历史上看，类似于民族自治的统治方式可以追溯到帝国产生的时代，但从现代政治学理论上说，"民族自治"（autonomy of nationality）则是在19世纪中叶以后的欧洲社会产生的一种民族政治设想，它与在此之前出现的现代民族主义运动以及人们对这种运动的片面追求和解释难以解决实际的民族关系有关。因此，要想了解民族自治的来龙去脉，就必须从了解现代民族主义运动所追求的"民族—国家"（nation-state）理念开始，民族自治实际上是对这种理念的一种调整，而且同样带有片面性，在实践中不是流于形式，就是成为走向独立的开始。

民族主义运动在欧洲社会的出现是一个过程，我们不好说它起自何年何月，但国际学术界一般以"三十年战争"的爆发为叙述起点，因为这场战争导致了1648年《威斯特伐利亚和约》的签订，该《和约》承认了一些原先受统治民族如瑞士和荷兰的独立，确立了德意志各邦内政与外交的自主权。自此以后，应以民族为基础组建国家成了欧洲社会政治思想的主流，尽管事实难以如此。这种思想经过不断发酵，在18世纪后半期产生了卢梭（1712—1778）的"人民主权"思想和赫尔德（1744—1803）的"民族主权"思想，以及后来的费希特（1762—1814）、西哀士（1748—1836）、曼佐尼（1785—1873）和穆勒（1806—1873）等人的民族主义论述。20世纪的国际民族主义理论研究界，把这些人以及同时代其他人有关人民、民族、公民社会和国家关系的论述统称为民族主义经典理论或曰古典理论（classic theory of nationalism），其主要观点可概括如下：民族压迫和民族冲突是欧洲当时最严重的社会政治问题，其根源在于民族与国家不一致，解决办法只能将二者统一起来，实现"一个人民，一个民族，一个国家"（one people, one nation, one state）的领土主权政治，即把世界分成各自独立的"民族—国家"①。至于什么是"人民"、什么是"民族"的问题，答案是人民或民族是语言文化等外在表现同质、内心相互认同和政治意志与利益一致的人们共同体，这种共同体是现代国家建立的合法性所在。很显然，民族主义经典理论家们对"民族"本体的认识也许有几分道理，但对人类社会民族关系问题的认识及提出的解决办法则过于简单化了，既未找出导致民族压迫和民族冲突的真正根源，也未认真考虑其设计方案是否具有普遍性和可行性。因为，在长期的发展与互动过程中，各民族在人口规模上有大有小，且相互形成了交错分布的杂居状态，不可能实现每个民族都建立一个国家，在大多数情况下也无法使国家边界与民族分布精确地协调起来。

　　既然如此，那么，民族主义经典理论家们为什么还是提出了"一族一国"的设想呢？这与当时在欧洲社会产生的另一种观念即政治自由主义理论有关。这种理论对古希腊城邦的同质化社会十分崇拜，认为现代国家和现代公民社会也应当是同质化的，公民身份只能赋予同族人，公民权利也只有同族人才可以享有；这就是说，公民身份的获得和公民权利的保障，取决于一个人的民族归属②。由此，"一族一国"的民族主义经典理论也就借助这种政治自由主义传统理论得以大行其道。可以说，民族主义经典理论与政治自由主义传统理论不仅是欧洲社会政治思想的一对双胞胎，而且，二者之间还存在着一种相辅相成的关系③。上述那些民族主义经典理论家，同时也都是自由主义理论的先驱和奠基者。但是，这两种理论并不是完美的思想体系，其实践过程给少数民族带来的损害有目共睹。作为弱势的人们共同体，少数民族没有力量按照民族主义经典理论建立自己单独的国家来保护自己的集体权益；作为异质性的社会成员，少数民族又难以在同质性公民观念下享受到与多数民族成员平等的权利。不仅是实质上的平等，包括名义上的平等，有些国家也曾长期不给予少数民族成员

---

　　①　Andrés Blas de Guerrero, *Enciclopedia del Nacionalismo*, Editorial Tecnos, Madrid, 1997, pág. 339.

　　②　参见德里克·希特：《何谓公民身份》，郭忠华译，吉林出版集团有限责任公司2007年版，第98—111页。

　　③　例如，现代自由主义理论的主要奠基者英国人穆勒（1806—1873）就认为，"政府的边界应该与民族的边界大体一致，这通常是自由政体的必要条件"。转引自威尔·金利卡《多元文化的公民身份》，马莉、张昌耀译，中央民族大学出版社2009年版，第75页。

公民身份，如美国对黑人和印第安人。

　　虽然民族主义经典理论和政治自由主义传统理论带有这些先天性思想缺陷，但由于它们的矛头直指封建制度、民族压迫和帝国统治，倡导自由、平等和人权，因此它一出现就迅速成为革命性的思想而传遍世界，并在世界各地引发多次大规模的民族主义独立运动，导致了今日世界大约200个主权国家格局的形成。但是，这些主权国家绝大多数都不是按照民族主义经典理论家们设计的"民族—国家"标准建立的，而普遍是以一些强大民族为核心、与一些弱小民族或少数民族共同建立的多民族国家①。可以说，民族主义经典理论家们的设想很美好，但其实践过程和结果就不是如此了。二百多年来，在世界各地，民族主义运动实际上是一种只有目标而无规则，只有选手而无裁判、因而是只论实力而难说公平的政治游戏，现代"民族—国家"间的边界通常是按相对强大民族的影响范围来划定的，而相对弱小的民族被合并或被分裂就成了常见的现象。而自由主义理论家们所倡导的自由、平等和人权等普适价值观，在实践中也并没有普遍实现；面对多数或强势民族的支配地位，少数或弱势民族无论是作为个人还是作为集体，他们的自由、平等和人权的实现显然难如人愿。

　　根据民族主义经典理论来看，一些弱小民族被合并或被分裂显然是不公平的；而根据政治自由主义传统理论来说，异质性的弱小民族的成员得不到公民权利保障也是不公平的。在这种情况下，弱小民族表现出不满并力图加以改变是必然的。于是，这些民族便也试图运用民族主义经典理论和政治自由主义传统理论，以求建立自己的民族—国家。"不独立毋宁死"的精神之所以具有号召力，并被视为一种英雄气概而得到提倡，我们在这里找到了它的利益性和价值观基础；民族分离主义在世界各地屡见不鲜，其基本动力和主要原因也就在此。但是，弱小民族独立建国并不那么容易，它受到由一些强势民族在建立帝国的历史过程中形成的民族结构的束缚，强势民族并不希望因弱小民族的独立而使自己的势力范围缩小或被分裂，而是希望以原来的帝国版图为基础建构现代主权国家。这样，就

　　①　国内知识界对在欧洲产生的"民族—国家"观念普遍持有一种适合欧洲但不适合中国的解读，但这种解读并不到位。实际上，欧洲国家如英国、法国、西班牙、瑞士、意大利等等，也都不是单一民族的国家，现在也都承认自己是多民族的国家。因此，认为欧洲人和中国人在对民族与国家的关系问题上存在不同的价值观，并据此解释西方"受过良好训练的知识分子"对"藏独"持同情态度的原因（参见金灿荣《西方应改一改"后现代种族主义"》，《环球时报》2009年3月20日第11版），并无说服力，西方知识分子也不会赞同。这种解释有点低估西方知识分子的是非观念了，打击面也太宽了。实际上，西方知识分子特别是受过良好训练的知识分子，绝大多数也不赞同民族分离主义者对现代国家的肆意分裂。

难免在强势民族和弱小民族之间形成一种内在张力。那么，怎样疏解这种张力呢？民族自治便是当时人们所能想出来的最好的妥协办法，并由此产生了一种为民族自治作解释的人们共同体理论。

在 19 世纪中叶前后，欧洲思想界普遍把人们共同体分为"大国族"（great nations）和"小民族"（smaller nationalities），前者如法兰西人、德意志人、英格兰人、西班牙人、意大利人、俄罗斯人、匈牙利人、波兰人等；后者如捷克人、斯洛伐克人、克罗地亚人、巴斯克人、威尔士人、苏格兰人、塞尔维亚人、保加利亚人、罗马尼亚人、斯洛文尼亚人等[①]。前者代表了文明进步，后者则是文明进步的绊脚石；前者可独立建国，后者则不可，他们的命运就是被同化，至多可在由那些"大国族"建立的国家内实行自治。但这样的理论只是站在那些"大国族"立场上的理论，凸显的是一种对人们共同体所持有的集体人格差异观念。而从那些"小民族"的角度来说，难免不想通过独立建国而跻身"国族"行列。既然你的共同体因建有国家而是国族，那我的共同体为什么只能是民族而不可以成为国族？我为什么只能自治而不能独立建国？不大的欧洲版图，一而再、再而三地被民族分离主义所分割，至今仍未结束，其思想根源就在这里。

根据上述情况，我们应该怎样看待民族自治这个命题呢？民族自治真的是民族平等的体现吗？它真的是小民族的不二追求吗？答案应该是不言自明的。从根本上说，民族自治命题并不是民族平等观念的体现，相反却是一种民族不平等思想的反映，它只不过是那些自视为代表文明进步的大国族对它们所界定的小民族实行的绥靖政策而已；而从小民族的角度说，自治也只不过是基于没有条件独立建国退而求其次的选择，它总比被强制同化要好，或许还可以通过先自治，然后再谋求独立。世界各地民族分离主义活动的发生与发展，不断向我们证实了这个推理。一些实行自治的小民族，只要有可能，他们就会毫不犹豫地选择走向分离独立的道路。这倒不是因为小民族天生就是分离主义者，而是受那些民族主义经典理论家们制造出来的一些理论诱使后天使然，特别是根据这些理论所进行的实践给小民族造成的伤害，迫使小民族希望通过民族分离独立加以避免。由此，我们可以说，无论对于"大国族"还是对于"小民族"，特别是对双方的统治者来说，民族自治都不是自觉自愿、信守如一的选择。而且，那些由双方各自附加给民族自治的所谓正当理由，都不过是双方试图说服对方接受民族自治的一时托词而已，在实践中一

---

① 参见威尔·金利卡：《多元文化的公民身份》，前揭书，第 76 页。

旦条件有变，双方都不会认真对待的。

三　关于民族自治实践的历史考察

不管当今的民族问题研究者如何论证民族自治的合理性，甚至把它与民族平等联系起来，但历史证明它恰恰不是源于对民族平等的考虑，那些曾经的自治民族也并未安于这样的安排。许多事实表明，民族自治并不能如其设计者所希望的那样保证多民族国家的安定存续，相反，它在很多情况下往往导致民族关系渐行渐远，为民族分离独立提供了先期准备。欧洲列强的海外殖民地人民自治自不必说，欧洲本土如奥匈帝国、南斯拉夫和苏联的民族自治，其结果也是一样。

自 19 世纪初起，源于西欧的民族—国家观念席卷世界各地，与西欧毗邻的中东欧地区首当其冲。但在哈布斯堡王朝的铁蹄下，中东欧各族人民的民族独立运动都被镇压下去，特别是经过 1848 年、1859 年和 1866 年三次民族主义战争失败后，匈牙利王国于 1867 年被迫与哈布斯堡王朝签订了《和约》（Ausgleich），在原来的奥地利帝国的基础上建立了奥匈二元帝国。为了缓和民族矛盾、保证奥匈帝国的存续，哈布斯堡王朝与各民族统治者达成了"民族自治"的协议。按照上述和约，奥地利皇帝同时为匈牙利国王；帝国中央政府保留对军队、外交、货币、海关和铁路的领导权，帝国内各民族（nationalities）实行自治①。

奥匈帝国的民族自治，首先是奥地利（德意志人）和匈牙利（马扎尔人）分别实行一级自治；与此同时，其他民族实行二级自治。当时，奥匈帝国被一分为二成 Cisleitania 和 Transleitania，前者包括奥地利、波西米亚、摩拉维亚、加利曾和达尔马提亚，由维也纳统治；后者包括匈牙利、罗马尼亚、克罗地亚、斯洛文尼亚和塞尔维亚，由布达佩斯统治。在前者，德意志人为统治民族，但其人口只占总人口的 36%，这迫使德意志人继续与其他民族集团进行协议和采取让权政策；在后者，马扎尔人为统治民族，但其人口也只占总人口的 48%，这迫使布达佩斯当局于 1868

---

①　当时，奥匈帝国包括 11 个或 12 个民族（这取决于把奥地利人与德意志人看成一个还是两个民族），其中，德意志人占 24%，匈牙利人占 20%，捷克人占 13%，波兰人占 10%（1910年）；其他居民包括斯洛伐克人、小俄罗斯人、罗马尼亚人、塞尔维亚人、克罗地亚人、斯洛文尼亚人，还有犹太人，共占 33%。参见 Andrés de Blas Guerrero，*Enciclopedia del Nacionalismo*，Tecnos，Madrid 1997，págs. 231 – 232。

年通过了《民族法》（Ley de las Nacionalidades），承认其他少数民族可以享有的政治和文化自治权利①。

奥匈帝国的"民族自治"设计是一种"单一整体民族的领土自治"，这也许符合奥匈帝国各民族居住相对集中、民族界限相对清楚的分布格局；但必须承认，这种各自为政的民族自治并非奥匈帝国统治者所愿，因此在实践中并没有认真执行；与此同时，对于那些被统治民族来说，民族自治则成了他们走向分离独立的新起点。于是，时至奥匈帝国末期，哈布斯堡王朝实际上已形同虚设，面对民族分离主义的冲击，任是什么"条约"都无能为力了。有鉴于此，对奥匈帝国的"民族自治"设计，当时的欧洲思想界包括马克思主义者，都不认为它是处理现代多民族国家民族问题的合适方式，并试图寻找新的方式来取代它。这是因为，现代国家的建构和巩固需要有高度统一的中央政权做保障，需要有基于公民权利平等的公民社会的形成做基础，而民族自治恰恰对这两点形成了阻碍和挑战。

首先对奥匈帝国的"民族自治"提出质疑的，是深知它对奥匈帝国意味着什么的奥地利社会民主党人。19世纪末期，奥匈帝国已是摇摇欲坠。为了把奥匈帝国改造成一个继续保持统一的现代国家，奥地利社会民主党提出了将民族与政治分离开来的"地方联邦"加"民族内部事务自治"的方案，即国家管理和地方管理不考虑民族因素，民族权利只体现为各民族可分别建立自己的地方性和全国性社团组织，实行语言文化教育等事务的自治，"自主管理本民族的内部事务"。由此，奥地利社会民主党设想的"民族内部事务自治"，也以"民族文化自治"之名流传于世②。但是，这种自治设想涉及一系列难以形成共识的重大理论和实践问题：一方面，人们没有理由认为少数民族只有管理本民族内部事务的权利，少数民族也并不会只满足于这种权利；另一方面，内部事务的界定以及内部事务与公共事务的关系，自主管理机构的权威性以及对本民族内部成员可否进行内部限制，自主管理规定与国家一般法规在公民身上发生冲突时的解决办法等问题也难以解决。因此，这种自治设想从一开始就是一个没有多大实践可能性的虚议题，随着奥匈帝国的解体，它没有经过任何实验就随之夭折了，至今也没有理想的案例可举。

---

①　Andrés de Blas Guerrero：Ibídem.，pág. 233. 由于匈牙利人对非匈牙利人怀有根深蒂固的"马扎尔化"思想，由匈牙利议会通过的这部《民族法》没有得到认真执行，奥匈帝国后来也解体了。这部《民族法》唯一的意义，是向我们展示了当时欧洲人的民族自治观念是什么。

②　Véase：Maìa Josefa Rubio Lara，*Austromarxismo*，*en Enciclopedia del nacionalismos*，ob. cit.，págs. 42 – 45.

　　由于民族文化自治存在这些问题，特别是它否定少数民族的"集体政治"权利，在19世纪和20世纪之交，俄国马克思主义者对其进行了猛烈的批评，并由此提出了把民族集体政治权利与民族领土管理联系在一起的"民族联邦制"主张，这种主张随后成为苏联及其加盟共和国建立的理论基础。但是，在苏联存在的过程中，"民族联邦制"也是徒有虚名的，同其他现代主权国家一样，苏联也是以高度统一的面目出现在世界舞台上的。然而，苏联在民族政治理论上却陷入了停滞，没有充分认识到民族联邦制不利于现代主权国家的统一建设，并寄希望于意识形态统一和"无产阶级国际主义"（族际主义）可以保证苏联各族人民的团结，由联邦而最后走向统一。但事实是，在民族联邦观念的影响下，民族离心力同样如奥匈帝国的民族自治一样不断加强，并最终导致了苏联解体。因此，苏联的民族联邦制及其理论论说，也很少被其他多民族国家所推崇；如果照搬照抄，只能是同样的结果，如南斯拉夫。苏联存在的中后期，也试图解决民族联邦制的离心力问题，但采取的方法只是在实践中不断削弱各加盟共和国的权力，却没有勇气从理论上否定民族联邦制，更缺乏民族政治理论和制度创新。这样，苏联一方面在理论上包括在法律上承认民族自治、自决乃至分离的权利，实际上又在削弱加盟共和国的权力和加强国家统一建设，这难免不造成人们的思想矛盾和心理混乱：到底是要按照理论设计进行实践，还是根据实践改造和发展理论？从苏联解体的结果看，自然是前者战胜了后者①。

　　鉴于单一整体民族的领土自治不成功，当今世界没有哪个国家还接受这样的民族自治观念。原因是：第一，民族自治观念把民族界限看得高于一切，把各民族分为相互孤立的单位，这不利于现代国家的公民社会建设，而公民社会的形成才是保证民族团结和国家统一的最牢固的基础。第二，民族自治政府或民族自主管理组织往往对中央政府形成一种尾大不掉的局面，这有碍现代国家内部主权统一建设，使国家难以有效和有力地遏制民族分离主义的发生与发展。当然，人们也可以从另外的角度解释奥匈帝国和苏联的解体（包括南斯拉夫的解体），认为二者根本就不具备建立统一国家的民族关系基础，实行不实行民族自治都是要解体的。如果这样解释的话，那恰恰证明"民族自治"并不是保证国家统一和民族团结的有效工具，并不能成为现代国家在保障少数民族政治权利时必须信守的

————————

　　①　参见郝时远、赵锦元主编：《苏联民族危机与联盟解体》，中央民族大学出版社1994年版。

教条。

　　既然民族自治的实践并不能达到人们的设计目的，现代国家的民族政治实践也少有实行民族自治的，那么，为什么民族自治的话语却被一直传讲下来而少有人对它提出质疑呢？笔者以为，除了它具有一时的绥靖作用和可能的独立桥梁作用而被着意利用和渲染外，更重要的原因是人们对它的长期盲目崇拜一方面使一些人失去了对它进行理性思考的意识，另一方面又使一些人对这样的思考可能招致义愤填膺的反对而宁愿选择沉默，反对者可能会这样说：弱小民族独立不了，难道连自治也不行吗？平心静气地说，民族自治还真的不行。这倒不是因为民族自治本身怎么不好，而是因为在现代国家和公民社会条件下，民族自治已没有了可能。关于这个问题，让我们留待后文再谈，这里，让我们先说一说人们对民族自治的盲目崇拜是如何形成的，我们应该怎样破除这种崇拜。

四　关于民族自治的理论思考

　　根据前文的分析，我们可以认为，作为一种民族政治设计，民族自治只是在特定的历史背景下为解决特定的民族问题而提出的一种假定性的社会治理命题，它能否成立以及是否具有普遍意义则有待时间和实践检验。但是，这个假定性的命题，却被当时的欧洲思想界给神圣化了。自19世纪中叶起，德意志浪漫主义和唯心主义哲学（代表人物如赫尔德、费希特和黑格尔等）风行欧洲，使欧洲思想界对周围事物的解释多带有浪漫化和先验性色彩，其中也包括对民族和民族政治问题的认识："民族"被充分理想化，是一种完整独立的存在；"民族自治"被绝对合理化和普遍化，是一种天然权利[1]。当时欧洲思想界的思考逻辑是：从康德的"个人自决"出发，引申和论证"民族自决"与"民族自治"的合理性[2]；这个结论通过其他人包括后来的威尔逊和列宁的论述，得以在全世界传播开来[3]。由此，"民族自决"和"民族自治"也就从社会政治的假定命题被当成了哲学思辨的实在概念，这对后人的思想产生了决定性的影响。在整个20世纪，人们对民族自治、民族自决等问题的认识，基本上就是按照

　　① Baloma García Picazo, *Paìses Balcànicos*, en enciclopedia del nacionalismo, ob. cit. , pág. 375.
　　② Andrés de Blas Guerrero, *Autodeterminaciòn y secesiòn*, en enciclopedia del nacionalismo, ob. cit. , pág. 46.
　　③ Baloma García Picazo, artìculo citado, ob. cit. , pág. 375.

这个思考逻辑和现成结论进行的，反而忘却了二者的假定特性。这一点，在我国民族问题研究界尤甚。我们看到，国内一些信奉民族自治的论者，迄今都是围绕民族自治的美好"词义"（acceptations）进行泛泛而论，跟着别人说民族自治的合理性，而在涉及自治内涵与外延的"定义"（definition）时，特别是在涉及自治的实践问题时，就说不出什么理论来了，甚至连实证研究和证实过程都不进行。

由此说来，对"民族自治"这个命题，我们有继续进行深入分析的必要。我们提出这个问题的原因是：从实践方面看，即使民族自治在特定的历史情境下是可能的，但也不是一种永久性的普适价值；否则，就不能解释为什么有的国家不搞民族自治，甚至不作民族集体政治的制度安排，同样可以实现社会和谐（如瑞士）；有的国家实行民族自治，民族矛盾依然难以消弭（如塞浦路斯），有的甚至导致国家解体（如苏联和南斯拉夫）；而从理论上说，民族自治的内涵与外延、目标与工具问题，也都不是那么确定无疑的，而是各人有各人的看法。既然如此，那么，我们就不能把"民族自治"作为一个已经得到证实的真理看待，更不能认为它是当代多民族国家民族政治生活的必然选择。达赖集团的"大藏区高度自治"主张，不就是一个实际例子吗？你可以说这种主张有背后目的而反对它，但你无法否认它的理由是"民族自治"；你所反对的只是达赖集团借用民族自治的背后目的而不是民族自治本身。达赖集团正是钻了人们对民族自治的内涵与外延、目标与工具都存在争议的空子。既然理论有空子可钻，那就要对理论本身进行检讨了。

欧洲古典哲学家们或思想家们对民族自治合理性的解释真的就合理吗？是否过于主观主义甚至存在逻辑问题呢？难道我们只能对他们的观点顶礼膜拜而不能进行必要的检视吗？恕笔者直言，首先，由"个人自决"而推论民族自决或自治，就不是很有说服力的论证，因为民族与个人毕竟不可同日而语；个人是一种不可分的存在，民族则不是如此，而是可以"大杂居、小聚居"的，有的甚至是处在"碎片化"的状态。其次，他们所说的"民族"是抽象的民族，或者说是以欧洲那些完整存在的"大国族"（great nations）为思考对象和分析单位的，由此得出的自决自治概念和结论是否普遍适用，这也是可以讨论的；欧洲的犹太人和吉卜赛人，就没有可能像法兰西人和德意志人那样"自决自治"。目前，国际法在谈到人民自决或民族自决时，在对自决者的确定和由谁来确定的问题上没有下文，原因也就在此。由于这个原因，当人们试图运用这个原则时，分歧也就不可避免了（如在俄罗斯的车臣问题上）。再次，如果说自决自治对一切民族都是固有的权利，那么，我们就无法解释目前国际学术界所讨论的民族自治是指一些特定的少数民族在"更大社会"（威尔·金利卡的用语）内的自治，而且通常要遵守（或自觉，或被迫）由更大社会确定的一些普通规范。又次，如果说自治体现为少数民族对本民族内部事务的自主管理，那么，为什么对少数民族成员身份的认定都要由国家进行，而不是由各民族自行确认呢？还有，如果我们承认少数民族对本民族内部事务的自主管理是合理的和可能的，那为什么少数民族又不能对本民族成员提出限制性要求，人们为什么又可以不接受这种要求呢？诸如此类的问题，如果经不起质疑，不能自圆其说，那少数民族自决自治的问题，就只能如目前学界所做的那样，只是依据词义进行虚拟世界的思辨，而社会实践则是另一回事。

　　实际上，国际学术界不是没有对民族自治这种主观唯心主义思想和浪漫主义追求进行理性反思的声音，如有学者就从现实主义出发认为："实验科学意义上的自治（autonomìa）概念就是'自己靠自己'（bastarse a sì mismo），但这在社会生活中是不可能的，因为社会生活恰恰在于依靠他者。但是，在将这种或那种自治思想（idea tal y como）运用于地区范围（àmbito regional）时，不仅意味着确立一种以领土为基础的管理机构的法律地位，而且还意味着赋予这种机构一种组织权力、创造权力、颁布各种规范的可能，按照走向共同未来的方向进行自主管理（autogovernarse）。"① 这就是说，在现代国家和现代化社会里，以民族为界限进行所谓"真正的自治"是不可能的，而以地方为单位实行一定程度的"自主管理"则是可能的，也是可以的和有积极意义的；自治的法人不是各个民族和民族组织，而是地方全体人民和地方政府；自治不是民族的自我统治，而是地方的自主管理，并且是在保证各个地方走向共同未来的前提下进行的。

　　因此，对于"民族自治"这个命题，我们不能陷入对其抽象概念的自我解释之中，而要回到现实世界中来，对其进行实事求是的研究。从目的论上说，从少数民族的角度看，民族自治起初只是针对"他族统治"而提出的一种解脱要求，这在"他族统治"下当然有其必然性和合理性；但是，在废除了民族压迫的现代国家条件下，民族自治的意义是什么呢？或者说怎样看待民族自治呢？笔者曾撰文论述过"民族自治"在当代多民族国家民族政治生活中的作用，指出它的意义和目的是为了各民族共治。与此同

---

① Josè Antonio Olmeda, *regionalismo y Autonomìa*, *en enciclopedia del nacionalismo*, ob. cit., pàg. 454.

时，笔者也对民族自治的概念进行了重新界定，认为应当抛弃传统的"自我治理"等狭隘定义，把民族自治转义为对各民族共同参与国家和地方管理的集体政治人格平等的承认①。实际上，19世纪中叶欧洲的那些思想家们，也主要是从"民族"（nation）平等人格的意义上来论述"民族自决"或"民族自治"的合理性的，而且是有特指对象的，并不是普遍的。但后人在解释"民族自治"这个概念时，则将其抽象化、普遍化乃至泛化应用，而不管"民族"是什么了。当然，如果我们从"民族人格"平等这个角度来理解"民族自治"，把它从"nation"普及到诸如"nationalities"、"ethnic groups"或"tribes"等人们共同体身上，这倒不是不可以，但前提也只能是指这些类型的人们共同体之间的人格平等，而不能像看待"nation"那样给这些人们共同体附加其他一些有违国家内部主权建设和公民社会建设的内容②。但遗憾的是，有些自治论者特别是将民族差异视为高于一切的人，总想给这类人们共同体附加许多想象中的权利和权力，并由此演绎出其他一些脱离现实的想法，甚至把民族自治视为分离独立的前期准备。这一点，达赖集团的"大藏区高度自治"主张向我们提供了一个典型案例，它对民族自治论的盲目辩护者来说近乎是一次绝杀的"将军"：你认为民族自治是合理的，那么，"大藏区高度自治"主张提出的一些要求合理吗？

如果我们再从民族自治的外延和工具方面看问题，民族自治更是一个众说纷纭的话题。民族自治的内涵不管是"自我为政"、"自主管理本民族内部事务"，还是其他说法，都是很狭窄的定义，这就使它的外延可以变得很宽泛。民族自治是经济的、文化的、社会的、行政的自治，还是全面的政治自治？人们的回答各不相同。而从自治的工具或操作方式上看，由于自治的外延很宽泛，人们对民族自治的合适组织形式是什么，也存在争论：是民族议会、民族社团、民族政党还是民族权力机构？这类组织机

---

① 朱伦：《自治与共治：民族政治理论新思考》，《民族研究》2003年第2期。

② 北京大学马戎教授就国内民族问题提出的"去政治化"观点，如果指的是在民族政治理论和观念上"非国族化"（non-nation）和"非领土化"（non-territorialization），无疑具有积极意义，也是有的放矢。国内对民族问题过度政治化或不当政治化的现象是存在的，如对民族身份的终身化规定比"国籍"还难改变，并且还难说为何要在居民身份证等官方证件或其他非官方文书上标注"民族"分类；而在思想理论上，把马克思主义经典作家有关"国族"（nation）的论述运用于国内"民族"（nationalities），则是国内民族问题研究界的习惯性思维。这样做显然是有问题的，起码是混淆了对象和性质。马克思主义经典作家所谈的"民族"（nation）及有关"民族问题"的一些主要观点，是就以国家为单位的人们共同体和帝国时代民族关系而言的，不可应用于现代国家内部的民族和民族关系。但对多民族国家内部的民族和民族问题"非国族化"，不等于否定少数民族应有的集体政治权利，不等于将少数民族"文化化"，尽管"文化化"在当今世界也有实践案例可举。

构是民族自治吗？如果硬说是，这些组织机构能代表本民族整体吗？一个民族只能有一个代表组织吗？有关民族的成员都必须参加进来吗？总而言之，所有这些问题，在实践中并没有共识。

根据上述分析，我们应该得出这样的看法："民族自治"在本质上是一种缺乏严格定义域的民族政治设想，现在我们只能从民族政治人格平等的角度来解释它和理解它；如果把民族自治与自我为政、自我治理等主张联系起来，由于在自治的目标、外延和操作工具上人们各有各的看法，因而难以成为当代多民族国家处理民族政治问题的可行方案。至于把民族自治界定为"自主管理本民族内部事务"的问题（这是我国学术界一些人肯定"民族自治"的基本理由所在），前文曾说到这是一个虚议题，这里我们不妨再稍微展开谈一谈。

"自主管理本民族内部事务"，这是国家或更大社会对少数民族的承诺还是少数民族的追求，或兼而是之，我们暂且不论，仅就这个命题本身来说，也存在固有的矛盾。假定语言、文化、教育、宗教信仰和风俗习惯等问题是民族内部事务，那么，这些事务能在多大程度上进行自主管理呢？如何进行自主管理的立法呢？这样的立法权属于民族还是属于国家？按道理应该属于民族，但少数民族是否可以进行内部立法，这样的立法对本民族成员是否具有强制约束力呢？例如语言问题，国家或更大社会承认少数民族有使用本民族语言的权利现在没有任何阻碍，但少数民族如何让本民族成员都必须学习和使用本民族语言反倒是件难事。文化、教育、宗教信仰和风俗习惯等事务，同样也是如此。如果说这些事务不需要民族内部立法，完全靠民族成员的自觉，那"自主管理本民族内部事务"的"管理"二字又从何谈起呢？体现在哪里呢？由于存在这些问题，我们看到，国外一些少数民族组织如民族议会等，它只有涉及该组织本身的组织条例或议事章程，但绝无对本民族内部事务如何管理的规定。

如果说把"自主管理本民族内部事务"与民族地方自治联系起来，认为自治地方政府就是民族自主管理组织，可以规定少数民族成员应该怎么做，就更加荒唐和不可能了。我们看到，像西班牙这样比较重视地方自治法规建设的国家，无论是在宪法中还是在自治地方的自治条例中，都找不到对少数民族内部事务是什么的规定（我国的《民族区域自治法》也是如此），连"自主管理本民族内部事务"这句话都没有。这是因为，"民族地方自治"不是"民族自治"，自治的关键是对地方与中央之间的权力分配和职责作出相对具体的规定；至于哪个民族有什么不属于公共事务的内部事务，或者说是公共管理不予覆盖的事务需要自主管理，这是民间问题，不需立法规定和强迫，因为这样的规定和强迫没有合理性和合法性。然而，正是在民族地方自治的问题上，国内外都有人试图把它解释为民族自治，并由此对这类地方内部的民族关系产生了极端错误的观念，即把这类地方视为某个民族独占的"领土"，其他民族群体要么接受同化，要么就走人。这种观念在欧洲被称为"地区族类民族主义"（nacionalismo ètnico regional），林茨（Linz）是公开为这种观念辩护的第一人①；对这种观念，国际社会当然是普遍持批判态度的。另一种观念是保障其他共居民族的权利，主张各民族公民共同建设和共同治理自治地方；这种观念现在是国际社会的主流，它有助于促进各民族公民友好相处与社会和谐。

总而言之，在现代国家和现代公民社会条件下，民族自治不仅是一个无以证实、而且是一个可以多方证伪的虚议题。这是因为，民族自治的概念无论是什么，其基本取向都是"划族而治"，这不仅有违现代国家领土主权统一和现代公民社会公民权利为先的要求，而且比"民族—国家"方案更缺乏可操作性：若将某个地方加以民族领土化实行自治，但现实没有单一民族的地方；若以民族组织为单位实行自治，但任何民族组织形式都无法保证本民族所有成员参加。如此说来，关于当代多民族国家民族政治生活的现实方向与少数民族政治权利保障的问题，我们应当本着实事求是的科学精神进行理性思考，以求得出切合实际的正确认识。

五　民族政治理论与实践的当代发展

当代多民族国家的民族问题十分复杂，要使人们对它的认识和处理都达到理性和合理的境地，不是一件容易的事情。当代多民族国家的民族问题主要是少数民族权利的保障问题，但对少数民族权利是什么，国际社会就有不同认识，这些不同认识又直接影响到少数民族权利保障的方式和方向，以及民族政治理论的建构。

首先，人们对民族权利主体的界定就存在不同看法：第一种观点认为，少数民族权利属于一般人权的范畴，是个人权利；因此，少数民族权利保障也就是保障少数民族成员作为平等公民的权利，除此之外，不能有其他特别权利。第二种观点认为，少数民族成员除了应有一般公民权利

---

① Josè Antonio Olmeda, *regionalismo y Autonomìa*, *en enciclopedia del nacionalismo*, ob. cit., pág. 455.

外，他们作为一种社会历史文化利益共同体还应有集体权利。二者争论的焦点在于：第一种观点认为，保障了少数民族成员的公民权利平等，也就保障了民族之间的平等；如果承认少数民族有集体特别权利，不仅是对公民社会公民权利平等原则的违背，而且还可能导致少数民族对其成员进行"内部限制"，阻碍个人选择自由这一基本人权的实现。第二种观点认为，保障民族集体权利非但不影响公民个人权利平等，而且有利于促进实现个人权利平等；民族集体权利要求的主要是"外部保护"，对于一些非自由的民族群体中存在的内部限制，应相信民族群体内部的改革动力，国家也可以促进这类群体逐步接受和走向尊重个人自由，但不能借此不承认民族集体权利。

其次，在承认少数民族应该有集体权利的观点中间，则存在对民族集体权利的内涵之争：有的认为民族集体权利是一种文化差别权利，即少数民族可以保持和发展自己的独特文化，少数民族应当是一种文化载体而不应成为政治主体，因为现代代议制民主政治是以公民、政党和地方为行为主体的，承认民族集体是一种政治因素和政治力量，不利于国家统一建设和公民社会团结。另一种观点认为，少数民族作为一种利益共同体，不仅有保持和发展自身文化的权利，也应有集体政治权利，这种权利是维护少数民族各种权益的必需；自由主义的代议制民主政治与保障少数民族集体政治权利不仅不矛盾，而且，自由主义的结社自由原则恰恰为少数民族的集体政治提供了合法依据；此外，少数民族以集体方式参与公共管理，也表明他们对所在国家的认同，以及对国家公权力的支持。

最后，在承认少数民族有集体政治权利的观点中间，则存在对少数民族集体政治权利的向度之争，而且争论更多、更大。有的认为，少数民族集体政治权利只应体现为对本民族内部事务的管理；有的认为，这种权利还包括少数民族以集体方式对地方事务的参与管理；还有的认为，这种权利也包括在涉及少数民族权利的国家权力机关中少数民族应有特别代表参加。而对民族内部事务管理、地方事务管理和特别代表权，人们又有限度上的不同认识：被一些人视为民族内部事务的事务，在另一些人看来则是国家公共事务；被一些人视为属于地方的权限，在另一些人看来则属于国家的权限；有些人把特别代表权界定为一票否决权，而另一些人则认为此种权利有违少数服从多数的民主政治原则①。

---

① 关于这些不同观点和争论，参见威尔·金利卡，前揭书，第5—7章。

总而言之，关于少数民族权利及其保障问题，是一个十分复杂的问题，国际社会现在还存在许多争论，例如联合国在通过涉及少数民族群体权利的一些宣言时，有的国家就因对一些具体条款不赞同或有保留意见而不签字参加。但是，这些争论并不等于没有共识，最起码都承认要维护国家内部主权统一建设和公民社会建设这两个基本原则。这就是说，任何国家的少数民族权利诉求特别是集体政治权利诉求，都只能在这两个原则之下寻找可能的空间。否则，多民族国家的民族政治生活就会失去秩序，就会把民族关系弄到不可收拾的地步：突破国家内部主权统一，难免不像塞浦路斯那样，希腊裔和土耳其裔两个民族各自为政，使国家处于分裂状态；不讲公民权利平等，则可能如美国和南非曾经做过的那样，实行种族隔离制度，进一步加剧族际矛盾和冲突。

那么，国家内部主权统一建设和公民社会公民权利平等建设的内涵是什么呢？这两个原则又是怎样规定了少数民族集体政治权利诉求的空间或限度的呢？

国家内部主权统一，是现代国家之所以不同于以往其他国家形式的主要特征之一；它的基本要求是以普遍的法律和制度来规范社会管理，确立中央政府对地方政府的权威，赋予中央政府协调不同地方和社会集团之间的利益的权能。在政治学研究中，现代国家有集权制和联邦制之分，这主要是就中央权力与地方权力的划分程度而言的，而在内部主权统一建设的问题上二者没有本质的不同，都是以一些统一的法律、法规和中央权威作为维系国家正常运转的保证的；而且，在现代国家内部主权统一建设的过程中，分权的地方联邦主义通常也都要服从于集权的国家民族主义，以国家整体利益为先[①]。这样的趋向或要求，也同样适用基于少数民族因素而建立的各种形式的自治地方。

当然，现代国家内部主权统一建设，特别是一般法律法规的形成与制定，通常是以主体民族的文化传统和对同质性民族社会的管理经验为基础的。但是，现代国家很少是同质性的，而多民族则是普遍现象。

基于这样的现实，大多数多民族国家不得不对一些异质性的少数民族社会的管理作出一些特别安排，包括建立一些特别行政区并赋予它们一些特别权利和权力，以适应这些地方治理的需要。这些特别行政区，不同国家有不同名称；国家赋予它们的特别权利和权力，则一般称为"自治

---

① Vèase：Miquel Caminal, *Nacionalismo y Federalismo*, insertado en *Ideologìas y Movimientos Polìticos Contemporàneos*, editado por Joan Antòn Mellòn, Tecnos, Madrid, 1998, págs. 106 – 109.

权"。但是，不管这些特别行政区有什么样的自治权，首先都要保证国家一般法律法规的畅行，至多只能在报经批准后加以"变通执行"。众所周知，少数民族权利保障分为个人权利保障和集体权利保障两个方面，在少数民族聚居区设立自治地方，就是基于对后者的考虑，它为有效保障少数民族集体权利包括政治权利提供了一定的空间舞台，使他们的诉求在地方管理中能得到充分的反映。

但是，对少数民族集体政治权利进行的这种保障，不能成为违背国家内部主权统一和一般法律法规畅行的理由，更不能成为自治地方脱离中央政府领导而自行其是的理由。

公民社会的建设和形成，是现代国家不同于以往其他国家形式的另一个主要特征，它的基本要求是保障公民权利平等，这种平等为国家统一和社会团结提供了必要的忠诚和认同基础，是实现民族（nationalities）平等的前提条件，甚至有人认为，"作为把个体与法律、政治和社会结构联系在一起的概念和安排，公民身份比其他用以处理大型人类群体的社会政治关系都更加平等"①。

现代国家的产生，是与"民族"（nation）②和公民这两个概念联系在一起的，国家是"民族"的国家，"民族"是公民的"民族"，公民是权利平等的个人；但什么是"民族"，谁可拥有公民身份，则存在着法国传统和德国传统的区别，前者以出生地和政治认同认定"民族"和公民，后者则以文化和血统同一性认定"民族"和公民。但这种区别不影响所有现代公民国家对公民权利包括政治权利的承诺，而且是"人人平等"，尽管有诸多现实因素影响着这种平等的实现，其中包括民族文化差别的因素。

正是由于民族文化差别的存在，当代国家在规定公民的一般权利时，不得不对一些少数民族群体作出某些特别规定，承认少数民族有一些特别权利。

---

① 〔英〕德利克·希特：《何谓公民身份》，郭忠华译，吉林出版集团有限责任公司2007年版，第89页。

② nationality 和 nation 在国际学术界是不同的概念。最早，nationality 是指没有建立独立国家的人民（people），nation 则是指建立了独立国家的人民；后来，nation 被改造为指一个独立国家的所有公民，内部不同文化的人民都称为 nationalities。但因国情的不同，现在有些国家特别是移民国家则使用 "ethnic group"（族群）取代 nationality。详细情况参见朱伦：《西方的 "族体" 概念系统——从 "族群" 概念在中国的应用错位说起》，《中国社会科学》2005年第4期。在该文中，笔者以 "国族" 一词翻译 nation，以与 "民族" 的含义相区别。这里，由于不是进行概念辨析的地方，笔者仍以汉语习惯把 nation 和 nationality 都叫民族，但对前者以引号加以区别。

那么，这些权利是什么呢？如前文所言，加拿大学者威尔·金利卡把少数民族权利概括为三个方面：自治或自我当政权利（self-government rights）、多族类权利（polyethnic rights）和特别代表权利（special representation rights）①。但这三种权利指的是民族"集体权利"而不是作为个人的"公民权利"，是从防止更大社会有可能损害少数民族群体权益的外部保护角度说的；而且，金利卡在说明赋予少数民族群体这些权利的目的时，也是从有助于实现公民权利平等的角度出发的，而不是要否定公民权利平等。还要指出的是，对金利卡的观点也需要准确理解，例如自我当政的权利，他是以加拿大和美国的土著人保留地为案例的，这些土著人保留地民族成分比较单一，可以谈论土著人"自我当政"，但这并不适合于那些民族杂居的地区，如美国南部西班牙语居民与英语居民杂居的州。最后，土著人保留地自我当政的权利（power）也很有限，并不改变国家的基本政治制度和妨害国家内部主权统一。

总而言之，尊重和保护文化多样性的差异政治，包括赋予文化多样性的载体少数民族一些特别权利，不是要制造和扩大公民权利差别，不能成为排斥各民族公民权利包括政治权利平等的借口。

而从实践中看，当代多民族国家的民族政治生活也普遍不是按照民族自治的设想和设计行事的，而是发展出了一些新的方式。目前，世界各国因国情和民族情况（世居民族、移民群体、土著人民等等）不同，以及对少数民族问题的认识不同，因而对少数民族政治权利保障也有不同做法，归纳起来，大致可分为如下八种主要方式或类型：公民化方式、社团化方式、政党化方式、议会化方式、一体化方式、多元文化主义方式、土著人保留地方式和民族地方自治方式②。

公民化方式　这是最普遍的少数民族权利保障方式。当今世界无论什么性质的国家，也不论什么色彩的政府，都会基于现代国家的公民社会性质信守对公民权利平等的承诺，其中包括赋予少数民族成员平等的公民权利。目前，民族和种族歧视问题虽然不能说在世界各地完全消失了，但保障各民族公民权利平等已成为一种普适价值或主流观念。公民化方式强调的是保障少数民族成员的个人政治权利，同时也承认少数民族作为一种社

---

① 参见威尔·金利卡，前揭书，第37—38页。
② 笔者对这些少数民族权利保障方式的概括，一方面来自于郝时远、阮西湖主编的《当代世界民族问题与民族政策》（四川民族出版社1994年版）一书，另一方面来自于笔者最近编辑完成的《五十国民族政策》（付梓中）文集，以及对一些国际互联网站材料的运用（如有关"民族议会"的论述等）。

会文化和利益共同体，有组织起来表达自己愿望的权利。但这又带来了另外一个问题：承认少数民族的集体表达权利，是否意味着一个少数民族群体可以要求其成员必须对本民族尽义务、对他们进行内部限制呢？如果进行和允许这样的限制，是否又与公民的个人选择自由权相悖呢？对这个问题，国际社会的主流声音则是公民权利保障在先，任何少数民族组织都不能以集体意志为由违背国家对少数民族成员公民个人权利和个人自由的保护。

社团化方式 这是一种将民族群体社团化，并纳入民政管理范围的少数民族集体权利保障方式。以民族群体为单位建立各种性质的社团，是一种温和的少数民族集体权利诉求，它既不妨害国家内部主权统一，也不违反公民权利平等，因而一般都会得到相关国家当局的积极回应。将民族群体社团化的思想理论基础，一是自由主义政治理论所主张的结社自由，二是19世纪欧洲思想界针对政治民族主义而提出的"文化民族"观，此观点把民族视为一种文化共同体，可以像教会那样存在。将民族群体社团化的少数民族集体权利保障方式，最突出的特点是将民族关系"非政治化"，特别是把少数民族与地方行政管理脱钩。这对于那些没有地域依托的国际移民群体或已完全散居的民族群体来说是可行的，而对于一些具有传统地域依托的聚居民族来说就不够了，他们一般不满足于只成为一种社团。不过，将少数民族群体社团化，在一定程度上也是对少数民族以集体方式参与社会管理的承认，尽管这种参与方式对少数民族权益维护的力度有限。

政党化方式 以民族为依托建立政党，参与国家和地方政治生活，这在自由主义国家是一个普遍现象。从实践情况看，民族政党化在民主制度比较完善的国家可以正常运作（如圭亚那），在少数民族聚居地方甚至可以获得执政权（如西班牙）；但是，在大多数情况下，少数民族因为是少数，很难靠民族党来保证自己的权益（如拉美一些国家）；而且，在一些政局不稳的国家，民族政党化往往还导致民族冲突的加剧（如非洲一些国家）；在一定条件下，民族政党还容易走向推动民族分离独立的道路（苏联和南斯拉夫的解体过程充分证明了这一点）。因此，民族政党化的存在与健康发展，是以承认国家内部主权统一和基本政治制度为前提的，否则，任何民族政党或组织都是非法的，如西班牙巴斯克人中的民族主义分裂组织"埃塔"，以及欧洲一些国家的种族主义极端组织。此外，民族政党的建立，也不能强迫该民族所有成员加入，这违背公民个人的政治选择自由。

议会化方式　这是代议制民主制度被搬用到民族关系中的产物，类型和名称各有不同。有的是以一个民族为基础建立的，如挪威的萨米人议会；有的则是不同民族联合起来建立的，如墨西哥和拉美其他国家的全国土著人理事会。在世界各地的少数民族特别是土著民族中间，民族议会或理事会是一种很普遍的民族代言组织，而且有的还建有各种专门委员会和地方分议会。民族议会虽然是代表少数民族的组织机构，但它没有立法权和行政权，更不否定国家内部主权和行政管理制度，而是要求国家尊重和维护少数民族的特别需求和权益；它也不否认公民权利平等，而是要求政府采取适当政策帮助少数民族成员，促进这种平等的实现。当然，也有一些国家的少数民族议会比较激进，甚至建立具有象征意义的政府，以图与国家权力机关实现形式主义的对等。

一体化方式　这最初是由墨西哥人类学家曼努埃尔·加米奥（Manuel Gamio）在 1910 年代提出来的一种理论。该理论认为，土著人的社会组织和生产方式既影响到国家全面现代化，也阻碍着土著人的发展进步；为此，国家应当采取一定措施促进土著人社会经济的发展变革，将其纳入墨西哥社会发展的总进程之中。由于该理论符合广大拉美国家建设的需要，在 1970 年代以前一直是广大拉美国家制定土著人政策的指导思想，一些非洲国家独立后也大多接受这种理论。但一体化理论在强调国家现代化的同时忽视少数民族文化的价值和少数民族对现代化的适应问题，因此自 1970 年代以后遭到许多批评。在这种情况下，拉美国家在推动国家一体化建设时又吸收了多元文化主义理论，开始重视对土著文化的保护，形成了一种可称为促进社会经济一体化发展、保护各种语言文化多元存在的土著人政策。

多元文化主义方式　多元文化主义理论虽然早就有人提出来[①]，但作为一种社会文化政策则是 1970 年代在澳大利亚、加拿大和美国形成的，而在世界范围内的传播则是 1980 年代以后的事情。与民族一体化理论一样，多元文化主义理论也主要是从文化角度看待少数民族的，只不过它对少数民族文化的价值评价要比民族一体化理论积极和开明，它主张不同文化之间的相互尊重与和谐相处，保护文化的多样性，而不是以多数民族文化来整合少数民族文化。此种进步，使多元文化主义理论产生后得到广泛

[①]　"多元主义"（pluralism）的最初概念（文化和政治），是由 Horace M. Kallen 在 1915 年提出的（Vèase Juan Pablo Fusi, *El País Vasco: Pluralismo y Nacionalidad*, Alianza Editorial, Madrid, 1984, pág. 245.），这与墨西哥人类学家 Manuel Gamio 提出"民族一体化"理论在同一时期。

传播。但是，对于多元文化主义的理解，特别是如何实践，则是一个众说纷纭的话题，以至于说它对现代国家和公民社会的解构作用，远大于它的积极意义，这也是有证明的。例如，现代国家的一些官方象征包括公共节假日的规定，一般都源于多数民族的文化传统，既然讲多元文化主义，少数民族是否可以不接受这些规定呢？国家是否也应该把少数民族的一些象征和传统节假日予以官方化呢？国家公共教育一般使用多数民族的语言，至多采用双语教学，为落实多元文化主义，少数民族群体是否可以不接受这种教育而另搞一套并强迫本民族成员接受呢？自由主义人权理论尊重和维护个人选择自由的价值观，但有些少数民族群体并不尊重个人选择自由，这是否可以被允许呢？如果被允许，自由主义所主张的一些普适价值不就遭到否定了吗？多元文化主义本想为不同文化开辟自由存在和发展的空间，但结果则有可能动摇自由主义的核心价值——个人选择自由。如此等等①。

土著人保留地方式　这最早是北美洲和大洋洲的一些原英国殖民地国家，如美国、加拿大和澳大利亚等国对土著人实行的政策，后来，拉美一些国家如智利、巴拿马和巴西等，对土著印第安人也实行类似的政策。以美国为例，目前，美国有304块土著人保留地，面积约5300万英亩，占美国土地总面积的2.4%。美国土著人现在约有200万人，但只有大约一半居住在这些保留地里。而且，这些保留地也不是以"民族"整体为单位建立的，美国土著人只有几十个群体，但保留地却有那么多。此外，根据1975年1月4日通过的《印第安人自决与教育援助法》，每个保留地都建有自己的部落政府，但这些部落政府并非是政治权力机关，其权限仅限于管理保留地内部事务，并没有政治上的自主或自决权，因此我们不能将土著人保留地自治视为民族自治的典型案例来看待。

民族地方自治方式　这在不同国家有不同的形式，但其共同特点

---

①　达赖集团非常了解多元文化主义理论具有很不确定的论说空间，在《为全体藏人获得真正自治的备忘录》中以这种理论多处强调藏族和藏文化的"特性"、"特点"、"特征"、"需求"、"希望"等等，以证明自我为政的"大藏区高度自治"主张的合理性，中央政府"不应干涉"。但是，即便以多元文化主义观点看问题，"大藏区高度自治"主张也属于一种极端要求。达赖集团对多元文化主义理论采取的是一种自取所需的实用主义态度，完全忘记了它的前提依然是保证国家内部主权统一和公民权利平等；而且，在许多国家的多元文化主义实践中，对少数民族集体政治诉求并不作回应，更没有制度安排，而只接受少数民族可以保持集体文化差异，少数民族成员可以保持多元文化的公民身份。因此，达赖集团以多元文化主义理论为依据，以保持藏族文化的纯洁性为借口，主张以"大藏区高度自治"的方式对藏族统一管理，这实际上是对多元文化主义理论的曲解与滥用。

是：第一，民族地方自治根据少数民族分布情况，在国家行政体系内可建立不同的自治地方单位，而不是实行整体民族自治，更不是实行单一民族自治。第二，民族地方自治保障的是少数民族在地方管理中的主导地位，以便使他们的声音和诉求能得到充分反映和实现，但同时要保证各民族公民有参与地方政治生活的平等权利。第三，自治地方的自治权力是国家赋予地方政府的，而不是赋予哪个民族的，因此，自治地方政府与上级政府之间的关系体现为权力隶属关系而不是对等关系。第四，对自治内容的规定普遍是或主要是对地方公共事务的管理而不是对民族内部事务的管理。第五，民族地方自治的权力主要体现为地方政府具有一定的行政自主权而不是政治自决权。因此，无论是自治地方内部的政治生活还是自治地方政府的政治行为，都要遵守国家的基本政治制度和法律规范①。

　　综上所述，我们可以肯定地说，无论是在思想认识上还是在实际行为中，当代多民族国家的民族政治生活都普遍突破了民族自治观念的束缚。上述几种民族政治和少数民族权利保障方式，都不是所谓民族自治的体现，都不可以用民族自治来解释。如果我们再深入研究一下这些方式，可以发现它们都有一个共同的理念，这就是保障少数民族对国家政治生活的实际参与。对此种理念，我们可以用"民族共治"加以概括。

六　民族共治体现了现代国家和公民
社会条件下的民族政治理性

　　关于少数民族集体政治权利的保障问题，虽然民族自治的声音在整个20世纪里不绝于耳，但它并不是主流声音，一些多民族国家的实践普遍是把社会治理的"民主共和"思想引入民族关系治理之中，保证各民族

---

　　①　西班牙和中国是两个典型案例，此处所列的5个特点，是两国民族地方自治实践所共有的，尽管二者因社会政治制度不同而在一些问题上有不同做法。例如，西班牙是通过派驻中央代表处的办法来保证国家对自治地方的监督，中国则是规定国务院对自治地方直接领导；在立法方面，两国虽然都规定自治地方必须执行国家一般法规，自治地方通过的重要法律必须报经国家立法机关讨论通过后方可执行，但在立法程序和自治地方的立法权限上则有不同：在自治地方与中央政府的权限行使中，西班牙通过宪法法院对二者之间的纷争进行仲裁，中国则通过政治和行政手段来协调。

公民以符合现代国家和公民社会建设要求的方式参与对国家和地方公共事务的共同管理，即实行"民族共治"。然而，由于受各种因素的影响特别是民族自治话语的束缚，人们却长期没有明确提出民族共治这个命题。理论上的缺失，难免造成人们思想上的纷争。我们看到，出于保证多民族国家统一和公民社会管理的实际要求，有关国家对民族自治的概念、方式和程度多有限定，但这样做却总也避免不了像达赖集团那样的极端民族主义者对"真正的民族自治"或"名副其实的民族自治"提出诉求，因为，既然你在理论上不否定民族自治而只是在实践中对其进行种种限定，那你就没有理由不允许人家对民族自治提出自己的理解。正是在这个问题上，人们陷入了思想上的困境：民族自治的弊端和非现实性是明摆着的，民族共治的合理性和现实性也是明摆着的，但如何否定民族自治而肯定民族共治，国内外学术界很少有系统的理论论述，以至于形成了这样一种局面：民族自治不可行但人们仍在说，而民族共治是事实但却不见有人提。这种实践与理论脱节的局面，或者说理论落后于实践的局面，直到进入21世纪才有所破解。

2002年，在由西班牙一些著名政治学者编写的《21世纪的政治思想》一书中，有两篇涉及民族和文化差异政治问题的论文，作者对当代多民族国家民族政治生活的现实方向都得出了民族共治（co-governance）的结论[1]。在我国学术界，笔者在2001年发表了《民族共治论：对当代多民族国家族际政治事实的认识》一文[2]，之后，不同学者就"民族共治"这个命题相继发表有十多篇论文[3]。当然，这些论述还不能说是成熟的，也不一定能说服民族自治主义者；但笔者认为，由于民族共治这个命

---

[1]　Fernàn Requejo y Ricard Zapata-Barrero, *Multiculturalidad y Democracia*, insertado en el libro editado por Joan Antòn Mellòn, *Las Ideas Polìticas en el Siglo XXI*, Editorial Ariel, Barcelona, 2002, pág. 93; Ramon Màis, *Las ideologìas Nacionalistas Contempoàneas: funcionalidad, estructura y tipologìa*, insertado en el mismo libro citado, pág. 142.

[2]　朱伦：《民族共治论：对当代多民族国家族际政治事实的认识》，《中国社会科学》2001年第4期。

[3]　这些论文主要有：朱伦：《论民族共治的理论基础与基本原理》，《民族研究》2002年第2期；《自治与共治：民族政治理论新思考》，《民族研究》2003年第2期；《各族人民共同当家做主：社会主义民族政治民主的体现》，《民族研究》2007年第2期；《"民族共治"是民族区域自治制度的本质特征》，《中国民族报》2007年6月15日第6版。杜文忠：《自治与共治：对西方古典民族政治理论的宪政反思》，《民族研究》2002年第6期。石之瑜：《3+1+1=1——龙胜各族自治县作为多元一体类型之省思》，《远景基金会季刊》第三卷第四期，2002年10月，第97—114页。王建娥：《族际政治视野中的自治、共治和多元文化主义》，《民族研究》2009年第3期。

题是从当代多民族国家民族政治的普遍实践中总结出来的认识，它一定会作为一种民族政治的理性观念被人们所逐渐接受，进而促使人们从没有多少现实性与可能性的民族自治观念下解放出来。我们看到，最近在我国官方民族政策宣示中，就明确提出了"各族人民共同当家做主、管理国家事务"的说法①。这个说法如以学术化与国际化语言来表达，就是"民族共治"。

国内外学术界为何会不约而同地提出民族共治这个命题呢？当然，这是对现代国家和公民社会条件下的民族差异政治由感性认识到理性思考的结果。在 20 世纪里，试图以民族自治来回应民族差异政治的尝试的确不少，但结果并不尽如人意，民族自治的弊端终难消除。第一，民族自治容易导致民族分离主义倾向的发展，这不利于维护国家的统一；第二，民族自治往往导致族际差别观念的增强，这不利于增进民族团结和社会和谐；第三，民族自治也不是对少数民族政治权利的完整认识，并不能充分保护少数民族的权益。如何解决这些问题呢？民族共治就是基于对解决这些问题的各种实践进行理性思考后提出来的。

第一，反对民族分离主义、维护多民族国家的统一，工具问题十分重要，民族共治就是这样的工具之一。相反，民族自治则会助长民族分离主义，对国家统一形成挑战。二者之所以有这样不同的作用，从深层原因上分析，是由不同的思想观念决定的。民族自治是受民族主义经典理论对人们共同体有"大国族"与"小民族"之分而产生的民族政治观念，而民族共治奉行的则是各民族人格平等的观念。民族主义经典理论对一个国家内的不同人们共同体有"国族"和"民族"之分，这有悖于人类社会的平等精神，当代进步的思想是对一个国家内的不同人们共同体不再分谁是"大国族"谁是"小民族"，大家都是平等的民族，共同组成一个"国族"。这种观念现已是国际化的共识，它为所有多民族国家维护国家统一、反对民族分离主义奠定了法理基础；与此同时，它也为各民族共同治理国家提供了合理性。既然不同民族共同建立了国家，那大家都是这个国家的有机组成部分，都有责任共同维护国家统

① 胡锦涛：《在中央民族工作会议暨国务院第四次全国民族团结进步表彰大会上的讲话》（2005 年 5 月 27 日），新华社北京 5 月 27 日电。"各族人民共同当家做主"，这是对我国民族政治生活和民族区域自治制度所进行的更加严谨的理论概括。在论述民族区域自治制度的目的和作用时，《自治法》的说法是"保证各族人民当家做主"，现在加上"共同"二字，它可以避免有些人对民族区域自治地方管理的曲解，把民族区域自治地方的建立理解为只是保证"自治民族"当家做主的，而这正是我国民族问题研究界常见的认识。

一，这就对民族分离主义形成了一种强大的约束力。而在这种各民族共治的过程中，由于少数民族拥有平等的政治地位和权利，即使有人想搞民族分离主义，也不会得到他们中的大多数人支持，这就为降低民族分离主义对国家统一造成的风险提供了基本保障。

第二，从民族关系和社会治理的角度说，民族共治的作用还有利于促进民族团结、实现社会和谐。在多民族国家里，公民社会建设与民族差异的存在是一对客观矛盾，公民社会建设的目标是保证人人权利平等，而民族差异的存在则倾向于要求区别对待。如何解决这个矛盾，促进民族团结和社会和谐，是当代多民族国家必须回答的问题。而要解决这个问题，必须找到适当的方法，这个方法应当是兼顾二者的。民族共治就是这样的方法，而民族自治则不是。

民族自治强调族际差异，在不同民族公民之间建立制度化的界限和区别，这不是一种协调公民社会建设与尊重族际差异的适当方法。自治所体现的区别对待的思想，不管是有利于还是有害于哪个民族，它都不是民族平等的体现。对少数民族来说，自治并不必然等于民族平等，因为人们也可能会以自治为由排斥少数民族对国家和地方公共事务的参与决策，或者只是在涉及少数民族问题的时候举行一些有少数民族代表参加的听证会；而对其他民族群体来说，把自治地方视为由某个民族当家做主的地方，也可能成为排斥他们参与自治地方管理的理由，这也不是民族权利平等的体现。这样下去，民族团结和社会和谐便无从谈起。

相反，"民族共治"则有不同于民族自治的作用。民族共治是以民族"政治人格平等"为前提的[①]，在这个前提下，无论是在国家管理中还是在地方管理中，无论是作为平等的个人还是作为平等的群体，不同民族的成员都有以公民身份和合适的集体方式参与公共事务管理的权

---

① 国内最近有学者撰文（马俊毅、席隆乾：《论"族格"——试谈民族平等与民族自治、民族自决的哲学基础》，《民族研究》2007 年第 1 期），提出了民族的"族格"（personality of nationality）这个概念，并把它与民族平等联系起来，这是很有意义的。"族格"不仅包括各民族的集体人格，也包括各民族成员的个人人格；各民族的"族格"平等，为"民族共治"的合理性提供了一个深层理由。笔者曾经把"民族自治"解释为"民族政治人格平等"（参见朱伦：《自治与共治：民族政治理论新思考》，《民族研究》2003 年第 2 期），这种转义可能让人颇费思量，而"族格"这个概念比较简明，且具有各民族政治权利平等的内在含义。不过，二位作者以"族格"论证民族平等，这是合乎逻辑的，但将"族格"与民族自治、民族自决联系起来则有些勉强。自治、自决并不是民族平等的体现，不过是反对不平等的"他治"的方式罢了。作者想探索"族格"的外延，但没有得出"民族共治"的逻辑结论，没有充分揭示"族格"的全部意义，这有点令人遗憾。

利。在各民族共治的过程中，民族差异得到了尊重，公民社会建设所要求的公民权利平等也得到了体现。如此互动的结果，无疑有助于促进不同民族之间的相互接近与团结，进而有利于实现基于公民权利平等的社会和谐。

第三，从保护少数民族权益的角度说，民族自治即使是可能的，它也不是对少数民族政治权利的完整认识，它也难以充分维护少数民族的权益。从道理上说，民族自治体现的是一种消极防卫的思想，作为多民族国家的组成部分，少数民族不可能只满足于自治而不要求参与对国家的共治。而在实际中，不管民族自治的概念和要求是什么，它也不是多民族国家民族政治生活的主要方面。只要我们考察一下世界各地少数民族问题的主要表现，就不难发现大都是资源分配等利益纷争问题。这个问题不是靠自治所能解决的，而是要靠国家和地方政府协调各民族共同协商来解决。仅从这一点上看，民族共治对于少数民族比对于多数民族来说更加重要。因为民族共治是一种开放的民族差异政治观念，它为少数民族合理合法地参与国家和地方管理提供了广阔的空间和灵活多样的方式，从而可以有效地维护少数民族的各项权益。

第四，如果说上述对民族自治和民族共治的三点比较具有功利主义色彩的话，那么，从理性主义的角度看问题，我们同样可以得出民族自治的非理性和非现实性，以及民族共治的合理性和现实性。

现代国家和现代公民社会管理是建立在公权力与公民直接面对面的基础之上的，任何有碍二者直接面对面的中间环节都是不被允许的，而民族自治恰恰就是这样的中间环节。在历史上，民族自治只是一种绥靖主义的帝国统治策略，它实际上是强势民族的统治阶层与弱势民族的统治阶层达成的妥协，它是以不触动后者的统治权和利益为存在前提的，其预期目的是求得双方相安无事。然而，在现代国家和现代公民社会条件下，像民族自治这种绥靖主义的间接统治策略就失去了存在的条件：国家公权力对公民的直接服务责任，公民对国家公权力的直接监督权利，使横亘在国家与公民之间的民族统治阶层变成了多余的代理人。1959 年的达赖及其利益集团，就是处于这样的境地：他们一方面阻挠中央政府对西藏的管理权力，另一方面为了自己的集团利益又压制广大藏族人民翻身做主人、阻碍他们享受和行使公民权利的民主改革要求，结果只能是在国家权力与藏族人民愿望的共同作用下被历史所淘汰。1959 年达赖集团的武装叛乱及其失败原因，只有如此解释才合理。

环顾当今世界，像达赖集团那样以民族代言人自居，以保护民族传统为名，借民族自治对本民族成员实行控制的土皇帝思想和行为，现已变得愈来愈没有市场了。拉美国家许多步入现代化的土著人部落，对酋长统治制度的废除很能说明这个问题；拉美国家一些土著人民的公民权利意识，使他们倾向于以各种现代社会组织形式与国家公共权力机关直接发生关系，在参与公共生活管理中实现对自身利益的维护，而不再需要借助酋长作为中间环节①。笔者 1993 年秋曾在墨西哥一些印第安部落中进行了近一个月的实地考察，各种现代行业合作组织已取代了传统的部落酋长，与地方政府部门包括全国印第安人研究所的派出机构直接发生关系。笔者原来的考察计划曾想了解印第安人的部落统治方式，但村民们告诉我说："我们已抛弃了酋长，因为酋长们既从政府那里得到好处，又从我们身上剥削钱财，现在我们成立各种合作社，少受中间盘剥。"之所以发生这种变化，其根本原因就是现代国家管理所形成的公权力与公民直接面对面的关系，这种关系要求废除一切阻碍公民直接和自由地参与公共政治生活的传统统治制度，包括它的现代翻版民族自治，因为民族自治同样会产生一个介于国家公权力和少数民族公民之间的统治阶层，这个阶层往往是二者都不欢迎的。

总而言之，时代发展了，民族问题的性质和内容变了，民族政治观念也要发展。在现代国家和公民社会条件下，民族政治生活的现实方向和理性观念应是基于对国家公权力的维护和对公民政治权利的保障，实行各民族平等"共治"而不是各民族分别"自治"。当然，如何实行民族共治，特别是如何使少数民族不因为是少数而被边缘化，防止共治流于形式化和象征化，让少数民族在团结共治中充分实现对自身权益的维护，无论是对于自由主义民主政治还是对于社会主义民主政治来说，都是一个需要继续探讨的问题。

七 正确解读民族区域自治制度

以上我们分析了民族自治不符合现代国家和现代公民社会管理的要求，并由此得出了当代多民族国家民族政治生活的现实方向和理性要求是民族共治，我国的民族区域自治制度也是如此。然而，在我国民族工作界和民

---

① Nemesio J. Rodrìguez y Stefano Varese, *El pensamiento Indìgena Contemporàneo en Amèrica Latina*, Direcciòn General de Educaciòn Indìgena de la SEP, Mèxico, 1981.

族问题研究界，有些论者却不这么看，而是自觉或不自觉地以民族自治观念来解释民族区域自治制度，这就向我们提出了一个无法回避的理论问题：我国民族区域自治制度的本质到底是什么？它是各民族分别自治的还是各民族共治的？对此，只要我们认真读一读《中华人民共和国民族区域自治法》第16、第17、第18、第48、第50、第51、第52 和第53 条的规定①，应该不难得出明确的答案：我国民族区域自治地方的管理原则，绝对是保证各民族公民团结共治的，也就是说，各民族公民都是民族区域自治地方的主人，或者说他们共同组成了民族区域自治地方的权力主体。

但是，为什么有些论者不愿承认民族区域自治制度的民族共治本质呢？当然，这要归因于他们对民族区域自治的误读，这种误读认为民族区域自治就是少数民族自治，民族区域自治制度就是保障少数民族自治权的制度。但这些论者完全忘记了一个根本性的事实，这个事实是：我国的民族区域自治地方虽然是基于少数民族因素建立的，并规定少数民族居于主导地位，但民族区域自治地方的权力机关同样是国家的一级地方政权机关，而不是民族的自治权力机关；少数民族干部同样是国家公务员，而不是本民族的代言人（人民代表大会代表的身份问题，是另外一回事）；保障少数民族当家做主，是针对以前他们没有这个地位说的，保障的是他们与汉族公民共同当家做主，而不是"矫枉过正"地反过来，把所谓自治民族公民提升为主导者，其他民族的公民是被主导者；由"自治民族"之说，也不能推论出"民族自治"之果，《自治法》第三章的所有条款（第19—45 条），说的都是民族区域自治地方的自治权，而不是民族的自治权。

---

① 第16 条："民族自治地方的人民代表大会中，除实行区域自治的民族的代表外，其他居住在本行政区域内的民族也应当有适当名额的代表。"第17 条："自治区主席、自治州州长、自治县县长由实行区域自治的民族的公民担任。自治区、自治州和自治县的人民政府的其他组成人员，应当合理配备实行区域自治的民族和其他少数民族的人员。"第18 条："民族自治地方的自治机关所属工作部门的干部，应当合理配备实行区域自治的民族和其他少数民族的人员。"第48 条："民族自治地方的自治机关保障本地方内各民族都享有平等权利。民族自治地方的自治机关团结各民族干部和群众，充分调动他们的积极性，共同建设民族自治地方。"第50 条："民族自治地方的自治机关帮助聚居在本地方的其他少数民族，建立相应的自治地方或者民族乡。民族自治地方的自治机关帮助本地方各民族发展经济、教育、科学技术、文化、卫生、体育事业。民族自治地方的自治机关照顾本地方散居民族的特点和需要。"第51 条："民族自治地方的自治机关在处理涉及本地方各民族的特殊问题的时候，必须与他们的代表充分协商，尊重他们的意见。"第52 条："民族自治地方的自治机关保障本地方内各民族公民都享有宪法规定的公民权利，并且教育他们履行公民应尽的义务。"第53 条："民族自治地方的自治机关……教育各民族的干部和群众互相信任，互相学习，互相帮助，互相尊重语言文字、风俗习惯和宗教信仰，共同维护国家的统一和各民族的团结。"

　　面对这样简单的事实，我国民族问题研究界为什么还有人对民族区域自治产生那样的误读呢？究其思想根源，与前人对民族区域自治所作的一种非正式但却很流行的模糊解释不无关系，这种解释是：民族区域自治是民族自治与区域自治的结合。既然如此，讲"民族自治"和"民族自治权"还有什么错吗？我们看到，达赖集团就是这样为其"大藏区高度自治主张"寻找理由的，认为它"符合中华人民共和国宪法有关自治的精神"。因此，如何对待上述对民族区域自治所作的模糊解释，我们应该采取实事求是的态度。很显然，这种解释只是词义性的而不是定义性的，并没有回答民族区域自治的实质问题。我们看到，中国官方最近对民族区域自治制度的本质作出了新的理论概括——"各族人民共同当家做主、管理国家事务"。中国的民族区域自治制度以促进各民族群体相互帮助与共同繁荣发展为根本宗旨，以实现民族团结进步和各民族公民权利平等为基本原则，以维护国家统一和社会和谐为最高目标。而要做到这些，保证"各族人民共同当家做主、管理国家事务"，是唯一不二的途径。

　　因此，对我国民族问题研究界的一些民族自治论者来说，不要再拿"民族区域自治是民族自治与区域自治的结合"这种说法来论证自己的民族自治主张了，否则，很容易与达赖集团的"大藏区高度自治"主张走到一起去。我们反对达赖集团设想的"大藏区高度自治"主张，必须从否定民族自治开始。如果我们坚持说民族区域自治是民族自治与区域自治的结合，难免不给达赖集团留下"以彼之矛、攻彼之盾"的口实，难免不在反对达赖集团的"大藏区高度自治"主张时有理论失据之虞。

　　有意思的是，无论是达赖集团提出的"大藏区高度自治"主张，还是国内学术界一些论者对少数民族自治权的论述，都是以发展和完善民族区域自治制度为由的。是的，民族区域自治制度需要发展和完善，但是，发展什么和怎样完善，则有一个指导思想问题。是实行各民族团结共治，在共治中使少数民族政治权利和各项权益得到充分的体现和保障，以增强中华民族的凝聚力，还是实行各民族分别自治，在自治中使少数民族更加边缘化，并由此导致民族关系渐行渐远，为民族分离主义提供土壤，这是一个不容含糊的方向性问题。对于达赖集团，我们无法劝其放弃旨在为"藏独"铺路的"大藏区高度自治"主张；但对我国民族问题研究界的一些民族自治论者来说，正确解读民族区域自治则是一个需要认真思考的问题，否则，就难以得出发展和完善民族区域自治的正确观点。

（原载《民族研究》2009 年第 6 期）

第十一篇　现代国家、公民社会与民族差异政治

——试析"大藏区高度自治"主张的非理性和非现实性

　　提要　"大藏区高度自治"是十四世达赖喇嘛所言"中间道路"的核心内容，它的思想理念基础是在民族主义古典理论影响下产生的"民族统合主义"和在帝国时空条件下产生的"民族自治"观念。达赖集团以这两种观念为基调设定和论述所谓"西藏问题"，试图以想象的"大藏区"为版图建立一个"国中之国"，以所谓"高度自治"对抗中央政府权威，以"藏人治藏"排斥其他共居民族群体的政治权利，这有违现代国家主权统一和公民社会公民权利平等的原则，是一种非理性和非现实性的民族政治诉求。现代多民族国家民族政治生活的理性观念和现实方向，应是保证各民族团结共治而不是各民族分别自治。

一　"大藏区高度自治"的概念与实质

　　最近 20 年来，随着公开的"藏独"愈来愈没有市场，达赖集团变换策略，提出了所谓"大藏区高度自治"的主张。什么是"大藏区高度自治"？按照达赖本人早先的说法是："除了外交和国防，其他所有事务都应由藏人负责并有全权。"① 对这一说法，达赖集团最近在《为

---

　　① 见达赖喇嘛 1987 年在美国国会人权小组会议上抛出的《西藏五点和平建议》。达赖所说外交和国防由中央政府负责，这也是假的；他在该《建议》中要求"中国军队和警察撤出大藏区"，而在 1988 年的《斯特拉斯堡七点建议》中则又提出在外国"设立外交办事处"，"加入世界人权宣言"，这实际上是要使中央政府的外交和国防权也变得虚名化。

全体藏人获得真正自治的备忘录》① 中的进一步阐释是："对在中华人民共和国境内的西藏人要进行统一的管理";"将目前分散在各种自治地区的所有藏人统一在一个自治体系下";"藏人要有制定符合自己需求和特点的地方政府,政府组织,以及制度的权力。自治地方的人民代表大会对本地方所有问题有制定法规的权力,以及在自治政府各部门的实施权力和自由决定的权力,自治权利也包括在中央国家级的相关权利(应是"权力"之误——引者注)机关中安置代表并发挥实质作用"。仅此还不够。达赖集团还以"藏人治藏"的族类民族主义观念,排斥其他民族群体的公民政治权利,甚至要把他们从所谓"大藏区"内赶走。对此种自治,达赖集团有时称之为"真正的民族自治",有时又叫"名副其实的民族自治"。

　　这样的"大藏区高度自治"主张,撇开其真实目的不谈,即使从民族差异政治和少数民族集体政治权利保障的角度说,也是非理性和非现实性的诉求。"大藏区高度自治"主张提出所有藏族分布区都要由达赖集团组建纯藏人的"自治政府"来统治②,其他民族的公民没有参与管理的政治权利,这是一种公开的民族歧视;中央政府也不能领导所谓的"自治政府",二者只是达赖集团所希望的"合作"关系,这无异于要建立一个"国中之国"。有鉴于此,中央有关部门明确表示不仅"藏独"不可谈,任是什么大藏区自治或小藏区自治,只要有"半藏独"或"变相藏独"的内涵和目的,都不可谈,这自在情理之中③。

　　然而,由于"大藏区高度自治"主张表面上没有"藏独"的意思,这又使它具有很大的迷惑性。"民族地方自治"现在是不少国家保障少数民族集体政治权利的方式之一,"大藏区高度自治"听起来似乎与此差不多;不同国家实行民族地方自治的程度不尽一致④,"高度自治"似乎也有一定的论说空间。正是由于这个原因,在 2008 年 11 月 22 日结束的"全球流亡藏人特别大会"上,这一主张连同"中间道路"再

① 2008 年 10 月由达赖私人代表提交给中国有关部门,《国际西藏邮报》在公开发表该《备忘录》时的标题是《全体西藏民族实现名副其实自治的建议》。

② 按照达赖集团的说法是:"西藏流亡政府象征着西藏人民的利益和西藏人民的代表"。见《为全体藏人获得真正自治的备忘录》。照此说法,现在的西藏自治区人民政府倒是没有合法性了。但达赖集团流亡政府的"合法性"又在哪里呢?靠自我标榜吗?

③ 参见《外媒关注中央"强硬"谈达赖》,《环球时报》2008 年 11 月 11 日第 3 版。

④ 关于实行民族地方自治的案例及其自治程度的不同,参见王铁志、沙伯力主编《国际视野中的民族区域自治》,民族出版社 2002 年版。

次得到重申①，继续成为达赖集团借以争取世界舆论、凝聚流亡藏人、笼络藏族人心和挑战中央政府的公开旗号。由此看来，对达赖集团提出的"大藏区高度自治"主张，我们有必要进行深入的理论批判。当我们说"大藏区高度自治"主张背后隐藏着"藏独"、"半藏独"或"变相藏独"的目的时，我们要回答这样说的理由是什么；当我们说要坚持民族区域自治制度、反对"大藏区高度自治"主张时，我们要回答二者的本质区别是什么；当我们说"大藏区高度自治"主张是非理性和非现实性的民族政治观念时，我们要回答理性的和现实的观念应该是什么。

二　"大藏区高度自治"主张的思想理念基础

"大藏区高度自治"主张最初是由达赖喇嘛在 1987 年和 1988 年分别在美国国会和欧洲议会上抛出来的②，经过二十多年的修修补补，其基本内容充分反映在达赖私人代表最近提交给中央有关部门的《为全体藏人获得真正自治的备忘录》中。粗略研读一下该《备忘录》，我们不难看出，"大藏区高度自治"主张的思想理念基础，是在近代欧洲社会产生的"民族统合主义"和单一整体"民族自治"观念。但是，由于这两种观念有违现代国家内部主权建设和公民社会建设的基本要求，具有助长民族分离主义与民族隔阂倾向发展的本质，因而在国际社会包括在国外一些少数民族中间，一直都是非主流的民族政治观念和诉求，借助政治自由主义的思想言论自由说一说可以，但少有付诸实施的可能性。达赖集团现在想把这两种观念贩卖到中国，提出"大藏区高度自治"主张，并美其名曰"中间道路"，但实际上这是一条"曲线藏独"的道路。因此，在反对达赖集团图谋"藏独"的斗争中，必须要否定"大藏区高度自治"主张；而要否定这一主张，就必须从否定它的思想理念基础——"民族统合主义"和"民族自治"观念开始。

"大藏区"想象与"民族统合主义"　达赖集团所想象的"大藏区"，包括西藏以及相邻的云南、四川、青海和甘肃等地的藏族分布区（10 个自治州和 2 个自治县），约占全国国土的 1/4。但是，这种"大藏区"版

---

① 参见《达赖搞双簧向中央施压》，《环球时报》2008 年 11 月 24 日第 16 版。
② 参见达赖喇嘛的《西藏五点和平建议》和《斯特拉斯堡七点建议》。

图设想的历史根据是什么以及能否成立暂且不说，众所周知的事实是，在各种原因包括藏族内因的共同作用下，这些地方并非始终如一的是一个统一的政治地理单元，特别是自元代被纳入中原王朝管辖后，这些地方的行政设置和行政归属更是因时而异；而且，达赖集团所想象的"大藏区"，许多地方也是在藏族不断发展扩散的过程中成为藏族聚居区的，与此同时，这些地方也有其他民族群体或早或晚到来，与藏族居民形成了混杂居住的局面。既然如此，达赖集团现在何以把这些地方统归于"大藏区"呢？追根溯源，这纯粹是受一种欧洲社会产生的"民族统合主义"（nacionalismo irredentista，也可译为"民族复土主义"）思想影响的结果。何谓"民族统合主义"？答案很简单：它是依据民族主义古典理论对民族政治问题的片面认识，在一些因各种原因已散裂的民族中间产生的一种试图重建民族统一、进而谋求分离独立的偏激想法。达赖集团现把这种偏激想法纳入"中间道路"的范畴，为自己的"大藏区高度自治"主张寻找理论支持，无疑是一种不现实的想法，不仅不能说服他人，恐怕连自己都说服不了。

所谓民族主义古典理论或曰经典理论（classic theory of nationalism），是18世纪后半期的西欧思想界为解决当时西欧的民族问题而提出的一种影响巨大但却是不切实际的民族政治论说。这种论说认为，民族压迫和民族冲突是欧洲当时最严重的社会政治问题，其根源在于民族与国家不一致，解决办法是只能将二者统一起来，实现"一个人民，一个民族，一个国家"（one people, one nation, one state）的领土主权政治，即把世界分成各自独立的"民族—国家"①。至于什么是"人民"、什么是"民族"的问题，答案是人民或民族是语言文化同一的人们共同体，这种共同体的政治认同意志是现代国家的合法性所在。这些观点和看法，构成了被今人称为民族主义古典理论的基本内容。很显然，民族主义古典理论对人类社会民族问题的认识过于简单化了，既未找出导致民族压迫和民族冲突的真正根源，也未认真考虑其设计方案是否具有普遍性和可行性。因为，在长期的发展与互动过程中，各民族在人口规模上有大有小，且相互形成了交错分布的杂居状态，不可能实现每个民族都建立一个国家，在大多数情况下也无法使国家边界与民族分布完全协调起来。

虽然民族主义古典理论带有这些先天性思想缺陷，但由于它的矛头

---

① Andrés Blas de Guerrero, *Enciclopedia del Nacionalismo*, Editorial Tecnos, Madrid, 1997, pág. 339.

直指封建割据和帝国统治，因此它一出现就迅速成为革命性思想而传遍世界，并在世界各地引发多次大规模的民族主义独立运动，导致了今日世界大约 200 个主权国家格局的形成。但是，这些主权国家绝大多数都不是按照民族主义古典理论设计的"民族—国家"标准建立的，而普遍是以一些强大民族为核心、裹挟一些弱小民族或少数民族共同建立的多民族国家①。可以说，民族主义古典理论的设想很美好，但其实践过程和结果就不是如此了。二百多年来，在世界各地，民族主义运动实际上是一种只有目标而无规则、只有选手而无裁判，因而是只论实力而难说公平的政治游戏，现代"民族—国家"间的边界通常是按相对强大民族的影响范围来划定的，而相对弱小的民族被合并或被分裂就成了常见的现象。例如，位于欧洲伊比利亚半岛北部的巴斯克人，就被法兰西和西班牙两个"民族—国家"分裂了，而且，在这两个"民族—国家"的进一步建构中，法兰西的巴斯克人分布区还被划分为 3 个省，西班牙的巴斯克人分布区则被划分为 4 个省。这样的例子，在世界各地比比皆是。

根据民族主义古典理论来看，巴斯克人被分裂显然是不公平的；于是，在激进的巴斯克民族主义者中间就产生了一种"七合一"的主张，试图重新把西班牙的巴斯克人分布区和法国的巴斯克人分布区统一起来，以此"大巴斯克地区"作为理想中的"巴斯克祖国"的未来版图②。在北爱尔兰问题上，也有主张北爱尔兰与爱尔兰合并的声音。这样的主张在世界其他地方也不乏表现，例如在南美洲的秘鲁、玻利维亚和厄瓜多尔三国的印第安人中间，就存在以古代印加帝国（塔万廷苏尤）为基础建立"第二塔万廷苏尤"的想法③。对这类思想和行为，国际民族主义问题研究界通常称

---

①　国内知识界对在欧洲产生的"民族—国家"观念普遍持有一种适合欧洲但不适合中国的解读，但这种解读并不到位。实际上，欧洲国家如英国、法国、西班牙、瑞士、意大利等等，也都不是单一民族的国家，现在也都承认自己是多民族的国家。因此，认为欧洲人和中国人在对民族与国家的关系问题上存在不同的价值观，并据此解释西方"受过良好训练的知识分子"对"藏独"持同情态度的原因（参见金灿荣：《西方应改一改"后现代种族主义"》，《环球时报》2009 年 3 月 20 日第 11 版），并无说服力，西方知识分子也不会赞同的。实际上，西方知识分子特别是受过良好训练的知识分子，绝大多数也不赞同民族分离主义者对现代国家的肆意分裂。

②　Vèase：Juan Publo Fusì, *El Paìs Vasco*：*Pluralismo y Nacionalidad*, Alianza Editorial, Madrid, 1990.

③　Vèase：Nemesio J. Rodrìquez y Stefano Varese, *El Pensamiento Indìgena Contemporàneo en Amèrica Latina*, Direcciòn General de Educaciòn Indìgena de la SEP, Mèxico, 1981, págs. 147 – 172.

其为"民族统合主义"①。由此看来，民族统合主义说不上是一种完整独立的思想理论体系，它只不过是基于民族主义古典理论而产生的一种下意识观念或想法而已。民族主义古典理论主张民族统一并按照民族界限组建国家，正是这种主张为"民族统合主义"观念的产生留下了思想空间。民族主义古典理论的要义之一是领土政治统一②，因此，"民族统合主义"者也要为自己确定一定的领土范围，不管它是历史的还是想象的。

民族统合主义试图改变民族主义运动的实际过程对弱小民族造成的不公正，似乎有道理可讲；但是，由于这意味着要打破现存的国家格局和国家边界，并且还可能伴随着对其他族类或民族成员的排挤，从而造成新的灾难，因此，它在当今国际社会被普遍认为是一种破坏性的力量，不仅为现代国际秩序所不容，也为各个主权国家所不许。法、西两国联手打击巴斯克恐怖主义分离组织"埃塔"（ETA），充分说明了这一点。但是，如何才能从根本上消除"民族统合主义"观念呢？仅靠打压是不行的，还必须对少数民族的集体政治权利诉求有所保障。如果不解决这个问题，旨在追求民族分离独立的民族统合主义就不会失去号召力。而要做到这一点，就必须对它赖以产生的民族主义古典理论及相关观念进行反思。

民族主义古典理论家们之所以提出"一族一国"的设想，与在当时欧洲社会产生的另一种观念即政治自由主义传统理论有关。这种理论对古希腊城邦的同质化社会十分崇拜，认为现代国家和现代公民社会也应当是同质化的，公民身份只能赋予同族人，公民权利也只有同族人才可以享有；这就是说，公民身份的获得和公民权利的保障，取决于一个人的民族归属③。由此，"一族一国"的民族主义古典理论也就借助政治自由主义传统理论得以大行其道。可以说，民族主义古典理论与政治自由主义传统理论不仅是欧洲社会政治思想的一对双胞胎，而且，二者之间还存在着一种相辅相成的关系④。但是，这两种理论并

---

① Vèase：Andrès de Blas Guerrero, *nacionalismo*（*teorìas y tipologìas*），*en Enciclopedia del Nacionalismo*, ob. cit.，pág. 342.

② 参见胡安·诺格：《民族主义与领土》，徐鹤林、朱伦译，中央民族大学出版社 2009 年版。

③ 参见德里克·希特：《何谓公民身份》，郭忠华译，吉林出版集团有限责任公司 2007 年版，第 98—111 页。

④ 例如，现代自由主义理论的主要奠基者英国人穆勒（1806—1873）就认为，"政府的边界应该与民族的边界大体一致，这通常是自由政体的必要条件"。转引自威尔·金利卡《多元文化的公民身份》，马莉、张昌耀译，中央民族大学出版社 2009 年版，第 75 页。

不是完美的思想和价值观，其实践过程给弱势民族或少数民族带来的损害有目共睹。作为弱势的人们共同体，少数民族没有力量按照民族主义古典理论建立自己单独的国家来保护自己的集体权益；作为异质性的社会成员，少数民族又难以在同质性公民观念下享受到与多数民族成员平等的权利。不仅是实质上的平等，还包括名义上的平等，有些国家也曾长期不给予少数民族成员公民身份。在这种情况下，无论是作为群体还是作为个体，少数民族都难免处于权利保障之外的境地。对这种不公平的处境，少数民族表现出不满并力图加以改变是必然的。

但是，如何解决这个问题呢？在民族主义古典理论和政治自由主义传统理论下，出路似乎只有两条：一是少数民族或自觉同化或被强制同化；一是少数民族也去争取建立自己的单独国家。然而，这两条道路都是行不通的，它所造成的民族对立和冲突是人们所不愿意看到的。为了解决这个问题，必须有新的思想理念产生，其中首先要对民族主义古典理论的国家观和政治自由主义传统理论的公民观进行修正，实际上也进行了这样的修正：当代几乎所有的多民族国家都先后放弃民族同化转而承认少数民族的集体存在，并赋予少数民族成员与多数民族成员平等的公民权利。这样一来，少数民族的各种权益就在一定程度上得到了保障，多数民族与少数民族之间的紧张关系在大多数国家就得到了一定程度的缓解，尽管不能说已完全化解了。由此，源于民族主义古典理论、旨在谋求民族重新整合与独立的"民族统合主义"，目前在绝大多数国家的少数民族中都不是代表性诉求了，少数民族普遍秉持的理性是怎样在多民族国家内部实现民族平等，怎样在平等的公民权利下通过一定的民族集体政治权利保障方式来保证自己的权益。

行文至此，可能有人会说，国际上反对民族统合主义是反对旨在谋求民族分离独立的民族统合主义，但达赖集团现在提出建立"大藏区"，并没有说要搞分离独立，而是为了全体藏人实行统一的民族自治，这难道也不行吗？客观地说，这的确不行。别的原因暂且不论，历史形成的民族杂居状态也使其没有实施的条件。在达赖集团设想的"大藏区"里，除西藏外，还包括其他12个自治地方，怎么保证这些地方的各族人民一定会接受建立"大藏区"的设想呢？如果按照达赖集团的设想强行建立"大藏区"，并且只能由"藏人治藏"，还要恢复"政教合一"的统治制度，由此引发的民族矛盾，恐怕是达赖集团难以预料的，也是无力解决的，唯一的办法就是如达赖集团所希望的那样把其他民族的居民赶走①。但这无疑是对公民流动和信仰自由这一世界公认的一般人权的侵犯，当今任何国家都不可能接受这样的民族差异政治诉求，都不可能为此从法律上和制度上限制其他民族的公民流动和信仰自由，这就如同不能把少数民族成员限制在某一地区、不允许他们有迁移和信仰自由的道理一样。

关于民族统一自治的问题，国际上也曾有这样的诉求，但结果却难遂人愿。1978年西班牙实行民族地方自治时，在"巴斯克民族主义党"（不搞分离独立的合法政党）主导下，巴斯克地方议会提出把巴斯克人占相当比例的纳瓦拉省与其他3个省一道划归巴斯克"自治共同体"（Comunidades Autònomas，西班牙对全国17个自治地方的统称），1980年通过的《巴斯克地区自治条例》也采纳了这个意见，为纳瓦拉省加入巴斯克自治共同体预设了相关条款②。但是，预含着纳瓦拉省的大巴斯克自治共同体并未能建立起来。有意思的是，产生这个结果的决定性因素不是来自西班牙中央政权（西班牙国会批准了巴斯克地方议会拟定的包含纳瓦拉省的《巴斯克地区自治条例》），而是来自纳瓦拉省：该省不愿加入巴斯克地区

① 达赖集团声称"没有将定居西藏或长期留居西藏的其他民族成员驱走的想法"，是言不由衷的。达赖集团的"大藏区高度自治"主张，奉行的就是一种"族类—民族主义"（ethnic-nationalism）观念。"族类—民族主义"以血统纯正作为民族认同的标准，这种观念体现在少数民族地方自治上就是排斥其他血统的人们，这在国际学术界被称为"地方族类民族主义"，名誉扫地的林茨（Linz）是公开鼓吹这种思想的代表人物。达赖宣扬"藏人治藏"的"大藏区高度自治"主张，充分表明他完全是林茨的信徒，违背了大度容人的佛教理念。"族类—民族主义"起源于德意志民族主义，是相对于法兰西民族主义的不分血统的"公民—民族主义"（civic-nationalism）观念而言的。目前，国际社会普遍肯定的是"公民—民族主义"，这种观念体现在少数民族地方自治上就是团结各民族公民共同管理地方。例如，在西班牙的巴斯克等少数民族地方，就不分谁是巴斯克人、谁不是巴斯克人，大家都是巴斯克人，享有平等的公民权。在上述两种民族主义的世界性传播过程中，族类—民族主义对东方世界的影响似乎更大一些，以至于有学者认为它是"东方民族主义"的普遍范式。这种看法虽有可商榷的地方，东方世界并非不讲公民—民族主义而只讲族类—民族主义，但东方世界的族类意识在很多时候强于公民意识，这也是事实。包括在中国，连公民身份证上都印有"民族"标签。而在我国民族问题研究界，往往也是为研究民族差别而研究民族差别，处处主张民族的不同，很少以公民社会公民权利平等的观念来考察民族问题。只要我们看一看国内一些民族院校编写的所谓"民族理论"教科书，以及一些专业刊物发表的民族问题论文，就足以证明这一点。而这种专注于强调民族差别的观念并不符合民族关系的实际。只要我们深入基层考察民族问题，就会发现各族广大群众并不认同只讲民族差别的研究。"我们这个寨子不讲谁是什么民族，大家都一样。"（笔者在广西龙胜各族自治县一个由4种民族成分组成的山寨的访谈）这种源于直接经验的感觉，才是民族关系的主流，需要我们进行深入的理论研究。而那种基于抽象理论的民族差别塑造，以及基于这种塑造而产生的民族差别权利诉求、论说和政策，不仅不利于民族和睦相处，反而最终有害于现代国家以公民权利平等为核心的公民社会建设，甚至是在为民族分离主义准备社会土壤。

② Vèase: *Estatuto del País Vasco, art.* 2, 1980.

自治共同体，而是单独建立了自治共同体。

二十多年来苦心琢磨民族自治的达赖集团，不可能不知道这个事实，也不可能想不到其"大藏区"设想也会是同样的结果；既然如此，达赖集团为何还要坚持以想象的"大藏区"为基础实行民族自治呢？达赖集团的表面理由是："所有藏人作为同一的民族，统一聚居的现实必须得到尊重"；"对西藏人要进行统一管理"；"通过名副其实的民族自治来解决西藏问题"①。但透过这种并不成立的表面理由，我们不禁要问：达赖集团一直是图谋"藏独"的，现在为何改图民族自治了呢？换句话说，在达赖集团希图解决自己所界定的"西藏问题"上，民族自治会有什么工具作用？很显然，在达赖集团看来，在直接"藏独"没有任何可能性的情况下，民族自治不失为一种实现间接"藏独"的选择，因为由民族自治而最后走向民族独立，在世界各地是有不少先例可循的。但是，被达赖集团忽略的事实是，如果说民族自治在欧洲和世界历史上有它产生的土壤，并在一定范围内成功扮演了民族分离独立使命的话，那它现在的命运则是时过境迁了，在世界各地都没有重新上演的多大可能，更不要说在今日中国了。下面，我们不妨对民族自治的问题略作历史考察，这一方面有助于我们揭穿"大藏区高度自治"主张的背后目的，一方面也可为我们树立正确的民族政治观念扫清道路。

"大藏区高度自治"论说与"民族自治"②　从思想理念上看，达赖集团的"大藏区高度自治"论说，依据的是一种典型的"民族自治"（autonomy of nationality）观念，或者叫"自治民族主义"（autonomous nationalism）。何谓"民族自治"？简单地说，就是"一族一治"或曰"划族而治"，它是一种相对于"一族一国"的民族主义理念退而求其次的民族政治设计。从历史上看，"民族自治"是帝国统治与民族主义独立运动发生矛盾、二者在一定条件下相互暂时妥协的产物，其实践过程通常是导致民族离心力的发展，一些自治的民族一有机会就会毫不迟疑地争取走向分离独立。欧洲列强的海外殖民地人民自治自不必说，欧洲本土如奥匈帝国、南斯拉夫和苏联的民族自治，其结果也是这样。

---

①　达赖集团对民族认同的认识是站不住脚的，同一民族一定要"统一聚居"、"统一管理"吗？美国的墨西哥裔居民分散在美国南部不同的州里，能说墨裔美利坚人不是同一民族或"族群"了吗？难道达赖集团要强迫移居中国内地的藏族公民和散在世界各地的藏人都"统一聚居"在"大藏区"里吗？不统一聚居的藏族就不承认他们是藏族了吗？

②　此节内容作为前一篇文章的一部分，在《民族研究》2009 年第 6 期发表过。为保证本篇文章的完整性，这里继续予以保留。——编者注

自 19 世纪初起，源于西欧的民族—国家观念席卷世界各地，与西欧毗邻的中东欧地区首当其冲。但在哈布斯堡王朝的铁蹄下，中东欧各族人民的民族独立运动都被镇压下去，特别是经过 1848 年、1859 年和 1866 年三次民族主义战争失败后，匈牙利王国于 1867 年被迫与哈布斯堡王朝签订了《和约》（Ausgleich），在原来的奥地利帝国的基础上建立了奥匈二元帝国。为了缓和民族矛盾、保证奥匈帝国的存续，哈布斯堡王朝与各民族统治者达成了"民族自治"的协议。按照上述和约，奥地利皇帝同时为匈牙利国王；帝国中央政府保留对军队、外交、货币、海关和铁路的领导权，帝国内各民族（nationalities）实行自治[①]。

奥匈帝国的民族自治，首先是奥地利（德意志人）和匈牙利（马扎尔人）分别实行一级自治；与此同时，其他民族实行二级自治。当时，奥匈帝国被一分为二成 Cisleitania 和 Transleitania，前者包括奥地利、波西米亚、摩拉维亚、加利曾和达尔马提亚，由维也纳统治；后者包括匈牙利、罗马尼亚、克罗地亚、斯洛文尼亚和塞尔维亚，由布达佩斯统治。在前者，德意志人为统治民族，但其人口只占总人口的 36%，这迫使德意志人继续与其他民族集团进行协议和采取让权政策；在后者，马扎尔人为统治民族，但其人口也只占总人口的 48%，这迫使布达佩斯当局于 1868 年通过了《民族法》（Ley de las Nacionalidades），承认其他少数民族可以享有的政治和文化自治权利[②]。

奥匈帝国的"民族自治"设计，是一种"单一整体民族的领土自治"。这也许符合奥匈帝国各民族相对集中、民族界限相对清楚的分布格局；但必须承认，这种各自为政的民族自治是不得已而为之的事情，它突出的是民族界限，而把现代国家所需要的内部主权统一建设和公民社会公民意识建设放到了一边。在这种情况下，各民族之间的团结和对国家的认同就失去了牢固的基础；面对民族分离主义的冲击，任是什么"条约"都无能为力。有鉴于此，对奥匈帝国的"民族自治"设计，当时的欧洲思想界包括马克思主义者，都不认为它是处理现代多民族国家内部民族问

---

　　① 当时，奥匈帝国包括 11 个或 12 个民族（这取决于把奥地利人与德意志人看成一个还是两个民族），其中，德意志人占 24%，匈牙利人占 20%，捷克人占 13%，波兰人占 10%（1910年）；其他居民包括斯洛伐克人、小俄罗斯人、罗马尼亚人、塞尔维亚人、克罗地亚人、斯洛文尼亚人，还有犹太人，共占 33%。参见 Andrés de Blas Guerrero, *Enciclopedia del Nacionalismo*, Tecnos, Madrid 1997, págs. 231 – 232.

　　② Andrés de Blas Guerrero：Ibídem., pág. 233. 由于匈牙利人对非匈牙利人怀有根深蒂固的"马扎尔化"思想，由匈牙利议会通过的这部《民族法》没有得到认真执行，奥匈帝国后来也解体了。这部《民族法》唯一的意义，是向我们展示了当时欧洲人的民族自治观念是什么。

题的合适方式，并试图寻找新的方式来取代它，以避免由民族自治走向民族分离独立的发生与发展。

首先对奥匈帝国的"民族自治"提出质疑的，是深知它对奥匈帝国意味着什么的奥地利社会民主党人。19世纪末期，奥匈帝国已是摇摇欲坠。为了把奥匈帝国改造成一个继续保持统一的现代国家，奥地利社会民主党提出了将民族与政治分离开来的"地方联邦"加"民族内部事务自治"的方案，即国家管理和地方管理不考虑民族因素，民族权利只体现为各民族可分别建立自己的地方性和全国性社团组织，实行语言文化教育等事务的自治，"自主管理本民族的内部事务"。由此，奥地利社会民主党设想的"民族内部事务自治"，也以"民族文化自治"之名流传于世①。但是，这种自治设想涉及一系列难以形成共识的重大理论和实践问题：一方面，少数民族并不满足于这种只限于管理内部事务的自治；另一方面，内部事务的界定以及内部事务与公共事务的关系，自主管理机构的权威性以及对本民族内部成员可否进行内部限制，自主管理规定与国家一般法规在公民身上发生冲突时的解决办法等问题也难以解决。因此，这种自治设想从一开始就是一个没有多大实践可能性的虚议题，随着奥匈帝国的解体，它没有经过任何实践就随之夭折了，至今也没有理想的案例可举。

由于民族文化自治存在这些问题，特别是它否定少数民族的"集体政治"权利，在19世纪和20世纪之交，俄国马克思主义者对其进行了猛烈的批评，并由此提出了把民族集体政治权利与民族领土管理联系在一起的"民族联邦制"主张，这种主张随后成为苏联及其加盟共和国建立的理论基础。但是，在苏联存在的过程中，"民族联邦制"是徒有虚名的，同其他现代主权国家一样，苏联也是以高度统一的面目出现在世界舞台上的。然而，苏联在民族政治理论上陷入了停滞，没有充分认识到民族联邦制不利于现代主权国家的统一建设，并寄希望于意识形态统一和"无产阶级国际主义"（族际主义）可以保证苏联各族人民的团结，由联邦而最后走向统一。但事实是，在民族联邦观念的影响下，民族离心力不断加强，并最终导致了苏联解体。因此，苏联的民族联邦制及其理论论说，很少被当代多民族国家所推崇；如果照搬照抄，只能是同样的结果，如南斯拉夫。苏联存在的中后期，也试图解决民族联邦制的离心力问题，但采取

① Vèase：Maìa Josefa Rubio Lara, *Austromarxismo*, en *Enciclopedia del nacionalismos*, ob. cit., págs. 42–45.

的方法只是在实践中不断削弱各加盟共和国的权力，却没有勇气从理论上否定民族联邦制，更缺乏民族政治理论和制度创新。这样，苏联一方面在理论上包括在法律上承认民族自治、自决乃至分离的权利，实际上又在削弱加盟共和国的权力和加强国家统一建设，这难免不造成人们的思想矛盾和心理混乱：到底是要按照理论设计进行实践，还是根据实践改造和发展理论？从苏联解体的结果看，自然是前者战胜了后者①。

当然，人们也可以从另外的角度解释奥匈帝国和苏联的解体（包括南斯拉夫的解体），认为二者根本就不具备建立统一国家的民族关系基础，实行不实行民族自治都是要解体的。如果这样解释的话，那恰恰证明"民族自治"并不是保证现代多民族国家统一的有效工具，并不能成为必须信守的教条。换句话说，在帝国时空条件下产生的民族自治设想，并不适合于解决现代国家内部的民族政治关系。道理何在呢？这与现代国家的两个本质特征有关。第一，现代国家要求以内部主权统一建设为原则，而民族自治恰恰有违这一原则，对现代国家统一具有潜在的威胁；第二，现代国家要求以公民社会建设为原则，公民社会的本质是公民权利平等，而民族自治则强调民族界限和民族差别，不利于公民社会的形成和建设。这两点，是我们反对达赖集团"大藏区高度自治"主张的理论支点、法理依据和正当理由所在。

国家内部主权统一，是现代国家之所以不同于以往其他国家形式的主要特征之一，它的基本要求是以普遍的法律和制度来规范社会管理，确立中央政府对地方政府的权威，赋予中央政府协调不同地方和社会集团之间的利益的权能。在政治学研究中，现代国家有集权制和联邦制之分，这主要是就中央权力与地方权力的划分程度而言的，而在内部主权统一建设的问题上二者没有本质的不同，都是以一些统一的法律、法规和中央权威作为维系国家正常运转的保证的；而且，在现代国家内部主权统一建设的过程中，分权的地方联邦主义通常也都要服从于集权的国家民族主义，以国家整体利益为先②。这样的趋向或要求，也同样适用基于少数民族因素而建立的各种形式的自治地方。

当然，现代国家内部主权统一建设，特别是一般法律法规的形成与制定，通常是以主体民族的文化传统和对同质性民族社会的管理经验为

① 参见郝时远、赵锦元主编：《苏联民族危机与联盟解体》，中央民族大学出版社1994年版。

② Vèase: Miquel Caminal, *Nacionalismo y Federalismo*, insertado en *Ideologìas y Movimientos Polìticos Contemporàneos*, editado por Joan Antòn Mellòn, Tecnos, Madrid, 1998, págs. 106－109.

基础的。但是，现代国家很少是同质性的，而多民族则是普遍现象。基于这样的现实，大多数多民族国家不得不对一些异质性的少数民族社会的管理作出一些特别安排，包括建立一些特别行政区并赋予它们一些特别权利，以适应治理这些地方和这些地方治理的需要。这些特别行政区，不同国家有不同名称；国家赋予它们的特别权利和权力，则一般称为"自治权"。但是，不管这些特别行政区有什么样的自治权，首先都要保证国家一般法律法规的畅行，至多只能在报经批准后加以"变通执行"。众所周知，少数民族权利保障分为个人权利保障和集体权利保障两个方面，在少数民族聚居区设立自治地方，就是基于对后者的考虑，它为有效保障少数民族集体权利包括政治权利提供了一定的空间舞台，使他们的诉求在地方管理中能得到充分的反映。但是，对少数民族集体政治权利进行的这种保障，不能成为违背国家内部主权统一和一般法律法规畅行的理由，更不能成为自治地方脱离中央政府领导而自行其是的理由。

公民社会建设和公民社会的形成，是现代国家不同于以往其他国家形式的另一个主要特征，它的基本要求是保障公民权利平等。公民权利平等不仅可为国家统一和社会团结提供必要的忠诚和认同基础，而且是实现民族（nationalities）平等的前提条件，甚至有人认为，"作为把个体与法律、政治和社会结构联系在一起的概念和安排，公民身份比其他用以处理大型人类群体的社会政治关系都更加平等"①。现代国家的产生，是与"民族"（nation）和公民这两个概念联系在一起的，国家是"民族"的国家，"民族"是公民的"民族"，公民是权利平等的个人；但什么是"民族"，谁可拥有公民身份，则存在着法国传统和德国传统的区别，前者以出生地和政治认同认定"民族"和公民，后者则以文化和血统同一性认定"民族"和公民。但这种区别不影响所有现代公民国家对公民权利包括政治权利平等的承诺，尽管有诸多现实因素影响着这种平等的实现，其中包括民族文化差别的因素。

正是由于民族文化差别的存在，现代国家在规定公民的一般权利时，不得不对一些少数民族群体作出某些特别规定，承认少数民族有一些特别权利。加拿大学者威尔·金利卡把少数民族权利概括为三个方面：自我当政权利（self-government rights）、多族类权利（polyethnic

---

① 〔英〕德里克·希特：《何谓公民身份》，郭忠华译，吉林出版集团有限责任公司2007年版，第89页。

rights）和特别代表权利（special representation rights）①。但这三种权利指的是民族"集体权利"而不是作为个人的"公民权利"，是从防止更大社会有可能损害少数民族群体权益的外部保护角度说的；而且，金利卡在说明应当赋予少数民族群体这些权利的理由时，也是从有助于实现公民权利平等的角度出发的，而不是要否定公民权利平等。总而言之，尊重和保护文化多样性，包括赋予文化多样性的载体少数民族一些特别权利，不是要制造和扩大公民权利差别，不能成为排斥各民族公民权利包括政治权利平等的借口。

达赖集团的"大藏区高度自治"主张，恰恰违背了上述两个基本原则。达赖口头上承认中国国家统一，表示不追求西藏独立，但却完全忘记了国家统一不是空的而是有具体内容的。他在《备忘录》中大谈如何"高度自治"，却不顾这种自治对国家内部主权统一和中央权威形成了怎样的挑战。达赖口说要实现"藏民族与其他各民族间的和谐亲密关系"，但在《备忘录》中却闭口不讲各民族公民政治权利平等，甚至连其他民族群体的公民在所谓"大藏区"内自由居住的权利都没有，而要像国际移民那样得到批准；这样对待其他民族群体，完全是一种种族主义的态度。达赖集团的民族差异政治观念，充分体现了他们对现代国家内部主权统一原则的蔑视与对抗，对现代国家不分种族、民族保障公民权利平等原则的不屑与违反。这种思想和行为，完全是他们追求"藏独"的本质使然。

值得注意的是，达赖集团明明奉行的是旨在为"藏独"铺路的民族自治观念，却在《为全体藏人获得真正自治的备忘录》中说自己的"大藏区高度自治"主张"完全符合中华人民共和国宪法中有关自治的条款"。这是混淆是非的。《中华人民共和国民族区域自治法》所界定的"民族区域"，是指少数民族占有一定比例的各民族杂居的区域，达赖集团则把它变成了藏族所到之处都不允许其他民族成分存在的"大藏区"；民族区域自治是以某一或某几个少数民族的部分群体为基本主体、团结其他一些共居民族群体共同当家做主的"地方自治"，达赖集团则把它换成了排斥其他民族公民政治权利、只能由"藏人治藏"的"民族自治"；而对"民族区域自治地方的自治权"，达赖集团则把它换成了"民族自治权"；民族区域自治地方与中央政府的关系是"隶属关系"，达赖集团则

---

① 参见威尔·金利卡，《多元文化的公民身份》，马莉、张昌耀译，中央民族大学出版社2009年版，第37—38页。

把它换成了政治实体对政治实体的"对等关系",等等。下面,我们不妨对此稍作论述。

三 "大藏区高度自治"论说与"民族区域自治"实践的区别

达赖集团从民族统合主义和民族自治观念出发,提出"大藏区高度自治"主张,这是自然而然的事情。但是,达赖集团却借中国有关法律来为自己的"大藏区高度自治"主张进行辩解,并指责民族区域自治的实践没有尊重和保障民族自治权,这就有点差强人意了。只要我们把《为全体藏人获得真正自治的备忘录》(以下简称《备忘录》)的说法,与《中华人民共和国民族区域自治法》(以下简称《自治法》)的有关条款略作比较,不难看出"大藏区高度自治"主张所持理念的偏执与荒谬,以及对民族区域自治制度的曲解和无理非议。

关于民族区域自治制度的体系与结构　达赖集团的《备忘录》说,中国"和别的国家一样,通过赋予各少数民族自治的权利来解决民族问题"。这既是对其他国家解决民族问题的各种方式故作不知,也是对中国民族区域自治制度的体系和结构的肆意曲解,目的则是为"大藏区高度自治"主张寻找子虚乌有的论据,诱使人们落入它的话语圈套。

首先,世界上有许多国家只赋予少数民族成员平等的公民个人政治权利,根本就不承认少数民族的"集体政治权利",何谈"赋予各少数民族自治的权利"?另有一些国家承认少数民族有集体政治权利,但也没有一个国家如达赖集团所说采取"民族自治"的方式;即使是加拿大和美国的一些土著人保留地自治,也不是以整体民族为单位的,并且也绝无达赖集团所希望的那种"高度自治"的权利与权力。土著人保留地的管理机构包括所谓的"自治政府",甚至不具备一级地方政府的地位和权能。因此,达赖集团说别的国家"通过赋予少数民族自治的权利来解决民族问题",并说中国也是如此,以证明自己的"大藏区高度自治"主张是有理有据的公理,这显然是一种自欺欺人的伪证。

其次,中国的民族区域自治并不是模仿哪个国家,而是根据中国国情不断探索出的具有自己特点的管理体系。中国各民族历史地形成了大杂居、小聚居的分布格局,有鉴于此,从1947年内蒙古自治区成立到2003年四川省北川羌族自治县成立,历经半个多世纪,中国建立了包括自治区、自治州和自治县三级共 155 个自治单位的民族地方管理体系和结构；此外，中国还建立了上千个基层单位"民族乡"。对于这样的民族区域自治体系和结构，达赖集团能找到第二个国家吗？如果找不到，怎么能说中国"和别的国家一样呢"？

第三，《备忘录》把民族区域自治说成是"赋予各少数民族自治"，这是偷换概念之举。《自治法》第一章第 2 条说得很清楚，"各少数民族聚居的地方实行区域自治"。在这里，达赖集团通过把"各少数民族聚居的地方"换成"各少数民族单独存在的地方"，也就把"区域自治"改成了"民族自治"。这种移花接木的手法，失去了政治论说应有的严肃性。鉴于中国少数民族在大多数地方都不占人口多数，为了保证生活在这些地方的少数民族群体的权益得到充分关注，中国的民族区域自治地方是以"少数民族群体"① 为基本因素建立的，并规定自治地方的行政首脑由出身少数民族的公民担任，但我们不能由此推论民族区域自治就是少数民族"自治"，至多只能说少数民族群体在各个自治地方管理中居于主体地位，但他们与其他民族群体在各个自治地方则基于"共生共存"的社会经济生活，形成的是一种"共建共治"的政治管理结构；或者说，各民族群体是地方政治的共同主体，他们的共同决定是地方公共权力产生与行使的合法性所在。

关于民族区域自治的目的与功能　达赖集团的《备忘录》认为，"民族区域自治的目的是在抛弃大汉族主义和地方民族主义的前提下，避免民族压迫和民族分裂，通过赋予各民族当家做主的权利，以保障各少数民族的特性和文化"。这种认识未免过于狭隘了。《自治法》序言第三段说："实行民族区域自治，对发挥各族人民当家做主的积极性，发展平等、团结、互助的社会主义民族关系，巩固国家的统一，促进民族自治地方和全国社会主义建设事业的发展，都起了巨大作用。"比较这两段论述，思想境界不同显而易见。

---

① 在解释我国的"民族区域自治"时，引入"少数民族群体"（group of national minority）或"民族群体"（national group）这个概念很有必要，它指的是一个少数民族的部分而不是整体。这个概念有助于把"民族区域自治"与"民族自治"区别开来，免得授人以把"民族区域"演绎为"整体民族区域"的理由，如达赖集团的"大藏区"概念的提出，就是这样干的。我国各级民族区域自治单位中的所谓"自治民族"，实际上都是该民族的部分群体而不是该民族的整体，由此，如果把"自治民族"改为"自治民族群体"，也许更切合实际。人们可以从文化上、认同上和权益上对少数民族整体进行大而化之的道理论述，但民族之间的社会和利益关系则是具体的和直接的，是在一定的情景下和空间范围内发生的，因此在政治和政策操作上需要精细界定。

　　首先，《自治法》从四个方面概括了实行民族区域自治的作用，而《备忘录》只认为是"保障少数民族的特性和文化"，这大大贬低了民族区域自治的目的与功能。如果仅仅为了"保障少数民族的特性和文化"，采取种族（民族）隔离制岂不更好？曾经实行种族隔离制的一些国家，其主要理由就是为了保障种族（民族）的特性和文化，达赖集团难道想在中国复制种族隔离制？《备忘录》排斥其他民族参与自治地方管理的权利，试图建立纯藏族的"大藏区"，这的确与种族隔离制无异。

　　再者，"保障各少数民族的特性和文化"这种说法，也是不科学的。这不仅让民族区域自治制度不堪重负，也是任何国家的民族政策都不可能做到的。当今世界各国都主张"保护"文化多样性，但"保护"与"保障"是两个概念，没有哪个国家敢下"保障少数民族的特性和文化"的许诺，因为任何民族的特性和文化都不是靠制度来"保障"的，而是靠民族自身的繁荣发展来延续的，并且会随着时代的变化而变化，没有千年一贯的民族特性和文化。藏传佛教就不是藏族固有的，西藏民主改革后政教合一的制度也被藏族人民废除了。因此，对待少数民族文化，当代国家只能采取一定的承认和保护措施，创造让其存在和发展的宽松环境，并提供必要的物质帮助。目前，一些国家实行的多元文化主义政策，所宣示和所能做到的，也仅此而已。

　　第三，"抛弃大汉族主义和地方民族主义，避免民族压迫和民族分裂"，这既不是实行民族区域自治的条件，也不是实行民族区域自治就可完全解决的。民族区域自治制度主要是一种民族政治框架或者形式，它是为正常的民族政治生活服务的，其他方面和其他性质的民族问题则要靠其他办法来解决。大民族主义和地方民族主义是意识形态问题，这个问题靠制度可以限制其发展，但仅靠制度并不能消除它的存在；而且，不实行民族地方自治的国家，也不等于就放任大民族主义和地方民族主义；实行民族地方自治的国家，也不等于就没有了大民族主义和地方民族主义。至于如何避免民族压迫和民族分裂的问题，更不是靠民族自治、民族地方自治等方式就可以解决的；当今世界没有一个多民族国家实行达赖集团所设想的民族自治，实行民族地方自治的国家也不占多数，难道这些国家就无法避免民族压迫和民族分裂了吗？答案肯定不是。

　　关于民族区域自治地方的建立与划分　达赖集团主张"将目前分散在各种自治地区的所有藏人统一在一个自治体系下"，认为"现今的行政区域划分，将西藏人分散在中华人民共和国的自治区和许多省份当中，从而造成藏人被分散割裂，各个地区发展不平衡，同时也严重削弱了保护和弘扬民族特性、文化与佛教传统的力量。这一政策不但没有尊重西藏民族的统一性，反而进行民族分裂，对西藏民族的统一性制造障碍，践踏了民族自治的精神"。这里，达赖集团又由对民族区域自治的表面引证转而对其实践的实际否定了，但其否定理由显然是不充分的。

第一，一个国家的行政区划，决不是以民族界限为基础的，而是综合考虑历史沿革、人文地理、经济地理和行政管理方便等多种因素的结果。因此，中国民族区域自治单位的建立与划分，不可能以把某一少数民族"统一在一个自治体系下"为目标，只能根据各少数民族聚居和分布情况，采取实事求是的态度建立不同的民族区域自治地方①。关于这一点，《自治法》第12条说得很清楚。该条一共有三节，第一节说："少数民族聚居的地方，根据当地民族关系、经济发展等条件，并参酌历史情况，可以建立以一个或者几个少数民族聚居区为基础的自治地方"；第二节说："民族自治地方内其他少数民族聚居的地方，建立相应的自治地方或者民族乡"；第三节说："民族自治地方依据本地方的实际情况，可以包括一部分汉族或者其他民族的聚居区和城镇"。举例来说，藏族人口集中的西藏设立为自治区，但位于其他省内的藏族聚居区则可建立自治州或自治县；而在新疆维吾尔自治区内，则可建立以其他少数民族为基本主体的自治州或自治县。由此，中国55个少数民族中的44个民族，就建立了155个民族区域自治地方（其他11个少数民族因人口太少、分布太散，没有条件建立自治地方；但这些人口较少民族建有"民族乡"）。但这绝不是为了分裂少数民族，而是为了保证他们在自治地方占有一定的人口比例，进而有效地行使"当家做主"的权利。根据少数民族分布情况划分地方单位或选区，以使少数民族在这些单位或选区里占有一定分量乃至居于相对多数地位，这也是国际学术界为保障少数民族能够实际行使集体政治权利的通常建议②。相反，如果一个只有几万人口的少数民族，被划在一个有几百万人口的行政地方，那这个少数民族实际上是难以"当家做主"的。

第二，《备忘录》把藏人的广泛分布和地区发展不平衡，归咎于"现

① 民族交往所造成的民族杂居和民族混合状况，使民族整体或统一自治的设想没有任何可能；任何国家的任何政治力量，都不可能把不同民族分别集中或收拢在一起，更不可能划定哪个地方属于哪个民族而把其他民族的公民强行迁走。这不仅在实践中做不到，在道理上也站不住脚。因此，在当代国际社会，以民族整体为单位的自治是没有的。即使是美洲一些国家的土著人保留地，民族成分虽然比较单一，但却不能把同族人的各个保留地都统一起来。

② 参见威尔·金利卡，前揭书，第43页。

今的行政区域划分"，这如果不是思想幼稚和思维混乱的表现，就只能以别有用心来解释了。任何一个民族，特别是地域分布较广、人口较多的民族，地区发展都难绝对平衡。这不是行政区域划分的结果，而是历史发展、自然环境和经济地理区位等因素造成的。假使按照达赖集团的设想建立"大藏区"，就能保证所有的藏区发展平衡了吗？任何人都不敢下这个保证。平衡发展至今仍是经济学中的哥德巴赫猜想，任何一个国家都不可能保证各个地区，甚至一个地区也不可能保证其次区域的绝对平衡发展。江苏省是一个行政单位，而且近乎是纯汉族的地区，但苏北和苏南发展差距就很大。

第三，《备忘录》认为现在的行政区划"严重削弱了保护和弘扬民族特性、文化与佛教传统的力量"，这是一种似是而非的认识。民族特性、文化和宗教传统的保护与弘扬，不是以行政区划为前提的，甚至不以国界为障碍。西班牙人移居拉美，增强而不是削弱了天主教和西班牙文化的影响力；英格兰人移居北美，增强而不是削弱了基督教新教和英格兰文化的影响力；甚至是流亡海外的达赖集团，不也是增强了藏传佛教和藏族文化的影响力了吗？民族特性和文化不是组装起来的物件，拆开就不存在了，而是一种具有内在活力的东西，它的"力量"会以承载者的存在而得以保持和延续，而不管这承载者是在哪里。云南、四川、青海和甘肃的藏族，同样是保护和弘扬藏族特性、文化和佛教传统的力量，并形成了一定的区域特色。达赖集团在《备忘录》中也说，"不论其政治或行政区域如何地分合"，"西藏民族具有同一的民族属性是不争的事实"，既然如此，为什么又要自相矛盾地提出建立"大藏区"，要求"将目前分散在各种自治地区的所有藏人统一在一个自治体系下"呢？

第四，《备忘录》认为现在的行政区划"没有尊重西藏民族的统一性，反而进行民族分裂，对西藏民族的统一性制造障碍，践踏了民族自治的精神"。此种认识，有悖于一般常识。"民族的统一性"是个国际政治概念，它不适用于主权国家内部的民族。汉族聚居地区分为20多个省市，有些汉族聚居地区包括以汉族居民为多数的城镇还被划归以少数民族为基本主体的自治区、自治州或自治县，这能说是没有尊重汉族的统一性吗？如果认为把一些藏汉杂居区划归不同省份是分裂了藏族，那把这些地区划归所谓的"大藏区"，这不是又分裂汉族了吗？道理得两面说，而不能只讲一面之词。汉藏杂居区为什么一定要划归所谓"大藏区"，而不能划归有关的省呢？况且，达赖集团追求"全体藏人"的统一自治，这也是做不到的。达赖集团想通过内部限制把"全体藏人"都圈定在"大藏区"

内吗？当代任何国家都不能限制公民自由迁居他国，何况一个地方政府限制居民国内流动自由。

关于民族区域自治地方权力机关的属性与代表性 关于民族区域自治地方权力机关的属性，《自治法》第 3 条规定，"民族自治地方设立自治机关，自治机关是国家的一级地方政权机关"；第 15 条规定，"民族自治地方的自治机关是自治区、自治州和自治县的人民代表大会和人民政府。……各民族自治地方的人民政府都是国务院统一领导下的国家行政机关，都服从国务院"。关于民族区域自治地方权力机关的代表性，《自治法》第 16 条规定，"民族自治地方的人民代表大会中，除实行区域自治的民族的代表外，其他居住在本行政区域内的民族也应当有适当名额的代表"；第 17 条规定，"自治区主席、自治州州长、自治县县长由实行区域自治的民族的公民担任。自治区、自治州和自治县的人民政府的其他组成人员，应当合理配备实行区域自治的民族和其他少数民族的人员"；第 18 条规定，"民族自治地方的自治机关所属工作部门的干部，应当合理配备实行区域自治的民族和其他少数民族的人员"。这些规定，是保证国家内部主权统一和民族团结所必需的，然而这些规定在达赖集团看来则对他们的"大藏区高度自治"主张"多有阻碍"，在《备忘录》中提出"要对某些自治条款重新进行研究和调整"。

首先，达赖集团抓住我国有关民族区域自治的法律条文有"自治民族"和"民族自治地方"等概念做文章，在《备忘录》中试图把民族区域自治地方权力机关的"地方政权机关"属性改造成"民族政权机关"，这是一种徒劳的想法。我国有关法律使用"自治民族"这个概念，是就这些民族在民族区域自治地方中的主体地位而言的，但不能由此推演出民族区域自治等于"民族自治"。而"民族自治地方"这个术语，实际上是"民族区域自治地方"的简称，尽管这种简称给人以不严谨的感觉，容易被解读为"民族的自治地方"或"民族自治的地方"。但不管达赖集团怎样理解，我国民族区域自治地方的权力机关的基本属性"是国家的一级地方政权机关"，而不是什么民族自治权力机关；民族区域自治地方政府是各族人民的"人民政府"，而不是哪个民族的"民族自治政府"。

其次，《自治法》对民族区域自治地方权力机关作出了既是国家一级地方政权机关、又是地方自治权力机关的双重性规定，如何理解二者之间的关系，达赖集团采取了自取所需的态度，只强调它作为自治权力机关的自治地位而不提它作为地方政权机关的隶属地位，并由此把自己想象中的大藏区自治政府与中央政府对等起来，一切问题要征得相互"同意"和

"合作解决"。这纯粹是双边国际谈判的态度,哪里有承认中央政府权威和国家内部主权统一的意思?《自治法》对民族区域自治地方权力机关的双重性规定,正确的理解只能是它作为一级地方政权在先,而作为自治权力机关在后,后者的功能是包含在前者之中和依附于前者的;特别是从自治地方权力机关的权能来看,它所履行的地方政府职能,显然多于它作为自治权力机关的职能。因此,作为国家一级地方政权,民族区域自治地方的人民政府首先要履行地方政府的职能,其次才是行使作为地方自治权力机关的自治权限。而作为一级地方政权机关,民族区域自治地方的人民政府与中央政府的关系,只能是隶属关系而不能是对等关系。达赖集团所言的那种地方政治地位和权力,在当今一切国家都不存在。

最后,由于受民族自治观念的支配,达赖集团对民族区域自治地方权力机关的组成采取了排斥其他民族公民的态度,主张"藏人治藏",试图把自治地方的人民代表大会和人民政府改造成纯由藏人组成的权力机关,这是没有任何道理可言的。我国民族区域自治地方普遍是多民族共居的地方,各族人民共同当家做主,参与管理地方事务,是必然的要求。作为代表各族人民利益的地方权力机关,无论是地方人民代表大会还是地方人民政府,都要体现代表各族人民的本质,而不能将其"民族化"。即使我们不从更高的社会政治价值观角度看问题,仅从民族团结的现实需要出发,也不能排斥其他民族群体对自治地方的共同管理。

关于民族区域自治地方的权限与行使 无论在中国还是在外国,实行民族地方自治的关键是划定自治地方的权限,保证自治地方依法行使这些权限。自治地方的权限包括三个方面,或者说从来源上可以分为三类:一是国家赋予自治地方单独行使的专有权限;二是国家与自治地方共同行使的共有权限;三是国家委托自治地方有限行使的代行权限。但无论哪种权限,它都不是自治地方固有的,而是来自国家授权,它的存在和行使是以保证国家内部主权统一为前提的。为此,《自治法》第三章在讲到自治地方的各项自治权时,都有一定的限制条件,如"在国家计划的指导下","在坚持社会主义原则的前提下","依照法律规定","依照国家规定"等等。而在有关自治地方的立法权上,则规定自治地方通过的法律法规要报经上级立法机关或全国人民代表大会常务委员会、上级政府或国务院批准或备案。

然而,达赖集团在"高度自治"设想的驱使下,对《宪法》和《自治法》有关自治地方权限及其行使前提的规定不以为然,认为"自治的真实标准并没有明确的落实";"自治地方的立法权利也没有落实,仍遭到很大的阻碍"。由此，达赖集团要求"得到名副其实的民族自治地位"和"自主管理"。达赖集团在《备忘录》中列举了自主管理的 11 个方面，包括：语言、文化、宗教、教育、环境保护、自然资源的使用、经济发展和贸易、民众的卫生、公共安全、管理外来移民方法的制度，以及与其他国家在文化、教育、科学、宗教等领域的交流。怎样才能对这些事项进行"自主管理"呢？达赖集团认为，"藏人要有制定符合自己需求和特点的地方政府，政府组织，以及制度的权力。自治地方的人民代表大会对本地方所有问题有制定法规的权利，以及在自治政府各部门的实施权利和自由决定的权力"，并辩解说这"与宪法的自治原则大致相符合"。但是，世界上有这样的地方自治吗？这样的地方自治和自主管理，与独立国家何异？实际上，这正是达赖集团提出"大藏区高度自治"主张的真实用意所在——"明修栈道，暗度陈仓"。

达赖集团不仅要求自治地方有不受限制和监督的立法权和行政权，而且还提出自治地方要"在中央国家级的相关权力机关中安置代表并发挥实质作用"，并说这也是自治权利。在国家和上级相关权力机关中安排适当数量的少数民族代表，以保证少数民族的声音能得到充分倾听，这是国际学术界目前比较认可的观点，中国现行的民族政策也是这样做的；但这不属于地方自治权的范围，而是属于少数民族政治权利中的特别代表权问题①。达赖集团对自治地方权利与少数民族权利不分，把地方等同于民族，这真有点令人不可思议。在我国的立法权力机关全国人民代表大会中，有来自不同地方和民族的代表，但这些代表绝不是分别代表具体地方和具体民族，而是共同代表全国人民。而且，实行民族地方自治的一般惯例，通常是中央政府在自治地方派驻代表机构以监督地方政府遵守国家制度和法规，如西班牙等国家就是如此，而不是相反。但达赖集团不这样想，不仅要在所谓"大藏区"自我为政，而且还要"在中央国家级相关权力中安置代表并发挥实质作用"，这真是创造了地方自治权利的又一奇闻。

关于民族区域自治制度的本质与原则　从权力来源和行使的角度说，我国的民族区域自治是以国家主权统一为前提的，这种统一既为民族区域自治地方的自治权提供了合法性基础，又为民族区域自治地方行使自治权提供了保障。而从民族区域自治地方内的民族关系角度说，民族区域自治的本质特征和基本原则，则是保证"各族人民共同当家做主"的。这一点，前述《自治法》第二章第 16 条、第 17 条和第 18 条的规定就是具体

---

①　威尔·金利卡，前揭书，第 46—48 页。

体现；除此之外，《自治法》第五章在讲到民族区域自治地方内的民族关系时，说得更加清楚。

《自治法》第五章第48条说："民族自治地方的自治机关保障本地方内各民族都享有平等权利。民族自治地方的自治机关团结各民族干部和群众，充分调动他们的积极性，共同建设民族自治地方。"第50条说："民族自治地方的自治机关帮助聚居在本地方的其他少数民族，建立相应的自治地方或者民族乡。民族自治地方的自治机关帮助本地方各民族发展经济、教育、科学技术、文化、卫生、体育事业。民族自治地方的自治机关照顾本地方散居民族的特点和需要。"第51条说："民族自治地方的自治机关在处理涉及本地方各民族的特殊问题的时候，必须与他们的代表充分协商，尊重他们的意见。"第52条说："民族自治地方的自治机关保障本地方内各民族公民都享有宪法规定的公民权利，并且教育他们履行公民应尽的义务。"第53条说："民族自治地方的自治机关……教育各民族的干部和群众互相信任，互相学习，互相帮助，互相尊重语言文字、风俗习惯和宗教信仰，共同维护国家的统一和各民族的团结。"

无须进行任何进一步的解释，上述有关条款表明，保证"各族人民共同当家做主"或"团结共治"，这是我国"民族区域自治制度"区别于"民族自治"观念的本质特征。为什么要保证各族人民共同当家做主？首先，这是由现代国家公民社会建设保证公民政治权利平等的本质要求所决定的，无论是在国家管理中还是在民族区域自治地方的管理中，各民族公民都是权利平等的参与者。其次，在民族区域自治地方保证"各族人民共同当家做主"，这也是我国各民族群体相互杂居的现实使然，他们之间的杂居程度甚至普遍到每一个山寨和村庄，相互关系包括血亲和姻亲关系密不可分，怎么把他们划分开来进行"自治"呢？

然而，达赖集团出于为"藏独"铺路的目的，却对"各族人民共同当家做主"的民族区域自治实践大加非议，以西藏人民"自我帮助、自我发展和自我治理"为由，排斥其他共居民族的政治权利甚至不顾他们的基本人权而要驱逐他们，认为生活在藏区的汉族使民族团结"无从谈起"，使西藏的民族特性和独特文化"日渐消亡"，"藏民族也会消失在汉民族当中"。如此落后的民族、民族关系和民族政治观念，实为当今世界所罕见①。达赖

---

① 自1950年代起，随着巴斯克地区工矿业的发展，来自西班牙其他地区的劳工和技术人员大量涌入（现占巴斯克地区人口一半以上），但在巴斯克地区也没有因为这带来了人口结构变化而否认它的积极意义，或认为这破坏了民族团结，巴斯克特性和文化灭亡了，巴斯克人消失了。

集团对待不同民族的态度和思想，连中世纪的封建君主都不如，尽管他们在西方学会说"人权"、"民主"和"自由"等现代字眼了，但并不懂得这些价值观的真谛。达赖集团应该知道，只有承认和尊重他者的人权、民主和自由，自己才能得到人权、民主和自由。由此看来，达赖集团不仅应该像自己所说的那样有必要"继续学习宪法和有关法律"，而且要以理性观念看待不同民族，自觉修正自己的一些不合时宜的民族和民族政治观念。

遗憾的是，达赖集团至今没有这样的自觉性。无论是在民族区域自治地方与中央政府的关系上，还是在民族区域自治地方内部的民族关系上，达赖集团都采取了一种非理性和非现实性的态度。达赖集团试图在自己想象的"大藏区"内我行我素，主张"自治政府"与中央政府是"合作"关系而不是隶属关系，这违背了现代国家内部主权统一的原则；达赖集团主张在"大藏区"内只能"藏人治藏"，否定其他民族公民有共同当家做主的权利，这违背了现代公民社会公民权利平等的原则。因此，达赖集团的"大藏区高度自治"主张，在原则上没有任何道理可言，在任何国家都没有被接受的可能。

四 现代国家和公民社会条件下的民族政治理性

达赖喇嘛自称是有智慧的人，并在《西藏和平五点建议》中声称"须令自己变得合理"。但他的"大藏区高度自治"主张所体现出来的民族差异政治观念，却让人难以承认其有智慧和有理性。关于当代多民族国家的民族差异政治问题，国际社会虽然存在许多争论，也存在不同的实践方式，但这些争论和实践方式都是在承认现代国家内部主权统一和公民社会公民权利平等的前提下进行的，而达赖集团的"大藏区高度自治"主张却是反其道而行之。

国际社会目前对民族差异政治的一般认识 首先，人们对权利的体现主体存在不同看法：第一种观点认为，少数民族权利属于一般人权的范畴，是个人权利；因此，少数民族权利保障也就是保障少数民族成员作为平等公民的权利，除此之外，不能有其他特别权利。第二种观点认为，少数民族成员除了应有一般公民权利以外，少数民族作为一种社会历史文化利益共同体还应有集体权利。二者争论的焦点在于：第一种观点认为，保障了少数民族成员的公民权利平等，也就保障了民族之间的平等；如果承认少数民族有集体特别权利，这不仅是对现代国家公民社会公民权利平等原则的违背，而且还可能导致少数民族对其成员进行"内部限制"，阻碍个人选择自由这一基本人权的实现。第二种观点认为，保障民族集体权利非但不影响公民个人权利平等，而且有利于促进实现个人权利平等；民族集体权利要求的主要是"外部保护"，对于一些非自由的民族群体中存在的内部限制，应相信民族群体内部的改革动力，国家也可以促进这类群体逐步接受和走向尊重个人自由，但不能借此不承认民族集体权利。

其次，在承认少数民族应该有集体权利的观点之间，则存在对民族集体权利的内涵之争：有的认为民族集体权利是一种文化差别权利，即少数民族可以保持和发展自己的独特文化，少数民族应当是一种文化载体而不应成为政治主体，因为现代代议制民主政治是以公民、政党和地方为行为主体的，承认民族集体是一种政治因素和政治力量，不利于国家统一建设和公民社会团结。另一种观点认为，少数民族作为一种利益共同体，不仅有保持和发展自身文化的权利，也应有集体政治权利；自由主义的代议制民主政治与保障少数民族集体政治权利不仅不矛盾，而且前者还可以因后者而获得更广泛的认同基础，从而为权力的合法性提供更加充分的支持。

最后，在承认少数民族有集体政治权利的观点之间，则存在对少数民族集体政治权利的向度之争，而且争论更多、更大。有的认为，少数民族集体政治权利只应体现为对本民族内部事务的管理；有的认为，这种权利还包括少数民族以集体方式对地方事务的参与管理；还有的认为，这种权利也包括在涉及少数民族权利的国家权力机关中少数民族应有特别代表参加。而对民族内部事务管理、地方事务管理和特别代表权，人们又有限度上的不同认识：被一些人视为民族内部事务的事务，在另一些人看来则是国家公共事务；被一些人视为属于地方的权限，在另一些人看来则属于国家的权限；有些人把特别代表权界定为一票否决权，而另有一些人则认为此种权利有违少数服从多数的民主政治原则①。

但是，上述这些争论都不是原则争论，都是以公正态度对现代多民族国家民族差异政治和少数民族权利保障问题的理性探讨。因为人们普遍认识到，如果不讲理性，多民族国家的民族政治生活就会失去秩序，就会把民族关系弄到不可收拾的地步：突破国家内部主权统一，难免不像塞浦路斯那样，希腊裔和土耳其裔两个民族各自为政，使民族处于对立、国家处于分裂状态；不讲公民权利平等，则可能如美国和南非曾经做过的那样，实行种族隔离制，进一步加剧族际矛盾和冲突。反观达赖集团的"大藏

---

① 关于这些不同观点和争论，参见威尔·金利卡，前揭书，第5—7章。

区高度自治"主张，既不讲国家主权统一，也不讲公民权利平等，这样的民族差异政治诉求，只能说是别有目的，也就是为下一步的"藏独"准备条件。

然而，达赖集团的这种想法是很不现实的，也是很不理性的。如前所述，在历史上，民族自治只是一种帝国统治策略，它实际上是强势民族的统治阶层与弱势民族的统治阶层达成的妥协，是以不触动后者的统治权和利益为基本特征的。但在现代国家和现代公民社会条件下，像民族自治这种绥靖主义的间接统治策略就失去了存在的条件：现代国家和公民社会的管理是建立在国家公权力与公民直接面对面的基础之上的，任何有碍二者发生直接关系的中间环节都没有存在的可能。1959年的达赖及其利益集团，就是处于这样的境地：他们一方面阻挠中央政府对西藏行使管理主权，一方面为了自己的集团利益又压制广大藏族人民翻身做主人、阻碍他们享受和行使公民权利的民主改革要求，结果只能是在国家权力与藏族人民愿望的共同作用下被历史所淘汰。这就是说，现代国家公权力对公民的直接服务责任、公民对国家公权力的直接监督权利，使横亘在国家与公民之间的民族统治阶层变成了多余的代理人。目前，世界各国在保障少数民族权利包括个人权利和集体权利时虽有不同做法，但没有哪个主权国家还会采取帝国时代产生的"民族自治"方案，而是进行了许多新的探索，形成了一些新的实践方式，以保证国家主权统一和公民权利平等的实现。

国际社会目前保障少数民族权利的几种主要方式[①] 世界各国因国情和民族情况（世居民族、移民群体、土著人民等等）不同，以及对少数民族问题的认识不同，因而对少数民族权利保障也有不同做法，归纳起来，大致可分为如下八种主要方式或类型：公民化方式、社团化方式、政党化方式、议会化方式、一体化方式、多元文化主义方式、土著人保留地方式、民族地方自治方式[②]。

公民化方式 这是最普遍的少数民族权利保障方式。当今世界无论什么性质的国家，也不论什么色彩的政府，都会基于现代国家的公民社会性质信守对公民权利平等的承诺，其中包括赋予少数民族成员平等的公民权

---

① 以下所谈的几种民族权利保障方式，在上一篇文章中也出现过。出于本文的完整性，这里予以保留。——编者注

② 笔者对这些少数民族权利保障方式的概括，一方面来自于郝时远、阮西湖主编的《当代世界民族问题与民族政策》（四川民族出版社1994年版）一书，一方面来自于笔者最近编辑完成的《五十国民族政策》（付梓中）文集，以及对一些国际互联网站材料的运用（如有关"民族议会"的论述等）。

利。目前，民族和种族歧视问题虽然不能说在世界各地完全消失了，但保障各民族公民权利平等已成为一种普适价值或主流观念。公民化方式强调的是保障少数民族成员的个人政治权利，同时也承认少数民族作为一种社会文化和利益共同体，有组织起来表达自己愿望的权利。但这又带来了另外一个问题：承认少数民族的集体表达权利，是否意味着一个少数民族群体可以要求其成员必须对本民族尽义务、对他们进行内部限制呢？如果进行和允许这样的限制，是否又与公民的个人选择自由权相悖呢？对这个问题，国际社会的主流声音则是公民权利保障在先，任何少数民族组织都不能以集体意志为由违背国家对少数民族成员公民个人权利和个人自由的保护。

社团化方式　这是一种将民族群体社团化，并纳入民政管理范围的少数民族集体权利保障方式。以民族群体为单位建立各种性质的社团，是一种温和的少数民族集体权利诉求，它既不妨害国家内部主权统一，也不违反公民权利平等，因而一般都会得到相关国家当局的积极回应。将民族群体社团化的思想理论基础，一是自由主义政治理论所主张的结社自由；二是 19 世纪欧洲思想界针对政治民族主义而提出的"文化民族"观，此观点把民族视为一种文化共同体，可以像教会那样存在。将民族群体社团化的少数民族集体权利保障方式，最突出的特点是将民族关系"非政治化"，特别是把少数民族与地方行政管理脱钩。这对于那些没有地域依托的国际移民群体或已完全散居的民族群体来说是可行的，而对于一些具有传统地域依托的聚居民族来说就不够了，他们一般不满足于只成为一种社团。不过，将少数民族群体社团化，在一定程度上也是对少数民族以集体方式参与社会管理的承认，尽管这种参与方式对少数民族权益维护的力度有限。

政党化方式　以民族为依托建立政党，参与国家和地方政治生活，这在自由主义国家是一个普遍现象。从实践情况看，民族政党化在民主制度比较完善的国家可以正常运作（如圭亚那），在少数民族聚居地方甚至可以获得执政权（如西班牙）；但是，在大多数情况下，少数民族因为是少数，很难靠民族党来保证自己的权益（如拉美一些国家）；而且，在一些政局不稳的国家，民族政党化往往还导致民族冲突的加剧（如非洲一些国家）；在一定条件下，民族政党还容易走向推动民族分离独立的道路（苏联和南斯拉夫的解体过程充分证明了这一点）。因此，民族政党化的存在与健康发展，是以承认国家内部主权统一和基本政治制度为前提的，否则，任何民族政党或组织都是非法的，如西班牙巴斯克人中的民族主义分裂组织"埃塔",以及欧洲一些国家的种族主义极端组织。此外,民族政党的建立,也不能强迫该民族所有成员加入,因为这违背公民个人的政治选择自由。

议会化方式 这是代议制民主制度被搬用到民族关系中的产物,类型和名称各有不同。有的是以一个民族为基础建立的,如挪威的萨米人议会;有的则是不同民族联合起来建立的,如墨西哥和拉美其他国家的全国土著人理事会。在世界各地的少数民族特别是土著民族中间,民族议会或理事会是一种很普遍的民族代言组织,而且有的还建有各种专门委员会和地方分议会。民族议会虽然是代表少数民族的组织机构,但它没有立法权和行政权,更不否定国家内部主权和行政管理制度,而是要求国家尊重和维护少数民族的特别需求和权益;它也不否认公民权利平等,而是要求政府采取适当政策帮助少数民族成员,促进这种平等的实现。当然,也有一些国家的少数民族议会比较激进,甚至建立具有象征意义的政府,以图与国家权力机关实现形式主义的对等。

一体化方式 这最初是由墨西哥人类学家曼努埃尔·加米奥(Manuel Gamio)在1910年代提出来的一种理论,该理论认为,土著人的社会组织和生产方式既影响到国家全面现代化,也阻碍着土著人的发展进步;为此,国家应当采取一定措施促进土著人社会经济的发展变革,将其纳入墨西哥社会发展的总进程之中。由于该理论符合广大拉美国家建设的需要,在1970年代以前一直是广大拉美国家制定土著人政策的指导思想,一些非洲国家独立后也大多接受这种理论。但一体化理论在强调国家现代化的同时忽视少数民族文化的价值和少数民族对现代化的适应问题,因此自1970年代以后遭到许多批评。在这种情况下,拉美国家在推动国家一体化建设时又吸收了多元文化主义理论,开始重视对土著文化的保护,形成了一种可称为促进社会经济一体化发展、保护各种语言文化多元存在的土著人政策。

多元文化主义方式 多元文化主义理论虽然早就有人提出来[①],但作为一种社会文化政策则是1970年代在澳大利亚、加拿大和美国形成的,而在世界范围内的传播则是1980年代以后的事情。与民族一体化理论一样,多元文化主义理论也主要是从文化角度看待少数民族的,只不过它对

---

① "多元主义"(pluralism)的最初概念(文化和政治),是由 Horace M. Kallen 在1915年提出的(Véase Juan Pablo Fusi, *El País Vasco: Pluralismo y Nacionalidad*, Alianza Editorial, Madrid, 1984, pág. 245),这与墨西哥人类学家 Manuel Gamio 提出"民族一体化"理论在同一时期。

少数民族文化的价值评价要比民族一体化理论积极和开明，它主张不同文化之间的相互尊重与和谐相处，保护文化的多样性，而不是以多数民族文化来整合少数民族文化。此种进步，使多元文化主义理论产生后得到广泛传播。但是，对于多元文化主义的理解，特别是如何实践，则是一个众说纷纭的话题，以至于说它对现代国家和公民社会的解构作用，远大于它的积极意义，这也是有证明的。例如，现代国家的一些官方象征包括公共节假日的规定，一般都源于多数民族的文化传统，既然讲多元文化主义，少数民族是否可以不接受这些规定呢？国家是否也应该把少数民族的一些象征和传统节假日予以官方化呢？国家公共教育一般使用多数民族的语言，至多采用双语教学，为落实多元文化主义，少数民族群体是否可以不接受这种教育而另搞一套并强迫本民族成员接受呢？自由主义人权理论尊重和维护个人选择自由的价值观，但有些少数民族群体并不尊重个人选择自由，这是否可以被允许呢？如果被允许，自由主义所主张的一些普适价值不就遭到否定了吗？多元文化主义本想为不同文化开辟自由存在和发展的空间，但结果则有可能动摇自由主义的核心价值——个人选择自由。如此等等。①

土著人保留地方式 这最早是北美洲和大洋洲的一些原英国殖民地国家，如美国、加拿大和澳大利亚等国对土著人实行的政策，后来，拉美一些国家如智利、巴拿马和巴西等，对土著印第安人也实行类似的政策。以美国为例，美国现有304块印第安人保留地，面积约5300万英亩，占美国土地总面积的2.4%。美国印第安人现在约有200万人，其中约一半居住在这些保留地。1975年1月4日，美国通过了《印第安人自决与教育援助法》。根据该法，保留地演变成了一种自治单位，每个保留地都建有自己的部落政府。但这些部落政府的权限仅限于管理保留地内部事务，部落政府也不是国家行政权力链条中的一环，尽管印第安人在涉及他们事务

---

① 达赖集团非常了解多元文化主义理论具有很不确定的论说空间，在《为全体藏人获得真正自治的备忘录》中以这种理论多次强调藏族和藏文化的"特性"、"特点"、"特征"、"需求"、"希望"等等，以证明自我为政的"大藏区高度自治"主张的合理性，中央政府"不应干涉"。但是，即便以多元文化主义观点看问题，"大藏区高度自治"主张也属于一种极端要求。达赖集团对多元文化主义理论采取的是一种自取所需的实用主义态度，完全忘记了它的前提依然是保证国家内部主权统一和公民权利平等；而且，在许多国家的多元文化主义实践中，对少数民族集体政治诉求并不作回应，更没有制度安排，而只接受少数民族可以保持集体文化差别，少数民族成员可以保持多元文化的公民身份。因此，达赖集团以多元文化主义理论为依据，以保持藏族文化的纯洁性为借口，主张以"大藏区高度自治"的方式对藏族统一管理，这实际上是对多元文化主义理论的曲解与滥用。

的时候与所在地方政府也有一定的沟通方式和渠道。

民族地方自治方式　"民族地方自治"在不同国家有不同的形式，但其共同特点是：第一，民族地方自治根据少数民族分布情况，在国家行政体系内可建立不同的自治地方单位，而不是实行整体民族自治，更不是实行单一民族自治。第二，民族地方自治保障的是少数民族在地方管理中的主导地位，以便使他们的声音和诉求能得到充分反映和实现，但同时要保证各民族公民有参与地方政治生活的平等权利。第三，自治地方的自治权力是国家赋予地方政府的，而不是赋予哪个民族的，因此，自治地方政府与上级政府之间的关系体现为权力隶属关系而不是对等关系。第四，对自治内容的规定普遍是或主要是对地方公共事务的管理而不是对民族内部事务的管理。第五，民族地方自治的权力主要体现为地方政府具有一定的行政自主权而不是政治自决权，因此，无论是自治地方内部的政治生活还是自治地方政府的政治行为，都要遵守国家的基本政治制度和法律规范①。

除了上述几种方式外，现在也有采取名义上的民族联邦方式来处理民族政治问题的国家，如俄罗斯、英国和埃塞俄比亚等。但这些国家的联邦单位实际上也是"自治地方"，实行的是地方自治而非民族自治。

从以上对国际社会保障少数民族政治权利的几种主要方式的简单介绍中，我们可以得出什么结论呢？第一，少数民族政治权利包括个人政治权利和集体政治权利两部分，这两种权利都应当予以保障；前者的法理基础是公民权利平等，后者的法理基础是公民结社自由。第二，少数民族集体政治权利的保障方式和程度可以有不同，但都不能违反国家内部主权统一建设，不能以任何理由影响公民社会公民权利平等建设。由这第二点结论，我们不难对达赖集团的"大藏区高度自治"主张得出如下看法，即："大藏区高度自治"主张是一种有违现代国家主权建设和公民社会建设的民族差异政治观念，它只是一种受民族分离主义、民族统合主义和民族自治观念支配的偏执想法，少有实

---

① 西班牙和中国是两个典型案例，此处所列的5个特点，是两国民族地方自治实践所共有的，尽管二者因社会政治制度不同而在一些问题上有不同做法。例如，西班牙是通过派驻中央代表处的办法来保证国家对自治地方的监督，中国则是规定国务院对自治地方直接领导；在立法方面，两国虽然都规定自治地方必须执行国家一般法规，自治地方通过的重要法律必须报经国家立法机关讨论通过后方可执行，但在立法程序和自治地方的立法权限上则有不同；在自治地方与中央政府的权限行使中，西班牙通过宪法法院对二者之间的纷争进行仲裁，中国则通过政治和行政手段来协调。

现的条件和可能。

五　坚持民族区域自治制度，反对"大藏区高度自治"

行文至此，让我们对本文略作一个小结。达赖集团的"大藏区高度自治"的主张，是受在帝国时空条件下产生的民族统合主义和民族自治观念影响而提出来的民族差异政治诉求，由于它不符合历经时空变换而形成的现代国家和现代公民社会建设的要求，因此应当予以坚决反对。中国现行的民族区域自治制度，以促进各民族群体相互帮助与共同繁荣发展为根本宗旨，以保障各民族公民权利平等和各族人民族共同当家做主为基本原则，以维护国家统一、民族团结和社会和谐为最高目标，我们应当毫不动摇地予以坚持，因为这些宗旨、原则和目标是一切现代多民族国家处理民族问题的普遍理念。

但是，达赖集团的"大藏区高度自治"主张明明有违上述宗旨、原则和目标，是一种非理性和非现实性的民族政治诉求，但却硬说自己的这种诉求符合我国宪法有关民族自治的精神，俨然成了民族区域自治制度的解释者。这就向我们提出了一个问题：民族区域自治与"大藏区高度自治"的区别到底在哪里？我们在本文第二部分说到"大藏区高度自治"主张奉行的是一种各自为政的民族自治观念，而在本文第三部分指出民族区域自治制度奉行的则是保证国家权力统一和各民族公民权利平等的民族共治理念。笔者认为，这是二者的本质区别之一。我们反对"大藏区高度自治"，就必须从理论上坚决否定民族自治；而要坚持民族区域自治，也必须从理论上充分肯定各民族共治。

当然，对于我国民族问题研究界来说，否定"民族自治"有一定的难度，因为国内学界在解释民族区域自治制度时已习惯于说它是"民族自治与区域自治的结合"。但这种解释只是词义性的而不是定义性的，并没有回答实质问题。由于我们对民族区域自治制度的实质长期没有作出民族共治的明确界定，这就难免一些论者把民族区域自治视为民族自治的体现，同时也为达赖集团提出"大藏区高度自治"主张提供了"以彼之矛、攻彼之盾"的口实。因此，仅以民族区域自治是民族自治与区域自治的结合为由来否定"大藏区高度自治"，道理是不充分的，唯一可以否定"大藏区高度自治"主张的路径，是以充分的理由从根本上否定民族自治，指出民族自治对贯彻和实现民族区域自治制度的根本宗旨、基本原则和最高目标形成了潜在的和可见的威胁。

　　现在的问题是，由于种种原因，其中主要受上述对民族区域自治所作的词义性解释的束缚，我国学术界长期没有开展否定民族自治的理论研究工作，这就使我们在反对"大藏区高度自治"主张时，难免有理论失据之虞：既然你说民族区域自治是民族自治与区域自治的结合，那么，我要求民族自治并把这种要求与"大藏区"管理联系起来，为什么又不可以了呢？有鉴于此，我们现在应该结合民族区域自治的实质进行实事求是的理论思考，而不能再停留在对民族区域自治制度作出是民族自治与区域自治的结合这种词义性解释上。对前人的解释，我们不能苛求；但对前人解释的不足进行弥补，则是后人的责任。我们应该看到，新中国成立之初，受苏联民族理论的影响，当时的中国政治家们不可能从理论上否定民族自治，但民族自治又不适合中国国情，于是，就在采取民族区域自治的同时对它作出了是民族自治与区域自治相结合的解释。不过，这种解释并没有影响民族区域自治的实践是否定民族自治而实行民族共治的，也没有影响后来者对民族区域自治的实质不断加深认识，并最终得出了"各族人民共同当家做主、管理国家事务"[①]的理论概括。

　　然而，在我国民族工作界和民族问题研究界，有些论者却对各族人民共同当家做主或民族共治的观点很不理解，他们错误地把民族区域自治解释为民族自治，同时又武断地把民族共治的观点视为"非主流的东西"，"阉割和削弱了少数民族自治权"，并要求落实所谓"不折不扣的民族自治权"[②]。这样的认识，实际上与达赖集团的观点具有相通之处。当然，我们不能说这些论者赞同达赖集团的所有主张，但他们对民族区域自治制度的民族共治实质同样不认可，同样在追求所谓的民族自治。这些论者应该明白，时代发展了，民族问题的性质和内容都变了，民族政治观念也要

---

　　①　胡锦涛：《在中央民族工作会议暨国务院第四次全国民族团结进步表彰大会上的讲话》（2005 年 5 月 27 日），新华社北京 5 月 27 日电。

　　②　这两个认识分别引自一位民族工作者和一位教授的文章。这样的认识与他们对民族区域自治制度的个人解读有关，是把民族区域自治制度误解为民族自治了。即使我们按照这两位论者的解读思考下去，仍可提出这样的问题：难道少数民族只有自治权利，而没有对国家的共治权利吗？难道少数民族只满足于自治，不想参与对国家的共治吗？如果不是，民族共治的观点就是可以成立的；既然如此，那就不能将之视为所谓"非主流的东西"。而认为民族共治"阉割和削弱了少数民族自治权"的观点，其理由更是站不住脚。这种观点认为，少数民族参与对国家的共同管理可以，但其他民族群体则不能参与对自治地方的共同管理。这个逻辑很难理解。既然赞同"多民族国家"要保障各族人民共同当家做主，那为什么又反对"多民族的自治地方"要保障各族人民共同当家做主呢？这种双重标准，很难让人信服。

发展、也要变，而不能停留在帝国时代产生的民族自治观念上。实际上，民族自治并不是什么民族平等的体现，相反倒是民族不平等的反映。在现代国家和公民社会条件下，民族政治生活的现实方向和理性观念，应是保障各民族团结共治而不是各民族分别自治。各民族共治才是各民族平等的真正体现。

当然，如何实行民族共治，特别是如何使少数民族不因为是少数而被边缘化，防止共治流于形式化和象征化，让少数民族感到民族共治确实保证了他们的政治权利平等，可以切实维护自己的权益，则是一个需要继续探讨的问题。正是基于这样的认识，中国政府历来一方面强调要坚持民族区域自治制度不动摇，另一方面又指出要不断发展和完善它。但是，如何发展，怎样完善，则有一个指导思想问题。是切实保障各民族团结共治，在共治中使少数民族政治权利得到充分体现，以增强中华民族的凝聚力，还是实行各民族分别自治，在自治中使少数民族更加边缘化，并由此导致民族关系渐行渐远，为民族分离主义提供土壤，这是一个不容含糊的方向性问题。

（原载《中国社会科学内部文稿》2009 年第 5 期）

第十二篇　政治因素依然是民族问题的首要原因

——与《中国民族报》特约记者的座谈

提要　民族问题是不同民族间的集政治、经济、社会、文化、观念等各种因素为一体的综合性问题，其中政治因素是首要原因。民族政策的制定和民族工作的开展首先要全面认识民族问题。改革开放以来，西部少数民族地区与东部沿海地区社会经济发展差距拉大，这要靠国家政策调整来解决，这种调整本身就是政治。

关凯（以下简称"关"）：民族问题是世界上普遍存在的一个问题，传统帝国崩溃后进入现代民族—国家阶段，现在世界上主要的国家都是多民族国家。在现代民族—国家建构中，如何处理民族问题是每个多民族国家政府都面临的现实问题。您认为有关国家解决民族问题的政策有哪些类型？

朱：怎样解决少数民族问题，国际上有不同的做法，去年，我在贵报发表过这方面的文章，主要有如下几种：一是民族联邦制，如苏联和南斯拉夫，都是实行这种制度；二是民族问题地方化，也就是行政单位的设置基本不考虑民族因素，而是以自然地理或经济地理为据，尽管也有历史文化地理的背景；三是民族区域自治，有很多类型，比如中国和西班牙的民族区域自治政策，就有很多不同之处；四是土著人保留地政策，这在美洲、大洋洲都可以看到；五是民族一体化政策，比如拉美和非洲一些国家；六是多元文化主义，最近大家说的比较多；七是民族政党化，民族以政党的形式参与政治；八是民族社团化，不同民族组成社团组织或联合会，参与和影响公共管理；九是公民化，也就是把民族平等转化为公民权利平等。

关：您作了一个大致的类型区分，在这些类型之中，您认为哪种类型比较成功？

　　朱：这九种类型，实际上还可归并为三大类：承认少数民族政治权利并有制度设计的是一类，包括民族联邦制、民族区域自治、土著人保留地；不承认的为另一类，包括地方化、一体化、公民化；介于二者之间的，包括多元文化主义、民族政党化和民族社团化。不能说哪种类型绝对好或者绝对坏，每个国家都有自己的国情和"族情"。所谓族情，也就是不同的族体形态或状态。比如，美国印第安人和外来移民，就属于不同的族体形态，对他们的政策也就有所不同。

　　至于成功不成功的问题，首先有个立场问题。如果从保证国家统一的角度说，把民族问题纳入地方化管理，对各民族实行一体化，不问民族归属的公民化，可能会成为首选。但这并不意味着就是成功。墨西哥从1920年代初就实行民族一体化，但到1994年，却爆发了印第安人的武装起义。西班牙的佛朗哥政权实行公民化政策近四十年，但到1978年，西班牙又实行民族地方自治了。

　　如果从保障少数民族集体政治权利的角度说，你显然会赞成民族联邦制、民族区域自治或土著人保留地政策。你如果持自由主义民主的立场，你也许会赞成多元文化主义、民族政党化或民族社团化。所以，成功不成功，不能以政策类型划分。只要符合国情和族情，能促进民族关系和谐，那就好。

　　关：但是，如同我们第一次座谈中提到的，少数民族还是普遍要求有自治权。

　　朱：这是指有地域依托的世居的少数民族。而欧美国家那些由后至移民形成的"族群"，他们要求的是允许保持差异的权利、可以参与政治生活的权利、给予平等公民的权利，不可能是区域自治权的问题。

　　关：关于世居民族的区域自治权问题，您能否谈谈它的法理基础。

　　朱：与其说法理基础，不如说是政治使然。怎么讲呢？我们知道，民族政治发展到现代，形成了民族主义思想和"民族—国家"理念。这种思想和理念，是建立在下述假设基础上的，即现代世界激烈的民族冲突，只有将国家版图与民族地域统一起来，或者说以民族为基础建立国家，才能得到解决。而且，人们还把民族独立建国上升为天然权利。接下来的问题是，民族是什么？谁是民族？自卢梭以降的理论家，包括赫尔德、西哀士、费希特、雷纳等，也包括斯大林，都假定民族是具有各种同质性的人们共同体。民族主义运动和现代国家的建构，深受这种观点的影响。但是，现代国家的建立事实，普遍无法按照这种观点行事。所谓民族—国家，实际上是以强势民族为核心、加上若干弱势民族形成的多民族国家。那弱势民族怎么办？历史上，或对其进行驱逐，更常见的是对其强制同化。弱势民族是相对的概念，在拒绝同化时并不示弱，甚至发展到同样以民族—国家观念要求建立自己的国家。结果是：同化不了，也分离不开。怎么办？为了和平，就达成协议：在国家统一的条件下，或实行民族联邦制，或实行民族地方自治。你说，这是不是政治使然？如果有一种神圣力量，把各民族独立建国的潘多拉盒子打开，世界就不会是 200 来个国家了。

关：您是说，自治是不得已而为之的安排，而不是自觉自愿的行为？

朱：可以这么认为。现代民族政治关系上的自治，来源就是如此。这种自治的开启，源自宗主国与殖民地之间的政治互动。宗主国想维持直接统治，殖民地要独立。二者之间的角力，在一些情况下是相互退让，实行殖民地自治，但发展是走向独立。奥匈帝国末期，为了把濒临解体的奥匈帝国改造成多民族的现代民主国家，奥地利社会民主党提出了"民族文化自治"的设想，试图取代哈布斯堡王朝的民族领土自治。但结果是自治不成，各民族纷纷独立。苏联和南斯拉夫，以民族领土自治为基础建起了民族联邦制国家，结果也分崩离析了。因此，自治的本质是独立不成的选择，能独立，就会义无反顾。当代一些多民族国家的民族自治地方，依然存在独立势力，多民族国家的统一仍然面临民族分离主义的挑战。所以，任何思维正常的政治家，都不会认为自治就能一劳永逸地解决民族问题。如果想保持国家的统一，必须时刻对潜在独立倾向进行消解。激进的国家统一论者，巴不得取消自治（如西班牙的佛朗哥，就取消了第二共和国时期的民族地方自治制度）；民族分离主义者，恨不能明天就独立。自治，就是在这两种思想之间的妥协选择。因此，与其说自治是自觉自愿的，不如说是理性理智的。

关：有西方学者言："民族主义是现代社会的癌症。"无论如何，自18 世纪以来，民族主义思想和民族—国家理念影响太大了，它是近、现代世界的统治思想和观念。理性理智的自治，能战胜民族主义思想和民族—国家观念吗？

朱：要回答这个问题，首先要对民族主义思想和民族—国家观念进行思考。如果它是对的，你就战胜不了它；如果它是错的，那就要另寻出路。

民族主义思想，从本质上说是反帝国主义、反殖民主义、反教会主义、反封建主义的，因此，它是进步的思想，是时代的产物。但它设计的一族一国之"民族—国家"方案，则是违背民族流动、民族互动实际的。所以，民族与国家的结合，不可能按照民族主义的理想设计发展。在此情况下，关于少数民族的政治权利保障，理性理智的地方自治就成了一种选择。当然，这不是说民族分离主义就不会有表现了。

关：按照民族主义思想或古典理论，弱势民族也有权建立自己的民族—国家，但为什么国际社会现在普遍反对民族分离主义呢？

朱：这是理论可能性与现实可行性之间的矛盾。举例来说，西班牙和法国之间的巴斯克人和加泰罗尼亚人，与法兰西人和卡斯蒂利亚人一样是具有自己文化认同的人民，但在法兰西人和卡斯蒂利亚人构建自己的民族—国家时，则被分裂和整合到法国和西班牙之中了。从理论上说，巴斯克民族主义者和加泰罗尼亚民族主义者都认为自己有权建立自己的民族—国家，但事实却办不到。民族主义的民族—国家理论，追求的是国家边界与民族边界的一致性，但这种一致性往往是以强势民族的边界为依据的。当两个强势民族相遇，那么存在于两个强势民族之间的小民族往往就会被分割。在我们所谈的案例中，法国以法兰西人所到之处划定自己的边界，西班牙以卡斯蒂利亚人的势力范围划定自己的边界，二者的会合点在巴斯克人和加泰罗尼亚人地域上。巴斯克人和加泰罗尼亚人要建立自己的国家，那就要把法兰西人和卡斯蒂利亚人或者驱逐，或者切割下来，法国和西班牙是不可能同意的。

关：您认为从整体上看，人类世界是一些强势的"peoples"在构建现代民族—国家的格局，而其他弱势民族或人民的权益没有被尊重？

朱：现在世界上的主权国家，基本上都有核心民族，这是事实。但这不等于说弱势民族的权益不可以得到尊重和保障。问题在于，长期以来，在民族主义思想指导下，往往忽略弱势民族的利益。一方面，西方以自由主义民主为基础的政治传统，是把政治建立在个人与国家这两极之间的关系上的，没有把少数民族作为一个因素加以考虑。另一方面，民族—国家理论是建立在对同质化人民这种共同体假设基础之上的，即使看到少数民族的存在，也要想方设法把他们同化掉，何谈权益保障。不过，现在情况不同了。西方社会现在一方面在反思传统自由主义对少数民族集体权利保障的排斥，一方面在反思民族—国家的同质性。这就为尊重和保护少数民族权益提供了可能。

关：这就是说，民族主义思想在主张民族与国家的一致性时，存在脱离实际的错误？

朱：当然是。民族主义对民族本身的认识，以及对民族与国家关系的认识，都存在问题。民族主义理论对民族的假设，从一开始就包含着认识错误，这个错误就是把一块地方视为同一族类、同一文化、同一语言的人们的领地，而不顾其他族类与自己的共生共存。而强调民族与国家的一致性，反过来就会推论国家的同质性，进而推动国家的同质化建构。在这种观念下，排他行为发生了，同化主义产生了，冲突就不可避免了。现在，该是反思民族主义理论中的错误观点的时候了。

关：反思民族主义理论的"一族一国"错误，必然要讲"多民族国家"的观念。您认为多民族国家建设的主要问题是什么，它与人们常说的"民族—国家建构"有什么不同？

朱：要讲"多民族国家建设"的问题是什么，首先要讲传统的"民族—国家建构"问题是什么。民族主义古典理论指导下的民族—国家建构，遇到的最大障碍，是异质文化群体或曰少数民族的抵制。"民族—国家"观念的核心思想，是主张"一个国家、一个民族、一种文化"，以及建立在公民个人自由主义基础上的社会管理。在这种观念下，不承认少数民族的存在是必然的，被迫承认了也只是文化承认。而政治承认，宪政承认，才是关键的问题。但西方国家的宪法，在当初制定时，是不关注异质群体的存在及其集体权利保障的。这个传统根深蒂固，不容易改变。怎么办？一般的做法是做些管理政策调整，但因政府更迭，这会有变化。没有政治制度保障，没有宪政规定保障，少数民族的集体权利就是不稳定的。

有鉴于此，多民族国家建设，首先要从政治制度上，从宪政规定上，确立"多民族国家"的基本架构，并根据这个架构进行民族政治操作。只有这样，才能打破传统的"民族—国家"观念，促进各民族对"多民族国家"的认同。当然，多民族国家建设，也有与民族—国家建构相同的一些内容。比如公民个人权利的平等保障问题，现代国家的象征建立问题，等等。当然，"多民族国家建设"会遇到一些比相对单一的"民族—国家建构"更复杂的理论和实践问题。例如，你说公民个人权利平等，少数民族的公民为了获得这种平等，可能要付出比主体民族的公民大一些的代价，如全民通用语的掌握和文化适应过程。对此，国家要不要给予一定的政策倾斜呢？我想，这可能是目前我国对少数民族公民给予高考加分等待遇的理由和合理性所在吧！

关：如此说来，一族一国的民族—国家观并非一种价值标准。

朱：如果是价值标准，就无法在多民族国家框架下处理民族关系了。我刚才说民族主义思想如果不对，那就要另寻出路，就是指不能把民族—国家视为一种舍生忘死而求的价值。在反帝、反殖斗争中，人们舍生忘死，那是为了反压迫、争自由的价值观，民族—国家只是被当做实现这个价值、保护这种价值的外壳看待的；如果在多民族国家的框架下，各民族之间无压迫、有自由，就不一定为分离主义而舍生忘死了。这是分离主义目前在国际上普遍遭到反对，甚至得不到本民族充分支持（如西班牙巴斯克分离主义组织"埃塔"）的重要原因之一。民族—国家不是终极真理，也不是维护民族利益的永久堡垒，否则，就不会出现欧盟这种超越民族—国家的区域组织了。

关：现在，民族主义与民族认同研究是国际学术界的热门话题，门派很多，理论很多。您比较赞同哪个门派、哪种理论？

朱：这里，不谈门派，也不谈理论，我们只说观点吧。我比较赞同多元论民族主义的民族观。与族类民族主义将民族视为同一族类的共同体不同，与文化论民族主义将民族视为文化同质化的共同体也不同，多元论民族主义突破了对"民族"的同质化界定，承认民族的多元文化性、多族类性或多族体性。现实告诉我们，即使是对"地方民族"，也不能以绝对同质性的标准来衡量。例如，我国的彝族、壮族等，内部也存在许多文化差异；汉族内部的地方文化差异之大，就更不应说了。

关：但是，我们在谈什么是民族时，总是以各种同质性来定义的，包括斯大林的民族定义，也是说民族有四个共同特征。如果说民族内部不同质，这不是颠覆经典了吗？

朱：民族的同质性，是民族主义古典理论家的一般界定，斯大林的民族定义，也没有摆脱当时的影响。斯大林倒是没有把民族与国家联系起来，这是他不同于西欧民族主义古典理论家的地方。但这个创新，被引进到我国，民族理论界则进行了另一番解读。斯大林明明说的是 nation，我们暂且将其翻译为"国族"吧，但国内则将其普遍化，更多地运用于像汉族、壮族、藏族这类人们共同体，而这类共同体在西方是叫 nationality 或 people，不能叫 nation。

认识到民族内部存在异质成分，这也不能说是颠覆经典。经典理论以同质性界定民族，也有道理，最起码的，可以大而化之地给予理解。没有这样或那样的同质性，以及基于这些同质性的认同，民族也就不成其为民族了。但看到民族内部存在异质性，也有其现实意义和理论意义。

关：愿闻其详！

朱：对民族作出同质性界定，就会漠视少数异质群体的权利。民族的同质性，这是一种理想，事实并非如此。不同质，怎么办？以往的做法就是搞强制同化，或者主张分离。结果是什么呢？无休无止地冲突！承认民族的内部差异，这就为少数异质群体的集体政治权利保障提供了理论支持。民族内部的族类是多样的，文化、语言是多样的，这是一般事实，只有承认这个事实，才能真正保护少数人的权利，才能构成我们今天所说的少数民族问题研究这个领域。

关：现在党中央提出要建立创新型国家，这是要落实到各方面的。那么，在民族理论创新研究方面，您有什么看法？

朱：最大的问题是不从实际出发，不从实践中总结理论，而是照本本说话。举个具体例子说，对于"民族"本体的研究，不管是谈"中华民族"的形成还是谈其他民族形成，大家都以斯大林的"四个共同"为标准和理论框架，都把同质性作为民族定义的金科玉律。由此产生的结果是，一些论文所揭示的明明是民族来源和构成的多样性，却仍以这个共同、那个共同来概括。我们都看得到，当今世界像"中华民族"这样的200多个民族，有几个是同质化的。就说民族概念起源地的西欧，法兰西民族、意大利民族、西班牙民族、德意志民族等，他们哪个是完全同质化的？一个都不是！但是，我们为什么不从这些实际出发、而是从概念出发呢？原因之一，是我们的民族理论教学有问题。我们可以随便翻开哪本教科书，除了介绍斯大林的民族定义并将其作为唯一正确的定义外，其他观点都不讲，这就限制了人们的视野，这怎么能创新呢？

关：仅是视野不宽的问题吗？我们实际上生活在一个被理论约束的时代，社会理论已经很发达，提出新理论似乎很难了。

朱：你这是指大理论。小理论还是不断有所创新的。比如我们所谈的民族形成这个问题，现在不是有"象征论"、"想象的共同体"等多种说法吗？这就突破了前人的自然形成论、原生主义等观点。你也许说这只是一些观点，或者说只是一些命题。但不同观点和命题的提出，则是理论创新的基础和支点。现在的问题不在于理论创新难不难，而在于思考不思考。当然，现在的思想环境有点沉闷，思想状态有点颓废。20世纪末以来，国际学术界流行的各种"终结论"，如"历史的终结"、"思想的终结"、"选择的终结"等，以及"政治无思想"和"思想无政治"等说法，就是证明。

这些说法是什么意思呢？无非是说人类没有什么大的矛盾了，没有什么事情值得人们去认识、去争论了。在这种情况下，政治不需要什么思想了，不需要什么目标了，社会政治管理只是调和观点差别和调节不同社会角色的利益而已。政治变成了"无思想的政治"。而对于思想界来说，由于全球化思想已成为主导思想，学者的作用也就是讲故事，而他们所讲的故事，也不过是编织一些没有意思的说教，与市民的鲜活经验没有关系。但历史不会终结，思想不会终结。社会在发展，需要人们继续认识；你没有认识到，就说思想终结了，这不是在限制人们去思想吗？人类有新问题需要解决，这就需要进行思想；思想不同，就需要进行比较选择，并转化为政治行为。政治，不可能没有思想指导；思想，不可能离开政治实验。问题只是人们现在还在思想，没有做好抉择与扬弃的准备。在这种情况下，人们只好去翻检过去的思想，感叹思想的终结。

关：现在，国内比较重视从经济角度解决民族和民族地区问题，认为这是解决民族问题的根本途径。您也如是看吗？

朱：这恐怕与下述判断有关：我国的民族政治问题基本解决了，但东西部发展差距变得突出了。我们只能如此理解我国目前对民族地区经济工作的强调。但国家对西部民族地区的开发，鼓励东部沿海地区对西部地区"对口支援"，这本身就是一种政治行为。因此，我们不能因阶段性的工作重点是发展经济，就认为民族问题可以靠发展经济得到解决。如果说发展经济是解决民族问题的根本途径，恐怕有失偏颇。我们知道，苏联的解体，首先是从比较富裕的波罗的海三国开始的，而相对贫困的中亚地区，开始并不积极分离。西班牙的情况也如此。超过全国经济发展水平的巴斯克地区和加泰罗尼亚地区，民族分离主义表现更突出一些，而低于全国发展水平的加利西亚地区，则温和许多。

因此，我们不能把民族问题归结到经济问题。民族问题是一个综合性问题，其中首要的是政治问题。有人认为，经济发展了，民族问题就好解决了，这是目前被民族地区发展迟缓所困而得出的认识。但从世界范围来看，民族地区富裕有富裕的问题，而不是没有问题。19世纪以来，加泰罗尼亚的经济发展依托西班牙全国的自然资源、人力资源和市场，它与马德里的关系很好；现在，它发展了，又有了欧洲市场，它就嫌西班牙拖后腿了，认为自己吃亏了，不愿对其他地区多承担财政义务，要求马德里让自己"自由飞翔"。而且，它还自作主张地把自己从"nationality"升格为"nation"，这个问题就更大了，因为在国际社会，只有主权国家才能这样界定自己。所以，把民族问题简单化，不符合民族问题的实际。西方一些国家，把民族问题简化为文化差别问题，认为采取多元文化主义政策就行了，但结果还是不行的，还要从政治制度上保证一些少数民族或"群体"的政治权利。

（原载《中国民族报》2007年6月22日）

第十三篇 关于我国民族事务的几个理论认识问题*

关于民族问题和民族事务，在我国民族理论研究界和官方文书中，常有一些似是而非的认识、说法乃至做法，其消极作用很大，应当引起重视，予以澄清和纠正。

一 关于民族问题现状的评估与民族问题研究的取向问题

最近十几年来，随着我国社会经济变革的深入发展，民族问题呈多发态势，特别是恶性群体性事件时有发生。但在民族问题研究界和民族工作界，却是"问题意识不足，盲目乐观有余"。流行甚广的几个"最好"之说，便是证明：民族关系是历史上"最好"的时期；民族政策是世界上"最好"的国家；民族理论也是国际上研究"最好"的理论。在这一派"最好"之声中，还有什么问题？于是，剩下的就是进行不着边际的歌功颂德；谁有不同看法，谁就犯了忌，并被断定为"非主流"，是对这个政策或那个制度的"挑战"。持此态度的人，坚持一些似是而非的过时观念不放，失去了实事求是的思考意识。他们很少分析他人的观点是否有道理，自己深信不疑的信条是否有问题，更不要说认真研究我国的社会转型给民族工作带领了哪些真正的挑战，我们该如何应对。客观地说，与其他领域相比，我国民族问题研究界的思想解放和理论发展，在总体上是比较保守和滞后的，这也在一定程度上影响到国家决策部门乃至立法机关对民族问题的认识。

例如，2001 年，《中华人民共和国民族区域自治法》修订时，有学者

* 本文源于笔者 2008 年夏在国家民族事务委员会召开的一次小型座谈会上的发言稿。在这次座谈会上，笔者简要谈了 10 个方面的问题，现将其整合修改为 6 个问题，予以发表。

通过有关渠道书面指出："自主管理本民族的内部事务"这句话出自 19
世纪末欧洲人的设想，没有可操作性，不仅在欧洲和全世界没有成功的实
践，在我国也做不到，而且还可能被别有用心者利用，应当剔除。但自治
法最后写入了这一条，而对这句话的真理性何在，如何实践，却没有人作
出有力有据的解释和论证。于是，在民族区域自治地方，我们听到的是
"慰问信"之类的评价。而达赖集团呢，则从另一个角度利用这一条为其
"大藏区高度自治"主张做论据。再有，自治法中说要反对"大民族主
义"和反对"地方民族主义"，这位学者建议也应去掉，因为这两种"民
族主义"的内涵不确定，不好反对，不如换成反对民族强制同化主义和
反对民族分离主义。但这个建议也没有被采纳。

　　"法条"是要执行的，我们怎样执行"自主管理本民族的内部事务"？
"反对大民族主义和地方民族主义"的案例有吗？无法执行，没有案例。
既然如此，那就难免失信和失据。对于执政者来说，政策失信和失据，比
工作失误和失察更糟糕。失信和失据，必然带来失心和失望；而失误和失
察，则是可以理解和弥补的。

　　造成失信和失据的原因，在于从教条主义出发，而注重实际不够。在
我国民族理论研究界，这表现得尤其突出。有些论者不仅唯"马克思主
义民族理论"是说，而且对马克思主义经典作家的论述往往还是误读、
误解、误传和误用的。马克思主义经典作家所谈的"民族"问题，是指
帝国主义、殖民主义时代的国际层面的民族之间的关系问题，而非现代主
权国家内部的民族之间的关系问题，其基本立场和观点如政治经济上的
"压迫与被压迫"、"统治与被统治"、"剥夺与被剥夺"、"平等与不平
等"、"自决与自治"等，是不可以用来认识、解释和解决国内族际关系
的。但在我国民族理论界，"以马克思主义民族理论为指导"，似乎成为
一个不证自明的命题了，在 2001 年《自治法》修订草案中，这句话也被
起草者不假思索地加了上去，说民族区域自治制度是"运用马克思主义
民族理论"结合中国实际建立的。好在征求意见后，这句话中的"民族
理论"四个字，最后去掉了。但在我国民族理论教科书中和课堂上，这
句话却一直在张冠李戴地传讲着。经典作家所谈的"民族问题"及其理
论观点，应该是国际问题和国际关系研究要说的内容，以国内民族问题为
研究对象的"民族理论"不可套用。不管你怎么讲"中国化运用"，都难
免是牵强附会。马克思主义经典作家说民族分压迫民族和被压迫民族，你
怎么中国化运用于现实？马克思主义经典作家与当时欧洲知识界的普遍观
念一样，也曾把民族分为有历史的文明的先进"大民族"（great nations）

和无历史的应被同化的落后"小族体"（smaller nationalities）两个等级，如果你要运用于中国，那谁是前者，谁是后者？

　　我们的民族理论研究落后于民族关系的实际，这与我们长期以来的研究取向有关，这就是偏重于民族间的差别而忽视其共性，或者说没有把民族差别放到公民社会建设下来研究。这样的研究思想和目标，难以做到全面认识民族问题，不利于民族团结。说到这里，使笔者想起了1993年笔者在墨西哥访问研究时的一次偶遇交谈。笔者在住处附近的小区公园里散布，走到一张条椅前坐下小息，旁边坐着一位老者，我们便聊了起来。那时中国人在墨西哥不多见，他知道我是中国人并到墨西哥研究印第人问题时，谈兴甚高。笔者所在的研修单位是集学术研究、政策建议与实际执行为一身的墨西哥全国印第安研究所，巧得很，他就是这个研究所的退休研究员。笔者问他，你认为解决印第安人问题的出路在哪里？他愤然答道：没有出路！笔者问为什么？他解释说，该研究所只讲印第安人的差别，不讲印第安人与其他公民的共性，结果是问题越讲越多，事情越讲越大；取消这个研究所，问题也就好解决了。这种愤然态度当然不足取，但也说明一个问题：民族问题研究和民族工作是强调民族间的差别还是重视民族间的共性，的确是需要认真思考的课题。民族差别，在实际生活中并不像一些论者说的那么分明。2006年，笔者到广西一个自治县的山村考察，这个山村有40多户人家，有三种民族成分，大约各占三分之一，是个旅游点，游客想看哪个民族的舞蹈表演，他们就一起穿上哪个民族的服装，跳哪个民族的舞蹈。在进一步的入户访谈中，被访者都说：我们这里不分谁是哪个民族。这样的民族关系实际，应该是我们认真研究和总结的重点。

二　关于"民族区域自治制度"的解读问题

　　我国的民族区域自治制度是一种保证"各民族共同当家做主"的实现方式，它的目标是维护国家主权统一和促进公民社会建设，而不是突出民族界限和民族区别的"民族自治"。以"民族自治"观念来解读民族区域自治制度，是一种不合实际的误读；而以"民族自治"观念来要求民族政治生活，则是一种不合时宜的空谈。

　　我国在少数民族聚居地区建立行政级别不同、面积大小不一的自治地方，"实行区域自治"，并赋予某一个或某几个民族的"部分群体"（不是民族整体）在自治地方居于"主体地位"，是为了切实保障少数民族的集体权益和民主权利，以使他们不被现代民主政治的多数原则所淹没。但我国民族理论界对此不仅缺乏科学的理论阐释和自觉的经验认知，而且还对民族区域自治制度的内涵和少数民族在自治地方的主体地位进行了曲解：一些"民族理论"教科书和论文，几乎都把我国的民族区域自治制度错误地解释为是保障"少数民族自治权"的制度，并由此导致一些学者撰文要求落实"不折不扣的民族自治权"。这些论者从非现实的"民族自治"想象出发，完全忘记了我国"民族区域自治制度"的实践和理念恰恰是对"民族自治"观的否定。

"民族自治"有两种含义：一是19世纪末奥地利社会民主党设想的"文化自治"；二是苏联和南斯拉夫试验的"领土自治"。前一种自治以各民族"自主管理本民族的内部事务"为核心主张，后一种自治则可概括为以各民族"自决建立本民族的领土政治单位并自决其发展前途"为基本特点。这两种自治设计都是以民族整体为单位的。前一种自治涉及对民族内部事务的确定以及这些事务与公共事务的关系；自主权的合法产生以及它与国家公共权力的关系；自主管理的组织机构以及它对民族成员的权威性；自主管理产生纠纷时的法律裁定等问题。对这些问题，不仅当初的设计者没有能力回答，即便是当代法学也难以论述清楚，没有共识。至于后一种自治，则涉及国家统一与民族自决的矛盾，公民社会建设与民族分离主义的矛盾。这两种矛盾，实际上是很难协调的，其实践不是让民族自治转化为地方自治，就是由民族自治走向独立建国。因此，当今多民族国家很难以上述两种自治观念来处理民族政治问题。我们看到，当今一些实行"民族地方自治"的国家，自治的主体都不是某个民族而是包括各民族公民在内的当地社会；自治权力的行使者不是民族组织而是地方政府；自治的合法性产生于国家领土管理设计而不是民族自决；自治的权力受中央和上级政府的制约而不是绝对自主；自治的内容不是民族内部事务而是地方公共事务，且是经国家同意和授权的部分事务。

民族自治，无论是文化自治还是领土自治，它的设计前提有两个：一是将每个民族都视为铁板一块的统一整体；二是认为民族差别高于一切。而它的思想背景则与民族主义古典理论有关：该理论主张"一族一国"，但实践上又做不到，由此，那些没有可能单独建立"民族—国家"的民族，可以退而求其次地实行"自治"。然而，民族交往所造成的民族杂居和民族混合状况，使民族自治的第一个设计前提不复存在；而现代主权国家和公民社会所主张的国家利益高于一切、公民个人平等高于民族差别，则使它的第二个设计前提失去了存在的可能。由此，我们可以认为，在基于公民权利和公民社会的现代国家管理制度下，无论是"民族文化自治"还是"民族领土自治"，都是没有实践可能性的虚议题或假命题。实际上，从"民族自治"这种主张产生一百多年来，我们在任何多民族国家中都找不到真正实行民族自治的案例。如同"一族一国"的民族主义古典理论一样，"民族自治"主张只不过是一种理想主义激情的产物。如果不想由"民族自治"导致民族独立的话，那么，最现实的选择只能是地方自治，而地方自治的权力形成和运作则应体现为各民族之间的团结共治。

对"民族自治"这一舶来品，中国共产党早先也曾是其热情的拥护者，但最终是理智战胜了热情，既未搞"民族文化自治"，也未搞"民族领土自治"，而是借助"民族区域自治"这种架构，开创了各族人民共同当家做主的"民族共治"实践。但是，我们在理论上却没有明确指出这一点，而是受流行一时的"民族自治"话语的影响，勉强界定民族区域自治是"民族自治"和"区域自治"的结合；但在理论上，谁也没有说清楚二者是怎样结合的；而在实践中，也没有"民族自治"的组织形式。对这种理论与实践之间的困境，我们该如何回答？我们是勉为其难地论证我们在实行"民族自治"呢，还是对民族区域自治进行实事求是的新解释？笔者认为，我们应以"民族共治"来解释。

我国民族区域自治的实践和理念决不是"民族自治"，而是"民族共治"。指出这一点十分重要，因为它会对人们的观念产生不同的影响。如果任凭民族自治的观念传播而不做澄清，一旦形成社会性影响或集团性力量，后果就可想而知了。苏联和南斯拉夫由民族自治走向最终解体，便是前车之鉴。但我国学者在研究苏联和南斯拉夫解体的原因时，很少对这个根本问题进行反思。有的研究者认为，苏联和南斯拉夫的解体是实践问题而不是理论问题，意思是民族自治在理论上没有错，错在没有执行好这个理论。而实际上，恰恰是民族自治为苏联和南斯拉夫的解体埋下了种子。然而，我国一些民族理论研究者习惯、听惯了民族自治的话语，既不从苏联和南斯拉夫由民族自治走向解体的事实中吸取真正的教训，也不对当代一些多民族国家成功的民族共治实践进行认真的理论总结，只是一味援引经典作家有关民族自治问题的论述，不假思索地大唱"民族自治"之歌。我们看到，在我国民族理论界的学术讨论会上、民族院校的课堂上和学位论文中，到处充斥着"民族自治"、"民族自治地方"、"民族自治权"和"自治民族"等似是而非的说法；而实际上，这些说法都是没有事实依据的，根本不符合我国民族政治生活的经验，准确的说法应当是"民族区域自治"、"民族区域自治地方"、"民族区域自治地方的自治权"和"自治主体民族"。

我们把民族区域自治理解为"民族自治",难免形成一些片面乃至错误的认识,这些认识又对人们产生潜移默化的负面影响。例如,"少数民族地区占全国面积64%"之说,没有人推敲它是什么意思,没有人追问它想说明什么问题,没有人论证它是不是事实,更没有人怀疑其不当之处。历史上,哪朝哪代,不论是中原王朝还是地方政权,不论是汉族王朝还是少数民族王朝,都画不出精确的民族地图,都没有法定哪些地方是哪个民族的,面积有多大,固定边界在哪里,我们现在这样画民族地图,理由与合法性何在,目的又何在,效果又如何?当然,我们可以说这是民族政策,是为了实行民族区域自治。但"民族区域"不是纯少数民族地区,"64%"是指所有民族区域自治地方的面积,那里还有汉族,甚至汉族人口多于少数民族。既然如此,我们就不能盲目地说"少数民族地区占全国面积64%"。这个说法是在自觉或不自觉地告诉人们这些地方是少数民族的,而汉族是外来者。这个说法积极意义不大,但对国家统一建设和民族关系损害之大却是实实在在的。一些地方发生的排汉、排国家屯垦现象,固然不能归因于这种说法,但这种说法确实起到了推波助澜的作用。为纠正这种现象,在一些地方现又打出了"某某地方是各族人民的地方"的标语。这好像是在赌气吵架。众所周知,在现代主权国家和公民社会条件下,国家领土是全国人民的共同领土,不能按民族来划分这里是谁的、那里是谁的。各民族历史形成的传统聚居地,决不能将其"领土化";"领土"属于主权国家的概念,不可分割,无论是汉族还是少数民族,都是国家公民,都有在全国范围自由迁徙、居住和生活的权利。

我们对民族区域自治作出是"民族共治"还是"民族自治"的界定,还直接关系到我们同达赖集团对话的理论基础。达赖集团提出的"大藏区高度自治"主张,其思想来源就是"民族自治"。如果我们承认和赞成"民族自治"这种说法,就没有理由反对"大藏区高度自治"了,尽管我们可以认为"大藏区高度自治"是为下一步的"藏独"做准备的,但我们以未然作为反对理由总会被认为是无力的。以"民族自治"的观念来解读民族区域自治,实际上是不自觉地把我们自己置于被质疑乃至被考问的被动地位。相反,如果我们以民族共治为理念,我们就掌握了民族政治生活的理论制高点和行为主动权。在当代多民族国家内部的民族政治生活中,民族共治是经得起时间考验和实践检验的基本价值。即使是在当代西方自由主义国家,民族关系上的进步观念也是主张"民族共治"的,问题仅在于有些国家受传统政治制度设计的影响而做不到"民族共治",而中国则在努力实现这一点。如果说我国民族政治生活有自己的可以向世界宣示、可以与世界对话和交流的好经验,这个经验就是奉行民族关系的"和而不同"、民族政治的民主与共和理念,通过一系列制度设计和政策安排,在国家管理和民族区域自治地方管理中实行人民代表大会制度下的"民族共治"。

三 关于民族区域自治地方权力机关的代表性问题

在我国民族理论界,常有人论述民族区域自治地方的权力机关要实现"民族化",这种主张是对民族区域自治地方权力机关的属性和功能的误解。民族区域自治地方人民政府是代表当地各族人民利益的政府,因此,它的组成原则自然应是"多民族化"的。

《中华人民共和国民族区域自治法》对民族区域自治地方的权力机关作出了既是国家一级地方政权机关、又是民族区域自治地方自治机关的双重规定。但是,国内民族理论界存在着把后者曲解为"民族自治权力机关"的倾向,并由此引申出民族区域自治地方权力机关的组成要"民族化"。这种主张是什么意思呢?无非是说,在民族区域自治地方的权力机关中,出身自治民族的官员应占绝对多数,哪怕该民族在当地人口中的比例只占三分之一、四分之一甚至五分之一。民族区域自治地方权力机关"民族化"的主张,实际上是对民族区域自治地方权力机关的属性及其自治功能产生了误读,而这种误读还相当普遍,甚至影响到上层决策。1980年代中后期把大批非少数民族出身的干部从某自治地方撤出,便是证明。非少数民族出身的干部当自治地方的党委书记,也常被一些人将其与少数民族自治或不自治、有权或无权联系起来。要纠正此种错误观念,我们必须在理论上澄清:民族区域自治地方权力机关的基本功能是国家一级地方政权机关,而作为地方自治机关的功能则是包含在前者之中的;民族区域自治地方的权力机关不管有什么样的自治权,它的属性都是各族人民的政府而不是某个民族的自治权力机关,既然不是民族自治权力机关,也就没有理由主张将其"民族化"。

主张民族区域自治地方权力机关"民族化"的观点,显然是产生于狭隘的"民族自治"观念。但这种观念和观点忘记了一个根本问题:如果民族区域自治地方的人民政府及其官员只代表某个自治主体民族,那就失去了政府和权力的中立性与合法性基础。这是政治学的一个简单道理，但这个简单道理在我国民族理论研究界的一些论者那里就是想不通。为什么呢？除了这些论者把少数民族"聚居区"错误地视为排他性的"领土"外，还与他们对党和国家的少数民族干部政策的理解偏差有关。我们看到，民族区域自治地方权力机关"民族化"的观点，通常借用的理由是保证少数民族当家做主，而少数民族当家做主又被演绎为少数民族干部要占多数。但这种观点同样忘记了如下道理：法律赋予某一少数民族群体在自治地方居于主体地位，并规定出身该民族群体的公民担任自治地方权力机关的主要职位，这不等于否定其他民族群体在自治地方有共同当家做主的政治权利；党和政府大力培养和任用少数民族干部，是为了保证他们能更好地代表少数民族参与国家和地方管理，而不是为了在自治地方权力机关中实现干部"民族化"；少数民族干部同样是国家公务员，而不是只代表某个民族利益的代言人。民族利益的代言人角色，只能由人民代表大会中的各民族代表来担当。

当然，我国的官方理论和政策是坚持在民族区域自治地方政府的组成上实行"多民族化"的安排，以便为各民族共同团结奋斗、共同繁荣发展确立政治保证。但是，由于我们对"民族自治"观念缺失明确的理论批评，致使以这种观念主张民族区域自治地方权力机关要"民族化"的话语时隐时现，并不乏一定的市场。这里，我们不禁要问：那些有意无意论述民族自治权、主张民族区域自治地方权力机关民族化的人们，面对达赖集团提出的藏人治藏的"大藏区高度自治"，是赞同还是反对呢？如果反对，反对的理由又是什么呢？你一面讲"民族自治"并主张自治地方权力机关"民族化"，一面又反对达赖集团所说的藏人治藏，难道不是在思想上陷入了自相矛盾的尴尬境地吗？你可以说民族区域自治不同于"大藏区高度自治"，那这种不同表现在哪里呢？难道仅仅是"民族区域"大小不同的问题吗？那种认为民族区域自治地方权力机关要"民族化"的主张，与达赖集团提出的"大藏区高度自治"主张之间，实际上只有半步之遥！

主张民族区域自治地方权力机关"民族化"，对国家统一和民族团结有百害而无一利。国内一些人主张的"民族化"（nationalization），实际上是"族类化"（ethnicization）。我国学术界的民族观，包括官方的民族识别，基本上是基于血亲—血缘关系的"族类民族"观，而非基于社会—地缘认同的"公民民族"观。这两种民族观的区别在哪里呢？族类民族观具有强烈的排他性，认为"非我族类，其心必异"，而公民民族观则可包容其他族裔。有人以"港人治港"来比照"藏人治藏"，但这两个概念是不一样的。"港人"是个地缘人们共同体概念，不分族裔；但达赖集团所言的"藏人"不是如此，我们周围一些人的"藏人"概念也是身份证上的概念。在我国，由于过分强调公民个人的民族或族类身份，已经使一些人在民族意识上产生了严重的排他主义思想。我们看到，包括一些民族地区的方志和官方表述，竟也有"当地民族"与"外来民族"之分；而最近在拉萨骚乱中把汉族商铺作为发泄对象，更反映出民族意识和民族观念的扭曲；2009年，乌鲁木齐发生的对汉族市民突然施暴的行为，更是史上罕见、世间少有。在这种社会背景下，还主张民族区域自治地方权力机关要"民族化"，结果会是什么呢？最好也就是以血统画线，像历史上曾经发生过的那样，把不同民族分为几等，使某一族类具有统治其他族类的特权。如此一来，民族平等、民族团结就只能是一句空话。更为严重的是，如果按照自治地方权力机关"民族化"的主张去做，只能使民族分离系数增加，国家统一系数降低；一旦条件成熟，"民族化"的地方权力机关就会变成分离主义运动的领导者。苏联和南斯拉夫的解体过程，难道不是这样的吗？

　　总而言之，我国的民族区域自治地方普遍是各民族公民杂居的地方，无论是什么民族出身的公民，都有自由竞争公务员职务的权利，担任公务员后都是各族人民的公务员。法律可以规定各民族出身的公务员的大致比例，但每个地方的公务员则是一个统一的执政团队，权力来自于和服务于各族人民。将民族区域自治地方权力机关"民族化"的主张，是一种错误观念，不利于团结各族人民共同建设和管理民族区域自治地方，必须旗帜鲜明地予以否定。

四　关于民族区域自治制度的法律定位问题

　　在我国民族理论界，常把民族区域自治制度与人民代表大会制度和人民政治协商会议制度并称为国家的"三大政治制度"，但这种说法是有问题的。

　　当今世界多民族国家解决民族问题的实践，大体可以归纳为民族联邦、民族地方自治、民族保留地、民族一体化、多元文化主义、民族社团、民族议会、民族党等方式，除民族联邦是涉及国家结构的基本政治制度外，其他方式都只是涉及局部地区和少数民族的行政和民政管理方式。我国的民族区域自治是民族地方自治的类型之一，因此，我们不能以民族联邦观念，把它视为与人民代表大会制度和人民政治协商会议制度并列的"三大政治制度"。民族区域自治制度之"制度"，非人民代表大会制度和人民政治协商会议制度之"制度"，不是同一范畴的事物，不可同日而语。只有人民代表大会制度和人民政治协商会议制度之"制度"，才可称为全国性的"政治制度"；至于民族区域自治制度之"制度"，它只是涉及少数民族聚居地方行政管理的局部制度，并且是置于人民代表大会制度和人民政治协商会议制度之下的"次制度"。

把民族区域自治制度与人民代表大会制度和人民政治协商会议制度并称为"三大政治制度"，已对我国学术界产生了不正确的理论导向。有学者撰文建议，应当建立类似于全国人民代表大会和中国人民政治协商会议那样的全国民族事务的议事或决策机构，并认为这是发展和完善民族区域自治制度的举措，不建立这样的机构就是不符合"三大政治制度"的要求。如果接受这样的观点，真的建立全国民族事务的议事或决策机构，那这个机构与人大、政协、国务院，又是什么关系呢？我国民族事务的管理体系是，人民代表大会下设民族工作委员会，人民政治协商会议下设民族宗教工作委员会，国务院和各级政府下设民族事务委员会，可见民族事务是从属性的事务，不是也不可能是独立的事务。在当今世界上，没有哪个国家设有可与议会或国会并列的民族事务机构，也没有哪位政治理论家会把属于行政管理范畴的少数民族地方管理这种"次制度"，当做国家的基本"政治制度"来看待。我们常说民族问题是社会总问题的一部分，因此，对民族问题的治理也不能不纳入对所有社会问题的综合治理之中。而能够担当此种治理能力的，只能是中央政府和国家立法机构，不可能是以民族为单位建立起来的什么机构。

在国际社会，对民族地方自治既存在理论认识争议，又存在实践方式不同。民族地方自治是行政有限自治还是政治全面自治，在国际上有两种倾向，中央政府一般把它视为行政有限自治，而自治地方则试图把它推向政治全面自治。政治全面自治，原本是民族联邦主义的理想设计，但这种设计克服不了整合性的国家民族主义与民族分离主义之间的内在张力，二者之间的角力不是前者战胜后者，就是后者战胜前者，没有第三种可能。因此，"民族联邦"是一种无奈的选择，当代主权国家都不会把它视为国家统一的持久方式，而是趋向于把它逐步转化为"地方联邦"，从而以国家民族主义消弭民族分离主义。然而，民族联邦主义思想并不会因此而消失，而是会以其他方式表现出来。把民族区域自治制度与人民代表大会制度和人民政治协商会议制度并称为"三大政治制度"，实际上就是一种民族联邦主义观念的自觉或不自觉的反映。我国民族理论研究者对民族联邦制度的认识，大多数仅停留在认为这种形式不合我国各民族大杂居、小聚居的国情上，而对民族联邦制度的思想内核——政治全面自治，则缺乏清醒认识，以至于时常以这种思想论述我国的民族政治生活。

我国民族区域自治制度的法理基础和立法原则绝不是政治全面自治，而是行政管理上的有限自治。民族区域自治地方虽然有一些立法权限，但这是国家立法机构特别赋予的，它不改变国家立法的统一性。既然如此，我们就不能以政治全面自治的观念来看待民族区域自治，就不能把民族区域自治制度视为国家的"三大政治制度"之一，而只能将其视为少数民族聚居地方的"行政管理制度"。是的，民族区域自治制度需要发展和完善，但如何发展和完善，则要有利于各民族的团结和国家的统一，而不是倒退到民族联邦主义思想那里去，以至于不切实际地主张建立一个可与"人大"和"政协"并列的民族联合机构。民族区域自治制度不管多么重要，都不能在人民代表大会和人民政治协商会议之外建立"第三议院"。

五 关于民族集体权利和公民个人权利问题

我国的民族政策对少数民族公民给予一些特别照顾，我们可以从某些角度说明这种照顾的必要性，但对这种照顾政策，我们同样应该研究其利弊得失，而不能视为不容置疑的原则。然而，我国民族问题研究界并不是如此，往往是只看其利，不说其弊，并且常有曲解性的发挥：政府为维护和保障少数民族权益所采取的一些临时的特别措施，经常被一些论者演绎为少数民族的"权利"，并进而主张给予制度化的保障。例如，在我国西部大开发中，研究少数民族和民族地方的利益和特别关切是顺理成章的课题，但有人却由此主张在民族区域自治地方按民族身份进行国民分配，要"确定不同民族的不同受益份额"。按照这种主张处理民族关系，各民族共同团结奋斗、共同繁荣发展的问题，在民族区域自治地方就失去了当地各族人民的利益共识基础了。这样的主张与我国历史上曾经有过的民族等级划分如出一辙，与美国、南非一度实行的种族隔离制度，以及与印度目前残存的种姓制度也没有什么两样。这种出自个别学者的主张本身不是什么大问题，关键是在我国民族工作中也有这样的思维定式：一说到少数民族政策，就想到如何照顾和优惠少数民族个体。民族政策应该是针对民族整体的政策，国家对少数民族中的部分弱势群体给予扶持或帮助，如同对汉族中的弱势群体一样，这是他们作为国家公民应该得到的，也是国家应该尽责的，不应将其视为民族政策，而应视为一般的社会政策。国家民委有关机构的同志多次找笔者谈一个研究课题，即外国如何照顾和优惠少数民族。但这个课题不太好做。在以公民权利平等为基本价值理念的现代社会中，少有哪个国家奉行对不同族裔的公民个人实行区别对待的政策。

1992 年笔者到西班牙研究其民族地方自治制度，带着在国内形成的观念，笔者在访问巴斯克研究专家胡安·巴勃罗·福西教授时，在访问提纲中列出了"西班牙对少数民族有哪些照顾和优惠政策？"问题一出，对方很是一惊，反问笔者：为什么要照顾和优惠？笔者没想到这样的反问，只好说我国民族政策是这样的，我想搞一点比较研究。笔者在出访西班牙之前，到国内一个自治地方考察了几天，了解到当地政府规定汉族家庭只能养几只羊，少数民族家庭可以多养几只，并把这个情况说给他听。对方回答说：西班牙没有这样的规定；在西班牙，所有公民都是权利平等的，在巴斯克的所有居民都是巴斯克人；巴斯克问题是中央和地方的关系问题，不是巴斯克人和非巴斯克人之间的问题；执政的巴斯克民族主义党，也没有提出巴斯克人有什么个人特权，而是要求地方特别权利，如财政自主权；但这个权利可能带来的好处，是惠及所有居住在巴斯克的公民的，不管他说不说巴斯克语，是不是纯巴斯克人。

对不同民族的公民个人进行区别对待的观点和民族工作思路，反映出什么问题呢？一句话，在理论上对现代国家中的公民个人权利与民族集体权利之间的关系存在模糊认识。民族集体权利保障和公民个体权利保障是两个概念、两种原则，对公民个人权利平等的保障是第一位的，任何对民族集体权利的保障都不能以损害公民个人权利平等为代价。而在我国民族理论界和民族工作部门，往往过分强调民族差别而忽视公民平等，并试图把对少数民族集体权利的特别保障，物化为对少数民族个人待遇的特殊照顾。这种对不同民族的公民区别对待的政策隐含着巨大的风险，极易造成被照顾者和不被照顾者之间的紧张关系。如此下去，我国"平等、团结、互助、和谐"的社会主义民族关系非但不会得到促进，反而有可能不断遭到功利主义思想的侵蚀。

多民族国家内部民族平等的内涵，主要是保障不同民族的公民一般权利平等；因为，公民权利平等是民族平等的前提，没有公民权利的平等，民族平等就是一句空话。由此而论，试图通过对不同民族的公民实行不平等对待来实现民族平等，这在理论上是一种不能令人信服的诡辩，而在实践中则是一种靠绝对权力才能维持的游戏，体现的是一种家长制管理。这种权力一解除，游戏也就终止了，如铁托去世后的南斯拉夫就是如此。因此，我国民族工作的思路，应当从对不同民族的公民进行区别对待的临时治理之策中摆脱出来，以长期战略观点转到促进少数民族地区的整体发展上，转到建设权利平等的公民社会上，大力培育各民族公民权利平等的意识。特别是在民族区域自治地方，无论是在汉族中还是在少数民族中，我们都要大力宣传和培养公民个人权利平等的观念，逐步消除那些基于民族身份的不平等对待。民族团结和国家统一的最牢固的基础，是权利平等的公民社会的形成和建设，而不是靠哄哄拢拢地对不同民族进行区别对待。在这项工作中，政府的民族政策示范发挥着重要的导向作用。然而，我国的民族工作，似乎被以民族为界限的"优惠"和"照顾"思维罩住了，很少注意其实际效果和消极影响。

例如，这次四川省汶川地震，国家民委捐了款，但在捐助声明中却说，捐款用于救济羌族灾民。国家民委是政府部门而非民间团体，这样的宣示就不那么恰当了。你可以明示说捐款用于修复羌族历史文化古迹古建，但不可以说只救济羌族灾民，其他民族的灾民没有份儿。笔者没有调查这种捐助宣示落实了没有，对当地民族关系产生了什么效果，但从道理上是说不通的，失去了政府部门的中正立场。生活在同一个地区甚至同一个山庄的公民，只因一纸民族身份不同，就要受到区别对待，这样做是在促进民族团结还是在制造民族隔膜？

照顾和优惠少数民族公民，实际上也只是少数民族中的少数人受益，并不能全面解决少数民族集体面临的问题。而且，这样做的副作用很多。比如社会上现在热议的少数民族考生高考加分问题，因门槛和名额限制，实际享受到好处的人并没有多少。但这种惠及面不大的政策，所产生的消极影响是众人皆知的。如为得到高考加分而改变民族身份的造假行为，屡有所闻。民族政策应体现在民族集体身上，而不应体现在公民个人身上。无论是什么民族成员，作为国家公民，其权利和机会应是一样的。但作为一种认同群体，各民族又有一些集体权益，民族政策应从保护这些集体权益的角度来制订。例如，少数民族中有保持和发展自己的语言文化的诉求，民族政策应给予保障并提供支持。少数民族地区落后的问题，应通过缩小地区差距来解决；少数民族农牧民贫困的问题，应通过缩小城乡差别和社会阶层收入差距来解决；与此同时，对生活在西部民族地区的所有民族的公民，不能分三六九等。不管什么民族出身，只要是弱势群体，都应给予同样的帮助和扶持。资源不足，也要讲公平；"不患寡而患不均"的问题，同样适用于民族关系。政府的民族平等政策，应本着"同样的生境、同样的对待"之理念。一个自治县，一个城市，公共权力部门对各民族公民是否一视同仁，直接影响到人们对平等的感受。

我们对民族的集体差别权利与公民的个人平等权利不分，以至把对集体差别的承认转化为对个体利益的照顾，这种政策导向造成的结果是什么呢？这就是人们的民族意识增强而公民意识淡漠，对民族身份的强调比对国籍有过之而无不及，有的人甚至捏造材料将自己变为少数民族。民族或族裔认同是客观存在，但这是各个族裔和私人的事情，无须政府来认定，也没有必要进行认定。这是世界大势。但在我国，这却变成了一个社会公共问题，以至于需要政府出面干预和逐个登记。在当今时代，改变国籍都没有什么问题，但改变民族身份却被严格禁止，甚至要动用党纪政纪处分那些擅自改变民族身份的人，说来真是令人不可思议。追根究底，这是由某些民族政策包含利益不平的导向造成的。人生活在现实世界中，就有在社会上逐利的本性，如果民族政策留下可以让人们通过改变民族身份而逐利的空间，就难免人们不去改变。我们有党纪政纪来追究改变民族身份以逐利的行为，但也要反思诱使人们改变民族身份的政策法规本身是否有问题。

六　关于民族问题的国情意识与国际对话问题

当代世界各国的民族问题既有国情之别，也有时代共同点，因此，我们在同国际社会进行民族问题对话时，既要讲国情，也要说世情，而不能一味地在中国与世界、马克思主义理论与自由主义理论之间建立绝对的对立，特别是不要自说自话，不要把中国处理民族问题的一些经验孤立化，而要善于以世界视野和时代观念将其提升为连自由主义者都不能轻易否定的基本价值，进而影响世界。

与国际社会进行民族问题对话，首先是与我国加入的一些涉及少数民族问题的国际组织和国际公约对话。这是一个需要认真对待的新课题。涉及少数民族问题的国际组织和国际公约，主要是受自由主义价值观和人权观支配的，自由主义理论如何对待少数民族问题，所长所短是什么，我们的所长所短又是什么，都需要比较研究。只有如此，才能使我们与国际社会的对话更加有力，沟通更加有效。但在这个问题上，我们似乎没有准备好，甚至缺乏准备。

大概是 2005 年，我国有关部门提交的消除种族歧视国际公约"履约报告"被退回修改，笔者应邀提了大大小小数十处需要斟酌的地方，包括话语表达。例如，"民族干部"、"少数民族群众"、"民族教育"、"培养、提拔、任用少数民族干部"等语言，国内听惯说惯了，但国际社会对此比较费解甚至不理解，我们应换一换说法。而在"保障少数民族自治权"的标题下，报告所列举的材料则是民族区域自治地方政府的特别"权限"，与少数民族的自治"权利"是两码事；报告中还以少数民族出身的公民担任行政长官来证明少数民族的自治，这样的论证在理论上也是没有说服力的。报告还列举许多照顾和优惠少数民族的措施，说明我们在消除民族歧视，但这在国际社会恰恰被视为是"歧视"的表现之一，叫"正面歧视"或"积极性歧视"。而对我国保障少数民族集体权益的举措，报告则论述不够，更没有与自由主义理论进行比较。例如，自由主义在传统上对少数民族是实行同化主义，只是在最近半个世纪，随着自由主义理论的当代发展，一些国家才开始承认少数民族集体存在的合理性。即使如此，当代自由主义者内部对少数民族权利的认识依然存在分歧，比较进步的观点也只是承认其文化差别，主张"多元文化主义"；而对少数民族集体政治权利的保障，只不过是最近三十来年和少数国家的事情（以1978年西班牙实行民族地方自治为标志），大多数国家则依然以公民个人政治权利保障反对少数民族集体政治权利保障（如墨西哥国会对印第安人提出的地方自治诉求一直不予通过），至多允许其结社、结党自由，但少数民族的少数地位则使其作用不大。如果我们把我国以民族区域自治制度为基础的对少数民族集体政治权利的实际保障，包括参与国家管理的制度安排，放到世界范围里与自由主义政治理论进行比较论述，其价值和意义就陡然不同了。

除了与国际正式组织对话与沟通外，我们还要面对国际上一些政治人物和跨国民间组织对我国民族问题的偏见和对我国民族政策的指责。例如，有些政治人物和人权组织往往以"民族自决权"这种基于民族主义古典理论"一族一国"主张而形成的观念，指责我国政府反对民族分离主义、维护多民族国家统一的举措和决心，而我们通常则以"中国自古以来就是统一的多民族国家"为由加以回应，这显然不是有力的反驳方式。古代统一的多民族国家，在现代"民族—国家"运动冲击下分裂的例子多了；而古代独立、半独立的王国，后来被整合到现代国家中的例子也不鲜见。反对民族分离主义，必须从理论和实践的结合上指出民族主义古典理论所宣扬的"一族一国"论的非现实性，指出一些人拿这种过时理论说事的虚伪性和欺骗性。"一族一国"论是传统的政治自由主义理论的基础，但自由主理论的当代发展也普遍由"一族一国"论转向了对"统一的多民族国家"现实的承认与维护。因此，我们在反对民族分离主义、维护国家统一的斗争中，了解世界大势，了解自由主义理论的发展变化，借用当代自由主义国家的相同立场和观点（包括方法和手段），比一味地讲"中国自古以来就是统一的多民族国家"要有力得多。反对民族分离主义，以中国长久的统一历史为由固然重要，但把中国放到当今世界多民族国家中来看待，论证多民族国家存在的现实合理性与普遍性，更加具有说服力。

再例如，达赖集团提出的"大藏区高度自治"，在西方世界有一定市场，对国内也有一定影响。我们在与达赖集团及其支持者的斗争中，拿西藏以前的农奴制与西藏民主改革后的变化作比较，这只能说明我国在改善西藏民生和社会制度方面是有成就的，但这还不是反对"大藏区高度自治"的有力理由。民族地方自治不得损害国家领土主权统一；少数民族权利必须置于现代国家的公民权利保障和公民社会建设之下；西藏与西方殖民历史所形成的一些殖民地不同；反对以恐怖主义手段实施极端主义诉求，等等，所有这些基本理念，才是问题的关键，因为它们也是当代自由主义者和自由主义国家所坚持的原则和价值。充分运用这些原则和价值，将会使我们与达赖集团及其国际上的支持者的对话更加主动。

总而言之，我们在国际上论述我国民族问题时，要善于运用当代自由主义国家对少数民族问题同样持有的立场和观点，要善于把中国国情与世界情势结合起来；而我们在阐述我国一些好的民族政策时，也要善于把它上升为连自由主义者也不能否认的基本价值，而不能认为这些价值只属于马克思主义和中国所有。中国民族理论界目前很喜欢讲"特色"，但要防止将其变为关起门来自说自话的理由。"特色"论说过了头，难免会把自己孤立起来；而且，有些特色并不值得宣扬。例如，我们每个人的身份证上，都注明是什么民族。这在国际上现绝无仅有，你可以说是特色，但这个特色能说明什么？你可以解释为这是对民族认同的尊重，但也可以解释为是对民族不同的歧视。东南亚某个国家，对华人就曾经这么做过，但遭到华人抗议后，被迫取消了护照上的族裔标注。我国在1950年代进行民族识别，是为了保障少数民族的集体权利，包括实行民族区域自治，但印在居民身份证上，这就超出了民族识别的本意。这个特色，如果我们将其拿到国际上讲，恐怕不会得到正面评价，我们自己也说不清好在哪里。

（2011年春修订于北京寓所）

下编　共治命题阐释

简要题介：本编由 7 篇文章组成。第一篇是对当代多民族国家各种民族政治实践的考察，指出"民族共治"是其共同特征；接下来的 4 篇文章，从不同角度对"民族共治"这一事实进行了理论阐释，认为它是当代多民族国家民族政治生活的必然选择和方向；第六篇文章是对我国民族区域自治制度的解读，指出其本质特征和基本理念是民族共治而非民族自治；最后一篇文章是对民族共治的功能和价值的判断，认为它是引领民族关系从必然王国走向自由王国的现实途径。

旧的论说与新的认知并存，是一切时代共有的现象。在民族问题治理上，自由主义者和马克思主义者也都在反思旧的论说，提出新的认知。对古典民族主义理论和传统民族自治观念的否定，现在可以说是二者中绝大多数人的共识。标志是什么？二者既反对民族分离主义也反对民族强制同化；既承认民族差异又强调公民权利平等。但如何调节这两个似乎是矛盾的问题，人们的认知就不同了，自由主义者中间有分歧，马克思主义者中间也有不同主张；但二者之间也有共识，这个共识就是尊重各民族人格平等，把社会管理的民主原则运用于民族关系治理，实行民族共治。根据一些多民族国家的实践来看，尽管有不尽理想的地方，但民族共治已是不争的事实和追求。如何对这个事实和追求进行理论提升，将其变为人们的自觉理念，以促进民族政治生活健康发展，是摆在当代自由主义者和马克思主义者面前的共同任务。

第十四篇　民族政治理论与实践的当代发展[*]

提要　民族主义古典理论家提出的"民族—国家"方案不能完全解决当今世界的民族问题，但其公民社会和公民权利平等的观念也是当今一切多民族国家的基本信念；奥地利社会民主党和苏联共产党分别提出了"民族文化自治"和"民族领土自治"方案，开启了探讨在多民族国家框架下处理民族问题的理论先河。当今多民族国家处理民族问题有不同模式，都可从上述三种方案中寻找到理论源头。但当代多民族国家的民族政治实践也在继续发展，其中民族共治是可见的事实，如中国的民族区域自治制度就是如此。对此，民族政治研究要进行深入的理论总结和阐释。

民族问题（nationality problems）是人类社会由来已久的基本问题之一。近代以来，人们对民族现象的认识和解决民族问题的实践，形成了诸多观念、理论与方案。最具广泛影响的是国族主义经典理论所主张的"国族—国家"（nation-state）方案。但是，世界民族问题的复杂性，仅靠这种方案是难以解决的。因此，几乎自国族主义经典理论产生时起，人们就对它的局限性不断进行反思，特别是进入 20 世纪后，随着世界各地普遍形成多民族国家，人们对在多民族国家框架下解决民族问题的可能性不

---

　　* 本文是在三篇文章和一份讲稿部分内容的基础上合成的，其基本架构是发表在《中国社会科学院院报》（2006 年 9 月 28 日）上的同名文章；另两篇文章一是发表在《学习时报》（2003 年 12 月 8 日第 214 期）上的题为《几种民族政治理论和制度设计》一文，二是发表在《中国民族报》上的连载文章《世界各国民族政策巡礼》一文（2006 年 8 月 4 日、11 日、18 日、25 日和 9 月 1 日）；讲稿题为《中国的民族和民族区域自治制度》，此讲稿是为北京外交学院西班牙语国家青年外交官培训班学员准备的，培训班已举行三期，每期学员对笔者所作的有关中国民族区域自治制度的理论分析部分都比较有兴趣，在此将其作为本文的最后部分予以发表。

断进行探索，并形成了一些各具特点的民族政策模式，推动了民族政治理论与实践的当代发展。

一　国族、国族主义理论与运动

现代"国族"（nation）与国族主义（国内通常说"民族"与"民族主义"，因本文所使用的"民族"一词相当于 nationality 或 people，故作区别）是产生于西欧的社会政治现象，其基本目标是通过建立主权"国族—国家"（nation-state）来维护不同人民（people）的利益，并试图为相互关系确立基本规则（国际政治秩序）。国际学术界一般认为，15 世纪末在王权统治下实现统一的西班牙是世界上第一个国族—国家，而 1648 年签订的《威斯特伐利亚和约》则是国际政治秩序的建立之始。18 世纪后期，欧洲思想界对国族和国族主义现象产生了一些比较一致的看法，这些看法被后人界定为国族主义经典或古典理论，其代表人物有卢梭、西哀士和赫尔德等人。

国族主义古典理论认为，现代世界的突出问题是民族（people）压迫和民族冲突，民族是自然形成的具有人文同质性和利益一致性的人们共同体，而国家（帝国与封建王国）则是人为建立的政治单位，民族与国家不一致是造成民族冲突的根源，解决办法只有一个，那就是将民族地域和国家领土统一起来，实现"一个人民，一个国族，一个国家"（one people, one nation, one state）的民族政治理想，并认为这是天赋民族的权利。由于这种理论具有反封建、反教会、反帝国、反殖民的指向，同时合乎建立资本主义国内统一市场的需要，从而从西欧迅速传遍全世界，成为一种真正影响全人类的社会政治意识形态，并在最近二百多年形成了一波接一波的以建立独立国家为目标的国族主义浪潮和运动。1770 年代到 1820 年代的美国独立战争、拉美独立战争和欧洲反拿破仑帝国统治战争，是第一次浪潮；19 世纪下半叶中、东欧各族人民反奥匈帝国和反沙皇帝国统治的运动，是第二次浪潮；进入 20 世纪，以第一次世界大战、第二次世界大战和苏联及南斯拉夫解体为标志，形成了第三次、第四次和第五次浪潮。每一次浪潮过后，都有一批民族独立建国，由此造就了今日世界的近 200 个所谓的国族—国家格局，并使国际政治秩序得以建立起来，尽管这种秩序在不同时代都带有不合理、不公正的特征。从反封建、反教会、反帝国、反殖民的意义上说，国族主义古典理论无疑体现了人类社会民族政治思想的进步。

但是，国族主义古典理论虽然勾画出了理想的蓝图，但却不能决定谁是人民或民族，谁可以成为国族和谁有权建立国族—国家。由此，国族主义古典理论在最近二百多年来的实践，充满了争议。而且，它所设计的建立主权独立的国族—国家这道民族政治的高门槛，又使许多民族难以越过，实际上排除了这些民族的政治性存在。历史表明，国族主义古典理论并不能从根本上解决民族冲突，反而使民族冲突普遍激化乃至升级为大规模的战争。上述五次国族主义浪潮和运动，都夹杂着阵阵令人不寒而栗的腥风血雨。如果说推翻帝国主义和殖民主义统治的民族和殖民地武装斗争（因统治者是靠武力压迫的）具有历史合法性的话，那么在当前，旨在建立"国族—国家"的民族分离主义组织则被普遍视为非法，其暴力活动也被国际社会定为恐怖主义行为。当代一些国家的民族分离主义组织同样是在运用国族主义古典理论，为什么面临着时过境迁的尴尬呢？归根结底，是国族主义古典理论对民族和民族政治的认识存在思想缺陷。

国族主义古典理论的所有理论家，包括至今的绝大多数研究者，都视民族为铁板一块，对民族作出了各种同质性规定，如共同的历史、地域、语言、文化、习惯、心理素质、经济生活等，其中"共同的地域"这种硬性规定，更是套在刻板的国族主义者头上的紧箍咒。以这种理念看待民族和民族政治，不可避免地要忽视或轻视人类交往所造成的民族交错分布的历史性结果，以至于导致堂吉诃德式的行为发生，试图勉为其难地把有界和固定的国家与无界和流动的民族协调起来；而当这种态度发展到偏执程度，人性也就开始泯灭了，如欧洲历史上并不鲜见的人口交换、强制同化、驱逐异己等等行为，无一不是带来巨大灾难的行为。因此，国族主义古典理论设想的"一族一国"的简单方案，并不能解决实际世界中的复杂的民族政治问题。国族主义古典理论所包含的思想缺陷，或者说没有注意到的问题，必须由后人来解决。其中，首先要对国族—国家现象进行重新认识。

虽然国际社会把现代主权国家笼统地称为国族—国家，联合国也叫"United Nations"，但在当代近200个主权国家中，90%以上不是国族主义古典理论所界定的同质性国族—国家，而是具有异质性或多样性的"多民族的国族—国家"。这里所说的"多民族"，通常是指有历史领土或传统地域依托的"世居族体"，这样的族体全世界估计有3000多个。如果把现代国际移民成分也视为所在国的一种"族体"（当代国际移民在许多国家现在都成了有一定规模并被组织和动员起来的异质群体，国外一般称之为"族群")类型的话,可以说百分之百的国家都是多族体国家。

多族体或曰多民族国家的形成有其内在原因,其根本动力在于民族发展的不平衡。仅从人口方面说,现代世界既有几千万乃至上亿人口的大民族,也有几千人甚至几百人的小民族,而大多数是在几万到几百万之间。民族人口的多少,在一定意义上意味着民族的强弱。近代世界以来产生的"国族—国家"现象和国族主义运动,从《威斯特伐里亚和约》签订起至今,主要是一些相对强势的民族主导的社会政治运动,而相对弱势的民族则大多处在被动的地位。因此,现代国族—国家的形成和建构,从民族结构上看,实际上是一些强势民族加上一些弱势民族建立的多民族国家。

但是,基于国族主义古典理论对人民或民族的同质性规定,由强势民族主导的现代国族—国家建构,曾长期否定异质的弱势民族的存在,对他们不是进行强制同化,就是进行驱逐或隔离。同样,基于国族主义古典理论对民族政治的"一族一国"设计,弱势民族为了维护自己的集体权益,似乎也有根据提出民族分离主义诉求甚至进行组织活动,如旨在反帝、反殖的"民族自决权",竟也被勉强和模糊地运用到当代多民族国家中。由此看来,国族主义古典理论在实践中似乎难以摆脱同化主义与分离主义的两极对立。无论是18世纪、19世纪建立的欧美国家,还是20世纪新独立的亚非国家,大都同时存在同化主义和分离主义思想和行为。如何处理现代多民族国家内部的族际关系,一直是困扰现代国家社会政治生活管理的一大难题。

现代多民族国家的族际关系,主要是强势民族与弱势民族的关系,或者说是主体民族与少数民族的关系,其内涵包括经济的、社会的、文化的、语言的、情感的等等,但核心是政治的,即国家如何通过一系列的政策、法律和制度建设主动调节族际关系,保证国家统一和族际关系的和谐发展。实际上,即使在国族主义古典理论盛行的时候,人们也认识到它是一张没有反映民族与国家结合的实际和无法真正实践的理想化蓝图,并尝试证明多民族国家形成的合理性和在多民族国家框架下解决民族矛盾的可能性。其中,最有影响的是19世纪和20世纪之交,奥地利马克思主义学派提出的"民族文化自治"方案和俄国马克思主义者提出的"民族领土自治"方案。虽然前一种方案在奥匈帝国没有得到实践的机会,后一种方案因苏联的解体难说其成功,但其理论意义是非常重要的,因为它们开启了否定国族主义古典理论的一族一国设想、探索多民族国家统一建设和少数民族权利保障的先河。当代多民族国家对民族问题的处理现有种种不同政策,但都可从二者中找到思想理论根源。因此,对奥地利马克思主义

学派提出的"民族文化自治"方案和俄国马克思主义者提出的"民族领
土自治"方案，值得在此进行简要论述。

二　民族文化自治与民族领土自治

　　古典国族主义政治学说的形成，是建立在对帝国压迫性统治的批判基
础之上的，但这种批判并不能自然赋予它所主张的国族—国家方案以合理
性；因为对国族—国家合理性的论证，应当是舍此方案便不能保证民族解
放、自由和平等的绝对实证，换句话说，如果在其他某种国家形式下可以
实现民族解放、自由和平等，国族—国家形式就不是唯一合理的。因此，
尽管国族主义理论家们围绕国族—国家的合法性问题不停地做出大量文
章，但由于不能充分证明国族—国家的合理性（例如有关"人民自决权"
的法理问题，至今是一个争论不休的无解命题），也就不能排除人们提出
不同的理论和方案。奥地利马克思主义学派是最早向"国族—国家"理
论和方案提出公开质疑的挑战者，认为它不是普遍真理，不宜拿来改造奥
匈帝国。为此，奥地利社会民主党提出了（1899 年）自己的替代理论和
方案，其主要内容有两点：第一，将奥匈帝国改造成以地方为单位的多民
族和民主的"联邦国家"；第二，民族是一种文化共同体，各民族可分别
成立社团性质的联合会并实行文化自治，自主地管理本民族的内部事务。
　　奥地利社会民主党的理论和方案，有其"民族"观作为基础，这就
是在 1860 年代前后形成的奥地利学术传统的"民族"（nationality）概念。
古典国族主义理论使用的人们共同体概念是法国学术传统的"国族"
（nation）概念，这个概念指的是与独立国家相连的人民；奥地利学术传
统所使用的"民族"概念，指的是不与独立国家相连但可实行领土自治
的人民。这样，在欧洲人的观念中，围绕国族和民族就形成了一种相互对
立的政治等级差别。奥地利社会民主党自然采取了奥地利学术传统所持的
民族观念；但是，奥地利社会民主党又对"民族"的性质作了进一步改
造，否定其领土及社会政治共同体特征。该党两位民族问题理论家卡尔·
伦纳和鄂图·鲍威尔认为，"民族"是思维方式和语言相同的人们的个人
联合会，特别是一种文化共同体，与领土和政治没有必然联系，它可以像
宗教团体一样存在于国家中。但这种民族观以及由此而产生的地方联邦理
论和民族文化自治方案，对"一族一国"论采取针锋相对的态度，否定
"民族"的政治属性及其政治诉求，则是从一个极端走向了另一个极端。

改造一个多民族帝国，不仅需要社会政治民主，更需要民族政治民主，奥地利社会民主党恰恰在这后一个问题上失去了智慧。它把各民族的权利仅限定在管理本民族内部文化事务上，排除各民族对国家权力管理的参与，难免不使各民族失却主人翁的感觉，从而使国家空壳化。

苏维埃社会主义共和国联盟的建立，在理念和制度设计上是一种全新的民族政治实验，它既不同于古典国族主义学说主张的国族—国家方案，也不同于奥地利社会民主党提出的地方联邦加民族文化自治方案。这种实验虽然有历史和政治原因，但与苏联共产党的民族政治理论密不可分，而这又与斯大林的民族观不无关系。深入分析斯大林对"民族"所作的"四个共同"之著名定义，我们可以看到它是混合和改造法国学术传统的"国族"概念与奥地利学术传统的"民族"概念的产物。斯大林定义的对象是"国族"而非"民族"，但定义内容则主要是后者而不是前者。法国学术传统的"国族"概念，是与统一法律、中央政府和主权国家相连的人们共同体，为了在沙皇帝国的版图上建立苏联，斯大林自然不认为各族人民是这样的人们共同体。为此，斯大林更多地接受了奥地利学术传统的"民族"概念，因为这个概念更适合于建立苏联的需要。但与奥地利马克思主义学派视"民族"仅为语言文化共同体不同，斯大林坚持了奥地利学术传统对"民族"所作的共同地域规定，此外还增加了共同的经济生活的规定。这种民族观，就为沙皇帝国崩溃后各族人民建立加盟共和国、自治共和国并组成"苏联"奠定了理论基础。但在以现代主权国家为基本政治单位的世界上，怎样建设苏联呢？

基于斯大林的民族观，苏联在民族政治理论上既不可能把自己建成统一的"国族—国家"，也不可能把各加盟成员建成不同的"国族—国家"，而是提出以无产阶级国际主义（族际主义）来建设和巩固苏联，试图以无产阶级利益的一致性来弥合民族矛盾和消除国族主义问题。这种民族政治革命的理想是崇高的，但却超越了时代条件。如同资产阶级利益的一致性并不能消除各民族资产阶级之间的矛盾一样，无产阶级利益的一致性也不足以抵消因民族利益差别所产生的国族主义。因此，苏联宪法又规定各加盟共和国有退出联盟的自由，并为一些加盟共和国谋求在联合国中的席位。但在实践中，苏联共产党绝对是把苏联当成统一国家来建设的，只不过它无法突破既定的民族政治理论框架以及由这个框架所产生的定力罢了。理想与现实的矛盾产生理论与实践的背离，这是导致苏联解体的宿命。为了继承和改造沙皇帝国，苏联共产党一方面批判资产阶级国族主义，提出无产阶级族际主义；另一方面又以"民族共和国"形式培养了国族主义，为后来的解体埋下了种子。苏联共产党对民族政治理论的发展，是它批判了奥地利社会民主党的"文化民族"观和民族文化自治理论，把各族人民看成是政治实体并赋予各族人民政治地位；但它与奥地利社会民主党一样，也没有从理论和实践上解决好各族人民之间的"国族认同"问题，尽管后来产生了"苏联人民"是一个"新的历史性人们共同体"的提法，但这已不足以抵御长期积聚起来的民族分离主义浪潮了。

奥地利社会民主党的民族文化自治方案，随着第一次世界大战奥匈帝国解体、领土政治划分的"民族原则"之确立，以及20世纪第一次国族主义浪潮的兴起，没有人再去理会它了。俄国共产党的民族领土自治方案，也随着第二次世界大战爆发，各族人民忙于共同反抗法西斯主义战争而在人们的视线中模糊了。可以说，由于两次世界大战的爆发，人们对多民族国家内部族际政治理论和制度建设的思考与实践，被降到了次要地位，甚至被中断了。国际生存环境的险恶，使新老国家都在加强"国族—国家"的统一建设，少数民族的集体政治权利问题被放到了一边，或者说不得不服从于国家统一建设。

三　多民族国家框架下的民族政治新试验

20世纪下半叶，随着战后国际秩序的建立，以及非殖民化后一些新兴多民族国家的诞生，多民族国家内部的民族问题开始凸显出来，人们对多民族国家族际政治理论和制度建设的思考又重新提上议事日程，并有可能进行实践，从而形成了一些旨在承认和保障少数民族集体权益的基本政治模式或类型。其间，对国族主义古典理论进行理性反思，促成了一些反映人类社会民族政治思想进步的成果的诞生。这表现在理论上，就是对国族—国家同质性的否定。1970年代国外最终形成的"文化多元主义"理论，1990年代初费孝通教授提出的中华民族"多元一体"观点，就是人们对国族主义古典理论就国族—国家所作的片面的同质性界定进行长期质疑所产生的最终成果。而在民族政治观念上和实践中，承认和尊重少数民族的集体权益与政治权利，不仅是当代绝大多数国家的主流价值观，而且被国际社会上升到公共权力是否合法、社会政治是否民主、人权保障是否落实的高度。当然，由于国情和族情不同，各国的民族政策也不尽相同。撇开非理性的已从理论上和形式上被废除的种族（民族）隔离制，以及在观念上和道义上受谴责的民族强制同化政策不谈，概括说主要有如下九种类型：民族联邦方案、民族地方化管理方案、民族区域自治方案、民族保留地方案、民族一体化方案、文化多元主义方案、民族政党化方案、民族社团化方案、民族公民化方案。这些方案有的形成了比较完整的制度，有的则是根据一些理论或理念确定的具体政策；而且，这些制度、理念和政策有时会在一个国家同时存在，其合理成分也都会被不同国家采纳，运用到情况不同的族体身上。但类型学讲究的是差异性原则，从这个原则出发，我们可以对当代多民族国家的民族政治模式做出上述区分。兹简要述之：

民族联邦方案　民族联邦是现代多民族国家解决内部民族政治关系的最早试验，它源于对地方联邦制国家结构的模仿。地方联邦制国家的成员主要是封建或殖民历史所造成的区域单位，前者如 1648 年建立的第一个联邦制共和国荷兰，后者如 1776 年独立的美利坚合众国。地方联邦制的发展趋势，普遍是分权的联邦主义最终服从集权的国族主义，由联邦而成统一的国族—国家。但民族联邦不同，由于它以"民族"为成员单位，很难由联邦走向统一的国族—国家，其发展结局往往是各民族的国族主义导致整个联邦的瓦解，如苏联和南斯拉夫。

但是，民族联邦的产生有其历史必然性。民族联邦通常是在将传统帝国改造成现代国家时的选择，由于它在理论上排除帝国形式下的民族压迫，因而可以被各民族所接受。但治理一个民族联邦国家要比建立它困难得多，特别是在对各民族的利益调节稍有不当时，便可能招致民族关系紧张，继而引发受损害民族的民族分离主义诉求。因此，民族联邦一直不是当代多民族国家普遍采用的民族政治模式，因为它的民族政治理念并没有摆脱国族主义古典理论的影响，而是以承认各民族的自决权为前提的，并在行政区划和政治权力上以民族与领土的一致性为原则。这样的制度设计，为联邦成员的民族分离主义提供了相当便利的发展空间。

民族地方化管理方案　当代有些多民族国家虽然采取联邦制，但却不是以民族而是以地方为成员单位，将民族问题治理纳入和消化于地方化管理之中。英国、瑞士和印度可为代表。英国虽以英格兰人、威尔士人、苏格兰人和北爱尔兰人四大民族传统地域为背景，分为 4 个一级行政单位——地区，但这些地区的性质则是地方行政单位而非民族自治单位。瑞士有德裔、意裔、法裔等民族成分，但分 26 个州。印度有十大民族和众多小民族，但在行政管理上则以 28 个邦和 7 个直辖区为基础。以自然和经济地理而不是人文地理为原则进行国家的行政区划，是当代绝大多数国家的一般选择。

这种将民族地方化管理的方式，其基本理念是遵循现代国族—国家行政管理和单位划分的地域性原则，而那些似清似不清的所谓民族分布疆界不能成为行政单位划分的决定性因素。地方化管理的行政结构，着眼点在于加强国家的统一性威权和增强以国家为单位的国族的凝聚力，而对地方民族可能有的国族主义可以起到耗散而非聚合作用。在实行民族地方化管理的国家中，除了在政治上不把民族集体视为权力单位外，民族集体的其他权益则可通过其他方式给予保障，通常的做法是对民族集体实行后文将要提到的民族社团化管理，在一些多党制国家则允许民族党的存在。

民族区域自治方案　这实际上是将民族联邦分权与国家行政统一结合起来而形成的混合制度，在实践中向二者的偏重各有不同。以中国和西班牙为例，后者的联邦分权特征突出一些，而前者的国家行政统一特征明显一些。民族区域自治单位的建立方式和级别也有不同。西班牙的加泰罗尼亚、巴斯克和加利西亚三个自治共同体，以基本完整的民族地域为基础，并且都是一级行政单位；而中国各民族的杂居状态和族体规模大小差异，则不可能如此划分自治区，而是可以多个民族共同建立一个自治单位或一个民族建立多个自治单位，并且在自治单位之间有行政级别的不同。还有的国家如巴拿马和智利等，土著人的自治单位并不是国家行政单位链条中的一环，而是与中央政府达成的特殊的契约关系。

民族区域自治方案以对国家统一权力和民族地方自治权力的划分为核心，但这种划分既具体又模糊，原因在于民族区域自治的定性是政治自治还是行政自治，甚或兼而有之，是宪政学的未解课题。于是，中央和民族地方互相协商和让步，便构成了民族区域自治操作的日常功课。民族地方的政治和行政操作能力，以及它所拥有的各种资源多少，是决定它自治程度如何和获取权益多少的关键。而对中央政府来说，它的执政能力和所掌握的资源多少，则是能否保证国家统一与中央权威的基础。民族区域自治，不像民族联邦和民族地方化管理那样简单明了，而是一种非常需要智慧、技巧和手段来把握的政治游戏。

民族区域自治把地方政治与民族政治结合起来，是一种既有硬性又有弹性的结构。民族区域自治，一方面以承认国家领土主权统一和中央权威为基础，这就在理论上和实践中对民族分离主义形成了不容置疑的约束力，有利于现代国家的统一建构；另一方面，它又以尊重和保障少数民族的集体政治权利为原则，这就为少数民族的发展提供了相当广阔的活动空间。有鉴于此，在现代国家整合力日益增强、一些少数民族几乎没有分离可能的情况下，地方自治成了他们比较现实的选择和追求；而对一些多民族国家的中央政府来说，在少数民族地区设立自治地方，赋予这些自治地方一定的自主权，也是一种理性选择。因此，在那些以世居民族为主要民族成分的多民族国家中，民族区域自治有成为民族政治主流形式的趋势，现至少有 20 个左右的国家在实践它，并且有更多的国家在讨论它的可行性。

从民族理论上说，民族区域自治有其思想创造性，这主要体现在对如下两种主要的民族理论的改造上：一方面接受以法国学术传统为基础的国族主义古典理论的"政治民族"即国族概念，并将其运用于以现代国家为单位的整个公民社会，同时又承认这个"国族"内部不同民族的存在；另一方面，则对以奥—匈学术传统为来源的奥地利马克思主义学派的"文化民族"概念进行了改造，不仅承认少数民族是文化共同体，而且承认其也是政治共同体。这样的改造，就可以把现代国家的国族统一性基础与少数民族的差异性存在协调起来。

民族保留地方案 这是北美洲和大洋洲的一些原英国殖民地国家，如美国、加拿大和澳大利亚等国最早对土著人实行的政策，后来，拉美一些国家如巴西对土著人也实行这种政策。

土著人保留地的形成，是殖民主义直接掠夺土著人土地的结果。这在北美和澳大利亚等英国殖民地表现最为突出。西班牙人在拉美的殖民，是建立委托监护制，土著人依然在原土地上生活；而且，西班牙人与土著人大量混血，从而形成了新的社会基础。英国人在北美和澳大利亚的殖民，采取的是种族隔离，直接把土著人土地剥夺过来，并在建国后继续沿袭这种做法。以美国为例，美国政府于 1830 年通过了《印第安人迁移法》，为执行此法，政府甚至动用军队强制印第安人迁移，仅在 1838—1839 年两年间就强迫十多万印第安人（占美国当时印第安人总数的 1/4）从肥沃的密西西比河东岸西迁到政府划定的生存条件恶劣的地方，这些地方便被称为"保留地"。目前，美国有 304 块印第安人保留地，面积约 5300 万英亩，只占美国土地总面积的 2.4%。美国印第安人现在约有 200 万人，其中约一半居住在这些保留地里。

开始，保留地与白人相互隔绝，具有一定的独立性。但自 1880 年以后，美国政府对印第安人实行强制同化政策，并于 1887 年通过了《道斯法案》。该法案取消保留地的部落公有制性质，将土地分配给每个印第安人家庭，承认获得私有土地的印第安人可同时获得美国国籍。保留地土地私有化，为白人趁机侵占印第安人土地提供了便利。据统计，在实施《道斯法案》的最初二三十年间，印第安人便失去了原有土地的 2/3。但印第安人对土地私有化和美国国籍不感兴趣，他们关心的是赖以生存的土地集体占有形式和传统的社会组织形式。

面对印第安人的反对，1934年，美国通过了《印第安人重新组织法案》以取代《道斯法案》，对印第安人部落土地不再进行私有化，承认印第安人土地的集体所有权，让印第安人自己管理自己的事务。这一新政策的实施，使印第安人保留地在经过前一阶段的破坏后得以保存下来。第二次世界大战后，随着民族意识的发展，为了维护自身的文化传统和政治权利，美国印第安人要求自治、归还被剥夺的土地、复兴文化及争取经济利益的运动日益高涨，迫使美国政府于1975年1月4日通过了《印第安人自决与教育援助法》。由此，保留地演变成了一种自治单位，每个保留地都建有自己的部落政府。但印第安人的自治权仅限于管理保留地内部事务，自治单位也不是国家行政权力链条中的一环，印第安人更没有作为一种政治力量参与所在州和国家管理的空间和可能。

民族一体化方案　民族一体化（应译为国族一体化）政策，主要是拉美和非洲一些国家的实践。此外，新西兰和一些西亚国家的民族政策，如"一个国族几个兄弟"、"一个国族几种语言"等说法，也可归结到此类型中。

国族一体化的理论产生于1920年代的墨西哥，之后迅速传遍整个拉美，并在第二次世界大战后传播到世界其他地区。该理论试图回答怎样把西欧式国族—国家理想与本国多民族、多族群、多部落的实际结合起来的问题，认为以现代国家为单位实现民族融合是历史的必然，国家应当推动这一过程，而不能着意维持各民族之间的差别。实行一体化政策的国家大都是发展中国家，强国富民的战略要求，促使这些国家急于建立统一市场，集中权力和资源，大力发展普通国民教育等。一体化理论和思想正符合这些需要，因此一经提出便受到政府的欢迎，并据此制定民族政策。

但是，随着1970年代文化多元主义理论的兴起，一体化理论开始受到人们的质疑，特别是它在实践中以主体民族及其文化为准则的价值取向，以及不承认少数民族对集体政治权利的诉求，则遭到了少数民族的反对和一些人类学家的批判，以至于有人把一体化理论等同于民族同化主义。但这种认识实际上是不准确的。一体化理论并不否认少数民族或族群的存在及其文化价值，只是强调不能以差别主义来看待他们，更不能以此否定现代国家公共权力的权威和现代国民教育的标准化。多元主义与一体化之争，虽然在学术话语上前者现在比较流行，但在实际生活中则是后者更普遍。国内学界往往把二者完全对立起来，这是对二者的误读。从理论和实践上说，没有不讲一体化的多元主义，也没有不讲多元主义的一体化；但多元主义和一体化各自的"度"及其内涵则不容易界定，更不容易操作。

文化多元主义方案　文化多元主义的概念虽然早在 20 世纪初期就被提出来了，但其系统的理论阐述尝试则始于 1970 年代的澳大利亚、加拿大和美国，真正流行并被一些国家作为一种原则运用于族际关系，则是在 1980 年代。但是，不同学者和国家对文化多元主义有不同的理解，并未形成一致的看法，人们仅是原则性地接受它所倡导的不同文化与族群之间的相互尊重与和谐相处，并希望政府可据此制定一些具体政策，以保护文化的多样性和规范不同族群间的互动关系。

文化多元主义理论有一个显而易见的弱点，就是不承认国内民族政治的存在与合理性。这一点与民族一体化理论是相同的，两者都把国内的不同人们共同体界定为文化人类学意义上的族群，而不是政治人类学意义上的民族。由于这一原因，美洲、大洋洲的土著人并不以文化多元主义理论和政策为满足，而是进一步要求政治上的集体权利。因此，文化多元主义理论现在还不能说是一种成熟的理论，文化多元主义政策也不是一种完整的民族政策；它的积极意义仅在于促使人们改变了以往那种以主体民族文化整合少数民族文化的想法和做法，减少了冲突与对抗的可能性。文化多元主义特别适合于一些当代移民国家，因为当代移民作为后来者，只能散居于主体社会之中，不可能产生以居住地为依托的民族政治诉求。文化多元主义政策，可以使移民群体继续保持和发展自己的传统文化，并由此结成社团组织，维护自身利益。文化多元主义在理论上认为少数民族及其文化是国家的宝贵财富，这是合乎当代社会文明发展潮流的。

但是，文化多元主义理论在欧美国家现也受到不断增多的质疑和批判。从主流社会的角度说，批判的理由主要有三个：一是认为它具有瓦解国族—国家统一建设的作用，如亨廷顿就认为对文化多元主义的提倡危及了美国的民族认同；二是认为它以族群文化的特殊性为由，有可能保护落后文化，阻碍文明的发展与进步，像"三 K 党"这样的群体也可能以文化多元主义为由而大行其道；三是认为它可能导致对文化认同的集体强迫，这种强迫是对以个人自由主义为核心的普适文明价值的反动。针对人们对文化多元主义的质疑，现有人提出了"文化交融主义"理论，以消弭因提倡文化多元主义可能导致的族际隔阂和社会涣散。

民族政党化方案　这种方案与其说是一种民族政治的故意设计，不如说是政党政治的自然产物，在世界许多国家甚为普遍。其基本特征是以民族为界限建立政党，参与国家和地方政治。前者如圭亚那以印度人为主的"人民进步党"和以黑人为主的"人民国民大会党"；后者如西班牙巴斯克地区的"巴斯克民族党"、加泰罗尼亚地区的"加泰罗尼亚团结联盟"和加利西亚地区的"加利西亚民族党"等。当然，民族党不一定能代表整个民族，其影响力取决于自己的纲领能否获得本民族大多数成员的支持。2009 年，在西班牙地方议会选举中，执政近三十年的上述各个民族党都没有再获得必需的多数，可证明这一点。

除了政党政治原因外，民族政党化还源于一些国家的政治生活没有民族政治的制度设计和保障，少数民族不得不借助组建政党的方式来争取和维护自己的利益。拉美许多国家"印第安人党"的存在，就属于这种情况。

民族政党在民主制度比较完善的国家可以健康运作，但在一些政局不稳的国家则往往导致民族冲突的加剧，如在西亚和非洲一些国家就是如此。在国内外政治气候有可能的条件下，民族政党还容易走向推动民族分离主义的道路，如苏联有关加盟共和国的共产党，以及在苏联解体过程中成立的一些新的国族主义政党。

民族社团化方案　这在欧美国家比较流行，适用对象主要是外来移民群体。但在其他许多国家，一些世居民族建立各种社团也是很普遍的现象，被认为是合理合法的。民族社团化的管理方式，其基本理念和理论根源，可追溯到 19 世纪末的奥地利社会民主党和奥地利马克思主义学派的"文化民族"观，此观点把民族视为一种文化共同体，类似于教会，其目的在于通过把民族与领土剥离开来，以达到简化民族问题、建立统一的地方行政结构的设想。

民族社团化方案很简单，也很省事，既可避免麻烦的民族政治问题，又承认了民族的自由存在。但民族问题既不简单，也不省事。在移民群体具备一定力量时，由民族社团发展为民族政党，几乎是普遍规律，如东南亚一些国家的华人移民群体；而对于一些具有传统地域依托的世居民族来说，从来不会满足于只成为一种社团，而是要求集体政治权利，包括实行地方自治。因此，民族社团化虽然是一种理想状态，也是一种实际存在，但不能据此认为民族问题只是文化差别，可以避开其政治内涵。把民族视为社团和文化共同体，这只是一相情愿的设想，民族关系的现实是另一回事

民族公民化方案　公民个人权利保障和权利平等，是现代国家普遍奉行的社会政治原则。这个原则的思想来源，是基于公民社会的个人自由主

义理论。任何现代国家的宪法，都明确宣示公民个人权利平等，而不论其族裔、语言和文化差别如何。公民个人权利平等的理念，是一种具有普遍意义的价值。因此，多民族或多族类国家也同样主张公民个人权利平等。但也正是基于这一点，世界上有些国家长期不对民族集体权利和集体政治作出保障。

但是，以现代公民社会为由否定民族集体的存在，进而以公民个人权利保障和平等来否定民族集体权利保障和平等，则在实践中遇到了民族差别的挑战。民族是一种社会存在形式，是一种利益集团，如同各种行业协会和政党组织一样，它可以在一定程度上维护成员的利益。因此，尽管公民权利是第一位的，但民族集体权利也要给予承认。

四　民族政治理论新趋向和中国的民族政治实践

上述诸种解决民族问题的方案，都是 20 世纪的产物，都是不同于国族主义古典理论所主张的国族—国家方案的新实验。这些实验的共同理念都以维护多民族国家统一为基本考虑和目标，它一方面否定民族分离主义，一方面承认少数民族的存在及某些权利。但怎样否定，怎样承认，这些模式又各有特点，各有自己的道理和不足。从政治角度讲，对少数民族集体政治权利的承认，似乎是主流理论，因为它合乎现代社会政治民主所要求的承认和尊重少数人权利的原则。但现代社会政治民主又是以少数服从多数为前提，如此操作，少数民族的集体政治权利就难以体现。什么是少数民族的集体政治权利？人们一直比较强调少数民族对其内部事务进行自我管理，并将这种管理称为自治。但是，当今多民族国家的民族政治生活，绝非一个简单的自治问题。

首先，在现代国家和现代社会条件下，公民权利保障与民族自治形成了矛盾，任何民族组织都不能强迫其成员接受这样那样的内部规定；与此同时，民族内部事务与公共事务的界限也难以划清楚；因此，民族自治本身就是一个难以操作的命题。更重要的事实是，现实已不存在纯粹的民族地区，而是各民族杂居的，不可能以民族为界划定自治地方。在这种情况下，所谓民族自治地方，实际上是多民族共居的地方，对这样的地方的管理也只能采取各民族共同参与的方式。也就是说，历史上产生的民族自治观念，并不合乎现代国家民族关系的现实，现实已经使民族自治没有了条件。由此，近年来，国内外民族政治理论界提出了诸如"参与决策"、

"民族共治"、"多族合治"、"权力共享"等观点和理论命题。

上述这些观点和理论命题的共同侧重点，是关注族际政治平台的构建，以适应当代多民族国家民族政治生活现实发展的需要。也就是说，我们不能停留在一百多年前的认识上，而要结合当代多民族国家民族政治生活的实际进行理论创新研究。在这方面，中国的经验值得总结。

自从19世纪下半叶国族主义政治学说传入中国，以及中国开始融入国际社会，古老的中华帝国就面临着如何改造的重大现实问题。作为一个具有数千年统一历史的国家，她是走向终结还是走向新生，这是近代中国社会革命（资产阶级民族民主革命和无产阶级社会主义革命）必须回答的问题。孙中山先生早先提出"驱逐鞑虏，恢复中华"的口号，真实地记录了西方国族主义政治学说对中国资产阶级国族主义者的影响。但是，当这些在国外学到国族主义的中国人回到中国实践国族主义时，很快便发现它不适用于中国。于是，孙中山先生又将上述口号改为"五族共和"。中国共产党不仅继承这一思想，最终完成了对中华帝国的改造，而且还以自己的民族政治理论和制度创新保证了各族人民之间的团结。

中国共产党的"民族"与"国族"观　虽然奥地利社会民主党和苏联共产党认为单一民族的"国族—国家"方案不适用于解决各自面临的民族政治问题，但对这个方案本身则缺乏深入的分析批判，没有看到西欧民族政治的事实并非如古典国族主义理论家设计或理想的那样是"一族一国"。无论是法国、英国还是西班牙，都不是单一民族的国族—国家，而是以某个大民族为核心形成的多元民族的国族—国家。这是西欧的历史真实，也是世界各地的历史真实，只不过这个真实被古典国族主义理论家忽略了。列宁曾使用"多民族国家"的概念以与"国族—国家"进行比较，并对二者的区别作过少数民族人口比例占多少的界定（5%）。但人口比例不是本质的东西，并不能成为民族成分比较复杂、少数民族人口分量较大的国家不可以建成"国族—国家"的障碍。问题的关键在于如何认识和解释民族与国族的关系。

毛泽东在1939年发表的《中国革命与中国共产党》一文中，明确地论述了"中华民族"（国族）与"各民族"的关系，说"中国是一个由多数民族结合而成的国家"，但同时又是"一个伟大的民族国家"（国族—国家）。毛泽东的这个论断，不仅代表了中国共产党人对中华民族和建设现代中华"民族—国家"的理性自觉，而且是对近、现代世界的民族与国家结合的实际的正确解读。它不仅修正了古典国族主义政治学说对"国族—国家"的民族同一性界定，而且克服了奥地利社会民主党和苏联共产党把"国族"和"民族"、"国族—国家"和"多民族国家"对立起来的片面认识。这是一个具有时代意义的思想贡献，是富有智慧的理论创新，它合理地提出和解释了现实世界存在的"民族认同"与"国族认同"这种双重认同现象。当然，双重认同不是现代世界才有的新现象，古代社会的部落界限与部落联盟的形成也体现了一种双重认同。但问题在于现代国族主义政治学说没有认识到这种双重认同的意义，相反，它的"一族一国"的理想化蓝图，还曾长期误导和束缚了人们的思想，遮蔽了人们对现代民族政治问题的观察视野。奥地利社会民主党和苏联共产党认为只能将奥匈帝国和沙皇帝国改造成多民族的"联邦"和"联盟"而不是多民族的"国族—国家"，就是典型的例证。也许有人认为，中国有两千多年的统一历史，而奥匈帝国的建立只有几十年，沙俄帝国的形成也不过三四百年，因此中国才有条件把中华帝国改造成统一的多民族的"国族—国家"。这当然有一定道理。但我们不能因此轻视理论创新的价值和人的主观能动性。现代国族和国族—国家的形成虽然有一个自然演进的过程，但任何人也不会否认建构的作用，问题是在于怎样建构。

在当今世界上，所有国家都力图锻造公民的国族认同。但由于有些居于国家主导地位的民族不能平等地对待弱小民族，往往是事倍功半。其中，人们对西方社会的"民族"人格等级划分批判不够，对国族认同象征确定不当，是重要的原因。"我的共同体是国族（nation），你的共同体是民族（nationality）"；国家是以我为主建立的，就以我的一切为原材料来塑造国族并要求你认同，包括以自己的民族名称为国族—国家命名。这种民族人格等级歧视和老大观念，是造成民族不和乃至分离的重要诱因之一，被界定为"民族"者难免不想试图通过建立以自己为主体的国家成为"国族"，以实现民族人格的最高化。1990年代发生在苏联和南斯拉夫的民族分离主义浪潮，就是这种情况；二者解体的内在原因主要不在于经济利益矛盾，而在于认同危机与象征冲突。中国共产党是如何解决这个问题的？根据毛泽东的"各民族"与"中华民族"的双重认同理论，中国共产党始终坚持各族人民人格平等的观念，大家都是"民族"，都是中华"国族"的组成部分，而不是区分谁是"国族"，谁是"民族"，也没有以某个民族的一切来代表和塑造中华民族（国族），尽管他们的发展与发达程度不同，对中国形成的影响也有大小之别。这就是说，中国共产党一方面对法国学术传统的"国族"概念进行了发展和改造，使用它来界定整个"中华民族"这种国家层面的人们共同体；另一方面，又对奥地利学术传统的"民族"概念进行了发展和改造，使用它来界定中国"各民族"这种二级人们共同体。这种双重认同，是各族人民可以普遍接受的，并最终凝聚在了中华人民共和国宪法之中。现在，运用这种双重认同理论来解决现实的民族政治问题，已成为世界绝大多数国家的共识。包括在产生国族主义古典理论的发源地西欧，例如，在西班牙，也是以"国族"来界定所有西班牙人民，而对各个具体的人民则以"民族"来界定。

　　中国的民族区域自治制度　对民族及民族与国家的关系怎样看，决定着不同的族际政治理念和实践。西方国族主义古典理论主张"一族一国"，因此民族同化曾经是欧美国家长期奉行的主流观念和实践，但同时又面临着也是以这个理论为基础的民族分离主义问题的挑战。同化与分离都是合理的，这是"一族一国"论无法调和的逻辑矛盾。在保护少数人权利的理念和法律产生之前，这个矛盾只能靠残酷的社会达尔文主义来解决。奥地利社会民主党把民族仅看成是文化共同体，与国家和政治没有必然联系，因此主张将民族只当做社团来管理，各民族实行内部文化自治。这种观念抛开了民族是一个伴随着政治认同的社会利益共同体这一本质规定，因而难为各民族接受。苏联共产党的民族观，实际上动摇在以法国学术传统为代表的"政治民族"观（与独立国家相连）和以奥地利学术传统为代表的"文化民族"观（与社团类似）之间，并试图以内涵模糊的族际主义建立联盟。但这个联盟的基础是民族领土自治单位，这就难免不在联盟和自治单位之间产生权力矛盾；这种矛盾一方面使各自治单位的内聚力增强，一方面又使它们与联盟的离心力加大，结果就是难逃联盟解体与民族分离的命运。

　　与上述情况不同，中国共产党以民族与国族双重认同理论指导中国的民族政治实践，不仅完成了把各民族凝聚成为一个国族的任务，而且为合理保障各民族的政治权利奠定了理论基础。既然是各民族共同结合成一个国族，那就要按照国族的统一性来建设国家，使各民族共同管理国家事务；既然承认中华民族（国族）的多民族结构，那就要以一定的社会组织形式体现各民族的存在及其集体政治权利。民族与国族双重认同理论，是中国共产党摆脱苏联民族政治理论影响的思想创新，是中国共产党创造在国家统一下的民族区域自治制度的政治哲学基础。这一制度的基本特征，是在少数民族聚居地区建立行政级别不同的自治地方，这些自治地方的权力机关一方面行使同一级别的国家权力机关的权能，一方面行使一定的自治权。由此我们可以看到，中国的民族区域自治，既不是以民族领土为单位的政治自治，也不是以民族组织为基础的文化自治，而是一种以一个或数个少数民族为主体并包括汉族在内的多级行政地方自治。在这些地方的管理中，各族人民共同当家做主。

　　不同的民族政治形式有不同的内容，反映不同的理念。国族主义古典理论的一族一国、奥地利社会民主党的民族文化自治、苏联共产党的民族领土自治，在理论和制度设计上都以排他性为基本特征，而这一点在我国的民族区域自治理论和制度中是不存在的，或者说是被否定的。中国的三级民族区域自治地方和民族乡，实行的是各民族共同管理自治地方事务的民族政治民主原则，这一点充分反映在我国民族区域自治法对自治地方权力机关的组成必须合理包括有关民族的公民的法律规定上。就这种规定来说，我国民族区域自治制度的政治出发点和归宿，是通过保证各民族共同当家做主来保证各民族的政治权利平等。至于对少数民族在自治地方特殊地位的规定，这是为了保证他们能够充分表达自己的特殊诉求所必需的，它可以使国家权力机关及时了解和理解少数民族的诉求，以便给予特殊的政策关怀。

　　除了民族区域自治地方的设置外，我国的民族政治实践还在国家最高权力机关全国人民代表大会中，以及在少数民族人口占有一定数量的非自治地方的人民代表大会中，充分或适当安排少数民族的代表席位，这也体现了各民族共同当家做主的民族政治民主原则。这一点，不仅对于保证各民族的团结、增强各民族对中华民族（国族）的认同是极为重要的，而且是保证国家统一权力合法性和权威性的前提。任何多民族国家，如果不能合理保证各民族对国家公共权力管理的参与，就难免不引起处在权力之外的民族的不满，就难以保证政治稳定。

　　当然，中国民族区域自治制度还有一些需要发展和完善的地方，比如人民代表大会中的民族代表的产生与作用问题、民族政治生活的组织方式问题等，但这些程序与操作层面的问题，可以逐步健全起来。自1980年代中期后，中国共产党和中国立法机关，也确实在不断努力，加强民族区域自治制度的法律规范化建设，得到了全国各族人民的拥护与支持。因此，尽管中国目前还存在这样那样的民族问题，包括存在一些分离主义活动，但这些组织不代表哪个民族整体。各民族共同团结奋斗、共同繁荣发展和共同当家做主，是中国民族关系的主流，是中华民族自立和自强于世界民族之林的基本保证之一。

（2011 年春修订于北京寓所）

第十五篇　民族共治论:对当代多民族国家族际政治事实的认识*

提要　本文通过对当代多民族国家族际政治生活的考察，揭示了民族共治是与一定程度和某种方式的民族自治同时存在的事实。民族共治有两个层面：一是各民族对国家的共治；一是有关民族对民族杂居地区的共治。所谓民族共治，就是由统一国家或同一政治领土单位内各民族共同造就的以共和为最高目标、以权力共同行使为核心内容、以权益平衡发展为基本要求、以民族关系良性互动为价值取向的政治结构、运作机制和实现工具。对民族共治的事实进行理论阐释，证明其必然性和合理性，正确认识自治和共治的辩证关系，是建立完整的民族政治理论、构建合理的民族政治机制的前提。

在当代多民族国家的族际政治生活中，民族共治（jointnomy）① 不仅是与一定程度和某种方式的民族自治（autonomy）同时存在的事实，而且是更重要的方面。但这一点一直被学术界所忽略。我们不但缺乏对民族共治现象的深入研究，甚至没有提出民族共治的概念，更不用说建立以对自治与共治的辩证认识为基础的民族政治理论学说了。

本文试以阶级政治由自治到共和共治的发展过程为参考，在考察不同时代民族自治的不同内容及其结果的基础上，指出当代多民族国家的民族自治实践所伴随的民族共治事实，并就共治与自治的辩证关系，以及民族共治的基本内涵、理论解释和现实意义略陈己见。

---

* 本文是笔者主持的中国社会科学院重点课题《外国民族政策与理论比较研究》的中期成果之一，在撰写过程中与郝时远研究员、王建娥博士进行过多次学术交流，得到他们许多启发；初稿写出后，郝时远研究员还提出中肯的修改意见和思路，在此谨表谢意。

① "共治"的常见英文表达是"co-governance"，笔者构造"jointnomy"（共治）一词，旨在从构词上与"autonomy"（自治）作为一对概念使用。

一 从自治到共治共和:阶级政治实践

从政治思想史上看,作为一种社会政治思想和实践的"自治"起源于阶级矛盾,它的社会组织基础是城市与市民,是资产阶级①继确立自己的经济地位之后提出的社会政治追求;随着现代国家政治生活的进程,自治思想最终又被"共和"思想所取代。

中世纪后期的西欧社会,以城市网络的形成为显著特点。与中世纪早、中期封建贵族建立的仅做防御用的孤立城堡不同,此时的城市是一种新的集生产和生活为一体的社会单位。作为一个社会单位,需要行政管理,掌握了生产资料的资产阶级自然就成了城市的管理者,并通过与贵族和教会的斗争自主地建立了"市政府"。由此,"生产财富的公民、他们的领导人和知识阶层,实现了自己完全自治的理想"②。

资产阶级的自治化城市,只是一个相对独立的社会单位,它又是另一个更大的社会单位的组成部分,这就是西欧人后来所追求的"国族—国家"(nation-state)③。国族—国家的早期政治特征不是人们所言的民主、自由、分权等等,而是专制、统一、集权。这对资产阶级和资本主义的早期发展是极大的限制。因此,资产阶级势必要突破它,而突破的工具就是自治。从发生学的角度说,资产阶级提出的"自治"要求是根源于对"他治"的不满,而他治的实施者就是与资产阶级同属一个国族(大多数情况是如此,也有例外)和一个国家的王室、贵族和教士阶层。可以说,西欧早期国族—国家的专制统治,是促使自治思想产生的催化剂。

---

① "资产者"是汉语意译,各种欧洲语言(均源于德语 Bürger)中的本义是"市民"。

② Santiago Gahona Fraga, *Los Espaìoles en Europa hacia el Siglo XXI*, Oikos-Tau, Barcelona, 1998, pág. 145.

③ 国内外许多论者认为,国族—国家是西欧资产阶级的创造,是资本主义上升时期形成的,这个认识并不准确。国族—国家或其雏形"人民—王国"(people-kingdom)与资产阶级一样,都发端于中世纪后期。资产阶级只是改造、巩固和最后统治了国族—国家,或者说只是通过资本市场和公民权利把君主专制的"人民—王国"变成了资产阶级领导的"国族—国家",以自己所解释的"人民主权"取代了王权以及贵族和教会权力。资产阶级没有改变国族—国家的外壳,只是改变了国族—国家的内部结构,在某些方面革新和充实了国族—国家的内容。无产阶级对国族—国家的态度和行为也是如此。

但是，资产阶级并未就城市市政自治权的获得而止步。随着资产阶级力量的发展壮大，出于自身利益的要求，资产阶级以自治化城市为基础进行自由联盟（如"汉萨同盟"），开始与贵族和教会进行新一轮斗争。斗争以角逐国家权力为目标，以"共和"（republic）思想为旗帜。

所谓共和，就是以民主为原则的国家管理制度，它是浪漫主义时代西欧人依据古希腊思想家对古希腊城邦（如雅典）社会政治生活的描述而得出的理想化概念。当时的资产阶级及其知识分子认为，古希腊城邦的社会政治生活以公正、自由、民主、法制、市民权利（实际上是奴隶主的权利和奴隶主之间的公正、自由、民主和法制）等等为基础[1]，而西欧中世纪社会形成的君主制则以王室、贵族和教会的专制统治为基础，资产阶级没有发言权，这是不合理的，因此应当再造共和，以古希腊城邦为理想建立国家的管理制度。

一部西欧现时代的政治历史，其基本表现就是资产阶级从自治城市到建立共和国家的历史，它以资产阶级完全掌握国家的政治、财政和司法领导权力而宣告结束。由自治城市到共和国家，是资产阶级国内政治思想和实践的两部曲。在共和制度下，资产阶级、王室、贵族和教会各得其所。国族—国家通常又被称为现代民主国家，就在于资产阶级对国族—国家所进行的共和制改造。

由此我们不难看出，在西欧社会，作为阶级政治的实践，自治是以各阶级走向共和为结局的。这种结局也是世界其他地区的事实。而共和的要义，就是各阶级都有为了自身利益而参与管理公共权力的权利，即各阶级对社会和国家实行共治。共和共治，现已成为当代国家各阶级的共识，不管这种共识是被迫的还是自觉的。从历史的长河来看，阶级革命只是推翻统治阶级，并没有消灭阶级。阶级革命的发生，起因也主要在于统治阶级的专制导致阶级对立的尖锐化。由此，调节阶级利益而避免被革命，就成了当代资产阶级的治国方略。其有效性也普遍得到证明。

人类社会的阶级政治，自近代以来经历了由专制、自治到共和共治的发展历程，那么，民族政治的发展历程如何呢？

---

[1] George H. Sabine, *Historia de la Teoría Política*, Fondo de Cultura Económica de España, Madrid, 1996, pág. 31.

二　民族自治:殖民帝国时代后期的产物

资本主义兴起后的国家,不仅阶级矛盾表现为对抗的性质,民族矛盾也发展到了势不两立的地步。资产阶级对待民族矛盾一贯奉行同化和分离的政治哲学,并由此形成了"一个人民,一个国族,一个国家"(one people, one nation, one state)的民族主义古典理论,而当这种理论在实践中遇到障碍的时候,自治又成了可供选择的方案。这是发生在殖民帝国时代后期的事情。当时,国族—国家理念由西欧传遍世界,西欧列强构筑的世界殖民帝国体系面临着殖民地人民"以彼之矛攻彼之盾"的独立运动的挑战。独立是殖民地人民和被统治民族的要求,但这又是宗主国和统治民族特别是其中的资产阶级所不情愿的。也许是受"城市自治"经验的启发,在双方斗争都无取胜把握的情况下,资产阶级想到了自治方案。例如,澳大利亚各殖民地在1859年几乎全部实行自治,加拿大在1867年成为自治领。再例如,奥匈帝国建立后,帝国统治者与各民族资产阶级也于1867年达成了自治协议。

因此,如同阶级自治的由来那样,民族自治也是根源于对"他治"的不满和"他治"的难以为继。它是殖民主义、帝国主义时代统治民族面对被统治民族的独立要求所采取的妥协政策和被动改革。从19世纪中叶到20世纪第二次世界大战后的一百多年间,自治普遍成为一些暂时难以独立的殖民地人民与宗主国之间的政治关系形式,在此期间相继独立的殖民地人民,几乎无一例外地都经过了或长或短的自治阶段。

殖民帝国框架下的民族自治,从统治者一方来说,没有什么自觉的人文道义理念或文化价值观念做指导,也不是为了体现民族政治权利平等和保障少数民族利益(这只是当代一些民族问题理论家附加给民族自治的功能),而是出自维护帝国存续的现实政治需要;但从被统治者方面来看,自治毕竟是一种权力获得,它使被统治者拥有了在"他治"下所没有的部分自由和解放,使被统治者有了维护自身利益的一道屏障。但是,随着统治民族和被统治民族势力的彼此消长,为获得更多的自由和利益,被统治民族由自治到分离独立也就在所难免了。奥匈帝国民族自治的情况可以说明这一点。

在经过1848年、1859年和1866年三次民族主义战争失败后,匈牙利王国被迫与哈布斯堡王朝签订了1867年的《和约》(Ausgleich),在原来的奥地利帝国的基础上建立了奥匈二元帝国。按照这个和约，奥地利皇帝同时为匈牙利国王；帝国中央政府保留对军队、对外政策、货币、海关和铁路的领导权；帝国各"民族"（nationalities）实行自治①。

奥匈帝国的民族自治，首先是奥地利（德意志人）和匈牙利（马扎尔人）分别实行一级自治；与此同时，其他民族实行二级自治。当时，奥匈帝国被一分为二成 Cisleitania 和 Transleitania，前者包括奥地利、波西米亚、摩拉维亚、加利曾和达尔马提亚，由维也纳统治；后者包括匈牙利、罗马尼亚、克罗地亚、斯洛文尼亚和塞尔维亚，由布达佩斯统治。在前者，德意志人为统治民族，但其人口只占 Cisleitania 总人口的36%，这迫使德意志人继续与其他民族集团进行协议和采取让权政策；在后者，马扎尔人为统治民族，但其人口也只占 Transleitania 总人口的48%，这迫使布达佩斯当局于1868年通过了《民族法》（Ley de las Nacionalidades），规定其他少数民族可以享有的政治和文化权利②。

奥匈帝国民族自治的结果如何呢？众所周知，1914年6月28日，奥匈帝国王子弗兰西斯科·费尔南德在萨拉热窝被一名塞尔维亚民族主义者刺杀，由此引起第一次世界大战，奥匈帝国随之不复存在。

奥匈帝国崩溃的外部原因，人们的探讨很多，但对内部原因的探讨则显不足。当时，经过法国大革命后，以民族主义思想为指导的"国族—国家"运动开始从西欧蔓延到欧洲其他地区，卢梭、赫尔德和西哀士等人的"人民主权"学说、"国族—国家"思想、"国族主权"理论③，为各民族资产阶级及其知识分子所广泛接受。而在此时，哈布斯堡王朝却凭借原奥地利帝国的实力，打败匈牙利人，并把刚从奥斯曼帝国下挣脱出来的一些巴尔干民族重新置于自己的统治之下，建立起奥匈二元帝国。这显然不合当时的潮流。尽管哈布斯堡王朝对

---

①　为了取代1789年1月法国人西哀士在《什么是第三等级》一文中首先创造、并在欧洲广泛流行的"国族"（nation）概念，哈布斯堡王朝创造了"民族"（Nacionalität）一词，用以指称帝国境内的各个族体。当时，奥匈帝国存在11种语言和6种宗教，包括11个或12个民族（这取决于怎样看奥地利人与德意志人），其中，德意志人占24%，匈牙利人占20%，捷克人占13%，波兰人占10%（1910年）；其他居民包括斯洛伐克人、小俄罗斯人、罗马尼亚人、塞尔维亚人、克罗地亚人、斯洛文尼亚人，还有犹太人，共占33%。参见 Andrés de Blas Guerrero：*Enciclopedia del Nacionalismo*，Tecnos，Madrid 1997，págs. 231 - 232.

②　Ibídem.，pág. 233. 由于匈牙利人对非匈牙利人怀有根深蒂固的马扎尔化思想，由匈牙利议会通过的这部《民族法》没有得到认真执行。但这部《民族法》的民族政治学意义是毋庸置疑的，因为它第一次规定了保障多民族国家中少数民族政治和文化权利的必要性，对后来奥地利社会民主党和奥地利马克思主义学派提出民族自治或文化自治理论具有重要影响。

③　Ibídem.，pág. 139；Santiago Gahona Fraga，op. cit.，pág. 145.

帝国政治结构进行改革，放弃传统帝国对被征服民族进行直接统治的做法而改为间接统治，实行承认帝国权力前提下的民族自治，但有关民族并不以此为满足。

如同阶级关系的实质一样，民族关系的实质也是利益矛盾，不过，两者的依存关系和利益实现途径不同。阶级不能独立存在，统治阶级和被统治阶级必须在同一政治单位内，统治阶级才能实现自己的利益。但民族关系不是这样的，民族是可以相对独立存在的，当一个民族感到在一个不平等的多民族政治单位中不能保证和实现自己的利益而又没有可能通过获得领导权改变这种状况时，它就会要求独立。帝国，正是这样的政治单位。所以，帝国政治框架下的民族自治是不可能长久的，只是统治民族和被统治民族之间的暂时政治协议，自治民族（nationality）或人民（people）走向独立是必然的。

世界殖民帝国体系的解体，使民族自治失去了它固有的意义；但是，随着自20世纪初期世界民族和国家格局开始逐步形成，新的主权国家需要寻找解决内部民族问题的办法，民族自治开始具有新的内涵。关于这个问题，我们不能不从奥匈帝国后期谈起，因为正是在此时产生了把民族自治用于上述新的政治目的的尝试。

三　民族自治的新工具价值及理论阐释：奥地利政治家和学者的贡献

19世纪和20世纪之交，帝国统治形式已走到了历史的尽头，被统治民族纷纷要求独立。在此情况下，历史形成的一些传统帝国或大陆帝国，面临着何去何从的问题。把帝国改造成现代多民族主权国家，是当时一些政治家和知识分子努力追求的目标。这种改造遇到的最大难题，是如何面对自由主义政治学说在民族关系上的理念，这就是前文提到的以"国族—国家"为核心思想的民族主义古典理论所追求的"一个人民，一个国族，一个国家"的理想。民族主义古典理论对帝国的民族压迫实质具有清楚正确的认识，主张根除帝国统治也是合乎历史潮流的，但是，它所提出的"国族—国家"这一替代方案，在实践中则存在着严重的难以解决的问题，即民族边界和国家边界很难相互重合[①]。

---

① 参见《世界民族》2000年第2期笔者的《走出西方民族主义古典理论的误区》一文。

　　民族主义古典理论认为，国族—国家是现代国家主权的合法性来源，只有国族—国家才是保护民族利益的可靠外壳，各民族只有建立自己的国家才能实现自由、解放和平等。但这种理念带来的直接后果是民族领土战争和边界冲突的连绵不绝。人们不禁要问，国族—国家方式是实现自由主义价值观的唯一选择吗？它适用于一切地方和一切民族吗？能否通过某种不同于国族—国家的方式把帝国改造成为民族平等的现代民主国家？奥匈帝国最早面临这些问题，奥地利社会民主党人和奥地利马克思主义学派的理论家对此做出了回应。1899 年，奥地利社会民主党代表大会在布尔诺召开，大会通过的布尔诺决议以民族自治作为改造奥地利的基本原则，从而赋予了民族自治新的内涵和功能。这些原则是：（1）把奥地利改造成多民族的和民主的联邦国家；（2）以拥有立法和行政权能的民族自治组织取代王朝的历史领土；（3）成立包括同一民族的各自治区的民族联盟，该联盟将自主地处理本民族内部事务；（4）由帝国议会通过一项法律来保障少数民族的权利；（5）废除一切民族特权，由此，废除一种官方语言，但这不妨碍帝国议会有必要建立一种交际语言①。这 5 条原则集中反映了奥地利社会民主党有关多民族国家民族政治关系的思想，这就是主张撇开民族领土原则、以个人联合组织为基础实行"文化自治"（cultural autonomy）或"民族自治"（national autonomy）。而对这种自治的进一步理论阐释，则是由奥地利马克思主义学派的两位民族问题理论家卡尔·伦纳（Karl Renner，1870—1950）和鄂图·鲍威尔（Otto Bauer，1881—1938）后来完成的。

　　卡尔·伦纳主要从法学角度研究民族问题。他认为，"民族是思维方式相同、语言相同的人们的个人联合会"，特别是一种文化共同体。他从教会与国家的分离引出了民族与国家分离的思想，认为民族和国家可以不一致、可以分开，国家是领土主权组织，民族主要是人的单位、一种不一定与具体领土联系的文化共同体。如同一个人信一种宗教一样，一个人属于哪个民族，要由他个人自由宣布来决定。而民族自治权就来源于这种个人自治权。他也承认国族—国家是解决民族问题的方案之一，但认为这种方案在民族杂居的国家行不通。由于各民族分散杂居，奥匈帝国的民族问题很难通过领土原则来解决，而应以"个人原则"为原则。根据这个原则，一个民族的成员可以组成不与所在领土联系起来的个人协会、法人团体，它们可先以市为单位建立，然后以区为单位联合起来，最后再联合成

---

　　①　Andrés de Blas Guerrero, op. cit. , pág. 43.

包括同一民族全部成员的民族；民族学院和民族理事会是具有教育和文化立法权能的最高机关；各民族团体按比例推举各自在上议院和其他国家机关中的代表①。

鄂图·鲍威尔的观点与卡尔·伦纳的观点基本上是一致的，但他对为什么要实行民族社会组织自治而不是民族领土自治作了进一步的解释，认为资本主义发展引起的移民必然会在另一个民族领土上形成新的少数民族群体，确定和固定民族领土界线是不可能的②。

上述民族自治方案及其理论阐释的思想价值应当予以部分肯定。第一，它指出单一的国族—国家方式并不是普遍适用的，现代国家不等于国族—国家，这就为把帝国改造成现代多民族统一国家提供了理论支持；第二，它赋予民族自治新的功能，把民族自治作为调节现代多民族民主国家内部民族关系的工具，为实现把帝国改造成现代民主国家的目的服务；第三，它赋予民族自治新的内容，认为各民族的政治权利不仅是自治，还包括对国家权力的共享；第四，它以现实和发展的眼光，对奥匈帝国的民族领土自治模式提出质疑，主张采取民族社会组织自治模式，为后来自治模式在世界各地的多样性发展打开了思路。总之，这种为了建立多民族民主国家的民族自治构想，由于赋予了民族自治新的意义而有别于维护帝国存续的民族自治。

但是，上述民族自治构想的局限性也很明显。不与国家统一行政结构和领土组织联系起来的民族自治，只能导致国家缺乏对民族分离主义的中间控制、调节和缓冲机制，使国家直接面对民族分离主义的威胁；它以否定民族的地域依托来防止民族分离的办法，又必然引起各民族的不满，加剧民族主义对抗；它的民族社会组织自治方案近似于画饼充饥，既不可能使有关民族自主地管理本民族内部事务，又不可能保证各民族对国家管理的有效参与。

奥地利社会民主党和奥地利马克思主义学派的自治方案，由于自身的缺陷未能变为奥匈帝国各民族的共识而流于失败；但是，这种把民族自治作为建立现代多民族民主国家的工具的政治思想则启发了后来者，他们灵活运用和改造自治这个工具，成功地把一些传统帝国建造成了现代多民族

---

① Ibídem., págs. 43 - 44. 卡尔·伦纳发表了许多有关民族主义问题的论文，其中比较重要的有：《国家与国族》、《奥地利各民族围绕国家的争论》、《围绕行政职位发生的民族争执与社会民主》、《德意志工人与民族主义》、《什么是民族自治》、《国族：神话与事实》。

② Ibídem., págs. 44 - 45. 鄂图·鲍威尔的这些观点，反映在他的《民族问题与社会民主》一书中。

统一国家或联邦国家。

四　民族自治模式的多样性发展：
俄罗斯和中国的经验

革命后的俄国继承了沙皇帝国的民族关系遗产。俄国革命者在否定民族压迫、主张民族平等的过程中，由批判民族自治、主张集中制转为对民族自治加以改造利用、实行民族联邦制，建立了"苏维埃社会主义共和国联盟"①。

苏联的建立，是一次把传统帝国改造成现代多民族主权国家的成功实验，但这种成功终因理论和制度上的问题又遭到部分失败。说它成功，是因为它把一个民族关系比奥匈帝国更加复杂的传统帝国改造成了现代多民族联邦国家，并延续了70年；说它遭到部分失败，是因为它在民族政治理论和国家组织结构上没有坚决地把苏联作为统一国家来建设，而是从宪法上规定各民族加盟共和国有分离的自由，从而为后来的民族分离留下了方便之门。但是，这种部分失败不能否定苏联成功的一面，因为苏联的核心、目前的俄罗斯联邦保持了统一，它的各个自治单位继续表现出整合的趋势。

苏联的部分解体，虽说民族积怨、大俄罗斯主义、政治改革失败、社会经济危机等等因素都起了作用，但苏联的民族政治理论和国家组织结构不合乎现代主权国家统一建设的要求则是根本原因。由于苏联没有建立起一种牢固统一的国家领土和行政组织结构及其相应的法律制度，在"苏共"失去领导权后，对民族分离主义的制约随之失去，苏联便如墙倒屋塌一般轰然解体②。

西方学者在分析苏联和南斯拉夫解体的原因时，常常把两者视为"人工国家"，认为就该解体③。言下之意是，在帝国基础上不可能建成现代国家，现代国家只能是民族主义古典理论所定义的按照民族界限建立的

---

① 参见华辛芝《列宁民族问题理论研究》，内蒙古人民出版社1987年版。
② 参见许新、陈联璧等《超级大国的崩溃：苏联解体原因探析》，社会科学文献出版社2001年版。
③ Santiago Gahona Fraga, op. cit. caps. XIII & IX.

"国族—国家"①，这样的国家只能在帝国解体的前提下形成。但事实表明，现代国家格局并不是按照民族主义古典理论的设计形成的，有许多国家以对这种或那种帝国的继承和改造为基础，从而使有关民族实现了在新的基础上的团结一致。

自 16 世纪起，世界民族和国家格局经历了由殖民帝国和传统帝国体系向现代多民族主权国家体系的演变。在这种历史转换中，两种帝国的命运并不完全相同。殖民帝国是彻底瓦解，而传统帝国则不一定：有的是彻底瓦解，如奥斯曼帝国和奥匈帝国；有的是转变成现代主权国家，如俄罗斯和中国。

但是，到 20 世纪末叶，苏联终于走向部分解体，而中国则继续沿着多民族统一国家的道路前进，这其中的奥秘是什么？

历史文化分析的方法是人们容易想到的：中国统一的历史久远，统一国家的理念根深蒂固，中原文化具有强大的凝聚力，如此等等。但另一个更加重要的因素人们往往不太注意，这就是中国的族际政治原则和机制符合现代多民族主权国家建设的要求。

西方学者大多认为苏联和中国的族际政治模式是一类的，我国也有学者持类似看法。笔者认为，中国与苏联虽然都以"自治"来表达和体现对少数民族政治权利的承认，但中国的民族区域自治制度是以统一国家和各民族的共和共治为前提的，而苏联则以民族联邦和自由退出联邦为前提，故二者的族际政治理念及其模式并不相同。具体来说，苏联在批判奥地利社会民主党的民族社会组织自治方案后，采取了民族领土单位的自治方案；而我国的少数民族区域自治制度，既不是民族社会组织的自治，也不是民族领土单位的自治，而是把少数民族的政治权利体现在国家统一领导下的地方管理之中，自治地方的管理又以有关民族的共同参与和民主协商为原则，即实行少数民族聚居地区自治与各民族共治相结合的民族政治制度。这种制度既可有效地保证国家统一，又可充分保障少数民族在自治地方当家做主和参与国家管理的双重政治权利。中国和苏联两种族际政治

---

① 民族主义古典理论把现代国家解释为同质化的"国族—国家"，本身就是一种不准确的认识；目前，国内外许多论者继续以这种认识为基础论述现代国族和国家的关系，大为不妥。无论是在殖民帝国还是在传统帝国崩塌后建立的现代国族—国家，都无力改变其历史形成的多民族结构。国族—国家方式，只不过是把一个大花园围成几个小花园而已，小花园依然是百花争艳的。"由单一族体的国族—国家理想开始，以多民族国家的现实告终，这是近代以来世界各地历次国族—国家运动和国家建立过程的普遍规律。"参见朱伦《论"民族—国家"与"多民族国家"》，《世界民族》1997 年第 3 期。

模式的区别，不只是源于双方的国情不同，更深刻的原因是双方对现代"国族—国家"现象及其理论的解读不同①。

苏联对西欧的国族（nation）和国族—国家现象的理解，从列宁的"殖民地人民也是民族"（nation）到斯大林的"民族"定义，都是德意志—奥地利学派的"文化民族"（cultural nation）概念而不是法兰西学派的"政治民族"（political nation）概念。所谓政治民族，指的是以现代主权国家为单位的人们共同体，习惯直接称 nation；而文化民族，则指的是不与国家相连的人们共同体，一般称 nationality 或 people②。当代西方民族主义理论研究者一般认为，"政治民族"的概念可以包含不同的"文化民族"，因为并不是任何文化民族都可能实现独立。但是，苏联在理论上没有将这两种人们共同体的关系界定清楚，在实践中也就没有将苏联作为一个统一的"政治民族"的国家来建设，而是实行"文化民族"的联盟，并承认加盟者的分离自由③。

与苏联不同，中国对"政治民族"和"文化民族"两种概念、两种实体有非常明确的认识。孙中山先生的民族主义，我们说中国也是一个伟大的"民族—国家"，采用的都是法兰西学派的政治民族概念；而"五族共和"中的"族"，"56 个民族"的"族"，则是德意志—奥地利学派的文化民族概念。由此，我国将 56 个"文化民族"的差别及其相互关系置于同一个中华"政治民族"认同之下来认识、来解决，走的是各民族共和建国之路，采取的是各民族共治国家之策。

---

①　这可能与双方的革命家和知识精英受西方文化影响的源泉不同有关：苏联革命家和知识精英受德意志—奥地利文化影响较大，其中包括对其"文化民族"观的接受，斯大林就是在奥地利写出他的那篇带有"民族"定义的著名论文的；中国革命家和知识精英多受法国—美国影响，其中包括对其"政治民族"观的接受，以致对斯大林的民族定义多有疑问，对苏联的民族政策也持保留态度。列宁在民族联邦制问题上前后不一的态度，我国学者多从适应俄国革命形势变化的角度加以探讨（参见华辛芝，前引书），但列宁是否对"政治民族"和"文化民族"的认识也有思想变化，从而影响到他在民族政治理论上的观点变化呢？这个问题值得探讨，这也许是解释列宁为什么在民族联邦制问题上发生态度变化的另一条可能的路径，并有可能进一步回答人们对列宁的实用主义批评能否成立的问题。

②　两者含义有相同也有不同，不同的地方在于前者一般适用于独立国家内部的世居人们共同体，后者除可做前者的同义词外，特别用于指称非政治的历史文化共同体。

③　苏联提出过"苏联人民"的概念，并视其为"新的历史性人们共同体"。有的学者可能会据此反驳笔者的看法。但我们应当明确，"人民"（people）是与政治民族或曰"国族"（nation）不同的概念：阿拉伯人可以通称为"阿拉伯人民"，但阿拉伯人民包括不同的国族；西班牙是一个国族，但西班牙国族又包括不同的人民。所以，我国民族理论界有的学者在苏联解体后对"苏联人民"的提法大加批判，并无理论意义。有的学者还把苏联民族政策的某些不当之处归咎于这个提法，也无充分的理由。

总之，苏联的民族政治理论和实践强调联邦制度下的民族自治乃至自决，共治共和是下一步的事情；而中国则强调在共和制度下民族地方自治与各民族共治同步进行。由此，在发挥国家对国族的塑造作用方面，双方得到了不同的收获。苏联的联邦思想和实践加速了各个加盟共和国的"国族"塑造过程，并促使它们最终走向独立；中国的民族区域自治制度则增强了各民族之间的接近和团结，促进了"中华国族"的进一步凝聚。

中国的经验不是孤证。如果意大利不是自 1870 年代起就按照"我们已经有了意大利，现在应该创造意大利人"① 的思想行事，可能就不会有今日统一的意大利国族。而在 20 世纪里，多民族国家通过民族共治以促进国族凝聚过程，更是一种由本能到自觉的意识。

五 民族共治：当代多民族国家族际政治生活中的普遍现象

由于国情不同，当今有关国家处理族际政治关系的方式也有所不同。概括地说，主要有联邦、保留地、民族区域自治、地方自治、国民一体化、文化多元主义、民族党、民族社团、民族议会等等②。所有这些方式，都有一个共同的前提和一种似乎是公认的价值观，这就是国家的统一和对少数民族集体政治权利的不同程度的认可。不同的是，前四种方式有自治权力机关，并以地域作为自治单位建立的基础；而后五种方式则没有自治权力机关，它们以个人联合为原则，体现的只是国家对民族的社会组织的承认，以及对各民族参与管理国家的方式和权利的承认。这五种方式不涉及民族内部的权力问题，因而没有管理本民族内部事务的行政权能，也不存在民族地方权力与国家权力的分配问题。在这几种方式下，有关民族的内部事务几乎仅是如何组织起来的问题，而外部事务则是如何维护自身利益和适应现代国家的民主政治生活的问题。因此，这些方式与其说是为了自治，不如说是为了共治。

至于前四种族际政治方式，虽然少数民族享有法律规定的一些自治权，但其自治的出发点和归宿也都是为了共治，与共治相辅相成。在当代

① Massimo D'Azelio 在 1870 年说出的名言。Véase：Andrés de Blas Guerrero, op. cit., pág. 140.

② 参见《世界民族》2000 年第 2 期笔者的文章。

多民族国家的族际政治生活中,从国家方面说,实际上给自治作了许多注释和限定,也就是给自治注入了共治的重要内涵。而从自治民族方面看,也不是仅限于"管理本民族内部事务"的自治,并且也不可能完全做到这一点。下面,我们不妨以自称是"自治制国家"的西班牙为例来说明这个问题①。

第一,西班牙的各个"自治共同体"必须遵守宪法,以维护西班牙整个国族(nation)牢不可破的团结和全体西班牙人所共有的祖国不可分割。

第二,西班牙各个自治共同体的组成就是多民族的,它以地区而非民族为自治单位。在这种情况下,如果说各个自治共同体相对于国家中央政权有某些自治权的话,各个自治共同体内部的各民族却是对该自治共同体进行共治的。

第三,所谓自治,只不过是国家通过严格的法律规定把部分国家职权转让给地方政权机关代为行使,而地方政权机关又是国家一级政权机关。

第四,国家不直接组织地方政府,但选举产生的地方长官必须经过国家任命。

第五,中央在自治地方派驻代表,监督其遵守宪法;国家有权采取一切措施纠正和制止自治共同体违反国家统一的行为。

第六,国家整体利益在自治地方必须首先得到保证。这包括国家对国防、外交、货币、海关、税收、通信、交通、社会保障的全部或部分控制。

第七,国家的法律、法规,各自治共同体都必须执行;自治共同体的法律,必须经国会通过;自治共同体的立法权是国会授予的,国会对自治共同体的法规实行控制措施。

第八,国家建立补偿基金,对各自治共同体的财政实行平衡政策。

第九,自治共同体的政府组成实行政党政治的民主选举原则,任何政党都有竞选自治共同体主席及胜选后组建政府的权利。

第十,自治共同体在国会的参议院(领土代表院)拥有议员席位。

---

① 根据1978年宪法,西班牙国家的领土组织分为17个"自治共同体"(Comunidades Autónomas),其中有3个自治共同体明显是少数民族(巴斯克人、加泰罗尼亚人和加利西亚人)聚居地区,其他14个自治共同体主要是历史王国领土,其次是两片群岛。但除了上述3个少数民族自治共同体外,还有几个共同体在各自的自治条例中也自称是民族(nacionalidades)。西班牙宪法说,西班牙这个"nación"是由"不同的民族和地区(nacionalidades y regiones)组成的",但谁是民族谁是地区,没有法律认定,也只好任由各自说去。

第十一，自治共同体不得限制公民的自由移入和移出。

第十二，国家对自治共同体实行垂直领导，各自治共同体之间不得进行联盟①。

上述内容无论如何不能视为自治，而是自治的前提，以及对自治的限定和制约。笔者认为，这些内容可以用"共治"这个概念加以概括。由此我们不难得出这样的结论：自治不是当代多民族国家民族政治关系的全部，共治也是它的重要内容，而且是本质。现在的问题已不是承认不承认共治的问题，而是如何认识共治的问题，以及如何正确对待自治与共治辩证关系的问题。

当代国家对民主和共和价值的追求趋向，决定了当代国家的民族关系不同于帝国框架下的民族关系。民主政治不仅是阶级和政党政治的民主，也包括民族政治的民主；共和制度不仅是阶级阶层之间的共和，也包括各民族之间的共和。这一点，决定了当代国家中的民族自治的内涵、功能和目标都发生了重大变化：帝国制度下的民族自治产生于对独裁和他治的不满，具有自我保护的功能和特征，并以下一步的独立为目标；而当代国家制度下的民族自治（笔者将其界定为基于个人自愿原则合法组织起来的集体政治），则是少数民族参与国家和地方管理的保证，以民族之间的共和为目标。如同阶级共和一样，民族共和也必然要求在政治上实行共治。共和共治，是当代多民族国家族际政治生活中的一般事实。民族共治有两个层面：一是各民族对国家的共治；二是有关民族对民族杂居地区的共治，它与自治一道构成了族际政治关系的两点论。自治与共治相结合，以自治促进共治，以共治带动自治，应当成为当代多民族国家族际政治关系的理想状态。

任何权力结构和权力配置，都需要两个或两个以上的权力主体才能形成和实现。因此，在多民族国家的民族政治生活中，仅有自治一方、自治形式和自治权力是不可想象的。这就是说，自治只是解决多民族国家民族政治问题的完整方案中的一个结构性因素，另一个不可或缺的因素是共治。换句话说，自治与共治是构建多民族国家民族政治权力结构的两块基石。费孝通先生以"多元一体"的概念概括多民族国家的民族结构和民族关系，这个概念在民族政治方面的体现不能不是自治与共治的结合。事实也是如此。如同本节开头所言，许多国家的民族政治生活，不管采取什么方式，都包含着共治的内容。强调自治而忽视共治，势必尝到民族界限

---

① 参见《1978年西班牙宪法》第2、69、137、144、145、146、148、149、153、154、155、158条。

不断加深甚至分裂的苦果;而在自治与共治之间保持平衡,则可获得民族团结的局面。

总之,不同时代民族关系性质的不同不仅决定着自治的内容,也决定着自治的方向:殖民帝国时代后期殖民地人民普遍由自治走向了独立,而当代多民族主权国家条件下的民族地方自治则以走向共治为主流。

六　民族共治:"后自治"民族政治的
必然和合理发展

民族共治是 20 世纪多民族国家民族政治生活中的普遍现象,是"后自治"民族政治的必然和合理发展。所谓"后自治"的民族政治,它包含两方面的含义或问题:一是自治者本身除自治权以外还有什么政治追求;二是国家如何使自治朝着有利于国家统一和民族团结的方向发展。这是当代多民族国家不可回避的大问题,它事关 21 世纪多民族国家民族政治建设的大方向。但是,人们对这个问题的认识稍显不足。虽然人们都感到自治制度需要发展与完善,但又往往难以摆脱自治话语的束缚,一直把自治作为他治的对话者,没有注意共治这个新的对话者已悄然登场[①]。这就是说,人们尚未对"后自治"民族政治的发展——民族共治现象作出理论提升。这里,笔者试就民族共治的必然性与合理性,以及它的意义和基本概念进行初步讨论。

民族共治的必然性,首先根源于多民族国家存在的必然性。多民族国家是不同民族在长期的政治、经济、文化和社会互动过程中形成的,是不以任何民族主观意志为转移的历史结果。但对这个结果,人们有不同的认识。西方民族主义古典理论将其界定为"国族—国家"(nation-state),认为它是一种将民族自然地理界线和国家政治领土界线统一起来的政治实体。然而,这种统一只是一种理想。现实中的国族—国家,普遍是由强势民族与弱势民族共同形成的多民族国家。但是,国族—国家由于主要是强势民族间互动和相互承认的结果,其中的弱势民族几乎没有分离独立的可能,弱势民族由自治到分离的历史现象已基本终结。

---

①　例如,作为奥匈帝国民族自治核心思想的"自主地管理本民族内部事务"的话语,现仍不时见于一些国家的族际政治关系法规中。再例如,有些多民族国家在政治生活中承认民族代表在国会或地方议会中的席位,但在族际政治关系法规中却不提或忽略这一点。

《公民权利和政治权利国际公约》所言的"所有人民都有自决权"①，已经是过时的理念了。分离独立，已不是小民族发展的可能之途。南斯拉夫的科索沃冲突和俄罗斯的车臣冲突，向我们提供了反面教训。由此可以说，既然是多民族共同组成一个国家并且难以分离，那就要各民族共治这个国家。民族共治的必然性即根植于此。

其次，民族共治的必然性还根源于当代国家在现代化和一体化建设进程中使各民族之间形成的密不可分的利益关系。当代社会的公民流动自由，使各民族在政治、经济、文化、社会各方面相互制约、相互渗透，形成了一种结构性存在，使得任何以民族为界的纯粹自治都无可能。例如，我国延边朝鲜族自治州的管理，不可能只是朝鲜族的事情。全国的回族，也不可能建立一个统一的管理本民族内部事务的行政性组织机构。既然如此，国家管理和地方管理就不能不实行共管共治。我国各民族在国家权力机关中都有自己的代表，民族自治地方的自治机关由不同民族出身的公民组成，这都是民族共治的体现。

民族共治的合理性是我们必须思考的另一个重要问题。当代国家以公民权利平等为基本原则，有人据此认为公民权利是一切，不应再谈什么民族权利，应当淡化民族意识和民族界限。但这只是一相情愿的事情，因为民族差别意识、民族利益矛盾及由此产生的民族政治诉求是客观存在，因此必须承认和保障少数民族的政治权利。而少数民族的政治权利，应包括自治权和共治权两个方面。应当认识到，自治是保障少数民族政治权利的要求，共治也是如此，而且是对少数民族政治权利的进一步扩展和提升。

民族共治的合理性还来源于少数民族自身发展的要求。民族自治地方通常是一个国家的边远地区一隅，居住在这里的少数民族要想扩展自己的生存和发展空间，实现他们的最大利益，就需要由封闭走向开放，从地方走向全国；要想满足对于资金、技术、人才和现代化管理的需求，也需要国家和整个社会的帮助和扶持。为此，少数民族不可能、也不会仅仅满足于自治。参与对国家的共治和在本地区实行共治，是少数民族发展的内在

---

① "人民"（people），是欧洲语言和社会历史环境下的一个文化和族类共同体概念，其内涵和外延并不十分确定，特别是在与政治和领土联系起来时，它就成了一个任由人们解释的概念。大者，可指"罗马人民"、"阿拉伯人民"；中者，可指"西班牙人民"、"埃及人民"；小者，可指"巴斯克人民"、"科普特人民"；总之，人民可以套人民，具有演绎性。战后产生的这个国际公约借用这个概念，我们现在无从考证起草者头脑中的"所有人民"有多少、参加讨论者和签字国对"人民"的含义有无争论。也许，正是由于"人民"这个概念的演绎性，它才适于在国际公约中使用和获得通过吧！至于怎样理解，怎样实践，那就不管了，也管不了了。

要求。

民族共治不只是出于物质上的功利目的，也是为了精神上的自由。民族共治以真诚合作和团结为基础，实现了这一点，各民族也就获得了精神上的自由和解放。民族共治对当代多民族国家民族关系的意义，就在于可以使各民族获得真正的自由和彻底的解放。

提出共治，不是对自治意义的否定，而是基于对自治的局限性以及对共治事实的认识。因为，自治是对民族压迫和他治的过正矫枉，并不是民族政治关系的理想状态，在经过自治这个过正矫枉阶段后，民族政治关系应当回到共治这一"中正"状态上来。

在当代多民族国家中，自治的基本价值和积极意义，是保障了少数民族"当家做主"的集体政治权利，它是对资产阶级自由主义政治理论在"国族—国家"理念下只承认公民个体权利、不承认民族集体权利的政治传统的否定或纠正①。因此，在 20 世纪里，自治成为世界许多国家少数民族普遍追求的目标。但是，在已经进入 21 世纪的今天，少数民族的自治权利依然是许多国家没有解决的问题。之所以如此，关键是人们对自治之后的民族政治发展怀有疑虑，历史经验包括苏联和一些东欧国家解体的现实，使一些人认为自治的下一步发展必然是独立要求的提出，因为自治本身就是以依附他人为存在条件的②，如果不想依附他人的话就会提出独立诉求。由此，我们可以说，传统的自治理论至多只回答了少数民族在多民族国家中自身的集体政治权利的问题，而没有回答民族团结和国家统一的问题，也就是没有找到适当的途径避免由自治走向分离独立。笔者认为，由自治到分离独立诉求的发展，根源于自治的局限性一方面否定了自治民族对国家管理的参与，使他们处于边缘化境地；另一方面，自治的局限性又在国家与自治民族之间竖起了一道无形的篱笆，使国家失去了对自治方向的控制。因此，如何保证民族团结和国家统一，便成了当代多民族国家试图通过自治来保障少数民族集体政治权利时不得不考虑的问题。有的国家对此问题解决得比较成功，有的国家则不然。我国是解决得较为成功的国家之一。我国的"民族区域自治"制度实际上是一种"后自治"民族政治制度，它的基本特征是以民族杂居地区的自治为基础，通过各民族对国家和地方的共治追求各民族的共和，而不是各民族之间界限分明的

---

① 参见笔者《浅议当代资本主义多民族国家的民族政治建设》一文，载《世界民族》1996 年第 2 期。

② Andrés de Blas Guerrero, op. cit. , pág. 454.

"民族自治"。我国的"民族区域自治"中的"民族"是复数，而传统自治理论所言的"民族自治"中的"民族"则是单数；"民族区域"的含义，是民族杂居地区和少数民族聚居地区，而不是某一个民族的独占地区。因此，我国的民族区域自治制度，从民族政治关系的角度看，可以认为是民族共治形式之一。

共治与自治具有不同的政治文化价值。自治具有保障少数民族自身的集体政治权利的价值，但由此带来的副作用则是民族界限的固化和强化，而共治的首要价值则在于它可以密切民族关系，使不同民族不断增强共同的国族意识。这是民族共治的生命力所在。国族或国民意识的培育，是当代国家的经常性建设；而共治则是培育各民族的国民意识的有效工具。共治要求各民族要加强理解和沟通，建立广泛的政治、社会、经济和文化联系。在这种共治过程和共治氛围中，"谁也离不开谁"的关系就会不断得到物化，各民族的国民认同就会不断增强，从而为实现"平等—团结—互助"、"和而不同"、"合和而一"的民族关系理想奠定牢固的心理意识基础。

行文至此，笔者不妨对民族共治的概念进行如下概括：

民族共治属于民族关系中的上层建筑范畴，以民族共和为前提并服务于民族共和的目的，它的成因是同一民族的政治自觉和各民族的政治团结这两者的统一。同一民族的政治自觉，根源于民族集体利益差别及试图通过政治途径来保障和实现本民族的最大利益。而各民族的政治团结，则根源于多民族国家的统一要求和各民族的共同利益保障。因此，民族共治的关键问题是保证国家和地方有关政治权力的合理分配和健康运作，以此促进各民族利益的均衡发展和各民族的团结。如果要给民族共治下定义的话，这个定义便是：民族共治，就是由统一国家或同一政治领土单位内各民族共同造就的以共和为最高目标、以权力共同行使为核心内容、以权益平衡发展为基本要求、以民族关系良性互动为价值取向的政治结构、运作机制和实现工具。

以上笔者主要论述了民族共治的理论问题，至于它的法律法规和实际操作问题，则取决于各国的政治制度。但必须明确指出的是，共治是对自治客观造成的民族界限的一种弥合，它的指向是民族团结和国家统一，它的作用是促使各民族向心力的增强；因此，民族共治的立法要求是保证权力合理分配和权力共同行使的统一，而它的实际操作则要求实现民主和集中的统一。民族共治的物化形式和运作机制，应当以有利于国家和地方行政权力的有效行使为原则；民族共治必须置于国家和地方政府领导下进行，任何脱离这种领导的形式和机制，都不利于共治的健康发展，也达不到共和的目的。

七　提出和研究民族共治的意义

民族问题是困扰人类社会数千年的问题,不同时代有不同的内容和解决办法。最近二百多年,随着现代主权国家格局的逐步形成,多民族国家内部的民族问题逐渐被人们提上了议事日程。

20世纪以前的国家,普遍是以民族同化乃至民族灭绝的非人道方式来解决民族问题的。20世纪以来,许多国家为解决民族问题进行了多种新的尝试,有的国家取得了初步成功,但有的国家则不太成功,以至于民族冲突不断。21世纪的许多国家,都面临着如何解决国内民族问题的考验。

民族冲突是民族利益矛盾激化的结果。只要民族和民族差别长期存在,民族利益矛盾就会长期存在。人们无法消除这个矛盾,但可以防止这个矛盾的激化。导致民族矛盾发生激化的根本原因,主要在于国家的民族政策使一些民族利益受到损害或失去保证。因此,建立能够有效调节民族矛盾、保证各民族利益实现的政治机制,就成了避免民族矛盾激化、防止民族冲突发生的关键。民族共治,或许就是这样的政治机制。

当代多民族国家,不仅存在民族冲突现象,还存在民族分离主义现象。维护多民族国家统一、防止民族分离主义引发社会动乱和民族不和,成为许多国家时刻不能掉以轻心的问题。对待分离主义需要标本兼治,治本为上。民族分离主义之"本",也在于民族利益。如果能够找到一种比分离独立更加有效的、能够最大限度实现民族利益的政治方式,民族分离主义的市场就会大大萎缩。民族共治,也许就是这样的政治方式。

如果上述分析有道理,那么,我们就不能不重视对民族共治的理论研究。如同任何理论研究都有赖于实践一样,民族共治研究也需要从现有的民族政治实践中撷取材料,从成功的民族政策中提取思想精华。本文指出的包含在自治话语中的一些民族共治事实及法律表述,就是我们应该珍视的材料和思想精华。我们的民族政治理论研究,需要系统地对这些材料和思想进行提炼,努力建立一种完整的以对自治与共治的辩证认识为基础的民族政治理论,从而为构建适应当代多民族国家民族政治生活需要的民族政治机制提供理论支持。

(原载《中国社会科学》2001年第4期)

第十六篇　论民族共治的理论基础与基本原理

提要　民族共治是现时代民族发展和多民族国家统一建设的必然和合理要求，它与民族政治民主和共和"三位一体"，是现代多民族国家民族政治生活的纲领性命题，而"自治"、"参与"等少数民族政治权利诉求和保障则属于子目问题。民族共治具有双向含义，分两个层面。其双向含义一是指参与管理，二是指接受管理；两个层面一是指国家管理层面，二是指民族杂居地方管理层面。

笔者曾在1994年的一篇论文中指出，墨西哥应当重视印第安人的集体政治权利诉求，"为印第安人参与国家政治生活打开更大的空间"[①]。1996年，笔者在另一篇论文中认为，"少数民族的政治权利一是在本民族地方的自治权，一是对国家政治的参与权"[②]。这两篇论文主要是针对"公民权利唯一"的自由主义理论不承认少数民族的"集体政治权利"而发的。与此同时，笔者在上述第二篇论文中还顺便表达了现代多民族国家的"民族政治不仅是自治，更核心的内容是不同民族对共有国家的共管"的观点。2001年，由这个"共管"观点出发，笔者撰文提出了"双向两层面民族共治"的命题[③]。这个命题是基于对现代多民族国家一些比较成功的民族政治实践的考察而提出来的，是对一些出于单方面立场和视角而提出的诸如"自治"、"参与"等不完整的民族政治表述的匡正。笔者认

---

①　朱伦：《应为印第安人参与国家管理打开更大的空间》，墨西哥《萨卡特卡斯太阳报》1994年1月21—26日；另转载于墨西哥国家生活报《至上报》1994年2月6—12日。

②　朱伦：《浅议当代资本主义多民族国家的民族政治建设》，《世界民族》1996年第2期。

③　朱伦：《民族共治论：对当代多民族国家族际政治事实的认识》，《中国社会科学》2001年第4期。

为，现在人们习以为常的"自治"或"参与"① 概念，并未全面反映现代多民族国家民族政治生活的全部内容，都只是其中的一个方面，而且人们的看法不一。而民族共治的命题，则可以把这些内容统一起来，赋予它们应有的位置，即它们都是"民族共治"这个纲领性命题下的子目问题。

该篇论文发表后，一些学者向笔者提出了许多有益的修改意见。作为对这些意见的反馈，笔者在此拟从民族政治理论与原理的角度，对"民族共治"的命题进行重新梳理，主要就自治与共治的关系，特别是共治的必然性与合理性，以及它的工具效用、权力结构、制度设计、理论意义和应用价值再略作阐释。笔者的工作只是抛砖引玉，至于如何从民族政治文化和政治哲学的角度论证民族共治的系统性道理，非笔者和本篇论文所能，这有赖于学界同人的共同努力。

一　自治与共治：现代多民族国家民族政治生活的两个方面

虽然类似于自治的民族地方政治在古代多民族国家的形成过程中就已存在，如 13 世纪以后西班牙对一些地方王国实行的"特许制度"（fueros）②，以及中国自秦朝以后中央王朝对周边地方政权实行的各种政治制度等等③，但"自治"概念和话语的世界性普及则是 19 世纪中叶以后的事情，与宗主国—殖民地政治关系的发展和"国族—国家"（nation-state）

① 笔者不准备在此专门考察"参与"观点的起源，但可以顺便指出，这个观点在 20 世纪中叶以后美洲土著人研究中就已产生，并形成所谓的"indigenismo"流派（参见 *Balance de la Antropología en América Latina y el caribe*，UNAM，Mexico D. F.，1993；*Derechos de los Pueblos Indigenas*，Vitoria-casteiz，España，1998. 40Anos，INI，Mèxico，1988）。但在传统的自由主义政治理论框架下，少数民族的政治参与往往并不是以"民族政治"方式而是以"公民政治"方式体现的，不外乎对"保护少数人权利"的必要性的强调，而这一点往往又在实践中被"多数原则"所否定。而且，"参与"并不等于"共同决策"，"参与者"也不一定是"主人公"。如在墨西哥，"参与"只是体现在吸收印第安人代表参加涉及印第安人事务的具体工作中，并未涉及国家的大政方针。因此，"参与"观点能否具有实际意义，取决于对民族政治的承认和民族共治制度的建立。否则，它只能是一种政治理念和法理，难以变成实际的政治制度和法律。

② Ubieto/Regla/Jover/Seco：*Introduction a La Historia de España*，Editorial Teide Barcelona，1981，págs. 213–214.

③ 参见田继周等著：《中国历代民族政策研究》，青海人民出版社 1993 年版；翁独健主编：《中国民族关系史纲要》，中国社会科学出版社 1987 年版。

建设所面临的少数民族政治权利问题密切相关。有关自治的两个传统定义——"自我统治而不让他人过问"① 和 "自主地管理本民族内部事务"②，就是由这两类政治问题而得来的。

从 19 世纪中叶到 20 世纪下半叶的一百多年间，自治普遍成为一些暂时难以独立的殖民地人民与宗主国之间的政治关系形式，在此期间相继独立的殖民地人民，几乎无一例外地都经过了或长或短的自治阶段。例如，加拿大在 1867 年成为自治领，1926 年获得独立；澳大利亚各殖民区在 1859 年开始实行自治，1901 年改区为州并成立澳大利亚联邦自治领，1931 年获得独立。目前，世界各地的一些属地或托管地，如格陵兰、法属圭亚那和波多黎各等，亦是实行自治。殖民地人民的自治，根源于对"他治"的不满和"他治"的难以为继，其基本特征是除了宗主国具有外交支配权并派遣象征主权的总督以外（一些殖民地在独立以后有的仍保留这个象征），殖民地的管理全部由殖民地人民自己负责。"自我统治而不让他人过问"的自治定义由此而来。宗主国与殖民地在地理上的隔离使这样的自治成为可能，而殖民地人民与宗主国人民在政治上的疏远则使这样的自治成为必然。

多民族国家内部的民族地方自治或其他形式的自治，与殖民地自治不可同日而语，它从一开始就以自治者的依附性为特征，以自治者服从于国家统一为前提条件和最终目标。自 18 世纪下半叶起，"一个人民，一个国族，一个国家"③ 的民族主义古典理论风行世界。但世界各地的民族互动过程并不是按照这个理想发展的，而是普遍以某个强势人民为核心，加上若干弱势人民或曰少数民族形成了多民族国家（当今世界 90% 以上的国家是多民族国家）。为了解决理想与现实的矛盾，强制同化与争取分离曾在许多国家发生。但少数民族的反同化和主权国家的反分离，终于使人们认识到单一民族的"国族—国家"理想之路是行不通的。于是，多民族国家的观念和理论应运而生，少数民族的存在及其政治权利得到承认，并试图以自治形式加以体现。1899 年，奥地利社会民主党提出的"文化自治"五项原则④，对现代多民族国家的民族政治观念具有重要影响。虽然在 20 世纪里形成了许多不同的自治模式，但前述五项原则中"自主地管理本民族内部事务"一条，则在许多国家的民族政治生活中反复得到

① Andrés de Blas Guerrero, *Enciclopedia del Nacionalismo*, Tecnos, Madrid, 1997, pág. 454.
② Ibídem., pág. 43.
③ Ibídem., pág. 139.
④ Ibídem., pág. 43.

重申。久而久之，这句话就变成了一句教条，并被当做自治的传统定义和不容置疑的核心问题。

但是，这样的自治能满足现代多民族国家统一与民族政治民主建设的要求吗？奥匈帝国未能被改造成现代多民族民主国家而是走向了解体，可以说明一切。苏联虽然批判了这种文化自治，但其各加盟共和国的"自由加入和退出"原则，则不合乎现代多民族国家主权统一建设的要求。因此，如何保证民族政治民主与国家统一，就成了民族自治实践需要认真解决的问题。按照传统的自治定义去做，是不可能达到目的的。为此，当今许多国家在实行某种形式的民族自治时，都不得不摆脱传统的自治定义的束缚，对自治的内容进行重新界定。

中国民族区域自治的实践就是一例。中国的民族区域自治制度既不是民族领土单位的自治，也不是民族社会组织的自治，而是少数民族在其聚居地区实行区域自治，其基本特征是：从国家管理层面说，国家权力机关中既有各民族的代表，又有自治地方的代表；从自治地方管理层面说，自治地方权力机关的组成既包括自治民族的代表，又包括其他民族的代表；从自治地方的设置方面说，既可以多个民族建立同一个自治单位，又可以一个民族分属不同的自治单位；从自治地方权力机关的性质方面说，它既是自治地方的自治权力机关，又是国家一级政权机关；从国家与自治地方的关系方面说，则是领导和被领导的关系。对于这样的民族政治实践，若以传统的自治观点来认识和解释，显然是不确切的，至少是不全面的。

当今世界各国采取的其他包含自治或自主内容的民族政治实践方式，如民族联邦、土著人保留地、民族自治、民族党、民族社团等①，其内容也非传统的"自治"概念可以解释。前三者虽然强调"自治者"有诸多自治权，但其核心问题也非自治而是如何协调"自治者"与主体社会的关系。至于后两种方式，甚至没有自治权力机关，它们以个人联合为原则，体现的是国家对民族社会组织的承认，以及对各民族参与管理国家的方式和权利的承认。

对于这些难以用自治概念解释的内容，以"共治"的概念则可以得到解释。例如，现行的《西班牙宪法》和《中华人民共和国民族区域自治法》，在赋予自治地方某些自治权的同时，都规定了国家对自治地方的权威和责任、国家和自治地方的权力分配与制约、有关民族对自治地方实

① 参见朱伦《走出西方民族主义古典理论的误区》，《世界民族》2000 年第 2 期。

行民主管理的详细条款①，这些条款都应属于"共治"的范畴。即使是已成为历史的奥地利社会民主党的"文化自治"方案，以及苏联和南斯拉夫的加盟共和国自治制度，也包括了民族共治的内容，只不过这些内容没有得到始终贯彻罢了。由此，我们不难得出这样的结论：自治不是现代多民族国家民族政治生活的全部，共治也是它的重要内容，而且是它的本质规定和核心问题；现代多民族国家的民族政治生活应当以妥善处理自治与共治的辩证关系为要旨，特别是要重视民族共治制度建设。

民族政治的发生学原理告诉我们，民族政治是基于民族间的权益关系而发生的互动行为，它在没有自治的情况下同样存在。但自治具有重大的积极意义，因为没有自治的民族政治往往是以非理性和无序的方式运行的，而自治则为相对公平合理和有序的民族政治操作提供了可能性。然而，自治的自我统治和自我管理的传统定义，决定了自治本身构不成民族政治。只有在民族互动过程中自治具有了对话功能时，才构成民族政治的组成部分。而当自治发挥这个功能时，就形成和产生了共治。但是，人们现在对民族共治的理论研究却落后于实践，特别是尚未将其上升为人们的普遍的和自觉的认识。

二 民族共治的理论基础："后自治"民族政治建设的必然性与合理性

所谓"后自治"，笔者指的是少数民族在取得一定的自主权后的民族政治状态，而"后自治"民族政治建设，则是针对"后自治"的民族政治问题所提出的理论和政策应对。自治的本质是排他性和由己性，这一方面有可能导致自治者走向政治边缘化，另一方面有可能催生和助长分离主义。如何避免这两个可能性的发生，是"后自治"民族政治建设的基本问题。解决这个问题的出路，就在于理性地实行民族共治，以此对自治进行有效的制约和正确的引导。因此可以说，民族共治是与各种形式的民族自治实践相伴而生的命题，是"后自治"民族政治建设所提出的客观要求，有其必然性与合理性作为它的理论基础。

---

① 参见 1978 年《西班牙宪法》第 2、69、137、144—146、148—149、153—155、158 条等条款；《中华人民共和国民族区域自治法》（2001 年修正），第 3、5—9、16—18、54—72 条等条款。

民族共治的必然性，可以从三个主要方面加以认识。

首先，民族共治的必然性根源于多民族国家存在的必然性。多民族国家是不同民族在长期的政治、经济、文化和社会互动过程中形成的，是不以任何民族主观意志为转移并且是很难改变的历史结果。《公民权利和政治权利国际公约》所言的"所有人民都有自决权"是非殖民化时代的产物，是为消除殖民统治而提出来的政治主张，不适用于解决当今多民族主权国家内部的民族政治问题。现时代是多民族国家统一建设的时代，民族分离主义不仅遭到有关主权国家的反对，而且也很难得到国际社会的承认。既然是多民族共同组成一个国家并且难以分离，那就必须由各民族共同管理这个国家。这是民族共治的第一个层面。中国各民族在国家权力机关中都有自己的代表，这就是在国家管理层面上实行民族共治的体现。

其次，民族共治的必然性根源于各民族的历史交往和现代公民流动自由，使各民族在政治、经济、文化、社会各方面相互渗透，形成了一种"你中有我、我中有你"的结构性关系，它使以单一民族地域为界建立自治单位几乎成为不可能。这在一些传统的多民族国家中尤为突出。西班牙的三个以"历史民族"为基础建立的"自治共同体"，都是民族杂居的；中国的三级共 155 个民族区域自治单位，也没有一个是单一民族的。各民族的混居杂处，决定了民族杂居地区的社会管理也不能不实行民族共治。这是民族共治的第二个层面。中国的民族区域自治制度虽然有自治民族和非自治民族之分，但自治地方的自治机关由不同民族的公民组成，这就是在民族自治地方层面上实行民族共治的体现。西班牙的自治共同体制度，甚至不作自治民族和非自治民族之分，各自治共同体的管理完全按照民主政治的运作程序进行。美洲和大洋洲一些国家的土著人保留地制度，或许是纯土著人的自治。

最后，民族共治的必然性还根源于多民族国家的民族问题首先是不同民族之间的关系治理问题，其次才是单个民族的内部事务管理问题。处理不同民族之间的关系，需要相应的实现工具、权力结构和实践方式。只有共治才能产生这样的工具、结构和方式。共治意味着对话与协商，对话与协商的过程也就是共治的过程，并由此产生共治的双向运动——"参与共治"和"接受共治"。这种双向运动在上述两个层面的共治中都是行得通的，自治地方与国家、自治地方的主体民族与非主体民族，都需要承认和遵守彼此关系中的这种双向共治原则，每一方都是共治的接受者，又都是共治的参与者。

民族共治的合理性，也可以从三个主要方面加以认识。

首先，民族共治的合理性来源于现代国家的公民权利平等原则。宗主国与殖民地人民的权利不平等，是产生自治与分离的根本原因。而现代多民族国家的公民权利平等原则，决定了所有民族的公民都有参与国家和地方管理的权利。当代世界没有哪一个国家还明文规定不允许"非我族类"者参与国家管理，这种规定只在美国、南非等国家的历史上针对土著人和黑人实行过；当代国家也没有哪个自治地方明文规定非主体民族没有参与地方管理的权利，只有那些极端的自治主义者才会如此非理智地排斥异己。

其次，民族共治的合理性来源于现代国家的主流意识一般都承认的民族权利平等原则。现代国家普遍实行的代议制民主政治制度，其在建立之初是以政党政治和地方政治为基础的，根本没有考虑民族因素，这是传统的代议制民主政治的一个缺陷，这个缺陷随着少数民族政治权利平等意识的增强愈来愈突出。一些国家采取自治的办法加以解决，但少数民族的政治权利不能只是限于自治权，还应包括共治权。自治是保障少数民族政治权利的要求，共治也是如此，而且是对少数民族政治权利的进一步扩展和提升。任何国家中实行自治的任何民族，不可能只是安于管理本民族内部的事务，同时需要协调与其他民族之间的关系。

最后，民族共治的合理性还来源于少数民族在取得地方自治后进一步发展的要求，它为少数民族地区争取获得更大的权益提供了可能性。民族自治地方通常都位于一个国家的边远地区，少数民族要想扩展自己的生存和发展空间，需要充分利用全国市场以及其他民族的物质和文化资源。这种利用的过程，就是参与和适应共治的过程。欧洲人曾经把"国族—国家"视为唯一的权益保障形式，但"国族—国家"的市场局限性和边界壁垒限制了各自生存空间的扩大。为了获得更大、更多的利益和安全保障，欧洲人开始走向了欧洲联盟的道路。欧洲联盟实际上是国族—国家间的政治共和与共治形式，这对多民族国家内部民族自治地方的发展和民族政治的建设不无启示意义①。

然而，现在有两种倾向影响人们对民族共治的必然性和合理性的认识，这就是民族保守主义和公民平等主义。

民族保守主义者倾向于自我封闭、自我发展和自我实现。他们只重视

---

①　共治原则在国际政治生活与国际问题治理中也具有重要的理论和现实意义，它或许是反对霸权主义和单边主义的有效武器，有可能成为构建新的合理的国际政治经济秩序的普遍认同的思想基础。单极化或多极化都缺乏新意和有效性。

保持民族差别，不重视促进民族交往；只看到各民族利益矛盾的一面，看不到各民族利益一致的一面。由此，他们在政治上的表现就是只要自治、不讲共治。民族保守主义者不仅对"接受共治"具有本能的和消极的抵触情绪，而且对"参与共治"也缺乏自觉的和积极的进取精神。民族保守主义是封建农业社会的产物，必然要被现代工业和信息社会的开放主义所取代，民族共治也必将随之成为人们的普遍共识。人们普遍认为，"现时代是民族发展的时代"。这个命题既意味着对民族差别的承认和尊重，也意味着对民族交往的肯定与赞同。没有民族交往的民族发展是不可想象的，而民族交往则必然伴随着民族关系的日益密切与民族共治的合理存在。

公民平等主义者认为，现代国家奉行公民权利平等原则，讲民族权利就是讲特权。这曾经是许多国家否定"民族集体政治权利"的政治理论基础①，但这种理论已经不适应现代多民族国家政治生活的发展。目前，少数民族政治权利的合法性问题开始得到普遍承认。最近的例子是墨西哥政府与"萨帕塔民族解放军"所达成的印第安人政治权利协议。公民权利平等是一种政治宣言和理想追求，真正实现它还需要具体的保证。现代国家包含不同的社会利益集团，为了保证自己的利益和争取权利平等，他们结成了不同的政党或社团。少数民族有自己的一致利益，他们以民族集体形式提出政治权利诉求和参与国家管理，合乎现代国家的政治生活以社会利益集团为参加者的规则。因此，保障少数民族的政治权利非但不违反公民权利平等的原则，而且是实现公民权利平等的必要途径。

三　民族共治：现代多民族国家民族政治的基本原理

民族共治的实际存在，可从当今多民族国家的民族政治实践中看到②；民族共治的理论基础，可通过论证它是"后自治"民族政治建设的必然与合理要求得以确立；而对民族共治的理性认识和自觉实践的问

---

① 笔者在《浅议当代资本主义多民族国家的民族政治建设》一文中（《世界民族》1996 年第 2 期）论述过这个问题。

② 阿富汗临时政府的民族构成又是最近的一例。阿富汗有 2100 万人口，其中，普什图人占 38%，塔吉克人占 25%，哈扎拉人占 19%，乌兹别克人占 12%，其他民族占 6%；在临时政府的 30 名官员中，上述各民族分别占 11 人、8 人、5 人、3 人、3 人。参见"阿富汗临时政府的组成"，《解放日报》2001 年 12 月 8 日。

题，则需从揭示现代多民族国家应当遵循的民族政治原理出发。

所谓民族政治原理，就是对基于民族间的权益关系所发生的政治行为的理性规定。民族政治具有多种方式，如历史上许多国家曾经采取的征服、屠杀、同化、隔离、歧视，等等。现代民族政治文明的发展，使人们承认了少数民族权益的合理存在，并试图以各种自治方式来保证它。但自治所体现的主要是单个民族的权利和权限，并无协调各民族利益均衡发展、解决民族矛盾及预防民族冲突的权能，这种权能还有赖于建立相应的民族政治制度，即通过实行共治才能形成。民族政治的基本原理并不在自治，而是在共治。由此而论，我们对自治概念的理解也需要发展，不能再固守"自主地管理本民族内部事务"的传统规定，因为这个规定有碍人们正确认识民族政治的基本原理。现代多民族国家框架下的各种民族自治形式，应该界定为是服务于民族共治、保证民族政治生活健康有序进行的政治组织工具。这种界定，既可以解释自治模式的不同，又可以解释自治程度的不同，它们都是由民族共治的实践方式或制度设计不同所决定的。

民族共治是现代多民族国家民族政治生活中应当遵循的基本原理，这伴随着人们的民族政治理性自觉。民族政治理性，可以通过阶级政治理性加以解释。如同阶级是一种社会利益集团一样，民族也是一种社会利益集团。因此，阶级政治理性和原理也同样适用于民族政治。现代国家的民主政治不仅意味着阶级政治要讲民主，而且意味着民族政治也要讲民主；共和制度不仅意味着阶级政治要实行共和，而且意味着民族政治也要实行共和。民主与共和的实际运作，就形成了共治。所谓民族共治，只不过是从民族政治民主与共和这两个命题中推演出来的第三个命题，它与前两个命题互为补充，共同构成了现代多民族国家理想的民族政治生活的基本原理。在这三个互为补充或曰"三位一体"的命题中，如果说民主所体现的是民族政治权利的平等实现，共和所体现的是民族政治权力的合法产生①，共治所体现的则是民族政治权能的合理行使，三者共同指向保证各民族权益的均衡发展与民族关系的和谐。由此说来，民族共治在理论上并非是多么难以理解和接受的命题，只不过人们因长期受"自治"话语的束缚，或因片面强调自治而未对民族共治现象进行理论概括，没有将其概念化，没有将其变为大众的政治话语加以传播而已。中国用社会学话语把

---

① 民主和共和的含义很广泛，且其实践方式和程度与社会制度有关，此处只取其抽象的理论原则和理想的政治预期。

国内目前的民族关系界定为"平等—团结—互助",若把这种社会学话语变成政治学和法学话语,就可以写成"民主—共和—共治"。

几乎所有多民族国家的政治家,都以"各民族大家庭"的比喻来强调民族和睦;法学家在讨论自治法律时则对自治进行缜密的前提规定;而实行自治的民族,则以遵守国家的一般法律为准则。这充分说明,"民主—共和—共治"的原理在民族政治生活中可以成立,可以被认识,可以付诸实践,从学术理论和政治理念上将其术语化和概念化的社会基础已经具备。但是,在实际生活中,不同社会制度的国家也有继续奉行扩大民族差别、加深民族隔阂、激化民族矛盾的政策,包括某些民族中的分离主义者不愿承认该原理而继续进行分离活动。事实证明,当代多民族国家民族问题的治理状况如何,在很大程度上取决于有关国家对这个原理的自觉认知和主动实践的状况如何。凡是民族关系比较和睦的国家,其民族政策中的民主—共和—共治因素也就多一些。因此可以预见,随着人们对多民族国家民族政治问题的认识逐步加深,民主—共和—共治的民族政治原理不难成为人们的共识,将其付诸实践的自觉性可望愈来愈强。

揭示了现代多民族国家的民族政治原理,民族共治的命题以及自治与共治的辩证关系就可以得到更好的理解了。从逻辑学观点说,共治与自治是相辅相成而不是对立的概念,是大概念与小概念的关系。换句话说,共治是比自治更广、更高的民族政治范畴,只有把自治与共治联系起来时,自治的内涵与外延才能得到充分的体现。从工具论观点看,自治在宗主国—殖民地的政治关系中是摆脱他治、实现分离的一个中间环节,在多民族国家的民族政治生活中同样也是一个中间环节,只不过联系它的两头是共治与共和。从价值论观点看,在多民族国家的民族政治生活中,自治的意义就在于它是反对民族同化和民族分离的可供选择的现实方案。但从目的论观点看,自治的目标是什么呢?殖民地人民的自治是走向分离和独立的第一步,现代多民族国家框架下的民族自治则是走向与主体社会的共和,而共和则必然伴随着共治。借助历史唯物主义和辩证唯物主义的认识论,我们对多民族国家民族政治的基本事实和发展方向不能不得出这个结论。不同民族的共生共存,决定了民族政治的共和与共治。

民族共治具有不同于自治的工具效用。自治具有固化民族界限和强化民族差别的作用,而共治则可以使不同民族加强团结,不断增强共同的国民或国族意识。这是民族共治的生命力之所在。国民意识的培育是现代国家的经常性思想建设,而共治则是培育各民族的国民意识的有效工具。共治要求各民族在广泛的政治、社会、经济和文化联系中,为了各自的和共同的利益加强理解和沟通，寻找二者的最佳结合点。在这种共治过程和共治氛围中，"谁也离不开谁"的关系就会不断得到物化，各民族的国民意识就会不断增强，从而为多民族国家的统一和民族团结奠定牢固的物质与心理基础。而且，民族共治的命题还可以有效调整自治的依附性给自治者造成的被动和压抑心理，使人们对依附性问题的反感可以不通过分离而是通过共治得到解决。

　　民族政治是通过行使权能来体现的，而任何权能的形成都需要两个或两个以上的权力主体，同时需要有相应的受体。因此，仅有自治一方和仅有自治权力的民族政治是不完整的。这就是说，民族政治的理想状态应当是在各民族政治权利平等基础上的共治，因为只有共治才能形成和产生民族政治的完整的权力结构和权能，并使二者具有合理性和权威性。前文已说到，民族共治有两个层面：一是各民族对国家的共治；二是相关民族对民族杂居自治地方的共治。从国家管理的层面说，自治者不只是依法行使自治权，而且也是国家的管理者（中国各级自治地方的自治机关同时行使国家一级权力机关的权能，就是共治国家的体现之一）；国家不仅监督和领导自治者，而且需要倾听自治者的声音。从民族自治地方管理的层面说，自治地方的权力机关也不是管理自治民族的内部事务，而是协调自治地方各民族之间的关系。非自治民族不只是地方管理的被动接受者，也是地方管理的积极参与者。由此，民族政治的权力结构及权能就形成了，以相互制约和自律为特征的民族共治就产生了。有关各方既是权力的主体，又是权力的受体；既是权能的产生者，又是权能的行使者。

　　民族共治作为一种政治互动行为，它还有一些具体的包括操作程序、运行机制和实践方式在内的制度设计问题需要回答。但这是一个复杂的实践问题，它与一个国家的社会政治制度、民族结构情况和民族政治组织模式密不可分，不可一概而论。非洲国家的部族领土结构与欧洲国家的移民社团结构，美洲和大洋洲国家的土著人保留地结构与亚洲国家的民族杂居结构，决定了各自的民族政治的组织模式会有不同，这种不同也必然在共治的操作程序和运行机制上得到反映和表现。类似的民族政治组织模式，也会因为国家政治制度有别而表现出实践方式的不同。但这些问题并不影响民族共治的本质规定和基本原则，即民族共治必须以多民族国家统一和各民族团结为出发点和归宿，必须以保证民族政治的权力制约和权能合成的统一为核心，必须以促进各民族利益的均衡发展和民族关系的良性互动为宗旨。本着这个精神，民族共治的制度设计就可以得到各民族的积极支持，其实际运行中可能遇到的各种问题就可以得到妥善解决。

综上所述，我们可以对民族共治的概念作出如下概括：民族共治是各民族基于对现代多民族国家民族政治原理的理性认识而产生的政治观念和行为，是与民族政治民主和共和密切相连或三位一体的命题；民族共治根源于各民族在其共生共存的关系中，存在自身利益和共同利益的对立统一规律，因而它以遵循这个规律为其理论基础，以实现各民族共同利益为其本质规定。简言之，所谓民族共治，就是在现代多民族国家主权统一的前提下，由各民族共同造就的旨在保证民族政治的民主和共和、协调各民族利益均衡发展、促进民族关系良性互动的政治工具、权力结构和制度形式。

四　"民族共治"命题的理论意义与应用价值

任何政治理论都是时代的产物，都是为解决时代问题服务的。在过去的一个多世纪里，多民族主权国家的建立伴随着少数民族政治权利的保障问题，为此人们提出了"自治"、"参与"等民族政治理论。现时代是民族发展与多民族国家统一建设的时代，也需要有相应的民族政治理论为其服务。"民族共治"的命题来源于对现代多民族国家民族政治的理性实践的客观总结，产生于对现代多民族国家民族政治生活的理性原则的深入认识，因此，它有可能成为21世纪多民族国家民族政治生活的主旋律，具有重要和潜在的理论意义和应用价值。

从理论意义上说，民族共治的命题首先是对现代多民族国家民族政治的成功经验的新概括，有助于我们以此为基点努力建立完整的民族政治理论和知识体系。一个新的术语或概念的提出，势必影响和激发人们的哲学思考和理论探讨，从而为理论创新和知识更新提供必要的话语环境。民族共治概念的确立，必然会反过来促进人们的民族政治观念和心理的健康发展，使人们逐渐从自治与他治的对立性和离心性对话的旧定式中摆脱出来，进入自治与共治的协商性和调和性对话的新境界。其次，民族共治的命题是对现代多民族国家民族政治应当遵循的基本原理的新揭示，有助于我们据此建立一种借以评估民族政治质量的一般的分析框架或指标系统。民族共治是与民族政治民主和共和密切相关的命题，而自治、参与等则是使这些命题得以成立的基础。这个结论可为我们进一步把握民族政治的本质内容和核心问题提供参考，使我们对民族政治问题的认知及政治行为不断走向接近真理的"自由王国"。

　　从应用价值上说，民族共治的命题要求人们重视对民族互动关系的探讨①，在民族政治生活中承认和尊重这种互动结果，最大可能地保证各民族权益的平衡、避免民族矛盾的激化。民族矛盾的激化，是民族权益得不到有效保障和协调的结果。自治的排他性和由己性本质或曰局限性，决定了它难以有效协调各民族之间的权益矛盾，因而难以从根本上避免民族矛盾的激化。"自治制度需要发展与完善"是人们的共识，但仅限于对自治命题的讨论则难以找到令人满意的途径，难免陷入对自治权的大小和多少进行无休止争论的泥淖之中。如果以共治为自治定位，就可以为民族政治生活的健康发展铺平道路。民族共治的命题可以为民族政治生活提供广大的制度设计、法律制订和政治操作空间，可以为各民族实现自身利益和共同利益、促使民族关系不断向平等与和谐的"理想王国"迈进准备坚实的基础，进而有可能使少数民族发展与多民族国家统一建设这两个世界性的和时代性的民族问题的主题，同时得到比较圆满的解决。

（原载《民族研究》2002 年第 2 期）

---

　　① 民族关系研究现有不少成果，但多为描写性的。这虽是民族关系研究的基础，但重点应当是对相关民族的互动现象、过程、结果和发展趋势进行综合探讨，以揭示不同民族之间形成的政治、经济、社会和文化体系的结构性存在为目标。如此，有可能为民族政治研究打开一片新的天地。因为研究对象和目的不同，势必产生新的研究方法和思路，得出新的理论，建立新的知识体系。

第十七篇　自治与共治[*]:民族政治理论新思考

提要　现代民族政治意义上的自治产生于统治民族和被统治民族之间的暂时妥协,存在着排他性和从属性这一对难解的矛盾。中国等当代多民族国家的民族政治生活已经超越了传统的自治观念,实际走上了民族共治的道路。民族共治有其必然性与合理性,它是"后自治"民族政治生活发展的客观要求,是与民族政治民主和共和"三位一体"的命题。当代民族政治理论应当以共治为核心思想进行构建,并赋予自治新的含义:"民族政治性组织合法"加上"民族政治人格平等",应当成为自治的新概念,对此可以"当家做主"来界定;由这种新自治观出发,共治就是一个必然的结论,二者的关系也可以得到科学的解释。民族共治的理论意义在于它是批判各种片面的和非理性民族政治观念的武器,而实践价值则在于它是建设多民族统一国家、实现民族关系平等、自由与和谐的工具。

一　引言:对自治的基本看法与"共治"命题的提出

保障少数民族的政治权利,现已成为绝大多数多民族国家的共识,其中,少数民族的自治权一直是人们关注的焦点,并由此形成了各种不

---

　*　汉语"自治"一词出自《三国志·魏志·毛玠传》。毛玠司"人事权",专挑清廉者荐举,从而改变了官场上的奢华之风。对此,太祖十分满意,叹曰:"用人如此,使天下人自治,吾复何为哉!"这里所言的"自治"是"自律"的意思。现代汉语的"自治"概念与此有所不同,而是与西方的 autonomy、self-governance、self-rule、self-administration 等概念有关。本文使用的"共治"(jointnomy)一词,在大多数情况下是与 autonomy 相对的概念,尽管有时与 co-govern-ance、shared-rule、co-administration 等概念等同。

同的自治试验模式①。但是，许多事实表明，自治并不一定能保证民族关系的平等、自由与和谐，因而不一定能实现多民族国家的长治久安。民族关系治理是当代多民族国家民族政治生活中的首要问题，而自治主要是一种不完整的权利保障概念，治理作用有限。对此如果没有清醒的认识，不但使自治的积极作用得不到发挥，而且会使其消极影响增强。因此，我们要对民族政治权利保障有一个完整的认识，并将其与民族政治关系治理结合起来，寻找一条可以充分发挥自治的积极作用、有效减少其消极影响的途径，以保证民族政治生活的健康发展。笔者曾撰文认为，少数民族的政治权利不仅在于对自身事务的自治权，而且应当包括对国家事务的共同管理权②；最近，笔者根据中国等多民族国家民族政治生活的事实，提出了"民族共治"的命题，认为这是"后自治"民族政治生活发展的必然要求和正确选择，我们应当对其进行理论提升，以弥补传统自治理论的不足乃至取代它，为当代多民族国家民族政治建设打开一条新的思路③。本文拟对这个问题再作论述，更恰当的说法是对已有认识再行梳理和深化。

二 自治的局限性及其理论问题
——殖民地自治、民族文化自治和民族领土自治

虽然在古代和近代多民族帝国的形成过程中，类似于自治的民族地方政权的存在并不鲜见④，但现代民族政治意义上的"自治"现象的产生，以及自治话语的世界性传播和理论化，则是 19 世纪中叶以后的事情。从起因上说，自治是统治民族和被统治民族在政治上相互妥协的结果，因而

---

① *Dissertation Collection: International Workshop on Regional Autonomy of Ethnic Minorities*, Beijing, 2001.

② 朱伦:《浅议当代资本主义多民族国家的民族政治建设》,《世界民族》1996 年第 2 期。该文的基础是笔者在墨西哥研修期间发表的《应为印第安人参与国家管理打开更大的空间》一文（连载于墨西哥 *El Sol de Zacatecas* 报, 1994 年 1 月 21 - 26 日）；该文还以《论少数民族的政治权利》为题, 被墨西哥国家生活报 *Excelsior* 转载, 1994 年 2 月 6 - 12 日。

③ 朱伦:《民族共治论: 对当代多民族国家族际政治事实的认识》,《中国社会科学》2001 年第 4 期;《论民族共治的理论基础与基本原理》,《民族研究》2002 年第 2 期。

④ 如西班牙和中国。参见 Ubieto/Regla/Jover/Seco, *Introdución a la Historia de España*, Editorial Teide, Barcelona, 1981, págs. 213 - 214; 田继周等《中国历代民族政策研究》, 青海人民出版社 1993 年版; 翁独健主编《中国民族关系史纲要》, 中国社会科学出版社 1987 年版。

在思想上和实践中存在着排他性和从属性的矛盾特征。关于这一点，我们可从以下几种类型的自治经验或制度设计中得到证明。

殖民地自治　由欧洲列强自 16 世纪初逐步建立起来的世界殖民帝国体系，经过北美和拉美两次独立战争的打击，进入 19 世纪后开始走向全面崩溃，殖民地民族解放和国家独立运动随之成为不可阻挡的历史潮流。在一些殖民地人民以战争方式实现独立的同时，也有一些殖民地人民选择了与宗主国进行政治协商的和平道路；作为这种协商的第一步成果，是一些殖民地人民获得了自治或半自治的地位，例如，澳大利亚和加拿大，就分别于 1859 年和 1867 年实现了自治。殖民地自治的制度形式虽然各有不同，但其实践规范是相同的：宗主国具有外交支配权并派遣象征主权的总督（一些殖民地在独立后有的仍保留这个象征），而殖民地的管理则由殖民地人民自己负责。殖民地自治，是在法国大革命提出的"国族—国家"（nation-state）[1] 主权独立理念得到世界性传播和承认的历史背景下产生的，它根源于殖民地人民对"他治"的不满和"他治"的难以为继，是宗主国与殖民地之间的暂时协议；因此，如同"国族—国家"的政治理念一样，殖民地自治也是以"排他性"或曰"由己性"为其基本特征之一的。欧洲语言对"自治"一词作出"自我当政"（autogobernarse）的释义，清楚地说明了这一点[2]。宗主国与殖民地在地理上的隔离，以及两者在政治上的疏远，使这样的自治成为相对的可能。然而，就殖民地自治的存在过程来说，它则是以承认宗主国的主权名义为前提的，这一点即是殖民地自治的从属性特征所在。排他性和从属性的矛盾，决定了殖民地自治不可能长久延续下去，因此，在国际学术界有关自治问题的研究中，也就有了"自治是走向独立的一种形式"或第一步之看法[3]。

民族文化自治　众所周知，这是奥地利社会民主党在 1899 年提出的

---

[1]　这是民族主义古典理论家提出的"一个人民，一个国族，一个国家"的民族政治方案的通常表达形式。关于 nation-state 的汉语表述，国内有"民族—国家"、"国民—国家"、"国族—国家"等，其中"民族—国家"的表述在中国大陆比较普遍。但为了避免与本文涉及的主权国家内部的"民族"概念交叉，笔者取"国族—国家"这一表述。

[2]　如西班牙语对自治的解释是：其一，"按照自己的法律进行自我统治的权能"（facultad de gobernarse por sus propias leyes）；其二，"个人或单位不以某些观念依附于人的地位"（condición del individuo o entidad que de nadie depende en ciertos conceptos）。参见 Vox：*Diccionario general Ilustrado de la Lengua Española*，págs. 193 – 194；Andrés de Blas Guerrero，*Enciclopedia del Nacionalismo*，Tecnos，Madrid 1997，pág. 454。

[3]　Jordi Solé Tura，*Nacionalidades y Nacionalismos en España*：*Autonomías，Federalismo，Autodeterminación*，Alianza Editorial，S. A.，Madrid，1985，pág. 63。

主张。"民族文化自治"（national-cultural autonomy）是一个相对于"民族政治独立"（national-political independence）的概念，它产生于对民族主义古典理论家所主张的"国族—国家"① 方案没有普遍适用性的思考，旨在将当时的奥匈帝国改造成"多民族和民主的联邦制国家"②。民族文化自治的理论基础是"文化民族"（cultural nation）论，这种理论认为，民族主要是基于共同语言和文化认同的个人"联合会"，与教会等社会组织的性质无二，可以按照教会与国家的关系那样确立民族和国家的关系，把民族与国家、政治和政权等概念分离开来③。民族文化自治的设计方案，是以建立超领土的（extraterritorial）民族社会组织为基础的，因此，民族文化自治也可以称为"民族社会组织自治"，它的核心内容是：以拥有民族内部事务立法和行政权能的民族自治组织，取代哈布斯堡王朝的民族历史领土划分；成立包括同一民族的各自治区的民族联盟，该联盟将"自主管理本民族内部事务"④。所谓"本民族内部事务"，也就是语言、文化和教育等事务。但是，对于怎样"自主管理"这些事务的问题，民族文化自治方案则缺乏可行性论证，更因为奥匈帝国的解体而没有实践证明。

民族文化自治方案把民族权利限定在对"本民族内部事务"的管理上，这与以公民权利为基础的自由主义政治理论和以地方权力为基础的联邦主义理论并不矛盾；因此，尽管民族文化自治提出了民族社会组织的问题，超出了公民和国家的二元观念，但它却是现代国家可以接受的，当今仍有许多国家倾向于这种方案。然而，这种方案不可认真追究，兑现起来对少数民族并不有益。在现代化社会的大背景下，任何国

---

① 民族主义古典理论家的基本观点是：民族意识（national consciousness）及其政治权利意识的出现是现代世界的突出现象，基于显而易见的种族和语言差别而形成的人民或民族（peoples or nations）是自然的，而国家则是人工的，两者不相符合是当代政治问题的关键，只有将两者统一起来才能避免族际激烈的暴力冲突；人民或民族主权是现代国家（state）合法性的来源，这样的国家叫"国族—国家"（nation-state）（参见 Andrés de Blas Guerrero, *Enciclopedia del Nacionalismo*, Tecnos, Madrid 1997, págs. 139, 45 – 47, 337 – 339, 342 – 346, 483 – 484）。但是，世界各地包括西欧现代主权国家形成的历史事实，与民族主义古典理论家的认识及政治设计并不一致。现代主权国家普遍是以某个强势人民为核心夹带某些弱势人民或其中的一部分形成的多民族国家。如果按照"国族—国家"的设计方案行事，势必得出民族分离主义和民族同化主义都是绝对合理的结论。但这两种主义具有相互否定的性质，难以并存。为了协调二者的矛盾，奥地利社会民主党提出了"民族文化自治"的替代方案，以期同时解决民族分离主义和民族同化主义问题。

② Andrés de Blas Guerrero, *Enciclopedia del Nacionalismo*, Tecnos, Madrid 1997, pág. 43.

③ 这些观点充分反映在奥地利社会民主党的两位民族问题理论家 Karl Renner 和 Otto Baur 的著作中。参见 Andrés de Blas Guerrero, *Enciclopedia del Nacionalismo*, Tecnos, Madrid 1997, págs. 43 – 45。

④ 同上。

家的任何少数民族，都没有可能依托社会组织进行自主管理。例如语言问题，任何国家都不会允许某个少数民族组织强制其成员使用或不使用本民族的语言，任何少数民族组织也没有能力进行这种强制。再如文化事务，任何少数民族组织也不可能强迫其成员信仰或不信仰、保持或不保持某种是民族传统文化的东西。至于教育方面的事务，任何少数民族也不可能摆脱现代国家的国民教育制度，建立自己的教育系统并强制其成员接受。因此，对民族文化自治的意义和价值，我们不可估计过高。如果从民族政治学的角度看问题，民族文化自治的局限性更是显而易见的。

民族文化自治论者所言的"多民族和民主的联邦"，是以公民权利民主和地方分权为指导思想的联邦，并没有解决民族政治权利的完整保障和民族关系的正确治理问题。在民族文化自治观念下，各民族的自治组织也就是一种特殊的社团，这使它在与国家和与本民族成员的两层关系上都没有政治权力和权威，因而不能维护本民族成员的利益，也不可能进行任何事务的自主管理。民族文化自治论者对民族和民族权利的认识，显然还不如把文化认同视为政治诉求基础的民族主义古典理论家们深刻，尽管后者提出的"国族—国家"方案在大多数情况下不切实际；而在对民族关系的治理问题上，甚至不及一些对被征服民族采取保留其整体性存在及其政治权力的开明的帝国君主们宽容和明智[①]。在如何看待民族和现代国家的关系问题上，民族文化自治论者忽视了现代多民族国家形成的"人们共同体"依托问题，以及各民族在建设共同国家中的主人地位。因此，靠民族文化自治不可能完成把传统帝国改造成现代多民族国家的任务。因为，民族文化自治对自治民族作出政治上的从属性规定，必然导致自治民族离心倾向的产生和增强。这与殖民地自治可谓殊途同归。奥匈帝国的最终解体，也说明了民族文化自治方案并未被各民族所接受。

民族领土自治 这可以苏联为例（南斯拉夫也属此列）。其基本特征是以各民族大体完整的"历史领土"为基础建立拥有"自主权"的行政和政治实体，如加盟共和国、自治共和国、自治州等，以"民族自决"为原则组建联盟或联邦。因此，人们通常也把民族领土自治形式称为民族

---

① 参见田继周等著：《中国历代民族政策研究》，青海人民出版社 1993 年版；翁独健主编：《中国民族关系史纲要》，中国社会科学出版社 1987 年版；Andrés de Blas Guerrero：*Enciclopedia del Nacionalismo*，Tecnos，Madrid 1997，págs. 231－234。

联邦制；但我们不应忘记，民族联邦制只是民族领土自治的体现形式之一，只因它是典型形式而比较引人注目罢了。

苏联的民族领土自治方案，是在同时批判"国族—国家"方案和"民族文化自治"方案的基础上产生的民族政治试验，但批判容易建设难，它并没有从根本上摆脱二者的思想束缚。苏联的加盟共和国形式，非但没有触及民族主义古典理论的思想内核，相反，其"自由加入和退出"联盟的自决原则，恰恰是"国族—国家"观的反映。苏联以民族领土为单位设立行政权力机关，这有别于以社团组织为基础的"民族文化自治"方案，但联盟成员的"自治"和"自主"的权力与权限，则与民族文化自治方案并无质的区别，也不外乎是对加入联盟的各民族"内部事务"作出理论上自主管理的规定，而联盟中央则同样是凌驾于加盟成员之上的第三方。

苏维埃联盟的建立，从政治思想上看是源于联邦主义理论。当代政治意义上的联邦实践，最早从美国开始，但美国当时还没有从政治理论上总结这种实践，其 1787 年宪法尚未出现"联邦"一词或联邦的派生词。直到 1848 年瑞士宪法产生，"联邦"这个术语才首先在欧洲人的成文法中被明确下来[1]。从美国到瑞士的联邦制度，主要是基于地方因素形成的，是从分散走向联合的产物；目前世界上实行联邦制的 30 多个国家，大多数也是如此。这类联邦国家，不管集权和分权适当与否，分裂的可能性都很小。但是，苏联则是在打碎沙皇帝国后以民族领土为基础建立起来的，它像一个已经破碎的盘子，靠的是意识形态的黏合剂和执政党的影响力维持其存在的，二者失效了，联盟也就难逃分崩离析的命运了[2]。成功的联邦制，必须在国家权力与地方权力之间维持一种平衡，这种平衡要靠一种完整的政治机制来支撑，这就是在保证联邦成员真正实行"自我管理"（self-rule）的同时，保证所有成员对联邦进行有效的"共同管理"（shared-rule）[3]。在这两个方面，苏联都未做好。

导致苏联解体的因素很复杂，但关键问题还是在民族理论及其民族政治制度建设上没有提出可以协调法兰西学术传统的 nation 观念和德奥学术传统的 nationality 观念的新理论，没有建立起可以解决自治的排他性和从

---

① Andrés de Blas Guerrero: *Enciclopedia del Nacionalismo*, Tecnos, Madrid 1997, pág. 176.

② 许新、陈联璧等著：《超级大国的崩溃——苏联解体原因探析》，社会科学文献出版社 2001 年版；郝时远、阮西湖主编：《苏联民族危机与联盟解体》，四川民族出版社 1993 年版。

③ 参见《国际社会科学杂志》（中文版）第 19 卷第 1 期，中国社会科学院/联合国教科文组织合作编辑出版，2002 年 2 月。

属性矛盾的新制度。斯大林的"民族"定义，既可认为说的是 nation，又可认为说的是 nationality。民族理论上的折中，必然导致民族政治实践上的矛盾。民族领土自治，实际上就是在这种矛盾的理论指导下的产物。各加盟共和国的建立，反映的是 nation 观念；它们的权利是内部自治，反映的则是 nationality 的观念。但是，民族领土自治可以是从"国族—国家"理念走向"多民族国家"理念的中途站，也可能是促使"地方民族"（region-nationality）向"国家—国族"（state-nation）转变的加油站。对此，如果不能从民族政治理论和制度上加以解决，多民族国家分裂的可能性便始终存在。苏联也不是没有看到民族领土自治具有不利于多民族国家统一建设的弊端，以至于在后来试图以"新的历史性人们共同体——苏联人民"的理论创造加以弥补①。但这种创造为时已晚，并且因带有浓厚的大俄罗斯主义观念而不为其他人民接受。事实表明，尽管民族领土自治与民族文化自治在自治形式上有所不同，但它也包含了排他性和从属性的矛盾。这二者的相互作用，是导致苏联解体的内在原因。

综上所述，民族文化自治和民族领土自治都不是完整的民族政治方案，都没有从根本上完成现代多民族国家统一建设的理论和制度构建的任务；相反，二者却存在明显的和共同的片面性：第一，二者虽然都以建立多民族统一国家为目标，但却排斥各民族对国家的管理，从而使国家失去了"人们利益共同体"的牢固基础。第二，二者虽然都承认少数民族的自治权利，但对这种权利的认识和界定则是不全面的，没有从多民族国家统一建设和民族发展的角度来认识自治的真正价值和目的。第三，二者虽然对殖民地自治经验的排他性予以否定，但并没有找到解决排他性的正确途径，没有从民族政治民主的高度对待少数民族实体及其权利诉求；相反，其对自治的依附性规定则加剧了自治民族的逆反心理和离心倾向，促使他们不得不以自治的排他性来对抗自治的从属性。第四，二者的民族政治组织形式虽然不同，但都是以民族整体为界限和基础的政治设计，这种设计违背了各民族之间休戚与共的横向关系和层次关系，不但不利于实现民族团结的目标，相反却是在加深民族界限。因此，面对民族主义古典理论的"一个人民，一个国族，一个国家"理念对传统的多民族国家的现代统一建设所造成的冲击，民族文化自治和民族领土自治都显得苍白无力。这里，问题的关键在于要从多民族国家统一建设和各民族发展的时代

---

① 参见阮西湖、李振锡、王攸琪编译：《苏联"新的历史性人们共同体"问题资料》，中国社会科学院民族研究所，1978 年。

要求出发来考虑问题，提出和建立足以取代上述民族主义理念的新的民族政治理论和政治制度。中国的民族政治实践，是一个比较成功的案例。这种成功就在于它从承认和保障各民族在共同国家和共居地区中的平等主人翁地位出发，形成了一种可以称为"双向两层面民族共治"的模式，这种模式一方面为消除民族文化自治和民族领土自治的片面性和局限性提供了可能，一方面又为淡化上述民族主义理念创造了条件。确立各民族（nationalities）共同建国和治国的主人翁地位，是当代中华民族（nation）凝聚力不断增强的最重要的政治因素之一。

三 民族共治模式及其思想理念
——对当代中国民族政治实践的实证研究

当代中国的民族政治实践特别是"民族区域自治制度"，与民族文化自治和民族领土自治都有不同，这种不同不是自治形式上的不同，而是共治实质上的不同。对此，我们不能只将其解释为是中国国情的产物，而应当把它上升为一种具有普遍性意义的民族政治新模式和新观念，因为它深刻地反映了当代多民族国家民族政治生活的本质要求和发展方向。

民族共治：当代中国民族政治实践的基本特征 关于这个问题，我们必须首先从认识"民族区域自治制度"开始，因为它是继"人民代表大会"制度和"人民政治协商会议"制度之后的一项重要的国家治理制度，是为各民族共同建国和治国所做出的主要的制度安排。按照《中华人民共和国民族区域自治法》（2001 年修订）的解释，所谓民族区域自治，就是"在少数民族聚居地区实行区域自治，建立自治机关，行使自治权"。在中国民族区域自治制度的概念体系中，"民族区域"不是"民族领土"的概念，而是指少数民族成分占有一定比例的各民族杂居地区；自治既不是民族领土单位的自治，也不是民族社会组织的自治，而是行政地方（民族区域）自治；自治主要是指对各个自治地方事务包括其民族关系事务的管理，而不是指对该自治地方的少数民族，更不是指对少数民族所属的民族整体的内部事务的管理（延边朝鲜族自治州人民政府不可能管着北京的朝鲜族）。由这些基本概念出发，就产生了"民族区域自治制度"的基本架构和本质规定：从自治地方设置方面说，包括自治区（5 个）、自治州（34 个）和自治县（120

个）三级，它们分别与全国统一的行政级别设置一致并行使相应的权能；从自治地方的民族依托方面说，既可建立以某个民族为自治主体的自治单位，又可建立以多个民族为自治主体的自治单位，还可为同一民族成分建立不同级别的多个自治单位。自治地方权力机关的性质一方面是自治权力机关，另一方面又是国家一级政权机关；而自治地方权力机关的官员，既包括自治民族的代表，又包括其他共居民族的代表；自治地方权力机关的职责首先是保障所有公民的权利平等，保证国家法律、法令和法规的畅行，其次才可以根据所辖地区各民族社会的特殊情况，享有颁布地方法规并报请上级国家机关批准后执行的权力和权限。

实行民族区域自治，只是中国民族政治生活的一部分。与此同时，《中华人民共和国宪法》还赋予少数民族在国家和非自治地方（如云南省）政治生活中"当家做主"的权利①，而《民族区域自治法》则规定了国家和上级政府对自治地方负有的责任②。关于前者的制度化体现主要是：全国 55 个少数民族在全国人民代表大会中都有自己的代表，非自治地方的少数民族在地方人民代表大会中也占有一定的席位；全国人民代表大会和国务院，以及非自治地方的人民代表大会和政府，分别设立了由不同民族出身的公务员组成的民族工作机构，在立法和执法方面监督和保证少数民族的权益得到保障和不受损害。关于后者，主要是国家对自治地方各项建设事业负有指导和帮助之责，自治地方的权力机关受国家上一级权力机关的领导。包括自治地方的行政长官，也必须报经上级政府确认。而在任何自治地方，都必须依法保障非自治民族参与自治地方管理的权利；在某个行政地位较高的自治地方，还可以其他少数民族成分为自治主体建立次一级的自治地方。

从上述简单的分析中不难看出，中国的民族政治实践既不是民族文化自治，也不是民族领土自治，更不是二者的结合，而是与二者均有质的不

---

① 云南省不是自治地方，所辖行政区也不都是自治州和自治县，但在保证少数民族"当家做主"的民族政策下，从省、地、县到乡，普遍实现了各民族共同管理地方事务的要求。云南省各少数民族人口占总人口的 30% 稍强。2001 年年底统计，少数民族官员约占全省官员的 26%；其中，省级官员有 17 人，地（州、厅）级官员 321 人，县级官员 3781 人。在全省地、县、乡领导机关中，少数民族出身的领导人所占的比例高达 47.5%、40% 和 41.4%（引自《人民日报》2002 年 9 月 1 日第 4 版《云南加大民族干部培养选拔力度》）。

② 参见《中华人民共和国民族区域自治法》（2001 年修订）第 3、5—9、16—18、54—72 条等条款。

同。无论是从国家层面还是从地方层面看，中国实行的都是"民族共治"①。中国的法律话语虽然有"自治民族"的表述，但"自治民族"的含义一般是指某个或某些民族的一部分（不是整体）在某个自治地方中的"主导或主体地位"，这种地位与各种形式的"民族自治"完全是两码事。苏联实行民族领土自治（此处仅指形式），其加盟共和国或自治共和国属于某个民族；奥地利社会民主党看到该国民族杂居的事实难以民族为界限建立地方行政单位，提出成立各民族的社会组织；而中国则是通过各民族共同建立各级行政单位的办法，以保证各民族对地方政治生活的共同管理。中国虽然以"民族区域自治"来概括自己的民族政治组织形式，但这绝不可理解为民族因素第一，而是地方因素第一。中国民族区域自治单位的命名，按照地名、族名和行政地位的顺序排列，可以说明这个问题。例如，在云南省"澜沧拉祜族自治县"这个案例中，澜沧之地名在前，拉祜之族名在后；"自治"是个定语，与"县"形成一种"偏正"结构，而不是与"拉祜族"形成"主谓"结构。正是出于这种"地方因素第一"的原因，中国反对任何"泛民族"的自治观念，如"大藏区"设想。地方因素高于民族因素，一方面是现代主权国家行政统一所要求的，一方面是由民族杂居所决定的，它使以行政地方为基础实行民族共治既是现实的、又是可行的。

对民族共治的思想理念分析　任何一种民族政治实践，都有一定的思想和理念作支撑。中国的民族共治实践，也是如此。

首先，这种实践反映了一种"合众而一"的"多民族的国族"（nation of nationalities）理念。从孙中山先生的"五族共和"思想到毛泽东主席的中国是多民族国家、同时也是"伟大的民族国家"的论断②，从费孝

---

① 《中华人民共和国民族区域自治法》第五章对自治地方内的民族关系所作出的各项规定，清楚地说明了这一点。各民族的主流社会也是这样认为的。2002 年 8 月，笔者在云南省几个自治州进行民族关系调查，负责民族事务的官员着重介绍了当地如何培养和选拔各民族干部进入自治机关的措施。笔者有意问道："既然是某某民族自治州或自治县，为什么要选拔其他民族的官员？"这位出身于自治民族的官员不假思索地说："要实行各民族联合自治，为了民族团结嘛！""各民族联合自治"，从自治地方内部说也就是"各民族共治"。实际上，这正是《中华人民共和国宪法》确定实行民族区域自治制度的核心思想。国外学者的看法也颇能说明问题。2001 年 6 月，笔者在访问西班牙时与一位研究当代中国的西班牙学者就中、西两国的民族—地方自治制度进行交流，他说，中国的民族区域自治制度不是民族自治。笔者以"民族共治"来回答他，他思考后说，这个概括或许更恰当。

② 毛泽东：《中国革命与中国共产党》（1939 年 12 月），《毛泽东选集》第 2 卷，第623 页。

通先生的"中华民族多元一体格局"理论①到当代中国政治家、学者和各族人民对汉族与少数民族、各少数民族之间的关系普遍形成的"三个离不开"的认识，都是这种理念的体现。这种理念，在当时的美利坚独立战争、法兰西大革命、奥地利社会民主党和苏联共产党那里，都没有明确提出来，至少没有达到自觉的程度。美利坚独立战争追求的是建立盎格鲁－撒克逊移民的自由国家（country），而黑人和印第安人则是另类，他们不仅没有民族权利，甚至在美国独立后长期没有公民权。而且，当时的美国尚未形成"国族"（nation）的概念，尚未以这种概念作为现代统一"国家"（state）的基础。18世纪末的法国思想界把state与nation联系了起来，创造了"国族—国家"（nation-state）的概念；这个概念的内涵是：具有相同语言和文化的"人民"（people）应当实现政治和领土统一，成为拥有独立主权的nation并以不同于王国或帝国的state形式加以体现和保护。这就是后来被人们称为民族主义古典理论的核心思想。由于这种思想具有反对专制主义、教权主义和帝国主义的历史积极意义，它一经产生便迅速传播开来。但这种思想在实践中也遇到了不曾料到的问题。世界上有大大小小数千个语言和文化不同的"人民"，有可能和有力量建立独立国家者毕竟是少数。由此，欧洲人又创造了"cultural nation"（后以nationality一词取代）的概念②，以与法国思想界的"political nation"（一般直接称nation）概念相区别。作为nationality，其权利是可以在nation的国家里实行这样或那样的自治。这样，围绕原本是没有政治概念区别的people，就形成了nation和nationality的政治人格不平等的实际。作为nationality，难免不想通过独立建国成为nation，或证明自己有权利成为nation进而独立建国。这是西方民族政治理论的一个不易解开的死结，奥地利社会民主党和苏联共产党都没有解开它，而是绕开了它：前者试图以地方为政治单位的"联邦"、后者则试图以加盟或自治共和国为政治单位的"联盟"来避开nation和nationality的概念区别问题。但是，在民族主义和

---

① 费孝通等：《中华民族多元一体格局》，中央民族学院出版社1989年版。

② 斯大林对nation的定义，实际上也是"cultural nation"（nationality）的特征。这与他1913年前往维也纳研究民族问题的经历不无关系，他的《马克思主义与民族问题》一文，就是同年在维也纳完成的。"cultural nation"的概念，正是在奥地利产生的。但与奥地利学术传统的"cultural nation"概念不同的是，斯大林增加了"经济"和"地域"因素，意在否定奥地利马克思主义学派的"超越领土的民族文化自治"方案，认为这种方案极易产生分离主义，并且是分裂工人阶级及其政党的。但历史证明，民族领土自治方案同样产生分离主义，并且更有条件使分离主义获得成功。看来，只要以民族为界限进行民族政治制度设计，都难有效地避免分离主义，除非有其他强大因素的制约。

"国族—国家"观念已经成为世界流行的意识形态的情况下,"绕道走"不是办法。当代中国是如何面对这个问题的?中国共产党虽然也曾受到过苏联的民族政治理论的影响,但毛泽东主席早在1939年就明确提出了多民族的中华民族国家的思想,这种思想不是区别谁是 nation、谁是 nationality,而是对各族人民作出了平等的界定,大家都是 nationalities,共同结合成一个 nation①。这种"合众而一"的现代"nation"观念,客观地反映了人类社会化过程发展到今天所形成的人们共同体及其认同的交叉性和多层级状况,这种状况不仅是中国民族关系的现实,而且也是当今世界绝大多数多民族国家的民族关系的现实。例如在西班牙,尽管长期存在巴斯克人和加泰罗尼亚人等是不是 nation 的争论,但现在则基本上形成了他们是整个西班牙 nation 的一部分的共识。"合众而一"的 nation 观念,目前虽然在一些国家里仍有待形成共识,但这在国际范围内已经成为主流观念。有了这种观念,现代多民族国家的统一建设也就有了牢固的"人们共同体"基础;有了这种观念,国家也就不能视为某个强势人民的国家,而是各民族共同构筑的家园;有了这种观念,就不应当视少数民族是"无国家的民族",而是多民族的"国族—国家"中的平等一员。

其次,这种实践反映了一种"天下为公"的"和合而治"的思想境界。所谓和合而治,也就是和为贵,和才能合;由和到合,即是治(秩序)。当代多民族国家要实现这个目标,仅以开明态度保障少数民族的自治权是不够的(帝国的开明君主也可以做到这一点),而应当从民族团结的角度,以天下为公的思想实行和实现民族共治的大战略。在民族共治的大战略下,少数民族权利保障的问题和具体的治理之策,就容易确定了。《中华人民共和国宪法》说中国是各族人民"共同缔造"的,这不能理解为只是对历史中国形成的抽象概括,更大的意义是对现实中国民族关系的本质揭示;这样,就为"民族共治"提供了思想理论依托。由民族共治的观念出发,中国也就不可能沿袭传统的自治概念,而是对自治作出了"当家做主"的新定义。"当家做主"的概念不只是指自治民族要当自己的"小家"之主,更重要的是指要当中华民族这个共同的"大家"之主;"当家做主"也不只是权利概念,而且还是责任概念。由此,各民族平

---

① 关于"nation"的形成与存在,国际学术界有自然主义与建构主义之争(参见 Andrés de Blas Guerrero, *Enciclopedia del Nacionalismo*, Tecnos, Madrid 1997, págs. 139 – 141, 337 – 339, 342 –346, 438 –442)。笔者认为,这种争论不是"是"与"非"的争论,二者都有道理。Nation 现象有其历史过程,这是自然主义之说的根据;但任何具体的 nation 的诞生,都有其人工努力,这是建构主义之说的根据。

等、团结、互助，共同建设国家和所在地方的政治局面就是必然的了。

中国民族政治实践的共治特征或属性，不仅有上述理念和思想来支撑，而且有一定的方式和原则予以保证，这就是实行"双向两层面"共治。所谓"两层面共治"，一是指国家事务的管理，二是指地方（包括四级行政地方直到基层组织"村民委员会"）事务的管理。两层面共治，是一种切实可行的操作方式。现代国家的复杂生活和职责细化的国家机构，不可能时时处处关注到各民族的利益情况，也不可能时时处处实行民族比例代表制。在国家管理的层面上，只能主要通过自治民族的代表参与国家立法机关的方式保证他们对国家管理的权利。而在地方管理的层面上，民族共治就可以更加实际和具体化了。例如，在中国的民族区域自治地方，不仅要保证有关民族在地方立法权力机关中的席位，而且要保证有关民族在行政权力机关甚至是政府的有关部门中有自己的代表。所谓"双向共治"，一是指参与管理，二是指接受管理。双向共治，是民族政治生活应当遵循的基本原则。从国家和自治地方的关系上说，国家对自治地方具有领导的责任和权威，但同时要接受自治地方根据本地区民族社会的特殊情况"变通执行"国家有关法律、法令和法规的合理要求；而自治地方一方面要接受上级国家机关的领导，另一方面则可通过一定的方式参与上级国家机关的决策。从自治地方和民族杂居地区内部的民族关系上说，自治民族和非自治民族、多数民族和少数民族之间也存在参与和接受之双向共治运动。

总而言之，中国各族人民对国家的人们共同体基础持有的"民族//国族"之合众而一理念，对民族政治权利保障形成的"自治//共治"之两方面认识，对民族政治生活运行确立的"参与//接受"之双向原则，对民族政治关系治理采取的"国家//地方"之两层面方式，恰如"四对八根"相互关联的支柱，稳稳地托起了中华多民族统一国家的大厦。在这四对复合概念中，自治//共治是一对核心概念；而在自治//共治这对概念中，共治又是关键。

四　民族共治的必然性与合理性
——"后自治"民族政治生活的发展及其基本原理

中国的民族政治生活以"双向两层面"共治为特征，但"共治"绝不只是中国的经验。当代许多国家如西班牙，其民族政治实践也是以共治为前提的①。然而，民族共治的现实存在是一回事，真正认识和理解它又是另一回事。人们通常从权力分配的角度得出和强调自治的意义。但是，权力分配也可以解释为权力共享，而权力共享也就是共治。因此，当我们说自治的时候，不能忘记共治这个根本问题。"自治概念从实验科学上说意味着'自行其是'（bastarse a sí mismo），但这在社会生活中是不可能的事情，因为社会生活恰恰是建立在'依靠他者'（depender de los demás）之上的。"② 自治的主要意义，只在于从政治上"承认一种领土机体的法律地位，加大这种特别机体的组织力（potestd）和创造力，使它可以本着共享未来（con una orientación de futuro compartido）的方向发布各种规定，进行自我管理"（autogobernarse）③。"本着共享未来的方向"，也可以理解为"本着共治的方向"；而且，共治不只是未来，也是现在，它是自治的前提和基础，有其必然性与合理性。

　　民族共治的必然性：民族政治权利的完整化与"后自治"民族政治关系治理　自治理论的产生以及在 20 世纪里被许多国家接受并进行试验，根源于这些国家首先需要解决历史上少数民族没有当家做主的政治地位而是被"他治"的问题。但在实行这种或那种形式的自治之后，民族政治生活该如何发展呢？这是"后自治"时代不可回避的问题，其关键在于如何认识少数民族的政治权利，并以此为根据树立民族政治关系治理的新理念。在这个问题上，人们的认识有进一步发展和提高的空间。

　　但目前的情况是，人们对少数民族政治权利的认识，普遍受到自由主义政治理论的权利观的束缚，其具体表现就是人们普遍没有超出以"自主权"为核心思想的传统的"民族自治"理论的框架。然而，少数民族的政治权利仅限于对内部事务管理的自主权吗？如果不是，其他权利又是什么呢？迄今为止，人们的认识只不过依据共和主义政治理论进一步提出了"参与权"问题④。但是，在以公民社会政治组织和以多数原则为基础的代议制民主政治范式和政党竞争原则下，少数民族的政治参与往往是流于形式的，难以取得所希望的结果。于是乎，保障少数民族政治参与的旗

---

　　① 参见 1978 年《西班牙宪法》第 2、69、137、144—146、148—149、153—155、158 条等条款。

　　② Andrés de Blas Guerrero, *Enciclopedia del Nacionalismo*, Tecnos, Madrid 1997, pág. 454.

　　③ Ibídem.

　　④ 关于"参与"原则，本文不作专门论述，因为它是"共治"命题的题中之义。但可顺便指出，"参与"观点在 20 世纪中叶以后美洲土著人研究中就已产生。参见 *Balance de la Antropología en América Latina y el Caribe*, UNAM, México D. F., 1993；*Derechos de los Pueblos Indígenas*, Vitoria-Gasteiz, España, 1998；*INI 40 Años*, INI, México, 1988。

帜，就只好再插回到少数民族自己的"出发阵地"上。那么，怎样才能保证少数民族对国家和地方政治生活的有效参与呢？依据中国的经验来看，就是要通过一定的制度安排实行民族共治。共治所体现的是一种比参与更加平等化和主人化的政治观念，只有树立了这种观念，才有可能为少数民族的政治参与做出实际有效的制度安排。因此，仅就少数民族政治权利保障的角度说，提出民族共治的命题也是顺理成章的，它是从自治、参与等民族政治权利观念出发对少数民族政治权利保障得出的进一步认识。这就是说，自治权加共治权，才是对少数民族政治权利的完整界定。这种界定，就为民族政治关系的正确治理奠定了基础。

民族政治关系治理的宗旨，在于通过保证各民族的合理权益，实现民族关系的平等、自由与和谐发展；如此治理，也就不难保证国家统一，最起码可以大大缩小民族分离主义的市场。民族文化自治和民族领土自治只是强调少数民族对内部事务管理的自主权，实际上是一种片面的权利保障，难以使少数民族最大可能地实现自身权益。而且，自治的排他性和从属性悖论，难免不产生一对相互激发和难以调处的对抗性矛盾：排他性要求的增强，势必带来对从属性规定的加强甚至使自治虚无化；从属性规定的加强，势必激发排他性要求的增强甚至产生离心倾向。如此发展下去，民族关系的平等、自由与和谐就难以实现，国家统一就缺乏牢固基础；最好的结果，也不过是形成一种"中心—边缘"格局，而自治者是不会长期接受边缘化地位的。一旦政治环境发生变化，就会像苏联和南斯拉夫那样走向"分崩离析"。因此，从民族政治关系治理的角度看，传统的自治理论对少数民族政治权利的片面认识和规定，决定了它不是完整的和有效的治理方式。如果我们从民族共治权出发提出民族政治关系治理的共治理论，能否弥补自治理论的不足呢？答案是可能的。因为，共治权概念的提出，是以对民族政治权利保障的完整认识为根据的。自治是权利保障，共治也是权利保障；由此，治理需要自治，更需要共治。共治是一个宽广的民族政治舞台，自治和参与的价值都可在这个舞台上得到体现。此外，民族共治还为非自治民族的公民参与自治地方的管理提供了可能，这也是实现民族关系平等、自由与和谐的一个重要方面。在传统的多民族国家中，民族杂居是普遍现象，当以某个民族的公民为主要成分设立自治单位时，绝不能排斥其他民族的公民对自治地方管理的参与。在民族共治的理念下，无论是多数民族还是少数民族，无论是自治民族还是非自治民族，他们在国家和地方管理中都是平等的政治主体。

民族政治理性自觉与民族政治文明发展　民族政治是基于民族间的利

益关系而发生的互动行为，在缺乏理性的情况下，往往出现以牺牲他人为代价的各种各样的野蛮行为。但与此同时，人类社会也不断地同自己的野蛮行为作斗争并进行反思，从而促进了民族政治文明的发展与进步，形成了一些普遍认同的价值观。这种价值观在当代多民族国家内部民族关系上的表现，就是对少数民族生存与发展权利的承认与保障，并试图以自治方式来实现。但这并不意味着民族关系由此就可进入健康发展的道路，并不意味着一些非理性和非现实的思想和行为（参见本文第六部分）没有了市场。如何才能使民族关系健康发展呢？就人类目前的政治智慧来说，除了走民族政治的民主和共和之路外，别无选择，而民主和共和理念的实现和具体化则有赖于共治。

在现代国家管理中被普遍采用的民主和共和理论，是否可以运用于民族政治生活？答案是肯定的。如同阶级一样，民族也是一种社会利益集团，因此，民族政治和阶级政治在思想和理念趋向上有共性。而且，民族还是有地域和文化依托的社会单位，比阶级集团更加稳定，具有更加持久的凝聚力，因而更有条件成为民主和共和制度的政治主体。古代民主和共和的起源，在很大程度上就是解决部落联盟和城邦内部的"前民族共同体"之间的关系的。民族学对部落联盟结构及其政治运作的研究成果揭示了这一点①。但是，由于受民族主义古典理论视现代国家应当是单一民族的"国族—国家"的政治观点的影响，人们曾长期否定少数民族及其集体政治权利的合理存在，从而把民主和共和只作为服务于阶级与地方政治的工具，并由此形成了以政党政治为基础的代议制民主制度。在这种制度下，少数民族无论依附于哪个政党，还是自己建立政党，都因为自己的少数地位而难以在政治舞台上有所作为。出路何在？很显然，必须理性地对传统的代议制民主制度进行改造以容纳和满足民族政治生活的需要。这并不是很难的事情。当代许多国家已经在这么做。少数民族自治权和参与权理念的形成，就是这种理性的表现。但自治和参与并非是民族政治文明的最高境界。

民族自治的思想来源，是传统自由主义民主政治理论的公民政治权利观点。因此，从本质上说，民族自治权只不过是把公民个人的政治权利保护放大到民族集体政治权利保护上。但是，"权利保护"毕竟是一种消极的政治哲学，因此，人们又提出了以积极和有效的参与为核心的共和主义民主政治理论，并继续把"参与权"引入到民族政治生活中。从这个意

---

① 参见 Goerge C. Vaillant《阿兹特克文明》，朱伦译，商务印书馆 1999 年版。

义上说，共和主义的民主政治理论要比传统自由主义的民主政治理论前进了一步，或者说共和主义是对传统自由主义的发展和完善。然而，参与权的实现，最终要体现在各个政治主体对公共事务的共同管理上，即要实行共治。共治，是当代民主和共和思想发展的必然①，法国的"左右共治"，中国多党合作的"政治协商"，一些国家的多党"联合政府"，都说明和体现了这一点。在民族政治生活方面，也应当如此说。我们不能停留在对少数民族的自治权和参与权的认识阶段上，而要由此继续前进，从民族政治权利全面保障和民族政治关系正确治理的结合上，探索当代多民族国家民族政治生活的内在本质和客观要求，促进民族政治文明的发展。为此，笔者认为民族共治的命题是可以成立的。民族共治是一个与民族政治民主和共和密切相连的命题，三者缺一不可，或者说是"三位一体"。在"民主—共和—共治"这个集合概念中，民主体现着民族政治权利的平等实现，共和体现着民族政治权力的合法产生，共治则体现着民族政治权能的合理行使。

基于上述分析，如果我们承认民族共治是必然的和合理的，那么，我们就需要对民族政治理论进行重新构建。

五　民族共治与民族政治理论体系的完整构建
——对自治的新解释以及对自治与共治关系的简述

传统的自治理论以保障少数民族对其内部事务管理的自主权为核心，但多民族国家民族政治生活的复杂性，岂是实行少数民族自治就可解决的？因此，自治并不能构成一个完整的民族政治理论体系，我们应当以民族共治为核心思想构建新的民族政治理论。

自治新概念与共治命题　以发展的观点看问题，自治的意义和功能在不同的历史阶段应当是不同的。在争取自治的过程中，自治是针对他治的，因而人们才对自治的概念作出了"自我统治"、"自主管理"和"自我决定"等解释；但在他治消除的情况下，旧的矛盾一方不存在了，自治也应当失去原有的意义和功能。这种情况下，坚持传统的自治观念就不

---

① 关于民主与共和研究的新近中文著作，参阅李铁映《论民主》，人民出版社/中国社会科学出版社 2001 年版；苏昌培《共和观》，社会科学文献出版社 2001 年版；施治生、郭方主编《古代民主与共和制度》，中国社会科学出版社 1998 年版。

合时宜了，而应当对自治的意义和功能进行重新认识和界定、发展和改造。

　　传统的自治理论虽然在民族关系调节上具有显而易见的缺陷，但它对"民族政治性组织合法"（形式可以有不同）的承认则是具有积极意义的。这种意义的民族政治学解释，就在于它反映了一种不同于单一民族国家的"多民族国家"理念，以及在这种理念下对少数民族政治权利的部分保障。但是，传统自治理论对自治作出的解释，具有显著的排他性和从属性内涵，绝不是民族政治人格平等的体现。而民族政治人格平等的重要性，在于它是使多民族国家可以合理存在的基础，是民族政治生活的社会伦理和美学要求。因此，我们应当从这个角度重新认识和界定自治，在保留其原有的积极意义的同时，赋予自治以"尊重和保证民族政治人格平等"的新内涵。"民族政治性组织合法"加上"民族政治人格平等"，应当成为自治的新概念。若对此作出简洁的定义，中国化的"当家做主"之语恰如其分①。如前所说，"当家做主"有两重含义，一是自治民族要当自己的"小家"之主，二是要当中国这个各民族的共同的"大家"之主，它反映了一种民族政治人格平等的思想。"当家做主"的自治新定义内涵精当，外延宽大，它不仅避开了传统自治概念的排他性和从属性问题，而且还在走向民族共治的道路上架起了一座理论桥梁。

　　传统的自治理论强调单个民族对自身事务的管理权保障，其民族关系治理观是分权甚至分治。在民族政治专制主义的历史积习根深蒂固的情况下，强调分权和分治，也许是"矫枉过正"的需要。但是，如果认为民族关系的治理可以通过分权乃至分治而得到根本解决，这就有些偏颇了。西欧可以说是民族分治最彻底的地区，并由此形成了单一民族的国族—国家理念；但数个世纪的民族混战教育了欧洲人，使他们最后选择了走向"欧洲联盟"的道路。欧洲联盟的政治设计框架实际上是一种基于国族—国家间的政治民主和共和思想而进行的共治实验，不论这种实验将会遇到多少困难，也不论其能否健康发展，但它体现了一种由分治走向共治的思想进步。欧洲联盟最可见的政治成果，首先是有可能避免欧洲人历史上经常发生的弱肉强食的"内战"，为各国共同的安全、利益和自由提供基本保障。多民族国家的民族政治建设，应当从欧盟建设中得到启发，改变传

---

　　①　在中国的民族政治生活中，虽然对自治作出了"当家做主"的新定义，但却仍然传诵着"自主地管理本民族内部事务"的旧话语。"自主地管理本民族内部事务"，主要是就民族文化管理而说的；"当家做主"的概念当然包括文化管理，但又不止于此，其含义比前一种说法都丰富和宽广。

统的以片面的权利保障为核心的自治观,由上述"当家做主"的新自治观出发走向民族共治。坚持传统的自治观,无论是少数民族还是多数民族,都无法理解民族共治的命题。而"当家做主"的新自治观,则可使民族共治的命题得到双方的认可。民族共治的重心,强调的是民族关系的协调和治理,它与"当家做主"的新自治观不仅并行不悖,而且存在着一种自然逻辑。

自治(新自治观)与共治的关系 确立"当家做主"的新自治观,自治也就不再是与他治相对的概念,而是与共治形成了一对新概念,二者之间的关系可以从不同角度得到解释。

从发生学的角度说,自治与共治是共生共存的关系,直到民族差别及其政治权利意识完全消失。在传统的自治观念下,自治与他治是相互对立和相互否定的关系;而在新的自治观念下,自治与共治则是相互统一和相互促进的关系。民族共治意识愈强,对民族政治组织水平的要求愈高,这必然会促使自治民族进一步搞好自身政治建设;自治民族的政治组织性愈强和集体政治人格平等观念愈强,对民族共治程度的要求也就愈高,这必然会促使民族共治制度建设的不断完善。

从逻辑学的角度说,自治与共治是蕴涵关系,而且符合"形式蕴涵"、"实质蕴涵"和"严格蕴涵"三种蕴涵的含义①。在自治和共治这两个命题形式之间,按照形式蕴涵关系的要求,自治如果是真,共治就不应当和不可能是假;按照"实质蕴涵"关系的要求,共治和自治都是多民族国家民族政治生活的真实和有意义的命题;按照严格蕴涵的要求,由自治推论共治,不仅是可能的,而且是必然的。

从辩证认识论的角度说,共治与自治不只是相辅相成的蕴涵关系,而且还是一种涵盖与被涵盖或者说是包含与被包含的关系。自治与共治虽然属于同一范畴,都是解决民族政治问题的手段,是多民族国家民族政治生活健康发展的保证;但是,共治与自治的工具价值则是不等和不同的。自治主要是单个民族自身政治建设的问题,而共治则是民族政治关系建设的问题。由此,共治可以涵盖自治,但自治不能涵盖共治。换句话说,共治必定意味着自治的存在和对自治的保证,但自治不一定必然产生共治,只是产生共治的基础;没有共治的保证,自治有可能被取消,也有可能走向分离。

从结构—功能主义的角度说,共治与自治具有不同的功能,是"纲"

---

① 参见《辞海》(缩印本),上海辞书出版社1989年版,第696、918、1146、2059页。

和"目"的关系。多民族国家是一个有机的社会整体,维持各民族和谐共存的因素很多,但决定性因素之一,则是共治和自治相结合而形成的民族政治机制。这是保证民族政治生活秩序化的前提条件。自治满足了有关民族显示自身存在的需要和参与国家管理的自身条件,而共治则满足了协调民族关系的需要和各民族参与国家管理的要求。从自治地方管理的层面看,同样存在着共治之纲与自治之目的关系。例如在中国,一个由三四个民族成分共同建立的自治县,各民族也必须以共治约束和规定各自的行为。

从系统科学的角度说,自治与共治是组成部分与整体结构的关系。多民族国家的民族政治建设是一项复杂的系统工程,为此需要设计、试验和选择最佳方案,并确定其结构组成及其相互关系。自治是确立政治单元的问题,共治则是建立政治关系的问题。自治不是民族政治建设的整体方案,只是这个方案中的组成部分,而将这些组成部分组合起来形成整体方案的则是共治。只有在民族共治这个整体方案中,自治的地位、意义和功能才能得到应有的体现。因此,在多民族国家民族政治生活的各个方面,无论是国家和地方政府,还是主体民族和少数民族,或自治民族和非自治民族,都应当从民族共治的整体观念考虑问题。

民族共治:现实命题与理论构建 "民族共治"的命题,来源于对当代多民族国家民族政治理性实践的客观总结,产生于对民族政治理性原则的深入认识,因此,它是一个值得进行理论提升的命题,应当成为有关多民族国家民族政治理论建设的核心思想。共治是一个比自治更宽、更高的概念,它不仅可以对自治作出方向性的规定,而且还因它本身就包含了自治可以使自治的意义得到升华。

民族共治理论体系的构建,涉及民族问题的方方面面,不仅需要理论思维,更重要的是需要从各种民族政治实践中进行总结。例如,有关民族共治的操作程序和运行机制的问题,就是一个复杂的需要实践来解决的问题,它与一个国家的社会政治制度、民族结构情况和民族政治组织模式密不可分,不可一概而论。如同自治有不同类型一样,共治方式也不会千篇一律。但这不影响我们可从学理上首先对民族共治的基本概念进行初步研究和界定。所谓民族共治,也就是以民族政治民主和共和思想为指导,以促进民族关系平等、自由与和谐为宗旨,以合理保证各民族的自身权益和共同利益为出发点和归宿的民族政治理念和行为。

民族共治的命题,也许会被一些读者认为是一种理想主义的观念,但笔者认为它是有现实基础的。凡是民族关系比较团结与和谐的国家,无不以民族共治的理念为制定民族政策的基础；反之，就难免冲突不止，如实行"种族隔离制"的旧南非。退一步说，即使民族共治是一种理想，如果它是合乎时代要求的，就有可能逐步变为人们的共识，促使人们对其进行理论完善。当然，任何一种理论的完善，都不是一朝一夕的事情。西欧的"国族—国家"过程可以上溯到11世纪西班牙的"熙德时代"，15世纪末的西班牙就已完成了统一，但直到18世纪末的法国大革命，历经300年才形成系统的"国族—国家"理论。北美和拉美殖民地独立战争发生在18世纪下半叶，但直到20世纪下半叶，历经近200年才产生"非殖民化"理论和世界性的非殖民化运动。民族自治（包括殖民地人民自治）现象产生于19世纪中叶，但直到20世纪中叶，历经近100年才在世界范围内形成一些基本的理论和方式。民族共治的理论构建，也需要一些时日。但决不需要300年、200年、100年，21世纪走出不远就可能完成，成为一种比较普遍的共识。因为，人类的理性自觉和知识水平今非昔比，认知和验证手段空前进步和多样；只要民族共治在思想方向上是正确的，其理论体系的构建是不难逐步完成的①。

六　民族共治：理论意义和应用价值
——批判的武器和建设的工具

虽然民族共治的命题作为一种系统理论还有待建立，但这个命题本身就是有意义和有价值的，这一点充分反映在它与其他一些民族政治观念的比较中；这种比较，可反过来增强我们的民族共治理念，并自觉地以此理念指导民族政治生活及其理论构建。

共治是批判各种非理性或片面的民族政治观念的有力武器 "后自治"时代的民族关系具有不稳定性和可塑性特点，因而后自治时代是一个民族政治思想和主张"百家争鸣"的时代，其中不乏一些貌似有理而实则无理、看似正确而实则偏颇的观念。概括说，主要有民族分离主义、民族同化主义、公民平等主义、文化多元主义和民族自治主义，等等。这些观念多是思想对立的产物，都有一定的赞成者和反对者。但我们不能自觉或不自觉地采取加入一方的态度，而应对其进行理性分析，并以民族共

---

① 最近，杜文忠先生从宪政学史的角度对自治与共治的探讨（见《民族研究》2002年第6期），就反映了他对民族共治理论体系构建的思考。

治的理念正确应对。

关于民族分离主义。当代民族分离主义者的一个思想认识误区，是把现代多民族主权国家也视为与历史上的帝国一样是"人工的"和不合理的，可以再通过人工加以改变。这种思想认识既是反历史的，也是非现实的。现代多民族国家的形成，是有关民族在长期的历史过程中持续互动的结果，它使各民族在政治、经济、文化和社会等方面形成了一种日益密切的结构性关系或曰体系。借用费孝通先生的观点，我们可以称其为"多元一体"体系。这种体系具有一定的结构性力量，对民族分离主义构成了一道难以逾越的障碍。在整个 20 世纪，在新建立的 140 多个现代多民族国家中，民族分离主义实际成功的只有七八例①，并且有的是借助外力完成的。但在当今世界主权国家格局已经基本定型的情况下，这种可能性也变得愈来愈小了。在这种情况下，弱势民族的"平等、自由"之路在哪里？实行民族共治，或许可以开辟一条全新的民族平等、自由之路，逐步改变以建立独立国家为判定标准的古典民族主义和传统自由主义理论的民族平等观和自由观。

关于民族同化主义。自从古典民族主义理论家对现代主权国家作出应当是单一民族成分的"国族—国家"的偏执解释后，民族同化主义观念就与民族分离主义观念同时产生了，并在许多国家进行了长期试验。民族同化主义在对待少数民族的问题上有不同的行为和表现，但目的都是一个：否定少数民族的合理存在，借助国家力量强行消除国民社会构成的异质性，以期实现国民社会的同质性。如果说民族分离主义观念一般与弱势人民或少数民族有关的话，民族同化主义观念则主要与一个国家的强势人民或主体民族有关。民族同化主义是一种主观愿望，它在世界各地都遭到了少数民族的强烈反对，并促使当代国家至少在舆论上乃至从法律上普遍否定了它。但是，对民族同化主义的彻底否定，不仅要承认少数民族的物理生存与延续、文化保留与发展的权利，而且要在社会和经济生活中保障少数民族的集体权益，这种保障离不开民族共治理念及其制度的建立。

关于公民平等主义。这是一种基于公民权利平等而对民族问题产生的认识，其基本观点可概括如下：现代国家奉行公民权利平等的原则，实现了公民权利平等也就实现了民族权利平等；如果赋予少数民族作为一种政

---

① 它们是：1903 年巴拿马与哥伦比亚的分离；1917 年芬兰独立；1918 年冰岛独立；1947 年印巴分治；1965 年新加坡与马来西亚的分离；1971 年孟加拉与巴基斯坦的分离；1993 年厄立特里亚与埃塞俄比亚的分离；1990 年代苏联、南斯拉夫、捷克斯洛伐克的解体。

治实体存在的权利或对他们实行某种有利于他们发展的特殊政策,那就是制造特权。从现代国家与公民的关系角度说,公民权利平等的观念同样适用于不同民族的公民,但如果以此否定民族集体权利,这就行不通了。墨西哥对印第安人曾经采取的"国民一体化"政策,其理论基础之一就是公民权利平等,目标之一也是为了实现公民权利平等;但实践结果并不尽如人意,以至于抵消了一体化的一些积极成果。公民平等主义忽视了这样的事实:少数民族是一种具体的社会利益集团,他们以各种集体形式包括依托自治地方共同管理国家,合乎现代国家的政治生活规则,是实现公民权利平等的必要方式。公民平等主义对于解决现实民族问题的理论价值实际上是很有限的,而且有可能在实践中带来适得其反的效果。对于现代多民族国家中公民权利与民族权利的关系,正确的认识应当是:公民个人政治权利第一,民族集体政治权利第二。

关于"文化多元主义"。这是最近二三十年颇为流行的主张,但其理论源头则出自 Horace M. Kallen 在 1915 年提出的"多元主义"。M. Kallen 的多元主义概念指的是这样一个事实:"一块领土内部存在不同的文化和族类群体,他们和谐共存而又未形成统一的文化。"[①] M. Kallen 关注的是不同民族之间的政治关系,即"和谐共存",重心不在族群间的文化多样性上。然而,最近二三十年人们对"多元主义"的解读,却有意无意地忽视了其"和谐共存"的政治内容,试图仅以"文化多元主义"来看待族际关系和制定民族政策。但是,当代一些国家的少数民族对文化多元主义理论和政策并不怎么赞赏。加拿大和澳大利亚的土著人政策由文化多元主义到自治的变化,墨西哥"萨帕塔民族解放军"把保证印第安人的政治权利作为与政府和谈的主要议题之一,都可说明这一点。纵观当代世界各地的民族矛盾和冲突,大都不是由文化差别或文明不同引起的,而主要是因民族利益关系没有得到有效的政治调节的结果。这种调节,离不开在承认民族单位多元存在的基础上,按照民主和共和的理念实行民族共治。

关于民族自治主义。所谓民族自治主义,笔者指的是基于"自我统治"、"自主管理"和"自我决定"等自治概念而形成的排他观念和从属观念,因此,它是一个双重概念,涉及自治民族和主体社会两个方面。从自治民族方面看,自治主义的主要表现是不顾各民族的历史交往和现代公

---

① Juan Pablo Fusi, *El País Vasco*: *Pluralismo y Nacionalidad*, Alianza Universidad, 1990, pág. 245.

民流动自由已经造成的"你中有我、我中有你"的分布格局和复杂关系，试图为自己划定一个"唯我独在"的势力范围，排斥其他民族成分的存在及其政治权利保障，并试图削弱现代国家权力的权威性。从主体社会方面来说，自治主义的主要表现是把少数民族的权利限定在管理他们的"内部事务"上，而在国家管理中则把自治民族置于从属地位。这两种自治主义都是封建专制思想的遗留，而不是什么现代民主与共和之行，它们都陷入了"以错对错"的对抗性思维方式中而不能自拔。如此对抗下去，必然影响民族政治生活的健康发展，甚至导致民族失和与国家无序。西班牙第二共和国时期的民族地方自治后被取消，主要原因固然是佛朗哥的独裁主义；但佛朗哥独裁主义的得势，则与西班牙当时未能解决排他性自治主义与从属性自治主义之间的纷争也不无关系①。因此，1978 年的西班牙宪法和其后通过的各自治共同体条例②，比较注意对这两种自治主义趋向的制约。《中华人民共和国民族区域自治法》（2001 年修订）也是如此。二者是以什么东西来制约这两种自治主义倾向的？就是共治的理念和制度安排！

共治是多民族国家民族政治建设的有效工具 民族共治的命题不仅在于它具有理论批判的意义，更重要的在于它具有实际建设的意义。

首先，民族共治为我们正确认识、理解、把握和处理当代多民族国家的民族关系问题提供了理论基础。上述一些民族政治观念之所以是片面的认识，在于它们都是从"一己"立场出发的，没有考虑对方的愿望，因此都不能解决当代多民族国家的民族关系问题。而民族共治的命题，则主要是从民族关系治理的角度提出来的，因而在理念、宗旨和目标上都不同于上述一些民族政治观念，有可能为有关各方所接受。对于当代多民族国家的民族政治问题，我们总不能采取对立主义的老办法：反对分离主义，就要拿起同化主义；自治主义不利于民族团结，就主张公民平等主义或文化多元主义。民族共治的命题，可以避开这种对立主义的思维方式，可以同时化解一些相互对立的民族政治观念，具有建设而非争论的属性。

其次，民族共治作为一种政治保障，可以有效地保证各民族共同发展与共同繁荣，为民族平等团结奠定物质基础。一般来说，现代国家的核心民族在经济上都相对发达，而少数民族通常都位于边远和欠发达地区。经

---

① 萨尔瓦多·德·马达里亚加：《西班牙现代史论》，朱伦译，中国社会科学出版社 1998 年版，第 393—399 页。

② 参见 *Legislación sobre Comunidades Autónomas*（1 y 2），Tecnos，1982。

济上落后的少数民族要想尽快发展，离不开国家的帮助和扶持，离不开发达民族提供物质和技术支援包括人力支援。即使是经济比较发达的少数民族，如西班牙的加泰罗尼亚人和巴斯克人，以及我国的朝鲜族，其发展过程和未来也有赖于对全国市场的利用。这样的帮助、支援和利用，实际上就形成了各民族共同建设国家和少数民族地区的局面。塞浦路斯为我们提供了另一种富有启示性的案例。塞浦路斯的希、土两族长期分治的局面，现在成了这个地中海国家加入欧盟的主要障碍。为此，希、土两族现在不得不开始坐下来商谈共同治国的问题。这虽然是作为塞浦路斯加入欧盟的必要政治条件促成的，但其根本动力则来源于希、土两族对发展与繁荣经济的期望。

再次，民族共治可以有效地增进各民族之间的相互信任，为民族关系的自由和谐奠定心理文化基础。传统自治观念的排他性，是现代主权国家对自治的前途放心不下的顾忌；而传统自治观念的从属性，则是时时笼罩在所谓自治民族心头挥之不去的阴影。这两种心态的相互作用，很难在国家与自治地方、主体社会与自治民族之间建立起相互信任的关系。对从属性的压抑感和反感，是自治民族产生离心倾向的外部条件。赋予自治民族以共治国家的权利，就解决了自治的从属性问题，可以使自治民族获得心理平衡。在共治国家的舞台上，自治民族的主人公意识和国家归属感就会不断增强，离心倾向就会渐趋缩小。在共治的实践过程中，自治的排他性问题也可以逐步化解。前文说到，共治是一种双向运动，自治民族在参与共治的同时又接受共治，这就使排他性问题失去了存在的条件。各民族之间的双向共治过程，是一个密切民族关系的过程，在这一过程中，民族关系的自由和谐也就不难实现。

又次，民族共治可以有效地培育各民族共同的国民意识，为国家统一奠定国民认同基础。国民意识培育和爱国主义思想教育，是现代国家建设的必然性和经常性行为。所谓"我们已经有了意大利，现在应该创造意大利人"[①]，说的就是这个道理。毋庸讳言，传统的自治理论和观念具有固化民族界限、强化民族差别和民族意识的作用，不利于培育各民族共同的国民意识。对此，必须以民族共治的精神和实践加以弥合。共治要求各民族在广泛的政治、社会、经济和文化联系中，为了各自的和共同的利益加强理解和沟通，进行积极的磨合。在这种共治过程和共治氛围中，各民

---

① 意大利人 Massimo D'Azelio 的名言（1870 年）。转引自 Andrés de Blas Guerrero, *Enciclopedia del Nacionalismo*, Tecnos, Madrid, 1997, pág. 140。

族的国民意识就会不断增强和得到物化。

最后，民族共治是通向民族自然融合的桥梁。民族历史学告诉我们，民族不是与生俱来的，也不是永恒不变的，而是一个历史阶段的产物。民族时时处在不断融合的过程中，向更高、更新、更大的人们共同体形式过渡。"国族"是最近几百年的现象，它既是以往民族融合的产物，也是未来民族继续融合的基础。以往的民族融合，伴随着许多强制性行为；现实的民族融合，则应当以自然融合为理想。民族共治以实现民族关系的平等、自由与和谐为宗旨，这就为民族自然融合营造了宽松的政治环境。从民族融合的角度说，在目前乃至未来相当长的时间里，民族共治的预期成果将主要是各民族的共同发展与共同繁荣，建立各民族间的相互信任，培育他们共同的国民意识；但这些预期成果的取得过程，同时也是民族自然融合的积累过程。

七 时代民族问题与民族共治

任何一种民族政治理论，都来源于对现实民族政治问题的思考和回答。现时代的民族政治问题是什么？人们的普遍认识是：现时代的民族政治问题主要是多民族国家统一建设和各民族繁荣发展的问题。为此，我们就需要提出相应的民族政治理论来解决这个问题。鉴于传统的民族自治理论的局限性，笔者提出了民族共治的命题。民族共治以尊重各民族合理权益为前提，这可满足少数民族发展的要求；民族共治又以追求各民族和谐共存为理想，这可满足多民族国家统一建设的要求。但是，如何把民族共治的命题上升为一种系统的民族政治理论，这不是本文所能完成的任务，它需要不同学科诸多学者的共同努力。笔者只是对民族共治的命题进行了初步论证，认为它有可能是构建一种完整的民族政治理论新说的思想方向，我们应当从民族政治权利保障和民族政治关系治理的结合上来认识它，为多民族国家统一建设和少数民族发展，为实现民族关系的平等、自由与和谐继续进行新的理论探索。一俟我们完成以民族共治为核心思想的民族政治理论体系的构建任务，必将对民族政治生活的方方面面如理念、制度和宪政设计等产生深刻的积极影响。

（原载《民族研究》2003 年第 2 期）

第十八篇 民族共治的理念支撑与操作问题

——在中央民族大学研究生论坛的演讲

关于民族共治这个命题，自 2001 年我首次提出后，引起了民族问题研究界持续的关注和讨论，我也应数家科研教学单位邀请作过多次报告。这次研究生论坛的组织者事先告诉我，参加者来自全国数十所高校的青年教师和研究生，大家都看过我的文章，主要想借这个论坛与我进行观点交流。我在过去的演讲中，也感到大家比较喜欢讨论阶段。因此，今天我只简要说一说民族共治的理念支撑与操作问题，留下更多时间与大家互动。

一 关于民族共治观点的提出及其关注点和定义

1. 民族共治观点的提出 我在 2001 年发表的《民族共治论：对当代多民族国家族际政治事实的认识》一文中（《中国社会科学》2001 年第 5 期），就民族政治问题明确提出了"民族共治"的观点；之后，又发表了两篇后续论文：一是《论民族共治的理论基础》（《民族研究》2002 年第 2 期）；一是《自治与共治：民族政治理论新思考》（《民族研究》2003 年第 2 期）；2007 年 6 月 15 日，在《中国民族报》上发表了"民族共治是民族区域自治制度的本质特征"的访谈稿。

我提出民族共治这个观点，是基于对两种旧有的民族政治论说的质疑。一是古典民族主义理论，一是传统民族自治观念。前一种论说影响了全世界二百多年。它说的是民族与国家的关系，主张"one people, one nation, one state"，但它没有说明谁是 people，谁可以成为 nation，谁可以建立 state。世界各地民族与国家结合的事实，普遍没有按照这种理论去做，而是普遍形成了多民族国家。但是，对这种理论与实际脱节的反思，我们做得并不够，只是认为这种理论适用于西欧，不适用于其他地方。实际上，西欧的民族与国家结合的实际也不是如古典民族主义理论所说的那样。

　　既然世界各地普遍形成了多民族国家，那就存在一个如何在多民族国家框架下处理民族关系的政治问题。为此，欧洲人又提出了一个"民族自治"的方案。但这个方案比古典民族主义理论提出的"民族—国家"方案更难操作。人们对自治的内涵争论了一百多年，也没有达成共识。从现代一些多民族国家的民族政治实践来看，没有一个国家实行以族划界的民族自治。这个界没有办法划，比国家划界更难。

　　正是基于对上述两种民族政治思想和方案的质疑，结合对当代多民族国家民族政治事实的观察，我得出了民族共治的观点。如果前人的论说难以实践，我们就要提出新说。"人类总得不断地总结经验，有所发明，有所发现，有所创造，有所前进；停止的论点，悲观的论点，无所作为和骄傲自满的论点，都是错误的。"（见《毛泽东文集》第 8 卷，人民出版社1999 年版，第 325 页）这是像我这个年龄的人小时候就会背的一段毛主席语录。我想，在民族政治研究中，我们也得"有所发明，有所发现，有所创造，有所前进"。但任何发明与发现，创造与前进，总结经验是前提，这包括对一些失败的试验和错误的思想的反思。我提出民族共治的观点，就基于对古典民族主义理论和传统民族自治观念不合乎民族政治事实的反思，这种反思体现在我的两篇文章中：一是《走出西方民族主义古典理论的误区》（《世界民族》2000 年第 2 期）；一是《关于民族自治的历史考察与理论思考》（《民族研究》2009 年第 5 期）。我建议各位结合这两篇文章，来看我的民族共治观点。如果我们认为古典民族主义理论主张的"一族一国"独立方案和传统民族自治观念提出的"以族划界"自治方案都不合乎实际，我们该怎么办？我们不应该进行新的理论思考、提出新的思想和方案吗？

　　国内民族问题研究界有人不赞成我的观点，但他们的理由不充分，多是以我国实行民族区域自治制度为由，并把这个制度理解为少数民族自治的制度；若讲民族共治，会削弱少数民族的自治权，而自治权则又被释为少数民族在自治地方当家做主的权利。这些学者的这个逻辑矛盾暂且不说，他们对民族区域自治制度本身的理解就不正确，不合乎民族区域自治制度的实际。在我看来，民族区域自治制度是典型的各民族共治的地方管理制度。今天报告会的主持人关凯先生，曾以《中国民族报》特约记者的身份对我作过访谈，他问过我一个问题，大意是在我们的民族政治生活话语中，没有"民族共治"的说法。我想，理论总是落后于实践的，但理论也会对实践进行新阐释的。在我们的生活中，新概念是层出不穷的，因为生活在不断发生变化，需要用新概念进行概括，以利于交流。实际上，在我国民族研究和民族工作中，类似"民族共治"的话语是有的，例如各民族共同团结奋斗、共同繁荣发展、共同当家做主、各民族谁也离不开谁、平等团结互助等说法，不就是在讲各民族共治吗？

2. 民族共治的关注点　反对民族共治观点的学者，他们关注的是少数民族的权利保障问题，担心在民族共治的过程中，少数民族或曰自治民族的话语权得不到体现了。但这是另外的问题，它不是"民族共治"的本意和必然。民族共治这个命题，其关注点是多民族国家民族政治生活共同治理的理论问题。至于各民族在共同治理过程中的地位问题，属于操作问题而不是理论问题。再者，即使我们从"少数民族权利保障"的角度看问题，"民族共治"的合理性也是不容置疑的，它是少数民族政治权利保障的题中应有之义。我们能说少数民族只有自治权而无共治权吗？现在的问题是，国内一些人研究少数民族，主要是从"权利保障"的角度，把自治权作为核心问题或重点。但民族自治论者从来就没有说清或者根本就说不清民族自治权是什么，以及如何自治这两个最基本的问题。

自治权，通常被解释为"自主管理本民族内部事务"的权利和权力，如果我们在理论上承认这种界定是正确的，那么，我们首先就要确定"民族内部事务"是什么？也就是说它们不属于需要国家或地方权力干预的公共事务。关于这个问题，一位蒙古族学者在和我探讨时说：如果说蒙古族喝不喝奶茶、穿不穿蒙古袍、住不住蒙古包，是本民族内部事务，但这需要开个民族会议决定吗？能不能开起来这样的会议？做出的决定大家都要或者都会遵守吗？我们还进一步讨论到，如果做出的决定是让大家自由选择，那"管理"二字从何谈起？"管理"需要权威和机构，怎样形成这种权威，存在这样的机构吗？如果这些都是空中楼阁，那么，所谓"自主管理本民族内部事务"也就是一句空话。实际上，在现代国家和现代社会里，公共权力不干预、不介入的事务几乎找不到。例如，一个人绝食自杀是自己的事，躲在屋里可以，一旦被公共社会知道，那就得送医院抢救。我们能以保证这个人的自治自主权而不闻不问吗？一个人是如此，一个民族的生存与发展，国家更要管，而不可能任由其自治自主、自生自灭。我所说的"民族共治"，就是从各民族共同形成的公共社会和公共权力的存在，以及这种存在对民族事务和民族关系的管理功能的角度切入的。

因此，我们对当代多民族国家的民族政治生活，不能依据传统的民族自治观念，陷入对少数民族自治权的想象中，而要关注各民族的政治权利和地位的平等，为各民族共同繁荣发展提供政治保障。民族自治，并不是一种权利平等概念，并不能保障少数民族的繁荣发展。另一方面，民族自治也没有保证多民族国家巩固和民族团结的功能，相反则可能导致各民族之间的关系渐行渐远。所以，我国的民族区域自治制度，并不是按照传统的民族自治观念来设计的。这也是达赖集团对它不满意、提出"大藏区高度自治"主张的理由之一。我们应该明白，在现代国家和公民社会条件下，民族自治不是意志问题，而是一个无法做到的实际问题。

3．民族共治的定义 我在2001年的那篇论文中，对"民族共治"这个命题有如下解释：民族共治属于民族关系中的上层建筑范畴，它以民族共和为前提并服务于民族共和的目的，它的成因是同一民族的政治自觉和各民族的政治团结这两者的统一。同一民族的政治自觉，根源于民族集体利益并试图通过政治途径来保障和实现本民族的最大利益。而各民族的政治团结，则根源于多民族国家的统一要求和各民族的共同利益保障。因此，民族共治的关键问题是保证国家和地方有关政治权力的合理分配与健康运作，以此促进各民族利益的均衡发展和各民族的团结。如果要给民族共治下定义的话，这个定义便是：民族共治，就是由统一国家或同一政治领土单位内各民族共同造就的以共和为最高目标、以权力共同行使为核心内容、以权益平衡发展为基本要求、以民族关系良性互动为价值取向的政治结构、运作机制和实现工具。

上述解释也许稍嫌啰唆，如果给民族共治下一个简洁的定义，我觉得"各族人民共同当家做主、管理国家和地方事务"这个说法，可能是最合适的。这个说法，见于胡锦涛总书记在2005年中央民族工作会议上的报告。坚持、发展和完善民族区域自治制度，是我国政府、学界和民族地区的共识，但坚持什么、发展什么和怎样完善，则有一个指导思想问题。其中，否定以族划界的"民族自治"观念，树立民族共治意识，是一个必须首先解决的理论问题。民族共治意识的树立，不是凭空想象的，它有一些基本的理念支撑。

二 民族共治的理念支撑

现代社会管理的任何制度设计和设想，都应以人们公认的基本道理或理念作支撑，只有这样，才能实现"善政善治"。民族关系的治理，属于社会管理的范畴，有关民族政治的任何设想，也应当以现代社会管理的一些基本道理和理念为基础。我认为应该实行民族共治，那么，有哪些基本道理或理念可以支撑它的成立呢？这里，我想强调以下几点。

第一，民族差异政治的合理性　民族不是一种抽象的认同共同体，它的成员有各种权益纽带的联系。为了这些权益，他们自然会产生政治上的一致性，在国家的公共生活中形成一种政治力量。这是一个普遍性的事实，我们应当承认。当然，世界上有些国家本来是多民族国家，但却不承认有不同民族的存在，那当然就不讲民族政治，更谈不上民族共治了；也有一些国家承认不同民族的存在，但只将其视为语言文化不同的群体，不承认其政治特征，因此在国家政治生活中也没有民族政治制度的设计。这两种做法在自由主义代议制民主国家曾经很普遍，其理论基础是认为现代国家保障的就是公民个人权利和自由，少数民族不能作为政治性的群体存在。但这一直受到少数民族的集体性差异政治诉求的挑战。

墨西哥是典型。墨西哥承认印第安人存在，但不承认其集体政治诉求。1994 年发生印第安人起义后，政府开始说它是农民问题而不承认是民族问题。我当时在墨西哥做印第安人研究，发表了一篇文章，认为这次起义是政府长期忽视和不承认印第安人集体政治权利诉求的结果。事态的发展，说明这次起义是土著人问题，而且主要是个政治问题。墨西哥政府后来承认了这一点，并就土著人的政治权利同起义组织进行谈判，作出了一定的安排，在国会中增加了几名土著人议员。目前，越来越多的国家开始承认少数民族的存在及其政治诉求或表现的合理性。在这种背景下，民族政治就是一个不能回避的问题。民族政治是什么？是不同民族借助公共管理机构就各自的利益和共同利益而进行的对话，这种对话过程及其共同决定的执行，就是共治。我国是承认少数民族及其集体政治权利的，这一点，是我们谈论民族共治的前提条件。离开这个前提，不要说"民族共治"，任何民族性的集体政治诉求和表现都会被视为非法。

第二，现代国家主权的统一性　现代国家主权统一的对内体现，是中央政权的建立及法律法规的普适性。任何地方都要服从中央，执行统一的法律法规。当然，现代国家主权统一建设是在地方性差别基础上进行的，特别是在多民族国家中，民族地区差别更突出，这就要求国家要在某些方面关照差别。但是，国家对民族地区差别的关照，至多允许地方政府变通执行普遍适用的法律法规而不允许否定或不执行。国家法律法规的普适性，是各民族共同管理国家的基础。然而，在如何看待民族差别的问题上，有一种观念以民族特殊性为由，试图把民族差别和界限绝对化和固定化，并以此要求绝对的自治权，而把现代国家主权统一建设不当回事。持这种观念和立场，不仅在地方管理中反对民族共治，而且排斥中央政权的权威和体现，试图把某个历史性的民族聚居地区搞成"国中之国"。

达赖集团的"大藏区高度自治"主张，是典型案例。达赖集团提出，要将所有"藏区"统一起来，建成一个自治单位，由"藏人"代表大会选举自治政府进行统治；自治政府与中央政府是合作关系而非统属关系。实际上，这是一种把自治地方视为封建王国的观念。但这种观念是过时的观念。现代主权国家不是帝国，自治和半独立的地方诸侯割据政权，现已没有存在的可能。民族地方自治的要义，仅在于对中央和地方的权力与职能进行划分。关于民族地方自治的权力，一般理论认为，它可分为国家授予地方"单独行使的权力"、委托地方"代为行使的权力"和双方商议"共同行使的权力"。无论哪种权力，都不是地方固有的自治权力，而是中央赋予和转授的公共权力。行使这些权力的地方政府，不是哪个民族的政府，而是该地方各族人民的政府。我国有关法律规定，自治地方权力机关是国家权力机关中的一级，行使该级权力机关的职能，道理即在于此。因此，像达赖集团那样试图脱离中央政权的管理，由自己来策划和组织政府，实行所谓"名副其实的民族自治"，这在当代任何主权国家里都是不允许的。这种民族自治，实际上是一种领土政治观念，而领土政治观念是现代"民族—国家"观念，这不适用于处理多民族国家内部的民族问题。多民族国家的民族政治生活、制度设计和操作方式，不可以按民族勘土划界，将某个地方领土划为某个民族所有。现代国家领土的不可分割性，决定了民族政治的非领土化。如果我们不想搞民族联邦制，就必须在民族政治思想和理论上去除民族领土观念。

第三，现代社会是公民社会，公民权利平等高于民族集体特别权利

历史上的国家和社会治理，普遍把人们按血统或民族分为三六九等。西方殖民主义宗主国曾把殖民地人民视为被统治的臣民，殖民地只能由来自宗主国的人统治；中国的一些封建王朝和地方政权，也曾对不同民族按高低贵贱排座次，实行民族不平等的政策。但在现代社会里，不分种族、民族和宗教信仰，人人平等，这是一种普适的价值观。当然，普适的价值观，由于受种种条件的限制，不一定能够马上普遍实现，但这决不能成为实行民族不平等的理由。如何实行民族平等？这是一个大课题；但人们普遍承认，实现民族平等的最现实的路径，不是对不同民族作出区别对待，而是对各民族公民一视同仁，创造条件让不同民族的公民享受到同等的权利。也就是说，公民权利平等是现代社会管理第一位要考虑的问题，其次才是考虑不同民族的特别权利和权益。加拿大著名学者金利卡提出"多元文化的公民身份"，也首先是讲各民族公民权利平等，然后才讲少数民族的集体特别权利差别。这种公民权利平等第一与民族特别权利差别第二的关系，是民族共治赖以成立的条件之一。

然而，在我国民族问题研究界，常有人把公民权利平等与民族权利差别的次序颠倒了。时时处处讲民族差别，不讲差别，似乎就没有可说的了。但事实是，民族间公民权利平等才是第一位的。公民权利平等，不因民族不同而受歧视，这是当今一切国家宪法都宣示的原则。我们讲"民族平等"，也主要是从这个意义上说的。但国内有些学者研究民族问题，其指导思想往往是塑造民族差别，很少或根本不谈公民平等的问题。这是一种很不利于民族团结的倾向。我们在研究民族问题和民族差别时，不能忘记要从公民社会建设和公民权利平等这个基本前提出发，并以此为归宿。国家对一些少数民族公民的权益给予政策关照，不是因为他们是少数民族成员，而是因为他们是国家中的一些弱势公民，需要一些特别关照，以利于实现公民平等。我们绝不应该反过来考虑问题，认为是少数民族成员就该受到照顾，或认为一些少数民族公民受到照顾就因为他们是少数民族成员。

第四，现代国家和现代社会管理的民主化原则　民主的要义是保障不同的利益群体的发言权和共同决定，使他们的利益都能得到政治权力的合理保护。现代国家和现代社会管理的这种民主化原则，也适用于民族政治生活。我们说中华人民共和国是各民族共同缔造的，既然是共同缔造，那就要共同管理。整个国家是如此，民族杂居地区也是如此，也要由相关民族的公民进行共同管理。既然我们把各族人民视为权利平等的公民，那么，各族人民共同当家做主、管理国家和地方事务，就不是一个什么难以理解的问题，我们没有什么可以站住脚的理由来否定和拒绝它。

国内有学者在评论我的民族共治观点时认为，各民族共同管理国家可以，但反对在民族区域自治地方实行民族共治，认为这是"削弱乃至阉割少数民族自治权的，是对民族区域自治制度和民族自治地方的挑战"。在这位学者看来，民族区域自治制度就是保障少数民族政治权利的，其他共居民族的政治权利不在保障之列；民族区域自治地方只是由少数民族当家做主的，其他共居民族只能听从。多民族国家实行民族共治可以，多民族地区就不行。这个道理讲不出去，不符合现代社会管理的民主原则。这位学者还认为，在西部大开发中，在经济利益上，政府要按不同民族的身份确立不同的受益份额。这种以民族为界而不是以贫富为准、试图利用公共权力限制公民机会均等和权利平等的思想，不是现代民主思想。如果这样做，那么，公共权力也就失去了中立性，也就谈不上什么民主社会和民主政治了。

国内学者在研究民族政治问题时，还特别看重少数民族出身的干部在地方政府中的职位，认为这是民族自治和民族权利的体现。如何看待我国有关法律规定民族区域自治地方的行政首长由该地方主要民族或曰"自治民族"的公民担任？我认为这不能视为民族自治和民族权利的体现，而只能认为这样的公民因对本民族、本地方情况熟悉，有利于更好地管理自治地方。而且，进一步说，如果我们把一个民族的命运和权利系于一位体现者或精英集团身上，这是很不牢靠的，被视为体现者的人实际上也难处处做得到。西班牙自1978年实行民族地方自治起，巴斯克、加泰罗尼亚和加利西亚三个民族地方一直由当地民族党组阁执政，但在2009年地方选举中，这三个地方的民族党全部失去单独组阁的必要选票。这样的变化，我们怎么解释？这些由本民族精英组成的政治力量被本民族本地区的选民选下去了，相关民族的权利就随之没有保障了吗？民族地方自治的关键问题是什么，少数民族民众的希望是什么，值得我们从西班牙这三个民族自治地方的选举变化中作进一步的思考。象征性的东西可以有，但实际问题更重要。

第五，现代国家保障公民迁徙和选择自由 公民迁徙自由与民族共治有什么关系？所谓公民迁徙自由，它的实质是保障个人选择居住地、生活环境和生活方式的自由，这种自由导致一些民族的成员的流动速度和规模前所未有，民族的历史性相对聚居被现实性的绝对碎片化分布所取代，使各民族公民杂居愈来愈普遍。对公民的属地化管理是现代国家和现代社会管理普遍奉行的原则，由此，由各民族杂居形成的社会共同体和地区，自然要由各民族共同当家做主。内地汉族到了内蒙古，他就是内蒙古人；蒙古族到了北京，他就是北京人。这些离开本民族传统地域的人，他们的社会政治参与只能是当地化。

主张民族自治的人，试图阻挡公民流动自由。即使他们阻挡不了本民族成员的"外流"，也要试图阻挡其他民族的人们"内流"；或者，阻挡不成，就把所谓非本民族的人视为二等居民，无权参与地方管理。这种思想，在国际社会被称为"地区族类主义"（regional ethnicism），受到广泛批判。这种地区族类主义思想，在我国民间和官方都有表现，不管什么事都讲"民族成分"，包括身份证上都注明是哪个民族；但这样做的积极意义是什么，没有令人信服的公开解释，反倒是产生诸多消极影响。按照马克思主义理论，民族融合是必然趋势，但我们现在的一些做法，则是人为地阻挡这种融合。

我们还可以找出一些现代社会管理的基本道理来支持民族共治，如国家对不同民族和地区的利益调节责任；社会公共服务体系的全面建立与发展；市场化带来的不同民族和地区经济联系的加强与分工；现代化和城市化社会对传统民族界限的冲击和归属感的重新塑造等，这些都使民族自治没有了可能，或者说使其失去了必要的条件，而只能实行民族共治。当然，再有理的道理，也有人不承认、不遵守。我们讨论民族共治的问题，只能是在理性和理智地承认一些基本道理的范围内讨论，超出这个范围，那就是另外的问题了。

三　民族共治的操作问题

如果我们承认民族共治有道理，那么，怎样实行民族共治呢？大道理好讲，实际问题复杂。这涉及客观条件、主观愿望、组织形式、议事程序、表决原则和争议裁决等诸方面的机制问题。

1. **客观条件和主观愿望**　这两点很好理解。这主要是指国家要统一，社会要安定，不同民族要愿意在一起共谋和平发展。2006 年，我在上海交通大学与政治学专业的研究生们座谈时，有同学提问说：你说的民族共治有一定道理，但靠它就能解决一切民族问题如民族分离主义问题了吗？我回答说，民族共治是以大家愿意在一起"文治"（democratic government）为前提的，对于民族分离主义者来说，不要说"共治"，任你怎么治也没治，结果只能是逼向"武决"（solution by force），如俄罗斯对车臣分离主义势力的镇压，斯里兰卡对"猛虎"组织的清剿，西班牙对巴斯克"埃塔"分离主义活动的打击，1959 年我国对"藏独"叛乱分子的平叛。这类由少数人制造的极端主义问题，不是民族问题的常态，因而不是我们讨论的范畴。我们讲民族共治，是以正常的民族关系为基础的，旨在为一般性和常态化的民族交往活动提供一种政治理论框架。

2. **组织形式**　民族交往存在个体和集体两种方式，我们讲民族共治，是就民族以集体方式发生交往关系为前提的。什么是民族集体方式？也就是说，它的物化体现（physical manifestation）是什么？关于这个问题，是要讲国情和民族情况的。在奉行政治自由主义的国家，少数民族通常以民族党、民族议会、民族社团等方式参与对国家和地方公共事务的共同管理。具体到一个民族群体以什么方式参与，则又取决于该民族的现实情况。像西班牙的三个世居少数民族，人口和居住地相对集中，历史有延续性，就以他们为主体建立了自治共同体；各民族还建立了民族党，在各个自治共同体内按照民主竞选的方式争取执政权，与其他政党共同治理地方事务。在加拿大、美国和巴西，土著人虽然也是世居民族，但各民族被殖民过程打碎了，就建立了不同的保留地，通常是以保留地的需求影响地方决策。而在秘鲁、玻利维亚和厄瓜多尔，土著人占全国人口半数甚至多数，广泛分布于全国，既不能建立自治区，也不能建立保留地，因此，民族党、民族议会和民族社团，就成了他们借以在政治上组织起来的基本方式。在一些国家里，不同的少数民族不仅各有自己的代言组织，他们有时还成立共同的组织如理事会等，以增加参与的分量和发出共同的声音。

我国的国情和民族情况不同于其他国家，所以建立了自治区、自治州和自治县三级自治地方，还有民族乡。我们实行的是在中国共产党统一领导下，各族人民选举代表和委员参与人民代表大会和政治协商会议，实现各族人民对国家和地方事务的共同管理。这种方式有其效率和好处，但在自由主义政治理论看来，这些代表和委员似乎缺乏民族组织依托，更多体现的是公民个人参与权，而民族群体参与权体现不明显。但这种看法可能过于追求形式而不是内容了。少数民族代表和委员没有具体民族组织的依托，他们同样可以反映本民族的声音。当然，以马克思主义为指导的中国共产党的先进性在于它积极吸收人类一切文明成果，在民族政治生活方面，并不排斥一切有效的组织形式。

3. 议事程序和表决原则 这是民族共治操作过程中不可回避的行为规范问题。民主政治的议事程序建设现在可以说比较完善了，大家比较重视程序合法，也容易达成共识。最可能引起争议的，是表决中少数与多数的关系，以及在朝与在野的关系。在政党政治中，这两个问题一直是争论不休的，因为多数和在朝占有优势，直接影响到相关各方的利益。但要想使民主有序进行，对于有争议的问题，只能是少数服从多数，在朝和在野进行和平对话。我想，在民族政治生活中，这两个基本的民主政治规范也是必须遵守的。为了避免在民族政治生活中少数民族的表决劣势，有人建议实行"一票否决"，这恐怕也不现实，那会导致什么事情都将议而不决。我国由共产党领导的政治协商制度，在理论上应该说是很好的制度，在民族政治生活中同样适用。充分协商可以避免简单投票造成的一些弊端。至于在朝和在野的关系，我国政治生活不存在这个问题，在民族政治生活中也一样。但在朝和在野，这在自由主义国家是个现实。西班牙是一个例子。西班牙三个民族地方由当地民族党连续执政 30 年，2009 年则被选民选下去了，失去了单独组阁的地位。对此，我们应该怎么看？无论如何，我们不能接受这样的逻辑：民族党是代表本民族的，下台了本民族就没有代表了，本民族的权利就没有保障了。这些民族党单独执政权丢掉了，但它们在地方议会仍有席位。一个组织宣示自己代表本民族可以，但这还要得到本民族多数成员的同意和拥护。

4. 争议仲裁机制　因维护民族权益而产生的争执，需要司法机关的仲裁。这类争执一般有民事的和行政的两种。在西方一些国家，任何因民族身份遭受到的不公平对待，都可诉诸法院裁决，被告人可以是个人，也可以是企业和公共权力机关，通常由地方法院受理。而行政诉讼，涉及的双方则是自治地方政府和中央政府，由最高法院或宪法法院裁决。民族地方自治制度的关键问题，是对中央政府和地方政府之间的责、权、利的划分，这其中难免产生因法律规定不详或理解不同而产生纠纷。2005 年，我专门考察过西班牙的案例。当时，西班牙实行民族地方自治 25 年，中央诉自治地方、自治地方诉中央的案件多达上千件，主要是双方职能部门间就经济利益和职权范围产生的纷争。例如，有些跨国公司总部设在马德里、工厂设在自治地方，税收权就成了争执问题。按照国际惯例，公司是在总部所在地纳税，但自治地方认为资源、劳动力和污染在自治地方，提出这些公司要在自治地方纳税，至少要对税收进行合理分配。但马德里不同意，协商不成，就提交宪法法院裁决。但宪法法院常常难以裁决。根据有关资料，西班牙实行民族地方自治 25 年来，真正通过宪法法院裁决为双方都接受和执行的，不到三分之一。对于双方继续存在的分歧怎么办？法院一般是判决双方继续协商，在达成新协议之前，则按原规定和惯例执行。西方政治现在比较信奉行为主义理论，认为不断诉求，终会有变化的。但政治行为主义需要有遵守程序规范的耐心和运用法律制度的技巧，如果采取激进态度和行为，那就搞不了政治，因为现在已不是激烈革命和大变革的时代了。

5. 规则与游戏者　民族共治是各民族在一起玩的游戏，规则公平是第一前提。但这种规则又没有先例可循，需要现代人进行制定。这是一项细致的工程，不像自治那样简单省事。其次，各民族需要提高政治能力。任何游戏，选手不在一个档次，玩起来也无太大意思。第三，要注重形式与内容的统一。一个自治地方权力机关的组成，包括各民族的代表，这是必要的；但这毕竟只是一种象征和符号，要真正实现民族共治，各民族代表的政治水平和诉求能力是关键。

结语　任何一种假说或理论的价值，最终要靠它有什么用处来判断。

　　就民族共治这个命题来说，其功能在于它一是批评的武器，二是建设的工具。这两点，我在我的前述几篇论文中都有论述，此不细说，只想简单地指出：作为批评的武器，民族共治可以用来与许多非理性和非现实性的民族政治诉求对话，例如民族分离主义和民族自治主义，我们可以告诉人们，民族政治有许多道路可选择，并非只有分离和自治。而作为建设的工具，民族共治则有助于实现民族关系的平等、团结、互助与和谐，有利于促进各民族共同发展繁荣。

　　当然，对于民族共治这个命题，人们有不同看法是自然的，下面欢迎大家发表意见，特别是反对意见，这有助于激发我们的思考。

（2010 年夏于北京）

第十九篇 "民族共治"是民族区域自治制度的本质特征

——与《中国民族报》特约记者的座谈

提要 如何认识我国的民族区域自治制度，我国民族理论界常有误读，就是把它视为"民族自治"。但从理论和实践上看，我国民族区域自治制度的本质是保证各族人民共同当家做主的，也就是实行"民族共治"的。但自笔者提出"民族共治"这个观点后，民族理论界有人认为这个观点是对民族区域自治制度的否定。民族区域自治制度是民族自治还是民族共治？《中国民族报》特约记者关凯约笔者就这个话题做了一次访谈。《中国民族报》对这次访谈内容有删节，以下是原始稿。

关：朱先生，2001 年，你首次提出"民族共治"的命题，并在 2002 年和 2003 年连续发表论文对你的这个观点进行论证，在学界引起较大反响。今天，我想请你主要谈谈这个话题。首先，请你讲讲你提出民族共治这个观点的思考过程。

朱：说来话长。我对"民族共治"的思考，萌发于 1993 年。1992 年年底，我到墨西哥全国印第安研究所（INI）研修，一年期满后，按照墨西哥教育部和我国国家留学基金会的要求，在 1993 年 11 月完成了一篇研修结业文章，题目是《应为印第安人参与国家管理打开更大的空间》。我在文章中结合我国的民族政策指出，墨西哥应当采取民族政治改革措施，保障印第安人的集体政治权利，包括参与国家政治生活的权利，而不能仅仅停留在保障个人权利上，否则，印第安问题有可能会发生激化。我将文章送给时任墨西哥文化部副部长的瓦伦西亚先生提意见，他是印第安研究专家，曾在我就读的南京大学外语系西班牙语专业任教。我到墨西哥印第安研究所研修，就是他帮助联系的。巴伦西亚先生看后约我谈了一次话，他说："你的看法有一定道理，但在墨西哥现行制度下，很难做到，因为墨西哥实行的是地方联邦和政党选举政治，不可能在国会中特意安排印第安人代表，也不可能实行印第安地区自治。"但他建议我把文章投给报社公开发表。我犹豫这样做是否得当，我的观点会不会引起麻烦。他说："你是学者，发表学术观点是自由的，不会引起什么麻烦。"

　　正在我修改文章的时候，1994 年元旦，墨西哥恰帕斯州爆发了名为"萨帕塔民族解放军"的印第安人起义事件，起义者提出的要求之一就是集体政治权利。我将文章投给了萨卡特卡斯州《太阳报》，因为我当时应该州卫生部邀请，临时为一位中医做翻译。该报政论编辑部当天决定发表，以特约文章连载一周；2 月初，墨西哥更重要的全国性报纸《至上报》，以《印第安人集体政治权利保障》为题全文转载了此文。文章发表后，墨西哥全国印第安研究所(类似于我国的国家民委) 所长约我和他座谈了一次，他仔细询问了中国是如何解决少数民族问题的。1994 年秋天，他还应民族所郝时远所长之邀，率团来我国考察民族工作，我做陪同和翻译。他后来写信告诉我，墨西哥国会已安排 6 名印第安议员。因为我在上述文章中认为，墨西哥应当在国家权力机关中安排印第安人民的代表，他的来信算是对我的观点的肯定。墨西哥有 1200 多万印第安人，占全国人口的 12% 左右，但国会中却没有代表。在墨西哥的学术考察和经历，使我初步形成了民族共治的观念。少数民族是一种社会利益集团，你把少数民族排斥于国家管理之外，只谈公民个人权利，肯定不行嘛！1996 年，我发表了《浅议当代资本主义多民族国家民族政治建设》一文，文中模糊地表达了"民族共治"的意思。

　　1999 年上半年，我到西班牙研究西班牙的民族地方自治，与西班牙学者交流，到自治地方考察，并仔细研究了各个地方的自治条例。我发现中西两国的民族政策有一些相似的做法。在两国的自治法律条文中，有些条文不是民族自治的内容，实际上谈的是中央和地方的关系。经过思考后，我觉得可以把这些内容归结为"共治"。于是，我从 1999 年年底开始着手写《民族共治论：对当代多民族国家族际政治事实的认识》一文，2000 年 10 月完成。承蒙《中国社会科学》编辑部的青睐，此文得以在该刊 2001 年第 4 期发表。

　　关：你是经过了长期思考，不是一时兴起之作。但据我所知，包括在我曾经工作过的国家民委，以及民族理论界，对你的观点有不同议论，你似乎没有正面回答过？

　　朱：有不同议论，这很正常，学术观点，历来会有争议的。我也不认为我的文章没有可挑剔的问题。也有同行当面对我说不赞同我的观点。我也看到有的文章说我的观点不对，但这些文章没有从学理上说哪点不对，只是说不符合流行的说法。也就是说，我们的民族工作话语没有"民族共治"这个词，有人听了就觉得不顺耳。对这样的反对意见，我没有办法回答，因为他们既没有阐释反对我的学理理由，也没有否定我列举的共治实证材料。

关：国内民族理论界，对民族区域自治制度的解读，都说是民族自治和地方自治的结合，而你则说民族区域自治制度的本质是"民族共治"的，这是否与主流观点不符？

朱：我不认为主流与非主流之说是恰当的说法。民族区域自治制度的确有很大的解释空间。我不反对别人怎么解读，我只想说我看到的事实。我认为，民族共治是我国民族政治生活的基本原则，也是民族区域自治制度的本质特征。虽然我们的各种文本材料没有这样的说法，但我们的民族政治思想和实践是共治的。什么叫"民族共治"？换句话说，就是"各族人民共同当家做主"。无论是在国家管理中，还是在民族地方管理中，我国族际政治生活的原则和实践，都是努力保证和实行"各民族人民共同当家做主"的。我们不妨点一下大家都熟悉的一些内容：第一，我国的政治生活是在党的统一领导下进行的，这也包括民族区域自治地方的政治生活；第二，我国各级人民代表大会，包括了各民族的代表；第三，我国的各级人民政治协商会议，也考虑了民族因素；第四，民族区域自治地方的权力机关，首先要履行国家一级权力机关的职能，而后才是履行自治机关的职能；第五，民族区域自治地方行政机关的构成，以自治民族的公民担任"主官"，同时也要有非自治民族的公民参加；第六，在那些少数民族占有一定比例的一般省份和市县，也要安排一定比例的少数民族公民参加权力机关。这些实践和事实，构成了我国民族政治生活的基本特色——各民族共治。这个特色可以说是先进的。我们知道，西方国家一直没有很好地解决公民个人权利与少数民族集体权利的关系问题，到现在还在讨论"文化差异政治"是否合理与可能的话题，而我国则在半个世纪前就作出了这样的安排。

再往远了说，民族共治也是我们中华政治文化的遗传基因。自隋唐以来，伴随着羁縻州府和土司制度，汉夷同朝、华夷一家、土流合治、满汉同治，也是绵延不断的治理之策。古代中国的政治家，对分治与合治的辩证法，运用得炉火纯青，哪像欧洲人那样从中世纪的封建王国一直走到现代的"一族一国"，直到眼下才搞起来欧洲联盟？可惜，自从外国人给我们送来了"自治"（autonomy）这个洋名词，有些国人就陷入了对它的崇

拜之中，使你不得不把它当做标签用起来。但中国共产党的民族政治实
践，可没有完全按照西方的民族自治观念来做，而是把"民族领土自治"
变成了"民族区域自治"。我国有 55 个少数民族，但自治地方则有 155
个。它不是按照民族单位来划分自治单位的。

　　关：我国的民族区域自治制度，一般解释是保障少数民族当家做主的
制度，并有自治机关民族化的说法。但你在谈到民族区域自治制度时，似
乎不是这样理解的。你从民族共治的观点出发，说自治地方行政机关的组
成是多民族化的安排，这是否没有充分理解少数民族在自治地方当家做主
的权利，乃至会削弱它？

　　朱：我国在少数民族聚居区设置不同级别的自治地方，并特别规定这
些自治地方的行政首脑由自治民族的公民担任，的确是为了有效地保证少
数民族在这些地方当家做主。但这只是问题的一方面。另一方面，有关法
律也同时规定自治机关的组成要有非自治民族的公民参与。这种安排，不
是多民族化的吗？我想，自治机关民族化的说法，与民族区域自治制度的
实践不符，"多民族化"的说法更准确、更实际。

　　至于说民族共治会不会削弱少数民族当家做主的权利，我的回答是非
但不会，而且会加强和扩大这种权利。为什么呢？从理论上说，民族共治
是超越自治的观念，这会促使少数民族不只是考虑在自治地方当家做主，
还要考虑如何影响和参与上级乃至国家公共权力机关的决策，为自己争取
更大的权益。从权利保障的角度说，难道少数民族只有在自治地方当家做
主的权利，而不能参与更大范围的公共事务管理吗？举个参考例子：如果
欧盟把会员国的权利只限于管理自己的国家内部事务，没有参与欧盟管理
的权利，恐怕没有哪个会员国会赞成。这个道理，在任何形式的利益共同
体与其成员之间的关系中，也都适用。

　　关：但是，我们说的是"民族区域自治制度"，而没有说"民族共治
制度"呀！我们知道，大家都在谈怎么样发展和完善民族区域自治，国
际上少数民族要求自治的声音也很大，而你则提出"民族共治"这个命
题，你不觉得让人难以接受吗？

　　朱：一些国家的少数民族现在要求自治，是因为这些国家对少数民族
政治权利没有制度安排，少数民族是无权的，是被"他治"的。要从
"他治"下摆脱出来，对立的概念就是"自治"。这一点我在论文中已阐
述过了。但随着自治的实现，共治的话题早晚要提出来。我最近看到一本
2002 年出版的书，叫《21 世纪的政治思想》，是西班牙一些政治学者编
写的集体著作。在一篇论述民族主义的文章中，作者就从"政治承认、

自治和共治"三个方面论述了 21 世纪多民族国家民族政治生活的趋向。

至于我国民族理论界都在谈发展和完善民族区域自治制度的问题，但问题在于怎么发展，怎么完善？我没有看到具体说法。研究者应当提建设性意见，哪怕不完全成熟，哪怕一时不能被接受。对于研究者来说，"论理"是最重要的。至于我们的民族工作话语中没有"民族共治"的说法，这不是什么重要的问题，重要的是事实。我认为，民族共治是中国民族政策和民族政治生活的最大特点，也是最成功之处，或者说是"亮点"。对这个特点和亮点进行总结，是具有现实意义和理论意义的。

关：请你具体谈谈有什么意义。

朱：现实意义，是更有利于增强民族团结和维护国家统一。中国之所以经受住了 1990 年代初苏联、东欧国家解体影响的考验，除其他因素外，民族共治的制度安排是非常重要的因素。这个经验，我们为什么不可以总结出来？现在，党中央强调"各民族共同团结奋斗，共同繁荣发展"，并把这作为民族工作的主题，这是非常正确的。如果再加上各民族共同当家做主，也就是各民族共治，那就更全面了。各民族共同当家做主，共同建设国家，共同享受改革发展的成果。这样，中华民族的凝聚力就增强了，分离主义的市场就缩小了。一味强调某个民族的自治权，对民族团结没有好处；而空谈自治，对少数民族和民族地区的发展无补。我们到少数民族地方考察，听到最多的声音，是要求国家给予支持和优惠政策；这个要求，可不是自治。

至于理论意义，至少可以促使我们走出"自治"的思想困境。在2001 年的一次学术讨论会上，一位民族理论界老专家对我说："我研究了一辈子民族理论，老是想自治的问题，但现实与我的想法不一样，愈想愈想不通，钻进了死胡同。你提民族共治，这打开了另一扇大门。从共同治理的角度思考民族政治问题，许多想不通的问题，就容易想通了。"政治，是不同的社会角色一起玩的互动游戏。在民族政治生活中，不同民族总要进入共同的游戏场。

关：按照你的理解和解释，民族区域自治制度是一个框架，各民族在这个框架下实行和实现共治？

朱：是的。民族区域自治制度是个民族政治框架，或者说是个民族政治场域。在这个框架内，在这个场域里，相关民族对自治地方形成共同管理。我们知道，我国各级民族区域自治地方的权力机关，它的属性是地方权力机关，而不是民族权力机关；它的组成包括了相关民族的代表；它被赋予某些领域的自治权，这是相对于上级国家机关而言的。

民族区域自治制度，是各民族共治的政治平台。从少数民族方面说，可以得到在聚居区域当家做主的地位，而有了这个地位，则是参与国家管理的基础，如国家政策制定在涉及自己的权益时的发言权。如同国家是多民族国家一样，少数民族聚居区也是多民族地区，而不是单一民族地区，所以也需要非自治民族的参与管理。这就是"双向两层面民族共治"之可以成立和有理的前提。某一少数民族聚居区不能理解为哪一个民族的领地。常有人说"少数民族地区占国土64%"，这是不严谨的。

　　关：你是想用"共治"建构民族之间的政治互动关系？

　　朱：正是这样。政治研究首先要确定政治场域和政治主体，民族政治的场域是多民族国家和多民族地方，主体是不同民族。民族政治研究，必须把重点投向这里，而不是某个民族的内部事务管理，这是少数民族自己解决的问题。从理论上说，自治本身不能单独存在，它必须和其他某种治理结合在一起，才有意义。历史上，因为有他治，人们才提出自治；自治既是对他治的否定，又是以他治为前提的。他治不存在了，自治的共生者或参照坐标是什么呢？我认为就是共治。不为了共治，自治的意义就大打折扣。自治很简单，没有多少文章可做；共治更重要，这是广阔的政治舞台，是争取民族权益的着力点所在。

　　国内民族理论界在研究民族区域自治地方的自治权时，通常只关注国家赋予多少自治权，而不关注自治地方还有共治权。这与只关注少数民族的权利是"自主管理本民族内部事务"、不关注民族共治权的情况一样。实际上，自治地方的权利和权力包括三个方面：一是中央赋予的专有权利和权力；二是与中央或上级政府的共使权利和权力；三是中央或上级政府转移或委托给自己的代行权利和权力。这后两类权利和权力，不是自治权利和权力，而是共治权利和权力。

　　关：那你怎么解释民族区域自治制度是对少数民族当家做主权利的保障？

　　朱：怎样理解民族区域自治制度？一些教科书说，它保证了自治民族当家做主的权利。我认为这只说对了一半。少数民族本来的弱势地位，使他们很难靠竞争取得当家做主的地位。而以少数民族为主建立自治地方，是对少数民族当家做主权利的有效保障，或者说确立了少数民族在本地区的主体地位。这一点，没有什么疑问。但少数民族在自治地方有了当家做主的权利，并不意味着排斥他者，而要团结其他民族共同当家做主。我们的各个民族区域自治地方，难道不是这样做的吗？我最近去广西一个各族自治县考察，当地干部详细介绍了县里领导干部的民族构成，那就是多民族共同治理的表现。无论如何,我们不能以"民族自治"的观点来解释民族区域自治。那样的话,就要走向达赖集团的所谓"大藏区高度自治"了,就要把其他民族成员赶走了,就要对其他民族成员形成反向歧视了。因此,当我们说自治民族在自治地方当家做主时,应当理解为他们对所在地方管理的主导地位。

我们有些文章在解释民族区域自治制度时,往往只把它与少数民族的权利联系起来,甚至与这个或那个民族的公民个体利益联系起来,这是很片面的。在西班牙的民族地方,根本就没有民族身份的划分。只要是合法居住者,大家都一样,权利平等。按民族成分对民族个体进行区别对待,肯定不是民族平等,而是前面所说的"反向歧视"。

关:你是说,少数民族的权利主要是保障集体权利,而不应化为个体待遇?

朱:在现代国家,公民个人权利是第一位的,然后才能谈民族集体权利。任何依法实行地方自治的民族,不能撇开国家对公民的权利保障和义务要求,另从规定本民族成员必须怎么样做。国家可以对不同的民族区域自治地方的社会经济发展采取区别对待的政策,但不能对不同民族采取不同的政策,更不能根据公民的民族身份而采取不同的对待。这样区别对待,后患无穷。有位民族院校的老师和我聊天说,几个学生因生活琐事打架,找他讲理,不说原委,首先理直气壮地声明自己是某某"民族"的,把民族身份当成护身符使用了。区别对待的民族个体政策,对当代大学生竟产生了这样的影响,恐怕不是人们所希望的,也不是现代公民社会所能允许的。所以,我们不能把对民族集体权利的保障,发展成对民族个体特权的规定。

关:"自主管理本民族内部事务",这是法律赋予自治民族或少数民族的权利。你怎样理解这个问题?

朱:国内民族理论界不少学者对这句话深信不疑,但我对这句话存有疑问。2001年《中华人民共和国民族区域自治法》修订时,国家民委政法司召开过一次座谈会,针对这句话,我就表达过"应该剔除"的意见。为什么说应该剔除?不现实,做不到!

"自主管理本民族内部事务",自奥地利社会民主党提出来,在国际上说了一百多年,但没有真正实践的案例。为什么?第一,内部事务有哪些,由谁来界定?第二,管理权力怎么形成,对民族成员有普遍效力吗?第三,自主管理的程序是什么,谁来保证程序的公正合法?第四,自主管理的形式是什么,怎样运作?对这些问题,世界上没有哪个国家、哪部法律、哪位学者作出了令人信服的回答。内部事务没法确定，何谈自主管理？管理的权力、程序和组织都没有，又怎么自主管理？当然，你可以把自主管理本民族内部事务视为一种理想，甚至是一种权利，认为理想是一种追求；权利的赋予不等于权利的实现，也不等于权利的行使。但法律条文是以现实为出发点的，而不是一种远期政治纲领。"按需分配"好不好？很好；道理对不对？很对，但它只能作为共产主义者的理想追求，不能作为国家的现实分配制度。

从实践角度说，假使某个少数民族行使这个权利，就某些民族内部事务提出了自主管理方案，但这个方案是民间约定，还是具有法律效力？如果是前者，它既不体现政治自治，也不体现行政自治。如果是后者，那就需要提交地方立法机关讨论通过，由地方行政机关贯彻执行；这样，所谓的民族内部事务，也就变成了社会公共事务。在我国，这个权力就是赋予地方权力机关的。因此，民族区域自治的重心不在于自治民族如何"自主管理本民族内部事务"，而在于自治民族如何担负起自治地方公共事务的管理责任，在于自治民族如何团结各民族共同建设自治地方，也就是走共同团结奋斗、共同繁荣发展之路。我们看到，世界上一些比较严谨、注重可操作性的自治条例，如西班牙宪法和自治共同体的自治条例，就没有"自主管理本民族内部事务"这一条，而是说自治地方有什么权利、权力和责任。

国内民族理论界的许多人，把我国的民族区域自治制度理解为民族自治，这与上述这句话不无关系。但这是误读。我国的民族区域自治制度绝不等于民族自治，而是共治的。在我国的各个民族区域自治地方，无论是自治权力机关的组成还是地方事务的管理，都体现了各民族共同当家做主的原则。

关：那么，从共治角度出发，你看我国的区域自治怎样发展和完善？

朱：这个问题太大了，不是访谈这种形式可以说清楚的。概括说，民族区域自治这个框架是很好的。在各个自治地方，各民族共同当家做主，已是真实的实践。要说发展和完善，我觉得民族干部的代表性和各民族参与的组织形式，有研究和操作的空间。民族干部集国家公务员身份和民族代表身份于一身，是很矛盾的事情，民族干部代表谁说话，有时是很为难的。而民族参与的组织形式，现在是人民代表大会制，但民族代表与本民族的联系程度，代表的选举与罢免，也有一些文章可做。

在民族区域自治地方建设方面，民族理论界有所谓"用好用足自治权"的说法，好像说自治地方的干部不会用权似的，用好自治权就能发展了似的。还有人认为，要改变民族地区"等、靠、要"的思想和行为。我看，这不是根本问题。实际上，民族地区的发展问题在于资金、人力、科技、消费等实力不足，需要国家的大量投入和支持。也就是说，国家对民族地区负有共建的责任和义务，民族地区有共享全国发展成果的权利。

此外，在民族地区的民族关系方面，要大讲各民族共同团结奋斗，共同繁荣发展。为此，即使是在最敏感的政治领域，也要在各民族中间倡导民主和平等的共治理念。现在大家都认识到，促进民族关系和谐是构建社会主义和谐社会的重要方面，但怎样促进民族关系的和谐，我觉得首先要从民族政治关系上入手，正确理解民族区域自治的制度设计不是为了实行民族自治，而是为了实现民族共治，保证各民族共同当家做主。总而言之，坚持和发展民族区域自治制度，我们一定要清楚地认识民族区域自治制度的实质，在"民族共治"和"民族自治"这两种认识中做出选择。

（原载《中国民族报》2007 年 6 月 15 日）

第二十篇　走向民族共治的自由王国[*]

提要　"民族自治"是一个百年话题，但人们对它却从来没有形成统一的认识。在现代国家条件下，以民族划界的自治更是不现实的。当代多民族国家民族政治生活的方向，应是保障各民族公民基于政治权利平等的共治。中国的民族区域自治制度即体现了这一点。民族共治，可以说是当代多民族国家民族政治生活的必然，认识和承认这种必然，是我们摈弃一切非理性的民族政治观念束缚、走向民族政治的自由的不二法门。

一　民族自治的局限性及信任危机

当今世界有大大小小 3000 多个民族，分布在不到 200 个国家中，由此形成了今日的国家普遍（90% 以上）是多民族国家，有的国家的民族数目多达上百个。因此，如何处理多民族国家内部的民族关系，其中主要是如何对待少数民族的政治权利诉求，是一个世界性的课题。以个人自由主义为原则的近代西方国家的政治哲学和权力结构，是以个人、行会、政党、地区利益差别为基础构筑的，并在一族一国的"民族—国家"理念下长期无视或忽视少数民族的集体存在及其政治权利保障。欧美大多数国家曾长期实行民族同化的原因概出于此。

但是，少数民族顽强的生存和发展表现，不断宣告民族同化政策的失败。自 19 世纪末叶起，少数民族的政治权利诉求逐步得到一些国家的重

---

[*]　本文由两篇文章合成。一篇是 2001 年 10 月应《人民日报》理论部记者之约所写的同名文章。但该文在临发表的前一天，因某种考虑而最后撤稿。翻出当年写的这篇文章，觉得还有发表的意义。现在，人们对"民族共治"这个命题不像当初那么敏感了。另一篇是笔者发表于《民族研究》2007 年第 6 期上的《各族人民共同当家做主：中国特色社会主义民主政治的体现》一文。笔者在整合这两篇文章时，对文字和结构进行了必要的修订和调整。

视和承认，并由此形成了不同的民族政策模式，如保留地、民族联邦、民族文化自治、民族地方自治等。在这些民族政策模式中，都以承认少数民族的集体存在为基础，但这种承认往往又伴随着对自治权的不同理解：自治者希望自治权越多越大越好，国家则倾向于对社会的统一化和集权化管理。而对自治的预期结果，人们也没有肯定的把握：由自治进一步提出分离独立，在世界各地不乏成功的或不成功的案例。因此，我们对民族自治这个百年命题应有正确的认识，它并非只有积极意义而无消极影响。

"民族自治"是一个产自近代西方的命题，根源于对"他治"的不满和"他治"的难以为继，与宗主国—殖民地政治关系的发展密不可分，是宗主国与殖民地双方达成的妥协方案。随着宗主国和殖民地势力的彼此消长，殖民地人民从自治走向独立则是必然。从19世纪中叶到20世纪第二次世界大战后的一百多年间，自治普遍成为一些暂时难以独立的殖民地人民与宗主国之间的政治关系形式，在此期间相继独立的殖民地人民几乎无一例外地都经过了或长或短的自治阶段。

因此，从自治的起因看，从统治者一方来说，自治是出自维护帝国存续的现实政治需要；但从被统治者一方来说，自治毕竟是一种权力获得，它使被统治者有了维护自身利益的一道临时屏障。也许正是由于自治具有这两点原始功能，它后来被一些多民族国家加以改造利用，成为维护国家统一和保障少数民族政治权利的选择。

但是，在自治话语下，信任危机难以避免。少数民族埋怨没有得到充分的自治权，而国家则担心自治权的扩大将危及国家领土主权和统一。无论是已经实行少数民族地方自治的国家，还是准备谈判实行少数民族地方自治的国家，都面临着自治与统一的矛盾，都在地方权力和国家权力的划分上存在许多难解的问题。长此下去，自治非但没有积极意义，相反却会成为加深民族隔阂甚至诱发民族分离主义和主张民族同化主义两种极端倾向的因素。

在当代多民族国家中，自治的基本价值和积极意义，是保障了少数民族"当家做主"的集体政治权利，它是对资产阶级自由主义政治哲学只承认公民个体权利、不承认民族集体权利的政治传统的否定或纠正。但是，传统的自治理论至多只回答了少数民族在多民族国家中自身的集体政治权利问题，而没有回答各民族如何团结和国家长治久安的问题，也就是没有找到适当的途径避免由自治走向分离独立。与此同时，它也没有回答少数民族如何参与国家管理的问题。出路何在？答案或许是：走向民族共治。

二　民族共治的必然性、合理性和现实性

民族共治是 20 世纪多民族国家民族政治生活中的普遍现象，但人们往往难以摆脱习以为常的自治话语的束缚，一直把自治作为他治的对话者，没有注意共治这个新的对话者已悄然登场，因而缺乏对民族共治现象的必然性、合理性和现实性进行理论总结。

民族共治的必然性，首先根源于多民族国家存在的必然性。多民族国家是不同民族在长期的政治、经济、文化和社会互动过程中形成的，是不以任何人的主观意志为转移的历史结果。由于目前的世界民族和国家体系基本定型，历史上弱势民族由自治到分离的历史现象已趋向终结。既然是多民族共同组成一个国家并且难以分离，那就要各民族共同管理这个国家。民族共治的必然性还根源于当代国家在现代化和一体化建设进程中使各民族之间形成的密不可分的利益关系。当代社会的公民流动自由，使各民族在政治、经济、文化、社会各方面相互渗透，形成了一种结构性存在，使得任何以民族为界的纯粹自治都无可能。既然如此，国家管理和地方管理就不能不实行各民族共管共治。

民族共治的合理性，首先来源于具体的民族集体认同和各民族团结二者的统一。当代国家中民族差别意识、民族利益矛盾及由此产生的民族政治诉求是客观存在，因此必须承认和保障少数民族的集体政治权利。传统的自由主义政治理论是建立在同质化"民族—国家"和公民个人政治权利平等基础之上的，不承认少数民族的集体政治权利，他们对公共社会政治生活的参与只能体现在公民权利和政党政治上。但这种理论难以适应多民族国家的政治生活，少数民族以一定的集体方式参与国家和社会管理，应是一种合理诉求，为满足这种诉求就要实行各民族共治。民族共治的合理性还来源于少数民族自身发展的要求。民族自治地方通常是一个国家的边远地区一隅，居住在这里的少数民族要想扩展自己的生存和发展空间，实现他们的最大利益，就需要由封闭走向开放，从地方走向全国；要想满足对于资金、技术、人才和现代化管理的需求，也需要国家和整个社会的帮助和扶持。为此，少数民族不可能、也不会仅仅满足于某种形式的自治。参与对国家的共治和在本地区实行共治，是少数民族发展的内在要求。

民族共治的现实性，产生于当代国家的民主和共和性质，以及各民族

对共同国家的认可。当代国家的民主政治不仅是阶级和政党政治的民主，也包括民族政治的民主；共和制度不仅是阶级阶层之间的共和，也包括各民族之间的共和。这一点，决定了当代国家的民族关系不同于帝国下的民族关系，这就使民族共治具有了坚强的政治基础。帝国框架下的"民族政治"一般是由自治走向独立，而当代民主国家中的"民族政治"则应走向各民族共和共治。实际上，共和共治已经是当代多民族国家族际政治生活中的一般事实，我们现在只不过需要对它进行理论提升罢了，以便使我们从另一个方面认识多民族国家的民族政治关系，克服自治话语给我们造成的片面的思维定式，从而为在自治话语下难以解决的权力划分问题及如何管理共同国家的问题找到一条出路。

民族共治的积极意义是不言而喻的，它既有利于国家统一和民族团结，也有利于对少数民族权益的全面保障。众所周知，自治的核心思想是"自我管理和自我统治"，因而具有固化民族界限、强化民族差别的作用；而共治则是对自治造成的民族界限的一种弥合，它的作用是促使各民族向心力的增强，是不断培育各民族共同的国民意识的有效工具。在共治过程和共治氛围中，各民族"谁也离不开谁"的关系就会不断得到物化，从而为实现"平等—团结—互助"的民族关系理想奠定牢固的基础。与此同时，在各民族共治的过程中，少数民族则可以充分表达自己的权益诉求，争取多数民族和国家的支持与帮助。如果满足于偏安一隅并排斥其他民族，这对少数民族自身的发展也是不利的。

三　我国民族区域自治制度的民族共治特点及意义

外国的少数民族自治实践，一般有三种方式：一是民族领土单位自治，二是以民族地域为基础的行政地方自治，三是民族社团组织自治或曰民族文化自治。我国的民族区域自治制度，从国家管理层面说，国家权力机关中既有民族代表又有自治地方代表；从自治地方管理层面说，自治地方权力机关的组成既包括自治民族的代表又包括其他民族的代表；从自治地方的设置方面说，既可以多个民族建立同一个自治单位，又可以一个民族分属不同的自治单位；从自治机关的性质方面说，它既是自治地方的权力机关又是国家一级政权机关。因此，我国的民族区域自治制度具有明显的民族共治特点，不能归类于上述三种自治方式中的任何一种。

我国的民族区域自治制度，既是我国民族关系"多元一体"的具体历史使然，也是对当代民族与国家关系的正确认识使然。近代以来，国际社会形成了"国族"（nation）和"民族"（nationality）两种概念、两种实体。孙中山先生的民族主义，我们说中国是一个伟大的"民族—国家"，指的是国族概念与实体；而"五族共和"和"56个民族"，则是国族之下的人们共同体概念和实体。由此，我国将56个"民族"的差别及其相互关系置于同一个中华"国族"认同之下来认识、来解决，走的是各民族共和建国之路，采取的是各民族共治国家之策。承认少数民族的集体政治权利并实行民族共治，这不只是中国特色社会主义民主政治建设的成就，也是中国对现代国家民主政治建设的一个重要贡献，对当今世界多民族国家的民族政治民主建设具有启示意义。

冷战时代结束后，西方自由主义政治学界一直流行一种说法，即"政治无思想，思想无政治"。这句话有两层意思：一是说，自法国大革命以来产生的一些革命思想、崇高理想或经典理论，现在只是口头说说而已，已经没有多少人当真信奉和认真践行它们了；二是说，关于如何管理国家和社会，已有一些现成的理论和主张，没有哪个国家或政党可以提出新的政治思想了，当今的政治只不过是对各种利益集团之间的关系进行平衡调节的管理技巧，民主政治也就是玩玩选举游戏而已。西方政治学现在流行的所谓"行为理论"或"过程理论"，正是这种没有思想创新、只重技巧娴熟的政治的反映。

"政治无思想，思想无政治"，这或许是保守的自由主义目前面临的困境或困惑，但它不适用于富有开拓进取精神的中国共产党，不适用于改革开放、蓬勃发展和充满活力的社会主义中国。我们看到，党的十七大报告在总结中国改革开放的伟大事业时，不仅提出了高举"中国特色社会主义"旗帜的问题，而且还对中国特色社会主义的理论体系及其具体内容和核心价值进行了初步阐释。中国的改革开放和社会政治生活是在不断创新中进行的。例如在民族问题上，中国共产党一直在不断发展和完善民族区域自治制度。

在当今世界，无论自由主义国家还是社会主义国家，在民主政治生活中都普遍面临着如何对待少数民族权利的问题。传统的自由主义民主政治在实践中不考虑民族因素，对少数民族一直持同化态度或"善意忽略"的策略。即使后来有所改良，也只是限于对个人的"不歧视"和"无差别对待"的层次上，完全无视民族集体政治民主的问题。当代一些自由主义国家，虽然开始考虑到了少数民族的集体政治权利，但对这种权利的认识和保障也多限于多元文化和差异承认国家而已。作为民族政治民主核心问题的少数民族有效参与国家管理的问题，现在普遍只是处在理论讨论的阶段。尽管有少数自由主义学者从发展自由主义民主政治的角度论证少数民族集体代表权和参与权的合理性，但这在自由主义理论界尚未形成普遍共识，自由主义传统理论和政治制度设计所形成的障碍也很难突破。

与自由主义民主政治在民族政治民主上面临的理论困惑和实践困难不同，实行社会主义民主政治的中国则一直十分重视民族政治民主建设，并不断形成一些新认识。胡锦涛总书记在党的十七大政治报告中讲到"坚定不移发展社会主义民主政治"时，有两处强调民族政治民主。一处是，把"坚持各民族一律平等，保证民族自治地方依法行使自治权"，作为"扩大人民民主，保证人民当家做主"的基本原则之一；另一处是，把"牢牢把握各民族共同团结奋斗、共同繁荣发展的主题，保障少数民族合法权益"，作为"壮大爱国统一战线，团结一切可以团结的力量"的基本方针之一。如果说"坚持各民族一律平等，保证民族自治地方依法行使自治权"，这是党在民族关系上一以贯之的政治宣言，那么，"牢牢把握各民族共同团结奋斗、共同繁荣发展的主题，保障少数民族合法权益"，则是党的十七大对我国民族工作确定的长期行动纲领。

民族政治民主，是中国特色社会主义民主政治的重要方面。概括地说，中国民族政治民主的特点，就是以党的统一领导为政治保障、以民族区域自治为制度基础、以各级人民代表大会为操作平台、以宪法和各项民族问题立法为基本准绳，保证"各族人民共同当家做主"。胡锦涛总书记在党的十七大报告中，从发展社会主义民主政治、保证人民当家做主和壮大爱国统一战线的高度，重申"坚持各民族一律平等，保证民族自治地方依法行使自治权"；"牢牢把握各民族共同团结奋斗、共同繁荣发展的主题，保障少数民族合法权益"，这是对中国特色社会主义民族政治民主的高度概括，并有发展。

"坚持各民族一律平等"，体现了社会主义民主政治对民族的集体社会政治人格的规定。胡锦涛总书记在2005年中央民族工作会议上说："各民族不分人口多少、历史长短、发展程度高低，一律平等"，就是从民族的集体社会政治人格的角度论述民族平等的，这对我国的民族工作和民族问题研究，具有长期的理论指导意义。我们知道，传统的自由主义民主政治是不讲民族的集体政治人格的，遑论"民族平等"了。1965年12月联合国通过的《消除一切形式种族歧视国际公约》，也主要是从个人权利和个人自由的角度反对种族歧视的，而中国共产党在建党初期就主张民族平等，在执政后则将其写入宪法，并一直在实践中加以落实。民族的集体社会政治人格平等，是民族关系中的首要问题。因此，"坚持各民族一律平等"，应当把"民族"作为一种"集体存在"而不是作为"个人私事"来看待，否则，就容易走向以"人人平等"来否定"族族平等"。社会主义民主政治不仅承认"人人平等"，也承认"族族平等"。

"保证民族自治地方依法行使自治权"，这是实现各民族一律平等的制度安排。我国有55个少数民族，民族自治地方则有155个，而且分为不同的行政级别。为什么要这样做呢？答案是为了使少数民族成分在这些地方达到一定的比例，以便他们在民族政治民主中能够与其他各族人民一道共同当家做主，而不因为是少数被忽视。民族区域自治制度的本质特征，是以某些少数民族聚居地方为基础，以居住在这些地方的少数民族为主体，团结该地方各族人民共同当家做主的制度设计，绝不是哪一个民族的整体的和排他的自治。我国实行民族区域自治的目的，不是为了各民族分别"自治"，而是为了实现各民族人民共同当家做主的民族政治民主。

"各民族共同团结奋斗、共同繁荣发展"，体现了中国社会主义民族关系的本质要求，是对我国以往民族工作经验的正确总结，应当成为我国民族工作必须牢牢把握的长期主题。这两个"共同"的提出，不仅仅是针对民族关系的社会经济文化方面而言的，它体现的是一种社会主义的民族政治民主思想，是为了壮大爱国统一战线、实现整个中华民族的伟大团结和复兴。"各民族共同团结奋斗"，是民族政治民主的前提和目标；"各民族共同繁荣发展"，是民族政治民主的基础和保证。由此可以说，"各民族共同团结奋斗、共同繁荣发展"，包含了各民族共同当家做主的民族政治民主思想。胡锦涛总书记在2004年中共中央政治局第十六次集体学习会上就将这种思想表达出来了，他当时的说法是"不断巩固和发展我国各民族团结奋进、共谋发展的良好政治局面"。在2005年中央民族工作会议上，他则明确表达了"各族人民共同当家做主、管理国家和地方事务"的思想。

强调"各民族共同团结奋斗、共同繁荣发展"，这也是改革开放发展到新阶段的要求。近30年来，西部民族地区与东部地区相比发展滞后，长此以往，势必造成少数民族和民族地区的人们心理不平衡，影响和谐社会、和谐中国的建设。中国特色社会主义，应当是各民族平衡发展、共同过上富裕生活的主义，而不能是自由竞争和适者生存的主义。

"保障少数民族合法权益"是党和国家民族工作一直关注的问题。胡锦涛总书记在十七大报告中再次指出这一点，具有特别的意义，需要把它与以胡锦涛为总书记的党中央十分强调社会公平和公正、保护弱势群体、共享改革发展成果、构建和谐社会等思想主张联系起来理解。保障少数民族合法权益，这是我国民族工作的出发点和归宿。离开了对少数民族合法权益的有效保护，中国特色社会主义民族政治民主建设也就失去了立足点。

胡锦涛总书记在党的十七大报告中指出："人民当家做主是社会主义民主政治的本质和核心。"我国的民族区域自治制度所体现出的民族政治民主，是中国特色社会主义民主政治建设的组成部分，当今任何民族政治研究者都不能不把它作为一个重要案例来研究。

总之，中国的民族政治实践，摆脱了传统的民族自治论说的束缚，走出了一条新的民族政治之路，这就是保障"各族人民共同当家做主、管理国家和地方事务"。换句话说，就是在国家政治生活中，在各个自治地方的政治生活中，在一切有不同民族存在的地方政治生活中，充分保障各民族群体的民主政治权利，实行各民族团结共治。民族共治，可以说是当代多民族国家民族政治生活的必然，认识和承认这种必然，是我们摈弃一切非理性的民族政治观念束缚、走向民族政治自由的不二法门。

（2011 年春修订于北京寓所）

后　记

孔子说："学而时习之，不亦说乎？有朋自远方来，不亦乐乎？人不知，而不愠，不亦君子乎？"孔先师的这段话，学界各有解读，笔者也有自己的体会和感悟。

自 2001 年起，笔者一直在对"民族共治"这个命题进行深化研究和思考，可谓"学而时习之"。但要说"不亦说乎"，则不尽然。"学"是一个艰苦的过程，"时习"是一种枯燥的重复，哪有多少愉快可言！但对孔子的这句话，有一种不同的解释说："学"不是指"学习"而是指"学说"，也就是孔子所崇尚的西周时期的《礼》、《乐》、《诗》、《书》等文化典籍；"时习"也不是"经常温习"的意思，而是说自己的主张或学说被人们理解和践行。笔者赞同这样解释"学而时习之"，因为这是产生"不亦说乎"之感的缘由和人之常情。学问有所用，主张有知音，高兴才顺理成章。由此，孔子接下来才会说："有朋自远方来，不亦乐乎？"自己的主张或观点传播开来，远在他处的人们都知道，前来与自己畅谈，以文会友，能不令人高兴吗？"民族共治"这个主张或命题，现确已在我国民族问题研究界传播开来，其中赞同者颇多，似应是一悦之事。

然而，在"有朋"知之和喜悦之余，我们不能忘记还有"人不知"的问题。任何时代的任何主张或学说，都有反对派。孔子在讲学过程中，也曾多次遇到非议，甚至遭到斥责。对反对派应取什么态度呢？孔子的回答是："人不知，而不愠，不亦君子乎？"自己的主张别人不理解、不赞成，但不生气，就是君子了。但对这第三句话，笔者不完全赞同。遇到反对派而不生气，固然是坦然淡定，是一种修养。但笔者认为，"人不知，而不愠"并不是最高境界，甚至是一种消极态度。"知"不同者亦应引以为朋，关注对方，尊重对方，有幸识之，与之辩之，亦当"不亦乐乎"之事矣，而不能只是不生气。因此，对笔者提出的民族共治这个命题，学界有质疑者，我不仅对他们不愠，我还视其为学术朋友，为我们一道讨论问题而高兴。不仅高兴，我还想借此文集出版之际，感谢他们的不同声音促使我不断思考。一切真知灼见，都需要论辩来沉淀，都需要实践来检验，这是世人皆知的道理。

2011 年 3 月于北京寓所